全国高等院校旅游专业规划教材

旅游规划学

编　著　周作明
卢玉平

旅游教育出版社
·北　京·

责任编辑：魏志国　陈　志

图书在版编目(CIP)数据

旅游规划学/周作明，卢玉平编著．—北京：旅游教育出版社，2008.7
(全国高等院校旅游专业规划教材)
ISBN 978-7-5637-1649-4

Ⅰ．旅…　Ⅱ．①周…②卢…　Ⅲ．旅游经济—经济规划—高等学校—教材　Ⅳ．F590.1

中国版本图书馆CIP数据核字(2008)第048019号

全国高等院校旅游专业规划教材
旅游规划学
周作明　卢玉平　编著

出版单位	旅游教育出版社
地　　址	北京市朝阳区定福庄南里1号
邮　　编	100024
发行电话	(010)65778403 65728372 65767462(传真)
本社网址	www.tepcb.com
E-mail	tepfx@163.com
排版单位	首都经贸大学出版社激光照排部
印刷单位	河北省三河市灵山红旗印刷厂
装订单位	河北省三河市东兴装订厂
经销单位	新华书店
开　　本	787×960　1/16
印　　张	20.25
字　　数	328千字
版　　次	2008年6月第1版
印　　次	2008年6月第1次印刷
印　　数	1—5000册
定　　价	30.00元

(图书如有装订差错请与发行部联系)

出版说明

为适应旅游业的发展要求，满足旅游高等教育的需要，我们根据高等院校旅游专业的课程设置、教学目标，在国家旅游局人事劳动教育司的主持下，集合国内旅游高等院校的众多专家学者，自20世纪90年代起，先后出版了系列旅游高等院校教材。该套教材出版以来，得到了广大院校师生和业界的普遍好评，至今仍是众多院校的首选教材，一版再版。迄今为止，该套教材不仅为众多院校广泛使用，而且是规模最大、品种最多的一套高等院校旅游专业教材。

但是我们深知，教材出版本身是一个不断完善的动态过程，需要产业的推动、研究的深化、时间的积淀，更需要广大师生的参与。本着这一目的，根据21世纪旅游业的发展要求与广大师生的殷切希望，我们根据教育部与国家旅游局对旅游学科的规划与行业要求，对本套教材进行了必要的增补与修订，以确保该系列教材的科学性、权威性。

与原教材相比，本版教材注意了课程设置与教材编写的科学性、针对性、规范性，使整套教材更适合学科教学和行业发展要求。在此基础上，本版教材强调了教材的研究含量，旨在倡导教材编写的严肃性、高等教育的研究性，避免教材编写中存在的简单雷同现象，体现了国家骨干教材应有的规范性与原创性。可以说，本版教材更加贴近了我国高等院校旅游专业教学实际，严格按照课程设置和教学目标设计安排教材内容，使高等教育教材的先进性与研究性得到充分保证。

在此次增补与修订中，我们始终强调教材编写应有的学术规范，从框架的确定，内容的取舍乃至思考复习题的设计、注释引文的处理，每一个细节都力求体现教材编写应有的学术规范。为了实现这样的目标，我们先后在全国广泛遴选作者，聘请在学科研究与教学领域有所建树的专家学者担任教材的编写工作。不少作者都有相关领域的专著成果作为教材写作的支撑，为本套教材的研究含量提供了必要保障。

作为国内唯一一家旅游教育专业出版社，我们始终得到广大旅游院校师生的关心与帮助，在新世纪，我们更期待着大家一如既往的呵护。我们希望将我们的教材建设成为一个开放式的园地，能始终站在学科研究与行业发展的前沿，随时反映旅游教育最新发展的动态。我们期待着教材使用者的意见和建议，更期待着潜在作者的新思路、新理念、新观点、新教学方式——我们定会“从善如流”，不断调整完善现有教材，不断吸纳新的作者、新的观点。

旅游教育出版社

目 录

第一章

旅游规划概述

第一节　旅游规划概念、内容与目的

一、旅游规划概念

旅游业是一项新兴的产业，旅游规划是一个年轻的学科。就“旅游规划”的学科概念锤炼而言，至今国内外学术界尚无统一定义。有的定义为“预测与调节系统内的变化，以促进有序的开发，从而扩大开发过程的社会经济与环境效益”①；有的定义为“在调查、评价的基础上，寻求旅游业对人类福利和环境质量的最优贡献的过程”②；有的定义为“是经过一系列选择，决定合适的未来行动的过程”③；有的定义为“旅游规划是一种经济技术，即运用适当的经济、技术资源，特别是智力资源，使旅游资源产生经济效益、社会效益和生态效益的过程”④……凡此种种，各家“旅游规划”定义都有所偏重。旅游规划是旅游产业的规划，以保护旅游资源、保护旅游环境、实现旅游资源的持续利用和旅游业可持续发展为宗旨。以旅游产业可持续发展的长远战略而论，我们可以将“旅游规划”如是定义，即：“旅游规划是人们为了实现旅游业高效率发展目标而对旅游资源与相关社会资源进行最优配置，并对旅游产业系统进行架构筹划的过程，以求在整个旅游市场体系中实现主体利益最大化和持续发展的目的。”

“旅游资源与相关社会资源最优配置”是指将旅游资源的自然旅游资源与社会文化旅游资源、社会资源的公共投资、技术与人力资源、信息与宣传设施、服务设施、基础设施等旅游产业要素进行统筹，选择最优配置方案，以实现旅游业高效率

---

① 墨菲(Murphy),1985.

② 盖茨(Getz),1987.

③ 冈恩(Gunn),1992.

④ 赵黎明，黄安民. 旅游规划教程. 北京：科学出版社，2005：8.

发展目标。

"旅游产业系统"是指由围绕旅游六要素需要形成的旅游景区、旅游住宿、旅游饮食、旅游交通、旅游商品等旅游产业系统结构。一个地区只有旅游产业系统中的各个部分和各个环节有了一个合理结构,发展的基本趋势、基本模式、基本内容框架及战略重点得到科学控制,使之获得均衡发展,才会形成较强的旅游生产力,才能在市场上有竞争力,才能托起新兴的"朝阳产业"。

二、旅游规划内容

旅游规划所涉及的学科领域十分广泛,有旅游学、经济学、管理学、生态学、地理学、风景园林学、城市规划学、建筑学、市场营销学、广告学、心理学、社会学、民俗学、历史学、考古学、艺术学、未来学、统计学、系统学、工程学、环境学等。各学科或学科群的发展,都不断对旅游规划提供理论、技术的支持和内容要求。

旅游规划是对旅游经济产业系统未来发展的谋划。旅游规划的内容包括旅游经济产业系统及与其发展有关的所有方面。

旅游规划的旅游经济产业系统内容一般包括:第一,旅游资源评价与利用,选择符合旅游产业发展目标与市场需求的旅游产品与项目;第二,旅游功能区划分与空间布局;第三,旅游服务设施规划;第四,旅游道路、交通、通信与旅游线路组织等支持保障体系规划;第五,旅游形象设计与市场营销规划;第六,旅游容量测评与旅游流调节规划;第七,旅游人力资源规划;第八,旅游投资战略与模式选择评价。

旅游规划的空间尺度不同,规划内容会有所不同。我们可以按照大空间尺度规划、中空间尺度规划、小空间尺度规划三种空间尺度认识旅游规划内容。大空间尺度规划为国家、省、市的旅游规划,强调将环境与经济作为并列的规划目标,规划的核心是通过以地理信息系统为技术工具的区域评价过程,从整个区域中识别最有旅游潜力的地区,并制定有关旅游交通运输、旅游市场行销维护与管理、组织间合作及旅游环境和社会方面的政策,以及投资与资金筹措、产业政策、竞争战略等。中空间尺度规划为旅游目的地规划、城市及其周围地区的旅游规划,主要是土地利用的实体规划,重点是旅游资源吸引区及其周边社区和可达性交通的规划。小空间尺度规划为景区或景点旅游规划,强调以地方特色为原则,是对于一个具体景观区域和景点的规划。

旅游规划所涉及的旅游经济产业系统外的相关方面有:第一,社区居民的经济和社会利益;第二,旅游区土地利用与调整;第三,环境保护与生态保护;第四,文化保护与社会发展;第五,安全防灾;第六,城市基础设施安排;等等。

三、旅游规划目的

旅游规划是国土规划、城市规划和社会经济发展规划的组成部分,需要符合国土规划、城市规划要旨与风景园林规划设计整合，融入社会经济发展规划之中，总结实践经验的结论和教训的启示，实施旅游可持读发展战略，提高旅游经济在社会经济体系中的贡献率。

总的来说，旅游规划的目的主要体现在经济、社会、环境三个方面，或者说，体现在尽量满足旅游者、旅游商、社区、政府所追求的利益方面。具体来讲，旅游规划的目的主要体现在以下几个方面：

第一，科学地确定旅游发展的战略，选择体现地方旅游资源特色、具有旅游吸引力的旅游产品、旅游项目，促进旅游业的发展。

第二，通过旅游规划，提高旅游业所带来的经济效益，改善旅游地人们的生活水平。

第三，通过旅游规划，提供良好的旅游服务基础设施及娱乐设施，创造良好的旅游环境，使旅游者获得满意的旅游体验。

第四，确保旅游发展符合社区意愿，与当地居民的文化、社会及经济追求相一致，使旅游资源与生态环境得到有效保护。

第二节　旅游规划分类、特点与要求

一、旅游规划分类

旅游规划的类型及结构，是旅游规划研究的重要课题。目前，国内外具有代表性的旅游规划分类主要有以下三种：第一，因斯基普分类（E. Inskeep，1991），分为国际旅游规划、国内旅游规划、区域旅游规划、度假区旅游规划；第二，冈恩分类（C. A. Gunn，1979，1988，1994），分为区域规划、目的地规划、场址规划；第三，我国《旅游规划通则》（2003）分类，分为旅游发展规划和旅游区规划。旅游区规划按规划层次分总体规划、控制性详细规划、修建性详细规划等。我国学者也有的分为旅游业发展规划和旅游建设规划。

随着旅游规划实践的深入，近年有的学者提出和进行旅游概念性规划。旅游概念性规划，又称“概念性旅游规划”或“概念性旅游发展规划”，既是旅游规划中的一个新类别，又是在编制技术上的一种新做法。

概念性旅游规划或概念性旅游发展规划，对新开发的旅游目的地、对基础资料有欠完整的旅游开发地、对有关开发思想尚未取得共识的旅游开发地、对影响和制约因素中变量较多或相互配合关系尚不十分明确的旅游开发地以及对于需要除旧布新的原旅游目的地等，都有着特殊的难以取代的意义和价值。

概念性旅游规划或概念性旅游发展规划，与实操性旅游规划和控制性规划不同，也与概念性建筑设计和概念性土地利用规划不同，它比前两者更具概念性的抽象，它比后两者所规划的范围更加广阔：规划理念和总体构想更有充分的前瞻性、超前性，理论基础和规划手段更需科学完整性、系统性，允许中心概念对当前现实留有距离间隔度，规划本身对实施细节的非约束性，布局安排对土地环境允许存有可变适应度，规划本身对时段限定的模糊性。

二、旅游规划特点

旅游规划具有系统性、层次性、整合性、地域性、预见性、可操作性、政策性七大特点。

（一）系统性

旅游是一个复杂的要素系统，包括许多子系统，如旅游资源系统、旅游设施系统、客源系统、旅游服务系统、旅游环境系统、旅游保障系统等，这些子系统下面又有很多低一级的子系统。因此，旅游规划内容必须具有系统性，才能处理和协调好旅游这个复杂的系统。旅游产业构成是由多要素组成的复杂的物质体系，在规划时，要对旅行、游览、住宿、餐饮、娱乐、购物等各消费要素进行系统性安排，搞好各要素间的综合，因此旅游规划的方法也需要具有系统性。

（二）层次性

旅游规划可以分为多个层次，具有层次性。某一特定地域的旅游规划，上有一个高一级层次的旅游规划，下有若干个低一级层次的旅游规划。大旅游规划为国家规划、省区规划，中旅游规划为市县域规划，小旅游规划是旅游目的地和具体旅游项目规划。旅游规划的层次性要求低层次的规划服从高层次的规划，高层次规划指导低层次规划。尽管旅游规划所针对具体地域范围不同，但各层次旅游规划是相互联系、相互转化的。

（三）整合性

通过旅游规划可以促成和整合交通运输、城建、文化、园林、农、林、环保、水利、工商、公安、司法、海关、边境等众多部门，围绕旅游而协调为一体，形成整体关系。旅游规划需要将各类规划师、各类专业人员的各种科学知识予以整合，促进各学科围绕旅游规划从分立研究走向联合实践。中国介入旅游产业人才培养和学科研究的高等院校就达192所①，分属理科、工科、农科、文科、管理科，迅速提高知识在旅游经济中的含量，建构了多学科、多技术的旅游规划结构。

（四）地域性

旅游规划是具体针对一定空间范围内的旅游活动的规划。旅游资源是旅游产品的重要组成成分，旅游设施的布局和旅游服务的提供都是围绕旅游资源进行的。由于旅游资源是一定地域范围内的资源，具有很强的地域性，因此，旅游资源是旅

---

① 据国家旅游局1998年统计。

游规划的重要物质基础和依据，使旅游规划具有很强的地域性。不仅旅游规划的编制是针对某一地域范围，而且旅游规划的实施也不可避免地落在一定地域范围内。规划地域范围的大小就规定了旅游规划的大小。按照实用性原则，旅游规划的地域范围一般以行政区划范围大小确定，只有在跨几个行政区划地域的风景区旅游规划，旅游规划的地域范围才打破某一行政区划范围，形成跨行政区划地域的旅游规划。

（五）预见性

旅游规划不仅对当前旅游业构成与发展问题提出解决方案，而且更重要的是对未来旅游业的发展状态进行推断与设想和对未来发展趋势做出科学预测和处理。因此，在旅游规划中对未来的预测是非常重要的，正确预测旅游业未来发展趋势和制定未来发展战略是旅游规划成败的关键。

（六）可操作性

旅游规划的最终目的就是应用于实践，指导旅游业的建设与发展，使旅游开发有章可循、有据可依，这要求规划符合实际、内容充实，具有可操作性。没有可操作性的旅游规划就丧失了规划的意义和作用。

（七）政策性

旅游规划是政府的一种决策行为，可能是由政府机构来组织完成，也可能是政府机构委托有关机构和单位共同完成。规划完成后要由政府组织评审会进行鉴定并被政府批准认可后方能实施。经过政府批准的旅游规划具有法规的效力，必须认真贯彻执行，严格按规划办事；如果需要较大的改动，则必须通过上级主管部门或当初编制规划的人员相互协商和认可。不同等级旅游规划的政策性在不同规划对象区域内发挥作用。

三、旅游规划要求

（一）符合国家相关法规

旅游规划是我国诸多产业规划中的一种，需要遵守国家与此相关的法律和规定，如《中华人民共和国环境保护法》、《中华人民共和国文物保护法》、《中华人民共和国森林法》、《中华人民共和国草原法》、《中华人民共和国土地管理法》、《中华人民共和国水法》、《风景名胜区条例》等。

（二）符合地方相关规划

旅游规划属于社会发展规划下的一个产业性的子规划，需要与上一层规划相符，如《城市发展规划》、《社会经济发展规划》、《土地利用与环境保护规划》等。

（三）要有创新性

旅游是一项求知、求乐、求异、求新的活动，旅游规划千篇一律，满足不了旅游业发展的需求。因此，旅游规划的创新性至关重要。创新需要规划人员在遵循规划理论和原则的基础上，充分发挥聪明才智，大胆设想，设计出既有特色又具有吸引力的旅游产品。

（四）具有一定的灵活性

事物是发展的，发展是有规律的，遵循规律对短期内发展的事物可以预测，但随着时间的推延，各种社会与经济要素在变化，使对未来形成的具体形势与模式难以准确预测和认识，再加上人的认识能力有限而发展无止境，因此，旅游规划的编制要有一定的灵活性，对旅游资源和土地资源开发留有一定的余地，以便在将来事物发生变化时，可以对规划进行修正或者重新编制。

第三节　旅游规划指导思想

随着全球旅游业的迅猛发展，旅游规划对区域旅游业的发展日益重要。不论是新兴的旅游地，还是成熟的旅游地，都已经认识到，一个好的合理的旅游规划能够为旅游地带来良好的经济效益，同时又能保护好旅游地的资源、环境和生态，从而促进旅游地的可持续发展。旅游规划的地域性研究越来越成为一个备受关注的专门领域。旅游规划既继承了一般规划的思想、理论，又有了自身学科属性规定的思想与理论。

我国以发展旅游产业为目的的旅游规划始于20世纪80年代初，在20余年的实践中，人们对旅游规划的认识经历了从20世纪80年代至90年代、90年代至21世纪、21世纪至今三个发展阶段，形成了具有发展阶段性特征的四大旅游规划指导思想。

一、资源导向的旅游规划思想

旅游资源的形成受到两方面的限定：一是受到所处地球经纬度的空间限定，二是受到社会历史发展时代所形成的文化时间限定，不同地球经纬度的空间和不同社会历史发展时代的文化时间铸造了旅游资源的特色。

以资源为导向的旅游规划思想，强调以调查、评价、分析区域旅游资源作为提出旅游规划的基础和依据。以资源为导向的旅游规划，要求以已有的自然风景资源和历史遗存古迹为出发点，主张进行低度开发和建设。我国最早的风景名胜区和历史文化旅游名城，几乎就是在固有旅游资源的基础上进行规划的。

以资源为导向的旅游规划思想认为，旅游资源分布有相对的区域空间，旅游规划依据旅游资源，依据自然地域、历史条件和一定的经济、社会条件，就能形成有差异的旅游空间，或是形成有特点的旅游空间，相关的旅游项目、旅游产品和旅游接待服务设施，都因旅游资源的特色而形成特点，形成可以将旅游者吸引到特定区域内开展旅游活动的旅游吸引力。

以资源为导向的旅游规划思想,要求以风景资源结构为制定旅游发展战略的主要基础,通过分析旅游资源和区位条件,确定相应的旅游发展模式,制定相应的发展措施,从而形成操作性强的旅游发展规划。

以旅游资源为中心的旅游规划,能较好地体现区域旅游特色,是一种长效的旅游发展规划,代表着旅游规划的方向。

二、市场导向的旅游规划思想

进入20世纪90年代后,随着旅游业的进一步发展,全国各个地方都开始意识到发展旅游业的必要性,特别是发展旅游与扩大地方的知名度、增强地方的开放性和投资吸引力具有密切的关系。于是,在一些旅游资源并不突出的地方,地方决策者也非常乐于发展旅游业,凭借客源区位优势,人工创造旅游吸引物,从而获得了成功。深圳曾被称为"文化的沙漠",但华侨城的"锦绣中华"和"世界之窗"的成功规划,带来了轰动的产业效益,这就打破了以旅游资源为中心的规划思想,说明旅游规划不一定依据旅游资源进行。

深圳"锦绣中华"和"世界之窗"的成功,促使人们去思考旅游规划与经济市场的关系。市场经济的发展,大大提高了人们的市场意识,旅游规划界开始反思原有的规划思想和模式。

人造旅游项目的成功发展,促进和加固了以市场为导向的旅游规划理念。区域旅游规划在从单纯对旅游资源的研究重点中,转向对旅游市场的重视。市场导向的旅游规划扩展了人们对旅游资源的认识,特别是人工旅游景点开发所获得的高经济效益,使人们意识到并不具备传统风景与人文资源优势的地区,通过策划和建设市场对路的旅游产品,也可以获得从无到有的旅游收益,也可以发展成为旅游城市或旅游目的地。

在市场机制下的旅游发展规划,最先的出发点,应该是旅游市场的需求、旅游的潜在需求。在市场导向下的旅游规划就是要着力研究旅游市场,认为潜在的市场需求要比现实的市场需求更重要。因此,对潜在旅游市场需求的研究和预测,便成了旅游规划不可缺少的组成部分。

以市场为导向的旅游规划思想强调,不是有什么旅游资源便开发什么,而是市场需要什么便开发什么。市场导向,首先是"导"资源,将资源的筛选、加工、再创造导向市场所切实需求的方向,让旅游资源与旅游市场对接。资源有了市场的引导、分析和评估,就可使资源充分转化为经济效益。市场导向型旅游规划的基本思路可概括为:针对市场需求对旅游资源评估、筛选和加工,然后设计、制作、组合成适销对路的旅游产品,推向市场,形成市场、资源、产品、市场的循环发展。

在以市场为导向的旅游规划理念下,旅游规划的任务偏重于旅游项目的创意,规划者要以独具匠心的创意,形成市场效益。以市场为导向的旅游规划将客源市场的分析与旅游项目创意相联系。项目创意是旅游规划的关键,是旅游投资成本收益可行性论证的关键,也是旅游规划的基本特色。

市场是一种"活"的市场,会随着社会的发展、随着人们消费观念的改变而发生变化。因此,以市场为导向的旅游规划会不断地受到市场的挑战,需要不断地修改规划以适应旅游市场的变化。以市场为导向的旅游规划具有短暂性特征。

三、可持续发展的旅游规划思想

可持续发展理论产生于近代工业发展的时代,是普遍运用和指导社会各业发展的理论。随着旅游业发展的深入,旅游可持续发展思想已成为旅游规划的重要指导思想。

在旅游可持续发展指导下的旅游规划,要求对旅游资源利用有长远的观点,对旅游业的发展有规律性认识,通过旅游项目、旅游产品、旅游市场的规划,获得旅游业、旅游景区的长效性和可持续性的发展。可持续的旅游业发展,需要拥有长效性的旅游市场需求。确保拥有长效性旅游市场需求的关键是旅游资源的支撑,即拥有可持续利用的旅游资源。

可持续发展旅游规划思想,强调深入挖掘旅游资源的文化性和深入研究旅游业发展的趋势。深挖旅游资源的文化性,使人文旅游资源的文化性更深厚浓郁,使自然旅游资源的文化性更显露易见。以可持续发展思想为指导的旅游规划,强调旅游规划的文化性、旅游业的文化性、旅游景区的文化件、旅游项目的文化性和旅游产品的文化性。旅游资源的文化性在于旅游资源的原真性,保持旅游资源的原真性需要保护旅游资源的原真环境。以可持续发展思想为指导的旅游规划,强调深入研究旅游业的发展趋势,跟踪和反映社会生活的进步和发展,掌握社会旅游消费观念的变化和倾向,使所规划的旅游项目、旅游产品符合人们的长久需求。

在可持续发展思想指导下的旅游规划强调:第一,旅游资源的可持续利用;第二,旅游环境的保护;第三,旅游业的适度发展。

四、"大旅游"的旅游规划思想

进入21世纪,中国旅游业已愈来愈融入世界旅游市场,国内的区域旅游联盟已成为各地旅游业发展的趋势,从而形成了"大旅游"的格局。于是,"大旅游"就成为指导旅游规划的一种思想。"大旅游"旅游规划思想的核心,就是要求跳出具体旅游区地域或旅游资源区域的狭窄范围来思考旅游业的发展。具体原则强调:第一,景区面积规模要大,投入资金要大;第二,讲求区域联合,讲求多赢发展;第三,要求从世界、全国、全省、全区的宏观角度思考旅游发展战略,来规划旅游系统构架。

在旅游规划实践中,四大旅游规划思想都在发挥着作用,推动着中国旅游业的发展。从辩证和发展的眼光看,四大旅游规划思想是一个互为补充的思想,构成了中国旅游规划的一个思想体系，不可偏颇，要综合利用，使旅游规划更科学、更具有实践性和发展性。

第四节　旅游规划工作程序

旅游规划是一个从参与项目招投标、接受规划任务、组织规划队伍、旅游资源与旅游现状调查分析，到确定旅游规划目标、规划编制、专家评审等环节的一个循序渐进、不断反馈、反复调整的动态循环工作流程。在旅游规划工作程序中，需要宏观的认识、控制和把握旅游发展的战略和目标，也需要微观的策划和设计，使规划具有创新性和可操作性。科学的规划工作程序，可以保证旅游规划的科学性。

旅游规划是对旅游系统进行的宏观筹划的工作，是一项系统性很强的科学工作，有规定的工作程序、工作内容和工作规律。总结和规范旅游规划工作程序和工作内容，是旅游规划的科学基础。一项旅游规划要经过明确规划任务与工作准备、旅游资源与旅游市场的调查评价分析、机会风险分析与战略制定、结构布局与确定规划大纲、规划编制与反馈修改、专家评审与优化定稿等多个工作环节。总结多种类型的旅游规划实践经验，确定任务、规划部署、调查研究、规划编制、规划评审、修改定稿，是旅游规划核心的六大工作。

一、确定任务

编制单位的旅游规划任务来自于委托单位，由委托单位确定编制单位。编制单位通过参加招标或直接委托两种方式获得旅游规划任务。原则上，省级旅游发展规划、中国优秀旅游城市和4A级以上（含4A级）旅游区的旅游规划，编制单位应当具有旅游规划设计单位甲级或乙级资质。原则上，同一旅游规划专家组组长不宜同时承担三个以上（含三个）旅游规划项目编制。

旅游规划委托方应根据国家旅游行政主管部门对旅游规划管理的有关规定，通过公开招标、邀请招标、直接委托等形式，确定旅游规划编制单位。公开招标是委托方以招标公告的方式邀请特定的旅游规划设计单位投标。邀请招标是委托方以投标邀请书的方式邀请特定的旅游规划设计单位投标。直接委托是委托方直接委托某一特定规划设计单位进行旅游规划的编制工作。旅游规划委托方不论采用怎样的方式，主要目的是有效确定适合规划项目要求的旅游规划单位。

在规划任务确定后，旅游规划委托方一般应邀请规划编制单位的负责人到实地进行初步的考察，协商并签订规划协议书。接受任务的规划编制单位应主动与规划委托方协商确定实地考察方案、规划协议书内容与签约时间。规划协议书是制订规划的法律依据，应明确规划委托方（一般为甲方）和规划承揽方（一般为乙方）的权利和义务。规划协议书内容包括规划时间期限、规划面积、规划内容、提交规划成果数量、规划评审会的规格、规划费用、支付方式、违约处罚条款等。

同时，委托方相应要组建旅游规划编制领导小组。组长由主管领导担任，成员由旅游开发办、旅游局、规划局、建设局、土地局、园林局、环保局、林业局等相关部门的领导组成。编制单位在确定旅游规划任务后，就要进行旅游规划前的相关准备。

二、规划部署

旅游规划部署是一个全方位的细致的管理性工作，包括旅游规划工作部署、规划人员部署、旅游规划分项部署。

（一）规划工作部署

旅游规划工作部署是对旅游规划工作进行全面的计划安排。旅游规划整个工作包括旅游资源的调查与评价、旅游规划大纲确定、旅游规划编制、旅游规划评审等。科学地部署旅游规划工作，可以提高旅游规划工作的水平和质量。

（二）规划人员部署

在规划过程中，规划组人员部署，一般分为综合组、专题组、制图组。综合组的工作主要是在分析综合的基础上，提出规划目标、总体部署、结构调整和综合平衡方案。专题组主要调查、研究、解决旅游系统的关键性的特别难题，形成专题研究。制图组负责旅游规划图件绘制。在实践中，规划组人员也可按形成的规划大纲的“章”或专题进行分组，负责完成“章”的专项规划和相关的专题研究。依据规划人员的专业背景、技术水平、综合素质与能力来确定工作分派。

（三）旅游规划分项部署

旅游规划是一个含多个专项规划的系统规划。旅游规划分项部署一般包括：旅游产品体系规划，包括对旅游项目策划、游览体系规划、娱乐体系规划、接待体系规划、旅游线路组织规划、市场营销策划；旅游支持体系规划，包括土地利用规划、旅游道路交通规划、基础设施规划、旅游投资规划、旅游人力资源规划；旅游保障体系规划，包括容量规划与旅游流调节、防灾系统和安全系统规划、生态环境保护规划、文化保护与社会发展规划、旅游市场管理规划等专项规划的安排。

旅游规划部署是将总体的、远期的规划目标逐层分解，落实到各专项规划之中。旅游规划部署的过程，就是不断地回顾和协调的过程，使之形成一个完整的旅游业构成系统。

三、调查研究

旅游规划编制单位在承接旅游规划编制任务后，要根据规划任务需要，组建规划编制专家组，一般要求组成包括旅游规划、土地规划、地理地质学、城市规划、园林设计、环境保护、社会学、市场与金融分析、建筑设计、文物保护等方面多学科专业人员。不同性质和类型的规划,编制组学科专业组成各有偏重。规划编制小组由旅游规划专家任项目总负责。旅游规划小组组建后,根据需要按国家旅游规划编制要求、旅游资源调查标准,进行旅游规划工作的技术培训和有关的仪器、资料、计划等准备,开展旅游调查研究。

要做好一项旅游规划前的调查研究工作,需要做好调查研究准备,讲究调查工作程序和方法,确保调查研究目标的实现。

(一)调查研究物质准备

进行一项旅游规划调查研究,在明确旅游发展要求、规划内容与范围等旅游规划任务后,需要进行物质准备。物质准备包括工作计划准备、仪器设备准备和资料准备。

1. 工作计划准备

按规划人员结构、财力、设备、信息资料和时间条件,有效地组织安排调查研究工作任务,包括调查人员分工、调查内容、调查要求、调查路线、调查时间安排等。

2. 仪器设备准备

要认真准备实地调查所需的定位仪器、测量仪器、影像设备、录音笔、扫描仪、电脑等设备,保证在调查研究中仪器设备各项性能良好。

3. 资料准备

进行一项旅游规划调查之前,规划者必须要做好相关调查的资料准备,在熟悉基本资料的基础上提出调查方案。调查资料包括基础资料、专业资料两大部分。基础资料通常由旅游规划委托方提供,要求委托方必须精确地提供有关旅游系统关键因素的信息,包括地质地貌勘察资料、测绘资料、气象资料、水文资料、历史资料、社会文化资料、社会经济统计资料、交通运输资料、基础设施资料、服务设施资料、宣传媒体资料、土地利用状况与权属关系、生态环境资料、灾害与治安资料、旅游统计资料、政策法规资料、各类有关规划和图件、各部门所积累的有关资料和研究报告、与旅游资源单体及其赋存环境有关的各类文字描述资料(包括地方志书、乡土教材、各种照片、影像资料、旅游区与旅游点介绍、规划与专题报告等)以及与旅游资源调查区有关的各类图形资料(重点是反映旅游环境与旅游资源的专题地图)。

专业资料通常由规划组和委托方合作收集或专题检索,包括外部旅游发展状况的相关资料,如国内外旅游发展趋势、发展动态、研究成果、旅游供求状况、国家专门机构的旅游调查资料等。

(二)调查方法选用

旅游规划调查工作方法是在借助旅游资源学和社会调查学的基础上形成的,一般较多采取现场勘察与专项调查等方法。

实地勘察与专项调查是为了全面了解和掌握旅游规划地的旅游资源、旅游客源及其需求、旅游服务设施和旅游业发展的历史、现状及未来发展趋势。旅游规划组必须深入旅游规划地的旅游景区、景点进行实地考察,走访旅游企业及其相关部门,获取直接体验、第一手资料和认识。

1. 实地勘察

实地勘察的调查工作方法,较多的是运用于旅游资源调查,特别是对具有旅游开发前景,有明显经济、社会、文化价值的旅游资源单体以及集合型旅游资源单体中具有代表性的部分、代表调查区形象的旅游资源单体等单体进行重点调查。对明显品位较低、不具有开发利用价值的、与国家现行法律法规相违背的、开发后有损于社会形象的或可能造成环境问题的、影响国计民生的、某些位于特定区域内的旅游资源单体暂时不进行调查;同时,在条件允许的情况下,应对旅游规划地的周边旅游地进行考察,找出规划地的优势、确定规划地的发展方向以及与周边旅游地的竞争和合作关系。

在旅游资源调查中,可将整个调查区分为若干"调查小区"。调查小区一般按行政区划分,如省级一级的旅游资源调查,可将市、地区一级的行政区域划分为调查小区;市、地区一级的旅游资源调查区,可将县级一级的行政区域划分为调查小区;县级一级的旅游资源调查,可将乡镇一级的行政区域划分为调查小区。也可按现有或规划中的旅游区域划分。实施旅游资源调查的工作线路按实际要求设置,一般要求贯穿调查区内所有调查小区和主要旅游资源单体所在的地点。

2. 专项调查

为把握现有旅游者构成情况和潜在客源市场,可采用专项调查。旅游专项调查是一种统计调查,它是为了达到某一特定目的、专门组织的一种搜集特定资料的统计调查。形式与方法主要有问卷调查、采访、电话调查、媒介调查、座谈会等。

专项调查要深入景区、旅游景点、旅行社、宾馆、饭店、旅游局等旅游企事业单位进行调查。从景区获得旅游的总人数,从酒店获得旅游者的学历、性别、年龄、职业、人数等具体资料,从旅行社获得更为全面和详尽的资料,然后将三方面资料进行比较印证,从而获得关于旅游发展现状、旅游客源市场情况的认识。此外,旅游专项调查,还要对到访规划区的旅游者进行现场调查。对旅游者现场调查的内容一般包括旅游者来源地、对旅游资源的看法、对旅游开发项目的兴趣、现有旅游基础设施与旅游服务设施及服务满意程度、可参与文化风俗和节庆活动评价、旅游交通运输满意程度等。

专项调查可分为定期专项调查和一次性专项调查两类。定期专项调查,是指每间隔一定的时间进行同一命题的专项调查。例如,对我国旅游黄金周的专项调查就可以作为一年一度的定期专项调查,固定在每年的春节、"十一"等时间进行。一次性专项调查是针对某一专项研究需要进行的调查。例如,为规划区酒店服务、餐饮卫生、旅游商品、导游质量等研究需要,都可以进行一次性的旅游专项调查。

旅游专项调查可以采用问卷形式进行。旅游调查问卷的结构一般分为前言、主体和结语三大部分。前言部分,写明问卷调查的目的、意义、内容简介、调查时间、对匿名保证、答题要求、对接受调查者予以感谢、调查组织机构或组织名称等内容。第二部分是问卷的主要部分,包括调查内容和答题说明。一般又把问卷主体内容分为两部分:一部分是被调查者的背景资料,即调查者的性别、年龄、婚姻状况、收入等问题;另一部分是针对规划区所需调查的内容。

专项旅游调查问卷设计有开放式、封闭式、半开放式三种形式。开放式调查问卷,对调查问题不提供选择性答案,由被调查人自由填答。开放式问卷的优点可以使调查得到比较符合实际的答案;缺点是调查意见分散、综合难度大。封闭式调查问卷,在设计时给调查问题提供多项选择性答案,由被调查者从中选择回答。封闭式调查问卷的优点是调查意见集中,便于统计;缺点是所设计的调查答案可能包括不全。半开放式问卷,选择性答案问题和非选择性答案问题综合使用,通常将主要调查问题采用封闭答题方式设计,对战略性问题和征求意见性的问题采用开放答题方式设计。半开放式问卷集中了开放式问卷和封闭式调查问卷的优点,也较好地避免了两者的缺点,在实践中得到广泛使用。

旅游调查问卷设计技巧需要从吸引答题和便于答题方面考虑:其一,简单问题放在前面,复杂问题放在后面;能引起被调查者兴趣的问题放在前面,枯燥的问题放在后面;一般性问题放在前面,特殊性问题放在后面;先问行为方面的问题,再问态度、观念性问题;同类问题放在一起,容易回答;封闭式问题放在前面,开放式问题放在后面。其二,题目可以设计成半开放式,让被调查者吐露心声。其三,问题设问自然、用词准确、通俗易懂,易为被调查者接受与合作。问卷调查,可以直接访问消费者个人,也可以通过报刊、网络进行。为保证问卷的回收率,一般采用直接访问问卷方法。

旅游规划调查的目的是为了获得对旅游规划地的旅游发展现状的真实情况的认识,选择科学的调查方法是获得真实客观认识的前提。

(三)三大调查研究

旅游调查研究是要做好一项旅游规划的前提,需要做好旅游资源调查研究、旅游发展现状调查研究、旅游客源市场调查研究三大调查研究。

1. 旅游资源调查研究

旅游资源调查研究,需要对指定的规划区内旅游资源的类别、品位进行勘察、调查和评价。旅游资源勘察需要具体的测量,一般性旅游资源调查还带有访问性的调查工作。旅游资源的研究,除了定性和定量的评价以外,还需类比评价。定性和定量评价是对旅游资源单体所做出的评价;类比评价是将旅游资源放在一个更大的空间上,与同类资源的类比性评价,可以获得在一个大空间上的价值地位。旅游资源的调查严格按照国家标准《旅游资源分类、调查与评价》(GB/T 18972—2003)进行,编制规划区内旅游资源分类明细表,绘制旅游资源分析图,根据需要建立旅游资源数据库。

2. 旅游发展现状调查研究

旅游发展现状调查研究,包括对规划区、规划区所在省市区域、全国和世界三个方面的旅游发展现状进行调查研究,认识旅游发展的现状趋势,从而获得对规划指定区域的旅游发展战略和旅游项目、旅游产品规划的思路。旅游发展现状评价调查内容主要包括旅游市场调查、旅游项目和产品开发状况调查、旅游产业结构调查、旅游管理机制调查、已有旅游规划与政策的实施状况调查等。

旅游发展现状调查可采取详细调查与综合分析的方法进行。详细调查与综合分析方法是在详细调查活动中同时进行评价分析的方法。比如,对规划区内的旅游服务及交通等基础设施调查,在收集并总结已有的文件、数据、图件及一切有用的信息并与有关的政府官员、当地居民、相关企业深入地讨论的过程中,同时需要比较附近与之竞争的旅游区的情况,分析评价比较优势。又如,对规划区市场进行调查,在调查潜在游客的特征、消费方式、旅游活动、态度、对地方旅游产品的满足程度、偏好倾向,调查旅行代办机构及国外的潜在客源地的航空、旅游机构,获取游客对规划区所在地的感觉认识及经历、发现目标市场的同时,需要通过对竞争性旅游区进行竞争分析评价,找到规划区市场的增长点,确定规划区的性质、主题与形象,发现规划区发展的机会与问题,建立规划区发展的社会、经济与环境承载力体系。

旅游发展现状调查研究必须遵循实事求是的工作态度和作风,数据真实,推论科学,评价客观。

3. 旅游客源市场调查研究

旅游客源市场调查研究,是在对规划区域的旅游者数量、结构、地理与季节性分布、旅游方式、旅游目的、旅游偏好、停留时间、消费水平进行全面调查分析的基础上,研究提出规划区域旅游客源市场未来的总量、结构和水平。

根据旅游客源市场调查与预测,我们可以进行旅游运行成本与效益估算,通过进行开发项目财务分析和国民经济评估及投资风险与不确定性分析,从而确定旅游区开发的赢利能力、负债清偿能力和投资回收期。

旅游客源市场调查研究,关键是获得真实资料,实事求是地对旅游客源市场做出确定,为旅游产品与旅游项目设计、制订旅游市场营销方案提供依据。

四、规划编制

在做好前期准备工作的基础上,我们进入旅游规划编制阶段。规划编制的工作是撰写规划文本、绘制规划图件和编辑规划附件。

(一)撰写规划文本

规划文本是旅游规划的规定性文件。撰写规划文本工作的具体任务是:确立规划区性质、旅游定位、主题形象、旅游产品和旅游项目;确立规划分期及各分期目标;提出旅游项目及设施的空间布局和功能分区;确立重点旅游开发项目、投资规模,并对其进行经济、社会和环境评价;确立规划区的旅游发展战略,提出规划实施的措施、方案和步骤,包括政策支持、经营管理体制、宣传促销、融资方式、教育培训等。

规划文本写作,原则上需使用规划语言,要求:文字精练准确、明白易懂,主要写"是什么"和"怎么做",少写或不写"为什么";采用短句、短段,甚至是条文式写法;从内容到文体要体现科学性和可操作性。写作一般以时间为主线,按近、中、远期顺序展开;也可以主次关系为主线,按重点、次重点、一般、辅助的主次顺序写作。规划文本可适当采用图表对文字进行归纳和形象表述,凡能用图表表述的内容,可减少文字篇幅。规划文本图表设计要求具体、明了并起到化繁为简的作用。

(二)绘制规划图件

绘制规划图件应根据规划文本进行。规划图件,包括旅游区区位图、旅游产业综合现状图、旅游市场分析图、旅游资源评价图、总体规划图、基础设施规划图、旅游功能分区图、游线组织图、近期建设规划图等。图纸比例,可根据功能需要与可能确定。图件绘制是一项十分细致的工作,图件组的人员需要参加从旅游资源调查到规划编制定稿的全过程,熟悉规划文本和说明书,充分理解旅游规划的每一部分内容,提炼图件内容,选定图件的表达方式和色彩格调,在规划文本基本确定后,就可以根据规划文本的设计绘制图件,使规划图件起到给规划文本说明、深化的作用。

(三)编辑规划附件

附件包括规划说明书和基础资料汇编两部分。规划说明书,是对规划文本的具体解释;基础资料汇编要系统收入在规划编制过程中的技术数据、调查统计资料、计算过程、专题研究报告等所汇集整理的基础资料。说明书的任务就是对规划文本的主要规划思想和规划内容进行说明。在说明书中,要对规划区旅游业发展进行竞争性分析,对规划区性质、旅游定位、主题形象、旅游发展战略进行论证,对规划区旅游基础设施、旅游项目的设计进行说明,综合分析和评价各种制约因素及机遇。

规划编制工作可以按文本章节和说明书专题进行分工。旅游规划编制是一项深入而细致的工作，要求工作时间有所保证。原则上，省级旅游发展规划编制实际工作时间不应少于 8 个月，地市级旅游发展规划编制时间不应少于 5 个月，县级旅游规划编制时间不应少于 2 个月。其中，规划编制专家组现场调查工作日，省级旅游规划不应少于 100 人 · 天，地市级旅游规划不应少于 50 人 · 天，县级旅游规划不应少于 30 人 · 天。

旅游规划文本草案形成后，需要征求规划委托方的意见。规划委托方可以召开规划征求意见会的形式，召集有关部门主管人员和专家听取规划文本草案汇报并提供修改意见。规划编制单位在征求意见的基础上，可对规划文本草案进行修改、充实和完善，最终定稿。

五、规划评审

旅游规划文本、图件及附件的草案完成后，由规划委托方提出申请上一级旅游行政主管部门组织评审。

(一)规划汇报

在规划定稿后，旅游规划编制单位需要进行迎接规划评审的工作，确定汇报方案。汇报方案一般包括确定汇报分工、汇报内容和汇报课件方案。

汇报分工，需要确定落实汇报负责人、汇报发言人、汇报仪器设备调试、评审记录、评审摄像照相、会场协调等人员和工作责任。汇报负责人在评审会开始时负责致前词，评审会完结时致谢词。汇报发言人可以是规划项目负责人，也可以是某一规划专家，汇报要求吐字清楚，富有说服力。汇报仪器设备负责人要在评审会开始前调试好，在评审会汇报时负责保证仪器设备正常使用。评审需要有两人同时记录，手记和录音笔录制也需同时进行。评审会的摄像应是会议全程跟踪，重点是评审专家发言的摄像。评审照相主要是重要场面和专家发言的拍照并体现评审会的主题。会场协调主要是代表编制单位主动与评审会主办单位进行有关工作的协调，如给评审专家发放规划文本、评审专家名单打印、评审专家签名、评审会有关文件打印等，以保证评审会顺利进行。

汇报内容应该是经过提炼的主要内容和关键性的问题。因为汇报是在提供了规划文本的基础上进行的，陈述最好不要照本宣科，要有概括和重点阐述，要言简意赅，突出重点，讲明关键问题。

汇报课件的制作应尽可能动员最佳的画面和最好的技术，选择恰当的表达方式。汇报课件可分三部分：第一部分，是所规划区域的旅游资源介绍，配以解说和音乐，采用自动播发形式，安排在评审专家入场时播放。第二部分，是旅游规划的主要内容，可以采用概括性文句与表图相结合的形式表现，力图使之清晰明了。第三部分，是感谢词，字数以能够满分表达谢意为好。

（二）专家评审

专家评审是对旅游规划的科学性、可行性和指导性的技术把关，要高度重视，认真组织实施。旅游规划的评审应采取会议审查的方式，一般不采取函审。规划评审前，上一级旅游行政管理部门要对规划质量进行审查，确实没有重大质量问题后，方可组织评审会议。

旅游发展规划的评审专家由规划委托方与上一级旅游行政主管部门商定，旅游区规划的评审专家由规划委托方与当地旅游行政主管部门确定，由委托方书面邀请。旅游规划评审专家组一般在 7 人以上，由经济分析专家、市场开发专家、旅游资源专家、环境保护专家、城市规划专家、工程建筑专家、旅游规划管理官员与相关部门管理官员等组成。评审专家的确定，应注意省内外专家结合、中青年专家结合、旅游与相关专业结合、旅游与相关部门结合。其中，本省或本地区专家不宜少于三分之一，行政管理部门代表不超过三分之一，部门代表原则上不应担任专家组组长。省级旅游规划评审专家一般不少于 11 人，地市级规划评审专家不少于 9 人，县级规划评审专家不少于 7 人，其中 1 人为组长。规划评审小组设组长 1 人，根据需要可设副组长 1 ~ 2 人。组长、副组长人选由规划项目委托方与规划评审小组协商产生。

旅游规划评审采用会议审查方式进行。规划成果应在评审会议召开 5 日前送评审人员审阅，特殊情况下，不应晚于 3 个工作日之前。在召开评审会议之前，应组织专家进行实地考察。专家评审会议要安排充足的时间，原则上不限定评审专家发言时间，如需约定，应当在 30 分钟左右为宜，以确保评审专家能够充分发表意见。评审专家应根据国家有关法律法规及技术标准，结合自身专业知识，对规划文本相关内容进行技术评定，提出参考性技术意见，并围绕规划的目标、定位、内容、结构和深度等方面重点审议。重点评审：旅游产业定位和形象定位的科学性、准确性和客观性；规划目标体系的科学性、前瞻性和可行性；旅游产业开发、项目策划的可行性和创新性；旅游产业要素结构与空间布局的科学性和可行性；旅游设施、交通线路空间布局的科学合理性；旅游开发项目投资的经济合理性；规划项目对环境影响评价的客观可靠性；各项技术指标的合理性；规划文本、附件和图件的规范性；规划实施的操作性和充分性；等等。

旅游规划的评审，需经全体评审人员讨论、表决，须有四分之三以上评审人员同意，方为通过。评审意见形成文字性结论，经评审小组全体成员签字后，评定意见方为有效。

旅游规划评定常见选用或综合使用的方法有国家标准宏观评定法、目标评定法、综合平衡评定法、成本效益评定法。

1. 国家标准宏观评定法

国家标准宏观评定法是从旅游业总体的宏观角度，提出一个评价要素体系，对每一个要素设立一定的分值,进行评分,总计的分值越高,规划方案的质量越高(如表1-1所示)。

表1-1　宏观评价体系要素

序号	评价体系要素	赋分	得分	序号	评价体系要素	赋分	得分
1	体现旅游发展趋势	10		10	旅游服务系统规划的合理性	10	
2	体现国家或地区的发展政策	10		11	旅游产品与项目的创新与特色	10	
3	旅游规划理念、指导思想与原则的科学性	10		12	旅游商品的特色	10	
4	旅游业发展总体布局与功能分区的科学性	10		13	旅游市场营销方案的可行性	10	
5	旅游定位与形象定位的准确性	10		14	旅游线路设计的合理性	10	
6	旅游资源评价的准确性	10		15	土地利用的合理性	10	
7	产业发展SWOT分析的科学性	10		16	对历史文化古迹的保护和振兴传统艺术和手工艺	10	
8	发展目标的合理性	10		17	生态环境的保护	10	
9	市场定位的科学性	10		18	规划图件的规范性	10	

2. 目标评定法

目标评定法将规划目标量化,按规划内容各阶层的重要性程度确定不同的权重,然后将之分别与完成目标所需的成本和所得效益相乘。采用目标评定法:第一,规划目标尽可能转化成可测定的形式,目标的实现或退离用适当的方法加以度量。第二,按各项目标对各内容阶层重要性的不同,分别给予不同的权重数,将它们分别与趋近目标所需的成本和所获得效益相乘。随着时间变化,每种目标的相对价值可能发生变化,对于变化可通过权重的变化来调整。

3. 综合平衡评定法

综合平衡评定法,是指在分别解决各部分问题的基础上,再从旅游系统的整体出发,通过各部门的必要调整,使旅游系统的各组成部分之间形成合理的平衡比例关系,推动旅游系统健康、有序地发展。主要比例关系包括旅游资源与吸引力平衡、资源(旅游资源、水、土地、生态)配置平衡、运输平衡、接待与供应平衡、资金平衡、劳力与技术平衡。

4. 成本效益评定法

成本效益评定法的最好方案是给予投资者提供最大经济效益。最大的经济效益就是预料中的多种赢利的可能性。当决策者希望了解各种比较方案中哪一种具有最佳经济价值而又不能采用通常的市场手段分析时,成本效益评定法是比较有效的。成本效益分析的作用在于试图给市场以外的项目建立影子价格。成本效益评定法有较大的局限性,并不是所有问题都可以转化成经济问题,还有很多在旅游区开发中属于社会文化或自然环境的成本与效益问题。单一的成本效益分析将使规划方案的评定失之偏颇,需要辅以其他的评价方法。

旅游规划既有一定的规范要求,又有很大的灵活性,在旅游规划方案评审过程中,需要灵活运用各种方法获得对规划方案的科学评定。

六、修改定稿

旅游规划文本、图件及附件,经规划评审会议讨论后,规划编制单位必须按照规划评审意见进行修改。规划成果修改定稿后,由规划委托方按有关规定程序上报政府有关部门审查。旅游发展规划定稿并经政府有关部门审查后,需报同级人大审批、公布,具有法规性质,不能因人事更替而改变。

在实际操作过程中,旅游规划的工作程序还可以有多种方式,具体方式因规划专家的经验和评审方的要求而不同。在旅游规划过程中,旅游定位与目标市场确定、旅游产品与旅游项目策划、旅游发展预测与旅游规划指标确定、旅游生态环境保护等技术环节,需要加以特别重视。

思考题

1. 思考旅游规划的特点和要求。
2. 简述旅游规划的主要内容。
3. 试分析主要旅游规划类型。
4. 试分析比较资源导向的旅游规划思想和市场导向的旅游规划思想。
5. 试述“大旅游”的旅游规划思想。
6. 简述旅游规划工作的主要程序。

第二章

旅游规划相关理论

规划被视为一种组织人类活动的自觉意识的表现,是实现某种目标而对资源实行最优配置的过程。资源科学配置是经济学研究社会效益的核心。在这一过程中,人们尽可能地寻求效率。不同的社会发展时期,规定了不同性质的经济制度。在任何社会经济制度中,尽管经济学的性质不同,却都面临一个实现资源在各种经济活动中的最优配置的共同任务。

人类的旅游活动从自发到自觉,形成了一定的规范和规律。旅游在当今世界已经发展成为一种普遍的并具有重要的社会、经济与文化价值的社会生活。由于旅游产业的发展日益显现的重要的经济价值和社会价值,引起人们日益深入对旅游产业科学发展的研究。旅游业是一个随社会其他产业发展而发展的产业,旅游规划学理论的构建也是在借鉴相关学科理论的基础上发展起来的,从而形成旅游规划理论。

旅游规划学是一门随着旅游业的兴起而发展形成的新型学科,带有综合性学科特色,与控制论、规划学、旅游资源学、旅游社会学、旅游心理学、发展学、区位学、市场学、生态学、系统学以及城市规划、美学等多种学科有边缘与交叉关系,旅游规划学理论就建立在多学科边缘与交叉的相关理论基础之上,借用“他山之石”形成学科理论体系。

第一节　控制论、规划学、旅游资源学、旅游社会学与旅游心理学理论

一、控制论与规划学理论

(一)控制理论

旅游发展需要规划,需要通过规划对旅游系统实施控制。为实现旅游业的持续性发展,我们必须接受旅游资源承受力反馈和社会承受力的反馈,也必须接受旅

游规划对旅游发展控制的途径。

控制理论提供旅游规划对全局与个体系统关系的协调与控制的理论与方法。控制理论认为，旅游规划是构成一种控制特定类型的旅游活动的基础，所有的旅游规划都是一个寻求妥善控制各有关系统的连续过程，随着时间的推移，还需要做进一步的修正控制。

旅游规划过程是一个特定旅游系统的确定过程。旅游规划师列出旅游发展目标，根据旅游发展目标确定具体任务，借助旅游系统模型求得若干可能的行动方向，随后根据旅游发展目标和可能的财力来评价各个比较方案，最后选择和实施最优方案。

编制旅游规划，就是勾勒出在一定年限内希望最终实现的旅游业发展详细图景。旅游规划是一个受外部世界各种微妙变化力量所作用的连续进程。我们应该按照客观世界的本来面目进行旅游规划，应该根据经济发展的规律和社会发展的趋向来进行旅游规划，而不要把自己对于客观世界的武断看法强加于旅游规划。

旅游规划基本上是静态的。规划的重点是研究旅游规划方案所要完成的任务和实现这些任务的各种途径。旅游规划方法倾向于采用“调查—分析—规划方案”一个简单的顺序进行，对旅游资源和旅游现状进行调查，根据分析调查后的结论，提出发展的战略目标和必须采取的措施，将发展的战略目标和措施具体体现在一个可控制的旅游规划方案中。

人类价值观念随时间而变化，对旅游规划的控制与评判标准也将发生变化。最优的旅游规划方案是达到对旅游经济效益、社会效益、环境效益的全面控制。

（二）规划学理论

旅游规划学是介于旅游学与规划学之间的边缘科学，与旅游经济学、旅游心理学、旅游社会学等学科都属于旅游学的平行分支学科，各自以不同的侧面来阐述现代旅游活动这一复杂的社会现象。旅游规划学是借助规划学的相关理论与技术建立起来的新兴学科。规划学的相关理论（如区域规划理论）对旅游规划有重要的借鉴意义。

区域规划是一个微观和宏观的筹划过程，力求得到综合平衡的方案。旅游规划可分为微观区域旅游规划和宏观区域旅游规划。微观区域旅游规划以研究区域未来发展为中心，寻求区域旅游的合理布局和综合、统筹安排区域旅游基础设施和旅游服务设施等各项工程建设，是区域旅游战略目标期内的发展蓝图和旅游产业时空连续推进的依据，是区域旅游管理的准则与法律。宏观区域旅游规划是以经济效益、社会效益与环境效益为中心，以资源、人力、财力、物资信息的最优分配和利用为手段，以不断提高人民日益增长的精神生活和物质文化需要为导向，以建立一个人口、资源、环境相协调的持续发展的宏观区域旅游产业，是一个促进社会经济、文化、科技和环境总体发展的最优规划。

微观区域旅游是通过寻找区域旅游产业最佳布局、合理利用土地保证区域旅游有秩序、协调发展,统筹兼顾各产业工程建设。宏观区域旅游规划则通过探索区域社会、经济、生态、科技最优的发展途径、区域旅游资源最优配置,使旅游经济发展有较好的社会效益、经济效益与环境效益。

微观区域旅游规划是根据上层各级旅游发展规划及区域内的经济、社会状况,合理布局旅游产业体系,合理利用土地,综合安排区域旅游经济、文化等各项建设,保证区域旅游社会协调发展。宏观区域旅游规划的主要任务是根据上层各级旅游发展规划以及区域内的自然条件、建设条件、历史和社会现状,寻找符合本区域发展的优化结构体系,包括合理的旅游经济结构(产业结构、消费结构、需求结构、劳动力结构、投资结构)、组织结构、社会结构、人口结构、区域经济规模、人口规模、区域生产力布局、区域经济体系等,以达到区域旅游长远利益与当前利益、国家利益与区域利益的有机结合。

微观区域旅游规划理论主要是依据生产力布局理论,方法较多采用制图规划法,模型主要是沙盘模型、鸟瞰模型;而宏观区域旅游规划主要理论有区位论、经济增长理论、产业结构理论、边际效用理论、经济规模理论、系统理论、可持续发展理论等,方法有线性规划、非线性规划、博弈论、投入产出法,模型有经济数学模型(如投入产出、成本效益、生产函数、总体均衡等模型)、图形模型、仿真模型及推理模型(如决策树、目标树、逻辑关系网络等)。

一项科学的旅游规划应注意微观和宏观的统筹,既要注重微观的设计,增强规划的可操作性,又要关注宏观的策划,使规划更具前瞻性和战略性。

二、旅游资源学理论

旅游规划学的旅游资源理论来自旅游资源学。旅游资源学是旅游规划学的姊妹学科,旅游规划是在充分掌握旅游资源的基础上进行的,要认识旅游资源和利用旅游资源。旅游资源学的旅游资源调查、评价以及保护的理论为旅游规划提供了最基本的理论。

旅游资源理论研究蕴藏着自然和人类智慧奥秘的旅游资源的形成机制,以满足旅游者求知的精神需求;研究吸引旅游者的旅游资源特色和美学特征,以指导旅游规划对旅游资源开发利用的方向;研究繁多的旅游资源分类,以便系统地认识旅游资源,为合理利用旅游资源提供理论依据。

旅游规划学的旅游资源理论认为,旅游业要获得高效益发展,必须寻找对旅游者吸引功能大,在一定的社会、科技和经济水平下能利用的旅游资源,使旅游资源的经济、社会和生态三大效益获得协调发展;在旅游资源效益功能的发挥中,经济效益是最实惠和最令人鼓舞的,但是,旅游规划如果只重视经济效益而忽视社会效益和长远的环境生态效益,将造成对旅游资源及其环境的破坏;旅游规划要使旅游产业在发展中获得旅游资源三大效益的协调、旅游资源的永续利用以及旅游业的持续发展，应该对旅游资源及其环境的保护和建设给予重视，必须对旅游资源做出全面而科学的保护规划。

三、旅游社会学与旅游心理学理论

(一)旅游社会学理论

旅游现象的本质是具有众多相互作用要素和方面的结合体。它以旅游活动为中心，形成一个旅游社区。旅游社会学研究旅游者的社会属性，研究旅游者之间的关系、旅游者与接待地的社会关系，研究旅游与宗教、道德、伦理、语言、治安、保健的关系及其社会影响的理论和衡量模式。

旅游规划需要借助旅游社会学的理论，深入地调查、研究旅游发展与社区区民的关系，研究旅游发展对社区社会发展的影响，在旅游规划中体现社区利益，使旅游产业与社区社会经济、文化、环境协调发展。

(二)旅游心理学理论

旅游心理学是探索研究旅游现象的一个重要学科，研究旅游消费心理、旅游服务心理和旅游企业员工心理，特别是研究旅游行为的规律，研究旅游者的旅游知觉、旅游动机、旅游者的人格，研究旅游者的态度、旅游者的情绪和情感，研究旅游审美心理……这些都对旅游规划具有理论意义。

旅游规划是以旅游者的需要为前提，以能否满足旅游者的需要为制订方案的依据。旅游资源和旅游设施是旅游业生存和发展的基础，缺乏旅游资源和完备的旅游设施，旅游业就无法得到发展。旅游资源要变为现实的旅游产品，需要广大旅游者所接受；旅游设施所提供的服务，要符合旅游者的需求。旅游心理学理论有利于旅游规划科学合理地开发旅游资源和安排旅游设施。

旅游风景点的设计、旅游产品和旅游项目的选择，首先要考虑对旅游者是否具有吸引力，其次才能考虑其经济价值和社会价值。旅游者喜欢是旅游规划的先决条件。在旅游规划过程中，要依据旅游者的心理特点，充分考虑旅游者的兴趣爱好、知觉与视觉特点、审美习惯，来选择旅游风景点设计和考虑旅游产品策划与旅游项目安排。

旅游规划必须在充分考虑旅游者的心理特点的前提下，论证其科学性和实用性。成功的旅游产品在硬件建设上都十分注重旅游者的心理因素，使旅游者在旅游活动中得到最大满足。现代化的旅游交通设施是在完全考虑到旅游者安全、快速和舒适的心理需要的基础上改进和发展的。现代旅游饭店为给旅游者创造方便、舒适、恬静的生活环境，在设施安排上充分考虑旅游者的生理需要和心理需要、心理特点，以求吸引旅游者。根据现代人生活和工作的特点以及在当代社会大背景下形成的人们心理上的特点，规划设计具有强烈参与性和冒险性的娱乐项目，可以达到吸引旅游者的目的。

第二节　发展学理论①

任何事物都是发展变化的。发展理论以区域范围内的经济活动为对象,反映了区域经济的结构、发展的影响因素、发展过程以及合理组织经济运行规律。

发展理论要求旅游规划对旅游发展的未来进行预测。旅游规划是对旅游发展的未来进行预测、谋划和安排。事物是发展的,发展是有规律的,未来的状况可以根据发展的规律进行预测。旅游规划在进行旅游现状(如旅游者数量、消费能力、兴趣爱好等)调查之后,就可以对旅游发展中的游乐项目、住宿、饮食、交通、基础设施建设、旅游人才的配备等做出安排,以满足未来旅游者的需求。虽然对未来不能做出准确的预测,但是大概的估计也同样重要,有时微观预测并不需要很精确。预测的好坏可以用预测结果同实际情况的差异大小来衡量。

旅游规划发展关注社会的发展方向、社会收入的增减、旅游者人次的增长、劳动就业机会的增加、旅游经济结构的合理化以及影响到区域经济结构和社会文化结构等方面的变化。旅游发展变化表现为:全球的或区域的旅游收入、旅游者人数的增长、旅游者类型的变化;从组团旅游到散客旅游;旅游交通、住宿、通信、服务等条件的提高;旅游对区域经济结构和社会文化结构的影响;旅游对资源开发与保护的促进;等等。旅游的发展变化需要反映和体现在旅游规划上。增长极、梯度、点轴发展、可持续发展、旅游地循环发展等发展理论对旅游规划具有指导意义。

一、增长极理论

增长极理论是工业发展的理论。增长极是指围绕主导工业部门而组织的一组具有活力的高度联合的工业,又称"生长极"、"发展极"、"增长中心"。增长极不仅本身迅速增长,而且通过乘数效应带动其他经济部门的增长,把具有推动性的工业嵌入某地区后,将形成集聚经济,产生增长中心而推动整个地区经济的增长。增长极工业具有规模较大、增长较快、与其他工业的联系广泛而且密切、有创新能力等基本特点。

增长极的理论概念广泛应用于区域经济发展研究和区域规划研究。增长极理论可以应用于旅游规划中,尤其是区域旅游规划中。旅游规划中的增长极就是旅游地和旅游城市。在区域旅游发展过程中,我们应努力培养旅游发展的增长极,借此带动整个区域旅游的发展。在以旅游作为主导产业进行区域经济发展布局时,我们需要把那些旅游资源价值大、区位条件好、社会经济发展水平高的旅游地和旅

① 陆大道.区域发展及其空间结构.北京:北京科学出版社,1995:137-170.

游城市作为旅游增长极来培育，集中人力、物力、财力，重点开发，由此来带动相邻旅游地、旅游点的发展，促使区域旅游获得较大的发展。实践也证明，区域旅游发展往往首先是从一个或少数几个点上（旅游地）开始的，获得良好发展的一个或少数几个大型的旅游地往往能带动整个区域旅游业及社会经济的发展，这就是旅游的增长极发展。如果我们采取均衡发展的方式，则往往因重点不突出和人力、物力、财力的缺乏而造成发展力度不够，从而无法实现区域旅游的整体发展。

二、梯度理论

在现代社会经济发展研究中，我们常常会遇到地区间经济发展不平衡、事物的空间分布在一定方向上会出现有规律的递增或减少的现象。有的地区经济发展水平由低向高、由高向低的梯度变化状况，或梯度变化缓慢，或梯度升降变化急剧，从而形成区域经济发展中的“梯度”现象。在发展学理论中，梯度被广泛用来表示地区间经济发展水平的差别以及由低级水平地区向高级水平地区过渡的空间变化历程。梯度理论认为，极化效应促使城市带的发展梯度上升，扩展效应在一定程度上带动低梯度地区的发展，回程效应遏止过低梯度地区的发展。

旅游产业发展的过程也存在着梯度变化形态。旅游产业发展的梯度是旅游经济发展水平在空间上呈递增或递减现象，往往表现为由旅游中心城市或重点旅游地向周边呈递减分布。随着旅游经济的发展，这种梯度在逐渐向外推移，即向梯度差较小的方向或引力大于斥力的方向推移，而在旅游中心城市和重点旅游地则向更高的梯度发展。旅游规划在进行旅游业发展战略布局时，需要遵循旅游发展的梯度规律。

三、点轴发展理论

点轴发展理论认为，在社会发展初期，出现相互间隔的居民点或城镇两点，由于它们之间具有一定的社会经济联系，两点之间建设了交通线。在聚集因素的作用下，资源和经济设施继续在两点集中，逐渐在交通沿线上出现经济设施，使交通线的经济要素在两点间得以延伸，集中规模进一步发展，两点形成更大程度的资源和经济聚集，交通干线便成为一个经济发展轴线，沿线的经济设施成为新的资源和经济聚集中心，大量的人口和经济单位集中在交通线两旁，成为一个大的密集产业带；与交通干线相连的交通支线也随之发展成为次一级的发展轴；随着社会经济的继续发展，社会生产力的地域组织进一步完善，从而形成以“点”到“轴”为标志的空间经济结构系统。

在点轴发展理论中，点轴经济发展中的“点”是各级中心地，即各级中心城镇，是各级区域资源和经济的聚集点，也是带动各级区域经济发展的中心地；“轴”是在一定方向上具有联结若干不同级别的中心城镇而形成的相对密集的人口和产业带,称作"发展轴线"或"开发轴线"。发展轴有海岸发展轴、河岸发展轴、铁路干线发展轴、公路干线发展轴以及复合型发展轴等。点轴系统理论认为,社会经济客体在空间中是遵循从点到轴渐进式扩散的,扩散源沿着若干线状基础设施束扩散通道,渐次扩散社会经济流,在距"点"中心不同距离的位置形成强度不同的新经济聚集。由于经济扩散力随"点"中心距离延伸而衰减,新经济聚集的规模也随距离的增加而变小。相邻"点"中心扩散源扩散的结果,使扩散通道相互联结成为经济发展轴。随着社会经济的进一步发展,经济发展轴线进一步延伸,新的规模较小的经济聚集点又不断地形成。

点轴发展模式适用于旅游产业规划布局。在旅游产业发展中,"点"就是旅游中心城市或重点旅游地,"轴"就是旅游中心城市或重点旅游地之间联结的旅游通道。这样,旅游中心城市或重点旅游地的旅游发展,就有了点与点之间的旅游通道联结线(旅游交通线)。在不断的旅游发展过程中,处于旅游交通沿线的次一级的旅游城镇和旅游地、旅游点也逐渐发展起来,起到以点带线、以线带面的作用,从而带动整个区域旅游业的发展。因此,我们在进行旅游产业规划布局时,可运用点轴发展模式,遵守旅游空间发展的规律,寻求最佳方案。

四、可持续发展理论

可持续发展就是要把经济发展与环境保护结合起来,使取得的经济发展既满足当代人的需要,又不危害未来子孙后代满足需要的能力。可持续发展理论有两个最重要的基本点:一是强调人类追求健康而富有生产成果的生活权力,应当坚持与自然的和谐统一,而不是凭借着人类手中的技术和投资,采取耗竭资源、破坏生态和污染环境的方式来追求发展权力的实现;二是强调当代人在创造与追求今世发展与消费的时候,应承认并努力做到使自己的机会和后代人的机会平等,不能剥夺后代人发展与消费的机会。

可持续发展是当代社会发展的主题。旅游业可持续发展是在保持和增强发展机会的同时,满足目前游客和当代居民的需求;它是对各种资源的管理和指导,以使人们保持文化的完整性、基本的生态过程、生物的多样性和生命维持系统的同时,完成旅游对经济、社会和美学的需要。

在可持续发展理论指导下的旅游规划,要求旅游发展重视生态、环境、资源和文化的保护,以维持旅游长久的生命力;要求按时间的长、短期或近、中、远期进行规划,分期实施;要求根据旅游发展条件的不同,分清发展的轻重缓急,将发展条件好,重要的、投资较小的、比较容易建设的旅游项目优先安排、优先实施、优先建设,而将那些条件稍差、投资大、近期并不重要的旅游项目安排在以后建设;要求开发建设不可同时全部完成,而是分期实施,不断地开发新资源,推出新项目,以长久吸引旅游者,保持旅游的长久活力。

五、旅游地循环发展理论

旅游地的发展是有生命周期的，一般研究认为，一个旅游地的发展经过六个阶段：第一，探察阶段。探察阶段是旅游地发展的初始阶段，特点为零星的旅游者做无规律的旅行游览，旅游地也没有特别的设施为旅游者服务，旅游地的自然和社会环境未因旅游而发生变化。第二，参与阶段。随着旅游者的增多，旅游活动变得有规律，当地居民开始向游客提供一些旅游设施和旅游服务，并开始兴建旅游基础设施和服务设施。第三，发展阶段。出现固定的旅游市场，外来旅游投资骤增，本地居民简陋的旅游服务设施逐渐被规模大的、现代化的旅游服务设施取代，大量的广告和宣传吸引着旅游者，旅游地的自然面貌显著改变。第四，巩固阶段。旅游业的经营和旅游服务系列设施已确定下来，旅游地有了界限分明的旅游功能分区，当地经济严重依赖旅游业，旅游者的增长率不稳定，旅游设施可能不敷需要。第五，成熟阶段。旅游地形象基本建立起来，游客量达到最大，游客增长缓慢，社会、经济和环境问题开始突出，出现旅游竞争者。第六，衰落或复苏阶段。由于旅游者的兴趣发生转移或者旅游竞争者的更强吸引力，旅游者人数逐渐减少，旅游地难以同新的旅游地竞争而处于衰落。另外，旅游地也可能随着不断增加新的具有吸引力的旅游资源和旅游项目，再次使游客量增加，从而进入复苏阶段。进入复苏阶段的旅游地又开始新的循环。对旅游地生命发展周期的循环性研究，就形成旅游地循环发展理论。

旅游地循环发展理论对旅游规划的指导意义在于，在旅游地处在探察、参与、发展与巩固阶段，旅游规划的重点应放在旅游资源的开发、旅游服务设施的建设和旅游宣传促销上；在旅游地处在成熟阶段，旅游规划的重点应放在开发新的旅游资源、增加新的具有吸引力的旅游项目上，加强旅游宣传促销，避免旅游地跌入衰落阶段。旅游地的生命周期有不同的表现，具有特色的旅游地，不仅有完整的生命周期，而且还有一个持续时间很长的成熟阶段，而以人造旅游景点为主要旅游吸引物的旅游地、旅游点，则往往只有快速的增长阶段和快速的衰落阶段。生命周期短的旅游项目为时尚旅游产品。时尚旅游产品生命周期只有快速发展和快速衰落两个主要阶段。时尚旅游产品的致命点在于：旅游产品的目标旅游市场比较单一，很容易达到饱和；旅游产品只迎合了人们某一方面的兴趣，时尚性较强，而人们的兴趣容易转移，从而造成旅游产品的快速衰落；时尚旅游产品的推出需要伴随着大量宣传营销，随着营销力度减弱而使旅游地、旅游点衰落；时尚旅游产品避免不了被模仿和被抄袭，难以避免市场空间被挤占，从而造成旅游产品衰落。因此，我们在进行时尚产品的开发时，切忌一味模仿、照搬。

各种发展理论都是指导旅游规划的重要理论依据。发展理论认为，旅游业处在不断发展变化的过程中，旅游所涉及的社会、经济、文化、资源等都在发展变化之中，可能向积极的方面发展，也可能向消极的方面发展。因此，发展理论需要旅游规划在综合考察各种影响因素的基础上，统筹安排，统一规划，使之向着积极有益的方向发展，避免向消极有害的方向发展。此外，发展理论还要求旅游规划应根据旅游发展过程中出现的新情况，不断地对规划进行修改、纠正和补充，以实现规划对实际工作的指导并增强规划的应用性。

发展理论认为，旅游经济的发展需要一个稳定的发展模式。发展模式的选择就是确定旅游发展方向，是旅游发展战略规划中的纲领性部分。一个区域旅游发展模式的选择是建立在区域客观条件的基础上的，是在综合考虑旅游资源条件、市场条件、社会文化条件、经济发展水平等诸多条件的基础上，确定一个适合的区域旅游发展模式，以最少的经济投入获得最大的经济效益。旅游发展模式的选择，可以根据区域旅游发展条件进行创新，也可以是对其他区域旅游成功发展模式的借鉴。

第三节　区位学理论

旅游产品与旅游项目是一些不可移动但可以复制的景观和旅游吸引物，游客只有离开常住地到达旅游项目所在地才能购买消费，因此距离阻抗成为产品销售的重要影响因素，客源量一般随距离呈衰减现象。旅游项目的市场在空间上呈现向心集聚而不是网络扩散，因此旅游区位具有重要的意义。

一、区位学理论

区位就是自然地理位置、经济地理位置和交通地理位置在空间地域上有机结合的具体表现。区位理论是说明和探讨地理空间对各种经济活动分布和区位的影响，研究生产力空间组织的一种学说，是关于人类活动的空间分布和空间组织优化的理论。区位理论主要应用于城乡土地利用、厂址选择、商业服务业网点设置、城市体系、交通网络、经济区划、城市区域优势等。区位理论中的区位优势说、中心地学说、距离衰减法则、集聚经济理论等对旅游规划具有重要理论意义。

（一）区位优势说

区位理论所研究的事物空间组织有三个层次：一是广域角度的某一作用体系的空间格局；二是作用体系集聚单元的区位选择；三是组成集聚单元的基本要素的场所选择。在旅游活动中，事物的空间组织也可分区域、旅游地、旅游点三个层次。旅游活动的三个层次与旅游规划的区域旅游规划、旅游地规划和旅游点规划三个层次相吻合。

区位优势对旅游规划十分重要。区位因子有自然、资源、交通、市场、人力、集聚、经济、社会等。寻求区位优势，就是分析各个区位的因子优势和整体优势。区位优势具体分为:有形区位优势和无形区位优势;绝对区位优势和相对区位优势;局部区位优势和全局区位优势;空间区位优势和时间区位优势。

旅游区位的优劣反映了人们进入旅游目的地方便程度的大小,影响到旅游市场的大小和旅游可进入程度,决定来访游客的多少,最终决定旅游经济效益的大小。旅游区位条件决定旅游开发建设的力度。资源价值高、区位条件好、区域经济背景好,为旅游开发的理想地区,应该优先开发;资源价值高、区位条件好、区域经济背景差,是理想的旅游开发区,开发后能较快地取得经济效益;资源价值高、区位条件差、区域经济背景差,发展旅游业比较困难,主要任务是对旅游资源的保护,待时机成熟时再开发。对一些区位稍强的地区,可以规划一些较低层次的观光旅游活动以及一些专题旅游,注重的是经济和环境效益;资源价值低、区位条件好、区域经济背景好,可以充分利用区位和地区经济优势建造人造景观,或恢复历史上有名但已被毁的名胜古迹,创造特色吸引游客,并向四周扩散,开发新的旅游资源。

区位优势理论要求旅游规划注意选择最佳的旅游设施和最佳的观景点场所。旅游场所选择属旅游业布局,有宏观旅游产业布局和微观选址布局。区位优势理论要求旅游规划以方便游客、为游客服务、利于保护旅游资源、提高土地的利用效率等为原则,进行旅游设施场所选择和旅游产业布局。

(二)中心地学说

中心地学说是研究城镇区位的一种理论,其主要论点是立足于城市的服务职能,将城镇作为一个具有带动和辐射作用的整体系统加以研究,认为城镇是人类社会经济活动在空间的投影,是区域的核心,形成于一定数量的生产聚集的基础上。城镇应建立在乡村的中心地点,起着带动和辐射乡村的作用。其中心地位依赖于收集输送地方产品并向周围乡村人口提供所需货物和服务而存在。

中心地学说对旅游规划的意义是指导区域旅游中心地的选择。区域旅游中心地是对区域旅游发展具有带动和辐射作用的地域。旅游中心地选择可以是自然存在的,也可以是人为创造的。旅游中心地应该从旅游需求和旅游供给等方面进行综合的考察和研究,从而获得有实践和发展意义的结论。

(三)距离衰减法则

距离衰减法则认为,地理现象之间是相互作用的,作用力随距离的增加而减小。在旅游规划中,距离衰减法则体现为:随着旅游目的地与客源地之间距离的增加,到访和接待的游客便会减少。依据距离衰减法则,旅游规划需测定旅游目的地与旅游客源地、旅游客源中心到旅游景区(景点)的距离,将之选择在最佳的旅游距离之内,确定最佳旅游游程、选择建设最佳距离的旅游景区、测算可能的旅游空间流量等。

(四)集聚经济理论

集聚经济理论认为,产业在地理上的有效集中,可以获得聚集经济效益。在社会经济发展中,将生产上或分配上有着密切联系、有着相同指向的产业,按一定的比例成团地布局在某个拥有特定优势的区域,就有利于形成一个区域生产系统。在系统内,每个企业都因与其他关联企业接近而改善了自身发展的外部环境,并从中受益。整个系统的总体功能大于各个企业的功能总和,超出的部分来源于因集聚而造成的有利环境,从而形成"集聚经济效益"。

集聚经济效益包括生产或技术集聚效益和社会集聚效益。生产或技术集聚,可使企业扩大生产规模或企业间加强协作从而产生集聚经济效益。社会集聚使企业共同使用专门设备、公共设施和市场,降低生产成本,从而实现集聚经济效益。因此,任何区域,无论大小,在宏观上都要求组成一个规模适当、结构合理、联系密切的集聚体,只有这样才能最大限度地获得集聚经济效益。在微观上,区域内的主要产业,特别是第二和第三产业,又总是带规律性的成团地集聚在区域内一些生产发展条件较为优越的点上,而不会普遍分散到全区各地。

在旅游产业发展中,同样存在着集聚经济效益,表现为旅游企业之间的集聚和旅游业与相关产业之间的集聚。在一定的区域内,围绕提供旅游服务集聚了提供相同或不同旅游服务的企业,它们相互依存、相互促进、互为补充,形成了旅游集聚规模经济。在同一区域内,各个旅游企业共同使用同一旅游基础设施和同一旅游市场,从而带来了旅游经济的集聚效益;同时,各个旅游企业共同组成的区域整体旅游形象,又增加了区域整体旅游吸引力,扩大了共同的旅游市场,并带来更大的经济效益。在同一区域内,旅游业和相关产业之间形成集聚,相关产业为旅游业的发展提供所需的设施、设备、原材料以及资金、人才等的同时,也从旅游经济集聚中获得发展。

在进行区域旅游规划的空间布局时,我们可以运用集聚经济理论原理,合理进行旅游产业布局,形成互补联动的行业与产业群,从而获取旅游要素集聚经济效益;同时,基础设施的共享(如一条交通线路可由几个旅游地和旅游点共同使用),既可以相对成本降低,又可以提高利用效率、增加旅游资源容量,从而带来更大的经济效益。

对于旅游者,集聚经济效益可以使他们有选择更多旅游目的地的机会,可以使他们减少交通时间;对于旅游目的地,集聚经济效益可以分流客源,减少游客对某一目的地资源的压力和破坏。在著名旅游区,许多旅游点资源价值很高,但由于体量小,所占的面积少、游时短,难以形成较强的吸引力,因此需要同周围的其他旅游地和旅游点联合,共同开发,以形成整体优势,增加吸引力。旅游集中发展的地区,能提供很多观光、游览、娱乐的去处,能提供多种旅游服务,土地利用率和价值就会增高。总而言之,旅游产业的聚集布局有以下五个方面的效益:

第一,旅游产业集中布局能使基础设施成本低、效用高。随着旅游业深入发展,旅游市场规模扩大,新的旅游经营项目、旅游商铺更易生存。经验表明,当饭店与餐馆相邻布局时，更容易形成市场规模营销优势。

第二，旅游产业集中布局所形成的旅游吸引物的多样性，可以吸引游客滞留更长时间，从而增加各个旅游服务经济部门的收入；可以促进区域旅游经济的稳定；可以为大型和综合性旅游产业形成提供稳定的、有技能的、可靠的劳动力来源。

第三，旅游产业集中布局，使旅游基础设施同时可以为游客和当地人使用，有利于游客与当地居民的交流与友谊，有利于强化区域风俗文化，形成新的民间民俗旅游吸引物。

第四，旅游产业集中布局，有利于环境保护与控制，有利于集中处理污染物，有利于有效保护旅游资源敏感区。

第五，旅游产业集中布局，可以防止布局散乱，防止对主要自然景观的视觉污染，有利于主题形象的形成，有利于使促销活动获得规模效应。

当然，事物发展是辩证的，在旅游规划中，我们是集中布局还是分散布局，需要以旅游承载力为出发点，除了考虑自然资源承载力、社会承载力之外，还需考虑管理承载力，考虑管理能力所能承受的游客数量极限。

旅游产业集中产生的集聚经济效益，同时也会因为“集聚”带来污染的集中、交通的拥挤以及水、电供应不足和土地价值上涨等问题，在旅游规划中要有具体的管理措施。

二、旅游区位选择

在旅游规划中，对于旅游区区位的选择，至少要从投资的营销策略角度进行论证，进行旅游区区位的社会学特征、经济状况、交通格局、资源条件等方面的可行性研究。

旅游投资对旅游区位的选择有数种策略，一般地，人们总是希望能占据最佳旅游区位，掌握最佳市场机会，这意味着必须寻找在市场营销中能产生最优效益的旅游投资区位。

（一）旅游区区位社会学特征可行性分析

旅游业的成败取决于是否有消费者消费旅游产品与服务，因此所处旅游区区位及客源地的社会学特征对旅游业发展起重要作用。旅游区区位的社会学特征可行性分析，一是要对进入旅游区的游客进行社会人口学分析，分析其数量、收入、婚姻状况、家庭规模、闲暇时间、教育水平、职业、宗教、对旅游的态度、对各种旅游产品与服务的偏好等，以确定旅游区区位的适宜性；二是对旅游社区旅游业进行认可程度分析，旅游社区对旅游注重的态度影响着旅游业的成败，旅游社区支持或敌视旅游业往往影响着旅游的就业、土地产权、游客经历、基础设施建设和旅游业发展的进程。

（二）旅游区区位经济状况可行性分析

其主要内容包括员工收入、消费习性、区域经济状况及企业关系。区域经济状况往往影响土地、劳力、资金的可获得性及投资成本，企业关系涉及同行业的竞争及异行业的竞争，前者主要争夺客源，后者争夺资源。在旅游区发展的初期，经济状况较有利于旅游投资，随着旅游区的发展，旅游投资也随之增加市场难度和风险。

（三）旅游区区位交通格局可行性分析

其主要考察旅游区交通流量、交通方式等。交通主要影响旅游的可进入性，好的交通格局将使旅游区获得便利的旅游交通，获得畅通客流、物流与信息流，从而获得发展的便利。旅游区交通格局的改变，涉及大量的基础设施建设，很多著名风景区因交通格局一时无法改变而得不到开发利用，也有许多风景区因交通格局不合理而导致自然环境破坏并丧失旅游气氛。

（四）旅游区区位的资源条件可行性分析

其主要内容包括：第一，资源的旅游吸引物特性，如海滩、湖泊、滑雪场、山川、民俗、考古与历史遗址等，不同特征的旅游资源具有不同的旅游吸引力；第二，具有与开发类型相适应的小气候条件与自然环境的吸引力；第三，有足够的可开发利用的土地；第四，供水、供电、排水排污、通信等基础设施具有开发可行性；第五，有足够的土地用于修造缓冲带，同时没有过度的空气、水或噪声污染；第六，有充足的劳动力资源供给。

在旅游规划中，对旅游区区位选择的具体分析方法有纯利润估计法、顾客行为法以及加权评分法。纯利润估计法就是利用程序化方案确定零售业的最佳区位。程序化方案有两个基本原理：一是在一系列选择方案中，测算各可能位址区位会影响潜在的销售量；二是估量各可能位址具有内在的作用，影响运行成本和销售量的规模。最佳的位址区位是纯利润最大的位址区位。从一组选择方案中找出最佳位址有以下六个步骤：第一，估计特定区位的特定经营规模最大时的销售状况；第二，估计该区位从某特定规模到最大规模时的操作成本；第三，在销售额中减去区位各经营规模的成本，估计其纯利润；第四，确定所讨论的区位内不同规模间纯利润最大的经营规模；第五，对每一区位重复第一、第二步；第六，确定可能区位中最大的利润区位。

顾客行为法是通过对典型消费者进行调查，确定消费者人数及可能的消费量，从而确定市场潜力，通过比较市场潜力大小选择最佳区位。其基本步骤是：第一，消费者基本情况调查；第二，辨识消费者动机与偏好；第三，确定期望消费者人数；第四，确定期望消费者的消费量；第五，比较区位成本与利润，确定最佳区位。

加权评分法是对数个可选性的区位方案通过评分进行选择：根据一定的评价指标要素，由专家进行打分，然后加总，比较各可行性的区位的得分值，得分值最大者即为最佳区位。旅游区区位加权评分方法,通常采用的评价指标有资源条件、市场规模、地理条件、气候、交通条件、能源供应、水源、排水、扩展余地、环境保护、安全、协作条件、劳动力来源、产品销售、投资费用等。

一般来说,以人造景观为主的旅游区区位的选择以市场指向为主,旅游区区位要接近旅游客源市场地和有客源潜力的地区;而以自然景观为主的旅游区区位的选择则以旅游资源指向为主,旅游区区位应尽量接近旅游资源地,接近具有最高质量并具有唯一性的旅游吸引物。

第四节 市场学、生态学与系统论理论

一、市场学理论

市场是联系销售和购买商品的中间过程。市场的含义一般有以下三种观点:一是传统经济学的观点,市场是指买卖双方交换产品所有权和使用权的场所,或者说是产品或劳务实际发生转换的地方;二是现代经济学的观点,市场是指买者和卖者之间对一个特定产品交易和处理的网络;三是卖方的观点,市场是指产品实际的和潜在的购买者,购买者可能是已经发生的实际购买者,也可能是需要诱发的购买者,他们可能存在于一个场所,也可能分散在几个场所。

旅游市场一般是从第三种观点出发,按旅游者产生的地域(旅游客源地)分类,如欧洲市场、美洲市场、日本市场等;也可以超越地理的界限,指各种类型的旅游者,包括旅游者及中间商,如青年市场、老年市场、女青年市场、学生市场等。

在旅游市场上,旅游产品的销售和购买过程,先是旅游者把货币交给中间商,由中间商将旅游者带到目的地,待旅游者离开目的地,这个交换过程算是基本完成。通过中间商的交换,只是整个销售和购买过程的一部分,旅游者还有其他消费支出,甚至旅游者可能直接去购买产品。

研究旅游市场,是为了制定有效的市场营销规划。对市场和营销策略的研究是旅游市场学的任务。旅游市场学研究的内容主要有目标市场的选择、市场调研分析、市场预测、市场营销策略等。旅游市场的研究对于旅游规划具有重要意义。

在自由竞争的市场经济条件下,旅游业已由卖方市场转为买方市场。不是生产什么,就得买什么,而是需要什么,就提供什么。这要求旅游规划重视旅游市场导向,把旅游的市场需求作为营销策略规划的出发点之一,从市场原则需求出发,将人们的需求和爱好反馈到旅游市场供给上来,通过旅游规划提供旅游者所需要的或者是对旅游者有吸引力的旅游产品。要完成市场原则对旅游规划的指导,首先是要进行目标市场的选择。市场原则对于旅游规划的意义包括制定市场发展战略、设置旅游项目和基础设施规划与建设三个方面。

（一）制定市场发展战略

旅游市场的研究与反馈，要求旅游目的地推出旅游“拳头产品”，作为旅游市场营销的物质基础：研究旅游目的地的市场优势产品在同类旅游产品中的地位和知名度；选择旅游知名度高、旅游吸引力强的优势产品作为旅游“拳头产品”来开发和规划。寻求旅游“拳头产品”，一是从地域差异规律出发，从已有的自然和文化旅游资源中产生；二是根据区位特点人为创造旅游“拳头产品”，如深圳华侨城根据毗邻香港的区位特点创造的“锦绣中华”。

（二）设置旅游项目

旅游项目是旅游规划的一项内容。旅游项目规划要考虑资源条件和游客两个因素。游客的旅游兴趣有很多，如观光、访古、求知、探亲访友、探险、商务、疗养、休闲、娱乐等，不同的旅游兴趣要有不同的旅游项目设置。例如，老年人喜静，年轻人好动；收人多的消费高，收入少的消费低；有喜好新奇的，有喜欢归宿感的；有身体状况好的，有身体状况欠佳的；有本国人，也有外国人……所有这些都必须在旅游规划中加以考虑，因为游客是旅游产品的购买者。好的旅游项目既是吸引人们的因素，又是旅游市场营销的基础。

（三）基础设施规划与建设

旅游基础设施的规划和建设与旅游者有广泛的联系。就收入来说，收入高的旅游者，要求住高档宾馆、乘坐飞机、打高尔夫球等高层次娱乐；而收入中等或低收入的旅游者，则要求住中、低档宾馆，乘坐火车、汽车，进行一般性娱乐消费等。

旅游规划需要以市场为导向，但不能迁就某些旅游者的不良需求，不能将旅游地规划成赌博的场所、吸毒的场所、性服务的场所以及一切犯罪行为的场所。旅游规划必须努力使旅游项目规划朝着遵循社会道德、健康的方向发展。

二、生态学理论

生态学理论是进行旅游规划的基本理论之一。生态理论最初研究的对象是自然界的生态系统。生态系统由生产者（绿色植物）、消费者（主要为动物）、分解者（微生物）以及非生物成分组成，前三者分别代表生产、消费、分解三个功能单元，非生物成分提供能量和物质基础。生态系统各要素之间是相互联系与制约的。要维护一个生态系统的运转，必须使这个系统的结构与功能均处于良好的状态，具有一定的自我调节能力，能够经受不大的干扰并进行自我恢复。在人类发展的每一个时代，自然界的每一个生态系统都不同程度地受到人类的干扰，尤其是污染，使得系统的协调受到破坏和严重的威胁。自然生态系统失调反过来会造成人类社会巨大的经济损失，对人类生存形成威胁。于是，人类生态学、生态经济学、社会生态学等生态学便应运而生了。

旅游是一项经济产业，不可避免地涉及自然界中的生态系统。生态学在旅游业中的运用，便形成旅游生态学、景观生态学，对旅游规划具有重要理论指导意义。

旅游生态学是介于旅游学与生态学之间的一门学科。旅游生态学研究的是旅游与生态之间更为具体、更为细致的内容，研究旅游与生态相互作用的一个复杂的旅游生态系统。旅游生态学研究的具体内容包括游客的行为对生态的影响、生态系统对旅游活动的反应、如何保护生态环境、生态经济分析、如何规划建立和管理生态旅游区等。

以旅游生态学理论为指导的旅游规划，要努力使规划的对象有一个运行良好的生态系统。发展生态旅游是旅游业实现可持续发展的一条途径，“生态旅游区”将是旅游规划的主流。生态旅游区不仅为人们提供了生态旅游的场所，而且又通过科学的规划和管理保护了生态环境。生态旅游区的核心在于有一个运行良好的生态系统，这个生态系统能够向人们展示赏心悦目的景观，以获得愉悦的感受。

景观生态学，实质就是综合自然地理学。地理学家认为，景观是一个独立的自然地理区，它含有地质、地貌、水文、气象、气候、土壤、生物（植物、动物）七大要素，是一个复杂的综合体。在结合生态学思想进行旅游景观规划时，要深刻理解构成自然环境的结构、功能、场所三者相联系的过程。旅游景观规划的目标就是使三者在配置上达到最高限度的协调，即结构最佳、功能最佳和场所最吻合。

生态学的生态容量规定是旅游规划确定旅游景点人均占有的基本空间的重要依据。在旅游功能性强、吸引力大、旅游者的流量大的旅游热点地区，需要不断推出新的旅游产品并扩充其空间，开辟新景点和新的旅游线，以扩大游人容量和增大旅游生态效益。

在生态旅游学指导下的旅游规划，要有生态环境保护规划，划分出保护对象的空间范围，即划定保护区，进行有选择的旅游开发，具体包括：市场选择，吸引环境保护型旅游者，注重旅游环境，保护旅游环境；选择高消费、高素质的旅游者，减少环境污染。

生态旅游学要求旅游规划注重景观视觉的保护。建筑与环境相和谐是景观视觉保护的根本目标。在进行旅游建筑规划设计时，我们需要吸纳有经验的建筑设计师和园林设计师参与，以确保旅游建筑达到和谐自然的景观要求。

三、系统论理论

系统论认为，系统是由相互联系的各个部分和要素组成的，它是具有一定的结构和功能的有机整体。整体称为系统，构成整体的各个局部称为子系统，子系统之下还有更低一级的子系统，最低级的子系统为组成系统的各要素。系统论的基本思想就是把要研究和处理的对象都看成是一个系统，从整体上考虑问题，同时还特别注意各个子系统之间的有机联系，把系统内部的各个环节、各个部分以及系统内部和外部环境等因素，都看成是相互联系、相互影响、相互制约的整体。系统具有整体性、综合性、层次性、动态性、结构性等特征。

在系统理论框架下的旅游规划中，旅游业就是一个系统。旅游业的系统有功能系统和结构系统。功能系统包括旅游客体、旅游主体、旅游媒体三个子系统。结构系统包括旅游资源、旅游产品、旅游市场、旅游设施、旅游服务五个子系统。各子系统之下还有更低一级的子系统，如旅游资源子系统还有自然资源、人文资源等更低级子系统。旅游功能系统是一个动态系统，由旅游吸引物、旅游者、服务与设施、交通、信息和指导五个部分组成。也有学者认为，旅游规划主要涉及经济、环境和社会文化三个方面，将旅游系统分为经济系统、环境系统和社会文化系统。

系统理论为旅游规划提供了认识论基础和方法论基础，用系统的观点来看待旅游，用系统的方法来研究旅游和规划旅游。系统理论对旅游规划有以下指导意义：

(一)明晰规划要素

旅游业作为一个系统，组成这个系统的诸要素是相互联系、相互制约、相互影响的，规划时偏颇一些要素而忽视另外一些要素都是不可取的，只有整体考虑、综合规划，才能使旅游朝着预定的方向协调发展。按照系统理论，旅游规划的内容因素需要得到系统性认识，即认识旅游系统的诸要素以及要素之间的联系。系统理论要求旅游规划追求经济、环境和社会三个方面最佳的系统效益。

旅游系统与系统外也是有联系的，如旅游对区域经济影响有乘数效应，使区域经济得到的不仅是旅游收入，而且更重要的是系统效益；旅游有对内部环境的影响和污染，有对外部交通与投资因素的相互联系，旅游规划需要对内部的旅游污染提出预防和治理措施，对外部的交通与投资提出规划与方案。

(二)指导规划程序与结构

旅游规划的内容很多，考虑的要素繁杂，所需的知识体系庞大，需要系统理论将这些内容和要素合理地组织起来。旅游规划是一个过程——一个分析和决策的过程，要使这个过程条理清晰，有条不紊，同样需要系统理论。系统理论始终贯穿于旅游规划的全过程。系统理论不仅要求旅游规划全面、综合地考虑旅游的系统要素，而且要求旅游规划的程序是一个系统程序。

系统论理论为旅游规划提供了分析结构层次与综合的具体方法。系统论的层次原理是将结构系统细分为许多子系统，子系统又细分为更低组织水平的子系统……系统层次原理分析就是这样一层一层地分析下去，最终落实到组成的要素；系统综合原理与层次原理相反，首先是要素的综合，然后由低组织水平的若干系统向高组织水平的子系统逐步综合，最后形成整个系统的整体规划。

(三)指导旅游规划编制反馈与实施反馈

旅游规划编制需得到系统论反馈原理的指导。系统论认为，将输出变为输入的行为就是反馈，反馈可以得到系统改进和发展的推动。旅游规划编制的最初成果,有可能对某些问题考虑不周、分析不力,通过征求意见和召开评审会,将获得修改意见和要求的反馈,从而推动着旅游规划质量水平的提高。旅游规划在实施时,同样也会发现不少问题,要求对规划进行修改。随着时间的推移,旅游发展到一个新阶段,出现旅游新现象、新问题,形成对旅游规划的实施反馈,这也要求对旅游规划进行修订或重新编制。

社会在发展,科学在进步,新学科、新理论会不断补充到旅游规划学的理论体系当中,从而不断丰富旅游规划学理论体系的内容,也使旅游规划学的发展更适应旅游产业发展的需求。

思考题

1. 简述旅游资源学理论。
2. 试分析发展学对旅游规划的理论意义。
3. 试分析系统论对旅游规划的指导意义。
4. 旅游产业的聚集效益主要体现在哪些方面?

第三章

旅游发展规划、旅游区规划、旅游度假区规划

旅游发展规划、旅游区规划、旅游度假区规划是旅游规划体系中的最主要的规划。旅游发展规划是对一定行政区域旅游产业发展所做的计划或谋划，旅游区规划是对某一旅游区的旅游发展诸要素所做的策划与安排，旅游度假区规划是对确定为旅游度假区的区域进行以休闲度假为主题的旅游度假业诸要素所做的筹划与安排。旅游发展规划、旅游区规划、旅游度假区规划三者有相通之处，又各有特色和区别。

第一节 旅游发展规划

依据国家《旅游规划通则》，旅游发展规划是根据旅游业的历史、现状和市场要素的变化所制定的目标体系以及为实现目标体系在特定的发展条件下对旅游发展的要素所做的安排。按照旅游发展规划所规划的范围和政府管理层次，其可分为全国旅游发展规划、区域旅游发展规划和地方旅游发展规划。地方旅游发展规划又可分为省级旅游业发展规划、地市级旅游业发展规划和县级旅游业发展规划。

一、旅游发展规划类型

旅游发展规划，可加"业"字，称"旅游业发展规划"。依照旅游系统结构，旅游发展规划可分为行政区旅游业发展规划和旅游区旅游发展规划两类。

（一）行政区旅游业发展规划

按照我国行政区域管理体制，产业性的旅游发展规划，可按国家、省、市、县的行政区分成不同等级的旅游发展规划。旅游发展规划通常沿用国家旅游规划的体例。

编制国家旅游发展规划，主要依据是对国内、国际宏观经济的分析和预测。以经济预测、市场战略、产业计划为主的国家旅游发展规划，具体到省、市、县时，旅游规划的职责就转化为基于本地旅游资源条件和可承受的旅游发展强度以及合理布

局旅游产业的整合性谋划。

在激烈的现代旅游市场竞争条件下，省、市、县的旅游发展规划，应该致力于为本地发展旅游而综合解决构建旅游产业系统的关键性、整体性问题，如交通、信息、市场管理、资源环境保护等旅游市场本身难以解决的具体问题，培育和支持地方旅游经济发展，迅速增强旅游市场竞争力。

随着我国社会经济体制改革的深化，计划经济形态下发展规模指标，逐步让位于依靠市场经济调节下的发展战略。行政区旅游业发展规划要充分调动旅游市场的活力，推动旅游经济的发展。就经济结构而言，旅游经济发展的波动性和不确定性远高于其他产业，行政区旅游业发展规划作为省、市、县旅游事业发展的指导性文件，应是一个旅游产业结构规划和旅游产业战略规划，重点解决区域旅游支持系统、区域旅游产品系统、区域旅游保障系统等具有战略意义的结构性问题。

在省、市、县范围内，行政区旅游业发展规划应是可持续发展的规划，旅游规划的内容不仅是旅游经济发展的规划，而且还应是旅游环境保护、民族民俗文化保护、促进社区社会文明进步的发展规划，通过旅游规划，集聚人力、物力、技术、信息，使旅游产业持续稳定地发展，带动地方相关经济的发展，从而推动社会的全面进步。

（二）旅游区旅游发展规划

旅游区旅游发展规划是一种突破行政区划边界、按照旅游经济地理特征来划分规划范围的旅游业发展规划，如长江三峡旅游区、丝绸之路旅游区、西南旅游区等。旅游区旅游发展规划的重点是，改善交通联系、联合促销、协调信息系统工程、旅游产品升级与合理分工、联合环境治理、统一管理标准。

行政区旅游业发展规划和旅游区旅游业发展规划，各有不同的适用范围。以行政区为范围的旅游业发展规划，与现行行政管理体制相吻合，易于进行规划组织，加上与管理、统计、财政计划范围一致，便于旅游规划的实施监管和规划修编，但受到行政范围的限制，不利于管理跨行政区的以山岳、江河为主体的旅游区。

以旅游经济地理分异为规划范围的旅游业发展规划，有利于集中反映旅游经济发展、生态环境演变的固有规律和客观格局，故越来越受到国际、国内旅游界的重视，但由于区域范围与现行管理体制不一致，规划工作不便展开，规划实施管理较为困难。为解决这一矛盾，对于具有战略意义的重要资源区，国家实施必要的行政边界调整，形成特殊的国土分类单位，或调整管理体制，成立旅游经济开发区管理局、风景名胜区管理局，或进行联合管理。随着市场经济从服务业发展到技术与人才流动、道路交通、信息、公用事业等领域，旅游经济发展到一定的高度，跨地区分工与协作也会日益显著。

旅游发展规划以文字为主，辅以必要的图纸。规划成果包括规划文本、规划图表及附件。文字须简明扼要。旅游发展规划图表包括区位分析图、旅游资源分析图、旅游客源市场分析图、旅游业发展目标图表、旅游产业发展区划图等。附件包括规划说明和基础资料，调查资料、研究论证报告，也可编入附件。

二、旅游发展规划的任务、原则和内容

旅游发展规划是对一个较长历史时期内、较大（通常跨地区）的旅游系统的发展总目标及其实现方式的纲要性谋划过程。旅游发展规划经相应政府审批后，作为该区域各类部门规划和各地旅游总体规划的依据。旅游发展规划，具有纲领性、政策指导性、操作灵活性、对策关键性四大特点。

（一）旅游发展规划的任务

旅游发展规划是一个旅游产业规划，应当确定旅游业在国民经济中的地位、作用，提出旅游业发展目标，拟订旅游业的发展规模、要素结构与空间布局，安排旅游业发展速度，从而指导和协调旅游业健康发展。旅游发展规划的主要任务，就是结合社会经济长远规划、区域规划和旅游发展政策，根据区域旅游资源和市场形势，明确旅游业在国民经济和社会发展中的地位与作用，确定旅游业的发展目标和战略，优化旅游业发展的要素结构与空间布局，安排旅游业发展优先项目，增强旅游系统的市场竞争功能和后续发展实力，从而促进旅游业持续、健康、稳定发展。

（二）旅游发展规划的原则

旅游业发展规划是社会发展规划的组成部分，要随着社会的发展而发展，要依据社会进步的原则进行规划。社会发展进入21世纪，人类对推动社会进步已经形成了科学的认识和原则，这些认识和原则指导着包括旅游业发展规划在内的社会发展规划的制定。

1. 差异性原则

旅游活动的产生在较多的场合下是旅游资源差异性和旅游产品差异性吸引的结果。在旅游业发展规划中，我们需要寻找旅游规划地的差异性，寻求与设计具有差异性的旅游项目和旅游产品，从而突出特色，提升其对旅游者的吸引力。

2. 多元化原则

旅游业正朝着多元化的方向发展，多元化需求已成为一种趋势。旅游业发展规划需要充分地认识旅游资源，挖掘旅游资源的多元性，开发不同的旅游项目，从而形成多元结构的旅游产品。

3. 传统文化与现代高科技相结合原则

虽然，社会逐渐迈入高科技时代，但传统文化仍充满着无穷的魅力。旅游项目的开发建设，既要以传统文化展示旅游景区魅力，又要充分地运用现代高端科学技术，建设现代高端科学技术旅游项目，体现现代科学精神和满足现代旅游者的需求。例如，进行乡村自然风景旅游项目的开发设计，既要体现传统乡村生活，再现

乡村传统生活，又要展示现代生活的情趣，展示现代高端科学技术农业旅游项目的欢乐与刺激，以满足不同层次游客的需求。

4. 本土资源与外地资源相结合原则

随着旅游业的发展，跨时空的旅游需求已逐渐变成一种趋向，仅以一地的旅游资源为旅游项目设计的凭借，已不能满足旅游业发展的要求，需要在充分调查本土旅游资源的基础上，依据旅游产业构成和旅游市场需求，得当地引进外地旅游资源，强化旅游产品的多元性，丰富和满足旅游者对旅游的需求。

5. 市场原则

在旅游系统结构策划过程中，我们要从宏观的市场需求出发，正确把握国家外交政策、旅游输出国国情与发展本地旅游的关系，并重视从本国、本地和国际旅游市场的客观"市情"出发，合理定位、综合平衡、稳健发展。

6. 保护原则

旅游资源是旅游经济发展的源泉。旅游资源区拥有城市生活环境所稀缺的优异的大气环境、优质的水体和丰富的生物多样性，更是现代旅游的决定性因素。然而，大气、水质、水文循环、生物多样性的保护，不仅取决于旅游区本身，而且取决于周边和上游广大区域的自觉自律程度及为之所付出的巨大代价。旅游系统结构策划必须明确环境保护的重大经济意义，明确具体的保护范围和保护目标，以便规划经政府审批后能为其他部门的专项技术规划与管理提供依据，也为区域性的合作与统一行动提供战略指导。

7. 大旅游原则

随着旅游业的发展，我们需要将旅游规划地的发展放在中国乃至旅游发展趋势大局下进行策划，这要求旅游独立景区在旅游资源单体发展的同时，必须形成规模，并与相邻的景区形成相辅相成的旅游格局。旅游规划地需要与相邻旅游地形成旅游带，形成旅游城市群。现代旅游"大旅游"的特征是大思路、大策划、大投入、大产出。

8. 可持续发展原则

可持续发展要求旅游规划地在旅游资源利用和旅游产品创新上保证事业的不断发展。旅游资源具有脆弱性，在进行旅游项目开发的同时，必须注重对旅游资源的保护，保障旅游资源的可持续利用。旅游产品需要不断创新以适应旅游市场的变化和发展，旅游市场营销和旅游服务需要以诚信来保证、巩固旅游市场，从而实现旅游产业的可持续发展。

此外，不同层次和不同范围的旅游发展规划应当相互衔接、相互协调，并遵循下级服从上级、局部服从全局的原则。旅游发展规划的原则是人们对旅游业发展规律认识的总结，随着旅游业的发展，还会形成新的原则。针对不同的旅游规划地，规划原则可以灵活运用。

（三）旅游发展规划的内容

旅游发展规划是一个依据一定地域旅游资源为条件的产业构建性规划，规划的内容涉及旅游产业的整个系统，反映旅游业发展的需求。编制旅游发展规划应当对国民经济与社会发展、市场前景、资源条件、环境因素进行深入调查，取得准确的基础资料，从市场需求出发，注意生态环境和文化历史遗产的保护和延续，积极采用先进的规划方法与技术手段。旅游发展规划编制的内容、方法和程序，应当遵守国家关于旅游规划技术标准的要求。一般来说，旅游发展规划主要包括以下基本内容：

第一，综合评价旅游业发展的资源条件与基础条件。调查与分析旅游地自然、历史、经济、社会等旅游资源现状，评价旅游资源在区域旅游业中的地位；全面分析规划区旅游业发展的历史与现状、优势与制约因素以及与相关规划的衔接。

第二，全面分析市场需求，科学测定市场规模，论证旅游市场及经济社会发展条件，合理确定旅游业发展目标；确定旅游业发展战略，明确旅游区域与旅游产品重点开发的时间序列与空间布局。

第三，论证旅游业在规划区内社会经济发展中的地位，预测旅游发展规模的可能性幅度与问题，根据旅游业的投入产出关系和市场开发力度，确定旅游业的发展规模和速度。

第四，综合平衡旅游产业要素结构的功能组合，统筹安排资源开发与设施建设的关系；提出要素结构、空间布局及供给要素的原则和办法；明确旅游产品开发的方向、特色与主要内容，提出旅游发展重点项目，对其空间及时序进行安排。

第五，分析规划区的客源市场需求总量、地域结构、消费结构及其他结构，预测规划期内客源市场需求总量、地域结构、消费结构及其他结构。

第六，确定各旅游区、旅游带、旅游城市的性质、特色，提出旅游主题形象和发展战略。

第七，提出包括旅游设施建设、配套基础设施建设、旅游市场开发、人力资源开发等方面的投入与产出方面的分析。

第八，提出旅游交通网络、信息工程、旅游资源保护、教育培训、资金筹措、旅游市场管理、管理体制等方案，提出实施规划的政策和措施。

第九，确定环境保护的原则，提出科学保护、利用人文景观、自然景观的措施。

旅游发展规划内容是一个动态发展的内容，随着社会的科技与文明的进步，旅游规划内容将有所变化，要不断地反映时代的进步和生活情趣。

三、旅游发展目标规划

旅游发展目标规划是依据旅游规划指导思想对旅游发展的未来可能性所做的状态和位置选择，它是为旅游系统的发展所提供的必要的具体方位。

(一)旅游发展目标的定义与内容

旅游发展目标是在旅游决策、规划、工作、研究等方面努力的方向和要求达到的目的。发展目标必须具有可达性、约束性、时效性与一致性。在时效上,旅游发展目标有总体战略目标和阶段目标;在旅游开发的外延上,旅游发展目标有经济发展目标、社区人民生活提高目标、社区社会安定目标、环境与文化遗产保护目标、基础设施发展目标;等等。旅游发展目标制定的作用是监控,经过一段时间把旅游发展的实际产出与总目标相比较,就可以衡量旅游规划地开发与建设的目标成功与否,从而找出原因,修正原来的规划。

旅游业发展目标,包括社会目标、经济目标与环境目标。制定旅游业社会发展目标,第一,通过旅游业的发展效益,创造就业机会,提高当地人们的生活水平;第二,为旅游者及当地居民提供基础设施及娱乐设施;第三,确保旅游区开发的旅游产品与项目类型符合社区的意愿,并与当地政府及居民的文化、社会及经济追求相一致;第四,有利于保护民族的、历史的及文化的遗产、自然资源与生态环境。

旅游经济发展目标是赢利、增加收入、平衡外汇收支等。追求经济效益是旅游开发的最主要目标,但它必须服从于区域社会发展总目标。在旅游产业构成整体中,各利益主体的经济发展目标是不一致的:绝大多数旅游开发目标是追求商业利润与经济增长,政府的目标是增加就业、税收、外汇收入,私人企业关心个人收入,而社会发展所要关注的是人民生活提高和社会基础设施改善等。

旅游环境目标是美化生活环境,维持生态平衡。在旅游开发时,开发目标的确定主要依开发主体的利益转移,需要兼顾地方的发展与政府的总目标,在满足游客的需求作为实现目标前提的同时,必须加强对环境的保护,以达到旅游产业持续发展的目的。

确定旅游发展目标是旅游规划工作成功的基石。旅游规划失败最常见的原因之一是没有认识到真正的发展目标。在旅游规划实践中,认可的目标往往是已经表述的目标,而真正的目标却藏而不露。旅游企业常认为"获取利润是唯一的真正的目标",然而,获得成功的旅游企业经营者或管理者不一定会首先急于追求利润,而是首先在公众中间获得好名声,打开局面,而将获取利润放在第二位,并由此获得最好的经济利润。

(二)综合分析与发展预测

旅游综合分析与发展预测是对旅游产业经济发展规模的预测,是确定旅游发展目标的前提。旅游综合分析是旅游规划调查研究阶段的重要工作,主要有两个方面的分析:一是对旅游业内的综合分析。在市场调查、现状评价、发展预测的基础上,根据所有调查获得的数据、资料和信息进行归整,综合分析旅游客源市场、旅游形势、发展机会与风险,明确旅游项目、产品与营销、旅游支持体系、旅游保障体系等方面的具体发展目标。二是对宏观范围的社会发展的综合分析。分析当地社会经济发展规划、城市规划和其他相关规划，确定旅游发展政策、管理模式。在客观、全方位把握旅游规划地旅游业内、外现状的基础上，综合分析优势、劣势、机会和风险，确认所具备的优势与潜能、劣势与阻力；综合分析旅游者到达旅游规划地所需的时间和费用、旅游者消费兴趣和消费习惯的变化，比较竞争地的相关情况，确定能吸引旅游者的资源种类及数量，做出符合现实旅游市场需求的现状分析与预测。

综合分析与预测的出发点是客源市场。综合分析客源市场历年发展变化的特点、市场细分、需求量、客源市场的分布，预测市场的发展趋势。根据客源市场综合分析与预测成果，对旅游资源进行筛选和加工，确定景点容量、旅游服务设施建设规模，确定旅游业各项规划的发展规模、速度与水平。

旅游发展目标规划需要根据外部环境和内部条件，借助综合性技术指标工具，来实现对预测和目标选择的精确度量。规划指标使规划目标所确定的方位进一步量化，形成一系列可度量的指标。目标与指标，共同形成发展方位和规划评价的技术依据。旅游发展目标规划，作为对旅游发展全局性要求的具体、集中、生动的反映，是旅游规划的科学性、合理性的标志。

（三）旅游发展目标类型

旅游发展目标，按不同的标准可分为不同的类型。按目标规划的内容，可分为总目标和分目标。总目标是旅游发展规划的总参考点，规定了旅游规划对象的发展总水平和总方向，必须抽象、明了。但是，对一个完整的旅游系统而言，通常具有全面性影响的因素不止一个，因此，总目标往往可能是一个目标组，由多个分目标组成。分目标是指将整个规划时期分为近、中、远若干阶段，以总目标为方向，以基础条件和可能的手段为依据，预测和识别发展状态的有序性变化，分解为近、中、远数个阶段的目标组。其中，远期发展目标常因旅游产业的发展可能变化莫测难以科学把握而被看做是一种对远景目标的展望。

按旅游发展目标的内容性质，其可分为经济目标、社会目标、环境目标三大类。经济目标，指以资源、投资等因素取得经济增值效应的程度。社会目标，指社会公平和社会发展的程度。环境目标，指生存环境、生态环境的优良程度。

按旅游发展目标的组合模式，其可分为总量型目标、速度型目标、结构型目标。总量型目标，指以旅游系统的数量规模的发展程度为主导的规划目标，如市场占有率等。速度型目标，指旅游系统相对时间而言的发展程度，如增长率等。结构型目标，指旅游系统因素之间关系的优化程度，如“资源导向型”、“效益型”、“集约型”等。

（四）旅游发展目标制定

制定旅游发展目标最根本的依据，是旅游系统运动的发展规律——一种与旅游系统相关的各种事物的过程与现象的必然的、普遍的、稳定的、重复的联系。旅游发展规律在内容上、形式上是客观的。旅游发展目标,在形式上是主观的,而在内容上是客观的。旅游发展规律反映到人们头脑中,通过科学的思维加工并以抽象的形式表达出来,才能用于指导旅游发展。

规划旅游发展目标,应不断地趋同于旅游发展规律。旅游发展规律客观存在,不管是否认识,都会自发地产生强制性作用,而规划的旅游发展目标则是人为的,既能产生又可消亡。规划的旅游发展目标,作为一种旅游发展的管理工作的参照,在现实中只能以抽象的描述形式来反映事物的基本方面,不可能对具体事物进行完整的写真。

旅游发展规律,具有一定的阈值,即该规律借以发生的客观条件的最低和最高极限。旅游系统的发展规律,只能在这一阈值内发生作用。超出这一阈值,规律便会失去原有的必然性。对旅游发展目标的规划,一旦超越了规律的阈限,就会夸大旅游规划的作用而受到客观规律的惩罚。

规划旅游发展目标,是旅游规划过程中分析评价和综合决策的依据。作为一项严肃而科学的工作,旅游发展目标反映人们对旅游发展的价值抉择,应脱胎于理想而上升为符合客观发展规律的谋划纲要。制定旅游发展目标,需要遵循以下原则:

1. 概括性原则

总揽全局,提炼、概括目标内容,体现必然的未来全局,指引旅游产业发展方向。

2. 可达性原则

目标必须符合发展规律,符合客观条件,使人们的意愿通过一定的努力可以实现,并成为下一阶段工作的激励因素。

3. 一致性原则

总目标与分目标、分目标与分目标之间,必须方向一致、互不对抗、互补互利。

4. 时效性原则

适当的阶段,是实现正确的规划目标的必要条件。合理的规划目标必须存在于恰当的时机与阶段之中。

(五)旅游发展指标设定

旅游发展目标是由一系列的指标构成的,需要对旅游规划指标体系进行设定。旅游规划指标体系的设定,需要一个研究和实践的过程。旅游规划指标体系对推动我国旅游发展与管理起到了巨大的作用。但是,在旅游市场激烈竞争的条件下,旅游规划指标体系要不断地跟随社会和引导社会,并不断地改进。因此,在设定旅游规划指标体系时需要考虑:

第一,旅游不是一种孤立的现象,而是一个相互联系、具有一定市场竞争力的市场综合体系。旅游发展指标不应只停留在旅游企业的经营状况及旅游者规模方面,应能反映经济、社会、环境三大方面的发展水平。

第二，作为反映旅游系统发展目标的量化指标体系，它不能停留在游客人数增加、旅游收入的客观描述系统状况上，应尽可能通过不同阶段的指标值反映系统的发展目标的价值指向。

第三，在市场经济条件下，指标体系的计划功能将逐步被市场的自动调节所取代，如总游客数和总床位数将主要由市场而不是计划来调节。因此，指标体系的计划功能应顺应社会经济大趋势，进一步上升为系统调节的功能，在宏观上指导和优化旅游系统的内在结构和市场综合竞争实力。

第四，统计工作和规划管理的可操作性。旅游规划指标体系宜做最大限度的简化和优化，设置一组精确的、反映内部系统最关键关系和整体质量的、靠市场作用无法自动改善的指标，以指导旅游系统的全面发展。靠市场作用就能够自动调节的经营指标，可由各企业内部计划自主解决。

第五，旅游规划指标，应充分考虑旅游或其他管理部门的现有统计口径和计量单位，必要时可为旅游规划增设必要的特殊指标，从而强化对旅游产业发展的指导力度。

目前，国内常用的旅游发展指标主要有以下 20 个：

1. 来华旅游入境人数

包括来我国观光、度假、探亲访友、就医、参加会议或从事经济、文化、教育、体育、宗教活动的外国人、华侨以及我国的港澳台同胞等游客。每入境一次统计一人次。

2. 人均停留天数

指旅游者平均停留天数。

3. 国际旅游收入

包括来华旅游的海外游客，在我国旅游过程中的一切旅游支出，包括食、住、行、游、购、娱以及为亲友、家人购买的食品、礼品等产品的支出，但不包括资本性、交易性投资、馈赠亲友的现金以及给公共机构的捐资。

4. 旅游涉外饭店接待人数

指在旅游涉外饭店住宿的旅游者人数。

5. 城市接待旅游者人数

城市旅游住宿设施实际接待的海外旅游者和国内旅游者的总人数。

6. 客房数

指用于接待的各类旅馆房间数。

7. 平均客房出租率

即客房实际出租间天数除以可出租间天数的百分比。

8. 固定资产原价

指企业在建造、购置、安装、改建、扩建、改造等项固定资产时所支出的全部货币总额。

9. 固定资产净值

指企业固定资产原价扣除累计折扣后的余额。

10. 营业收入

指企业在经营活动中因提供劳务或销售商品等而取得的收入,具体包括:饭店、写字楼、公寓、旅店的营业收入总额;旅行社营业收入;酒楼、餐馆等饮食企业的营业收入;理发、沐浴、照相、洗染、修理等服务企业的服务收入;从事咨询服务的咨询公司的服务收入;等等。

11. 营业税金及附加

指企业与营业收入有关的、应由各项经营业务负担的税金及附加,包括营业税、城市维护建设费、教育费附加等。

12. 利润总额

企业在一定时期内实现的盈亏总额,反映企业最终的财务成果。

13. 全员劳动生产率

旅游企业平均每一职工,在单位时间内平均实现的营业收入。

14. 人均实现利税

旅游企业平均每一职工实现的利润和上缴国家的营业税及附加。

15. 利润率

旅游企业实现的利润总额占营业收入总额的比重。

16. 平均职工人数

由企业支付工资的各类职工的平均人数。

17. 旅游总人次数

来本地的旅游者人次总数。

18. 旅游出游率

一个地区的出游人次与该地区人口的比率。

19. 旅游总收入

一个地区的各类旅游收入之总和。

20. 旅游人均花费

旅游者消费总数与旅游人次之比。

在旅游规划中,我们要同时充分兼顾现有条件,需提出近期可能设置的、十分紧迫的旅游发展规划指标体系。目前,国内作为对旅游系统规模与质量的集中表征的指标体系,有以下七个指标:

1. 旅游总收入

即国际旅游收入与国内旅游收入之和。

2. 收益投入比

即旅游营业收益与旅游产业投入之比。

3. 旅游交通时耗比

交通时耗包括由客源地进入旅游项目地边界起的交通时耗、转乘时耗、内部交通时耗、问讯、购票排队及车站等候时间，不包括览车（如游览马车、观光缆车、游船、有观光解说的机动车等）旅行的时间。

4. 人均逗留时间

指旅游者在旅游地停留时间的算术平均值。

5. 旅游总人次

即在一定时期内来旅游目的地的旅游者人次总数。

6. 环境率

指大气、水体、噪声指标和三废处理率，与国家环境标准之比率的乘积。

7. 森林覆盖率

即旅游地森林面积与旅游地总面积的百分比。

这七个指标涵盖了经济、社会、环境三大方面。其中，收益投入比、游旅交通时耗比、环境率三个质量性指标，是经济、社会、环境内在发展质量的核心指标。旅游总收入、总人次数、人均逗留时间，为国内旅游管理指标体系的统计和操作可行性的三个指标。森林覆盖率（城市绿化覆盖率）为林业、园林两大管理体系中现有的主要指标。环境率，用来源于当地环保部门的主要管理指标除以一级环境标准值即可获得。

旅游交通时耗比，也称“旅游比”，对我国改善旅游交通具有较强的现实针对性和发展指导性。我国的旅游交通，一方面，普遍存在航空、铁路、公路、水运、管理以及信息中心、售票处分家的局面，交通换乘极为不便；另一方面，我国的旅游以公共、慢速交通为主，仍是旅游发展的最大瓶颈。游旅比指标，可促使将旅游交通发展需要纳入城市发展规划，从整体上改善旅行条件；游旅比指标既可引导旅游朝着改善旅途景观的方向发展，实现游、旅结合，以提高游旅比值，又可扩大公共交通在旅游交通中的比例；游旅比指标，将有利于突破我国旅游资源布局远离客源地的天然缺陷。

七大指标依据纵向可操作性（统计、管理）、横向可比性（不同地区之间、同一地区不同发展阶段之间）、结构整体性（经济、社会、环境三大方面及其规模、质量）三项原则设置，对旅游发展具有一般的、普遍的指导意义，可作为各类旅游规划的共同指标。

通过核心指标组，旅游系统的发展状况可被控制在便于把握的阈值之内，使旅游发展进入可度量、可控制的理性水平，从而为旅游规划从经验水平上升到科学水平奠定了基础。

根据旅游发展目标规划的具体类型、规划对象的具体特点，我们还可酌情增设专项指标，如某些具有市场垄断性地位的旅游区域（如黄山、泰山、武夷山、桂林等)，可增设“旅游收入占国民生产总值(GDP)的比例”规划指标，以促进本地经济结构的优化；在自由竞争性市场，也可增设“旅游市场占有率”规划指标，以促进旅游地在区域旅游市场中占据更大的市场份额。

第二节 旅游区规划

旅游区规划是为了保护、开发、利用和经营管理旅游区，发挥旅游区多种功能和作用而对旅游区各项旅游要素进行的统筹部署和具体安排。旅游区规划按规划层次分总体规划、控制性详细规划和修建性详细规划。旅游区在开发、建设之前，原则上应当编制总体规划，小型旅游区可直接编制控制性详细规划。

一、总体规划

旅游区总体规划是指在对一个法定的地域综合体范围内的旅游系统的发展目标和实现方式的整体性部署过程。总体规划经相关政府审批后，是旅游区各类规划和旅游控制性详细规划和修建性详细规划的依据。旅游区总体规划的期限一般为10至20年，同时可根据需要对旅游区的远景发展做出轮廓性的规划安排。

(一)任务与原则

旅游区总体规划的主要任务，是以区域旅游战略规划为依据，结合社会经济发展规划、国土规划和城市规划，研究旅游资源、市场形势和发展条件，分析旅游区客源市场，确定旅游区的主题形象，确定旅游在国民经济中的地位和发展目标，划定旅游区的用地范围及空间布局，安排旅游区基础设施建设内容，对如何实现目标做出整体性部署。它通过主要旅游市场细分，确定特色、布局、容量和有关规划指标，统筹安排旅游产品体系、旅游支持体系和旅游保障体系的协调发展，处理好远期与近期、保护与发展等全局性关系，以引导规划区内的旅游事业在市场竞争中稳健、全面地发展。旅游区总体规划编制依据的原则如下：

1. 供需匹配原则

旅游总体规划须综合平衡旅游产品开发与支持体系、保障体系建设的关系，使旅游系统在市场需求与供给在动态平衡中健康发展。

2. 循序渐进原则

旅游项目开发、设施建设的进度应与旅游者到达的人次、类型、消费相匹配，分阶段逐步开发和建设，按时序合理分配各种资源。

3. 综合利用原则

最大限度地利用现有的设施、新建或改建设施以服务于旅游发展的多种需要。

4. 地方特色原则

充分反映本地区独有的历史传承、地理条件和生态环境，尽可能使用本地的建筑材料和资源，保护和表达本地历史、文化、民族民俗风情。

5. 环境保护原则

旅游环境保护包括两个方面：一是保护特殊的地质、地理与环境特色；二是控制旅游区的游客接待量在环境承载力之内，以维持生态环境，保证旅游资源的永续利用。

6. 阶段性开发原则

考虑资金、人力、物力供给因素，考虑随时间的变化和社会的发展，游客的偏好与需求会发生变化，旅游区应采取阶段式开发，在规划布局时应为未来发展留下扩张的余地，以满足游客的新需求。

7. 技术指标合理原则

规划的旅游设施与服务部门须满足目标客源市场的需求，平衡国内技术标准与国际技术标准，既不造成成本过高，又要满足旅游活动的安全、卫生、舒适的要求标准。

旅游区总体规划的任务和原则，根本是要避免企业之间的恶性竞争、游客与居民之间的敌视态度、过度的交通拥挤、地方传统与文化本色的丧失、各种类型的污染、太大的旅游季节性、自然景观的破坏以及因竞争而导致市场份额的萎缩、丧失新的营销机会等问题。旅游区总体规划应是一个可持续发展的规划。

（二）掌握基础资料

旅游区总体规划的编制需要在熟悉有关资料的基础上进行，通过统筹和策划，形成规划成果。在进行旅游区总体规划编制之前，我们需要进行有关基础资料的搜集和准备，把握所需规划的内容，具体需要搜集以下12项基础资料：

1. 地形图与行政区划图

地形图主要是所需规划范围的地形图（图纸比例为1/50 000～1/200 000），主要用做旅游功能区划分和旅游项目安排。行政区划图主要包括旅游区在内的国家、省、市行政区划图，用做确定旅游区区位、旅游目标客源市场、旅游线路等规划。

2. 自然条件

旅游区的自然条件，包括气象、水文、地貌、地质、自然灾害、生态环境等，需要掌握历史上的和近十年的资料与数据，以作为旅游项目、基础设施安排时的参考。

3. 主要产业

旅游区总体规划涉及的主要产业，包括农业、牧业、渔业、工业和第三产业。了解和掌握主要产业资料，主是寻找可开发的旅游资源和可以整合的旅游项目。

4. 城市状况

旅游区所在城市的状况，主要包括城镇的分布、历史沿革、性质、人口和用地规模、经济发展水平。掌握旅游区所在城市的状况，主要用做分析旅游区旅游发展的基础与背景。

5. 基础设施状况

旅游区所在地的状况，主要包括对外交通设施、内部交通设施、给排水设施、供电供热设施、电信通信设施等。掌握旅游区基础设施状况，主要是为了与旅游服务设施进行协调，形成旅游基础设施规划。

6. 社会经济状况

旅游区所在地社会经济状况，主要包括国民生产总值、工农业总产值、国民收入和财政状况。掌握旅游区所在地社会经济状况，主要是认识旅游区发展的地方经济基础以及旅游区发展的潜能，确定旅游区发展的经济战略。

7. 相关规划

旅游区规划所涉及的相关规划，主要包括所在地的社会发展规划、城市发展规划、土地利用规划、资源利用与环境保护规划等。了解相关规划，主要是为了使旅游区规划与之衔接，成为地方发展规划的组成部分。

8. 资源状况

旅游区所在地的资源状况，主要包括森林资源、动物资源、山体资源、水体资源、天象资源、文物资源、民俗风情资源等。掌握旅游区所在地的资源状况，主要是认识和掌握旅游区的旅游资源，为旅游项目、旅游产品的规划打下基础。

9. 旅游业现状

旅游区旅游业现状，主要有两个方面：一是风景名胜、文物古迹、自然保护区、城郊游憩地的分布和利用状况；二是接待设施及其运行状况，企业及其从业人员的培训状况，历年旅游规模与布局、投资、管理机制状况。掌握旅游区旅游业发展现状，是进行各项规划的前提，涉及确定发展目标、发展战略等重大问题。

10. 环境现状

旅游区环境现状，主要了解三废污染与生态环境状况，包括污染分布与数量、处理状况、环境质量指标、林地覆盖率、生物多样性等，目的是为了编制旅游区环境保护规划。

11. 土地开发利用情况

掌握旅游区土地开发利用情况，包括水域、荒地、城居用地、工业用地、园地、农业用地、林地以及其他用地等情况，主要是为了制定旅游区旅游服务基础设施和各大旅游功能区用地规划。

12. 相邻地区的有关资料

旅游业是一个带有联动关系的产业，旅游区总体规划需要了解和掌握相邻地区的旅游资源、旅游业发展状况，以便对宏观发展目标、发展战略和微观旅游项目策划做出判断和决策。

（三）明确规划主要内容

旅游区总体规划内容，按照国家旅游局《旅游规划通则》，包括13项主要内容。

在旅游规划活动中，不同的旅游区有不同的资源和区位，规划内容应根据不同旅游区的具体情况可以增减。

旅游区总体规划的规划成果包括规划文本、图件、附件三部分。规划文本经审批后，属行政文件、管理条例，因此文字须准确、明确、扼要。图件包括旅游区区位图、综合现状图、旅游市场分析图、旅游资源评价图、总体规划图、道路交通规划图、功能分区图、旅游区环境保护规划图等其他专业规划图、近期建设规划图等。图纸比例，可根据功能需要与可能确定。

二、控制性详细规划与修建性详细规划

（一）控制性详细规划

在旅游区总体规划的指导下，为了近期建设的需要，我们可以编制旅游区控制性详细规划。旅游区控制性详细规划的任务是，以总体规划为依据，详细规定区内建设用地的各项控制指标和其他规划管理要求，为区内一切开发建设活动提供指导。

旅游区控制性详细规划的特点是突出“控制性”，通过对旅游区细节的控制规定，达到对旅游区发展的目的。其主要内容有：详细划定所规划范围内各类不同性质用地的界线；规定各类用地内适建、不适建或者有条件地允许建设的建筑类型；规划分地块，规定建筑高度、建筑密度、容积率、绿地率等控制指标，并根据各类用地的性质增加其他必要的控制指标；规定交通出入口方位、停车泊位、建筑后退红线、建筑间距等要求；提出对各地块的建筑体量、尺度、色彩、风格等要求；确定各级道路的红线位置、控制点坐标和标高；等等。

旅游区控制性详细规划的成果包括规划文本、图件和附件。规划文本的要求同旅游区总体规划。图件包括旅游区综合现状图、各地块的控制性详细规划图、各项工程管线规划图等。图纸比例一般为1/1 000～1/2 000。附件包括规划说明及基础资料。

（二）修建性详细规划

对于旅游区当前要建设的地段，我们应编制修建性详细规划。旅游区修建性详细规划的任务是，在总体规划或控制性详细规划的基础上，进一步深化和细化，用以指导各项建筑和工程设施的设计和施工。

旅游区修建性详细规划的目的是，通过对旅游区提出修建性详细规划，达到旅游区发展的目的。修建性详细规划主要内容，有综合现状与建设条件分析、用地布局、景观系统规划设计、道路交通系统规划设计、绿地系统规划设计、旅游服务设施及附属设施系统规划设计、工程管线系统规划设计、竖向规划设计、环境保护和环境卫生系统规划设计等。

旅游区修建性详细规划的成果包括规划设计说明书和图件。其中，图件包括

综合现状图、修建性详细规划总图、道路及绿地系统规划设计图、工程管网综合规划设计图、竖向规划设计图、鸟瞰或透视效果图等。图纸比例一般为1/500~1/2 000。

旅游区可根据实际需要，编制项目开发规划、旅游线路规划、旅游地建设规划、旅游营销规划、旅游区保护规划等功能性专项规划。

第三节 旅游度假区规划

纵观人类生活的发展历史，劳作与休闲是人类生活的两大组成部分。在人类生活发展历程中，要经历劳作与休闲两大阶段。在劳作阶段，劳作是生活的内容，劳作是生活的目标，劳作也是生活的最高纲领，人类靠劳作获取生活来源，靠劳作创造财富，靠劳作创造科学，靠劳作推动人类社会的发展。以劳作为社会主要内容的时代，我们可以称之为“劳作时代”。劳作时代为人类积聚了财富和科学。当劳作已经不是人类生存的索求时，人类生活就向休闲阶段发展，进入“休闲时代”。休闲时代是国家旅游度假区发展的时代。

一、旅游度假区规划概述

旅游度假区是为休闲度假旅游者提供休闲度假配套设施与服务的旅游度假目的地。休闲伴随人类生产生活而来，生产劳动之余就是休闲，如工闲、农闲；休闲本身不产生社会经济触动，可以居家休闲；休闲与度假相结合，也不能产生社会经济效应，因为可以居家休闲度假，只有与旅游结合，才具有产业意义。度假旅游是人类生活的发展形式。

（一）度假区缘起

在世界上，作为经济产业的旅游度假活动出现在19世纪。19世纪，以欧洲为代表的近代西方社会获得了经济与城市的发展，出现了离开城市选择到山区、海滨、湖滨、温泉等自然环境优美的特定目的地进行山地度假、海滨度假、湖滨度假和温泉度假等休闲的生活形式。在20世纪初，欧美一些国家又出现以滑雪为主题的季节性度假形式，而且季节性度假逐渐发展为长年度假，单一休闲度假转为休闲、健身、娱乐、会议和家庭旅游度假。进入20世纪60年代，随着世界经济获得多区域发展的旅游业，休闲度假已成为大众性旅游项目，在加勒比海、地中海、东南亚、太平洋诸岛、澳洲等地，海滨度假区纷纷兴起。

在我国，作为旅游业组成部分的旅游度假区的建设始于20世纪90年代。1992年，我国为了搭建旅游业的合理结构和提高旅游发展水平，国务院决定在条件成熟的地方试办国家级旅游度假区。同年10月，我国正式批准在大连金石滩、青岛石老人、苏州太湖、无锡太湖、上海佘山、杭州之江、福建武夷山、福建湄州岛、广州南湖、昆明滇池、三亚亚龙湾、北海银滩12个地区建立国家级旅游度假区。我国旅游度假区分为国家级、省级和地市级旅游度假区。1992年至2007年,我国已先后建立起12个国家级旅游度假区、77个省级旅游度假区和一批地市级旅游度假区,总数达到300多家。

1992年国务院批准建立的12个国家级旅游度假区,标志着我国旅游业发展格局由观光型逐渐向度假型转变。

(二)旅游度假区类型与旅游度假项目

旅游度假区是指旅游功能相对完整独立,为游憩、休闲、修学、康健等目的而设计和经营的区域,能提供良好旅游设施和服务的旅游目的地。度假旅游,在我国属新一代旅游产品。1996年的"中国度假旅游休闲游","是我国旅游产品由单一的观光型向观光型加休闲型、参与型转变的开始"①。

就度假形式而言,旅游度假可以分为自主度假、组织度假、集中度假、错时度假、分时度假、境外度假、主题度假等。主题度假又可分为观光度假、休闲度假、体育度假、疗养度假、娱乐度假等。

旅游度假区的发展密切依赖海滨、湖滨、滑雪场、森林、康复气候、温泉、矿泉等特殊的自然环境,这就形成以不同自然条件为载体类型的旅游度假区,如海滨旅游度假区、湖滨旅游度假区、滑雪场旅游度假区、森林旅游度假区、温泉矿泉旅游度假区、康复疗养旅游度假区等。

从接待的度假旅游者而言,度假区又分为国际型旅游度假区与国内型旅游度假区。国内型旅游度假区又按级别分为国家级旅游度假区、省级旅游度假区。按建设质量,度假区又分为大众型旅游度假区和豪华型旅游度假区。

目前,世界上的旅游度假区可大致分为滨海、滨湖、高山滑雪、高山休养四大类型,其中以热带、亚热带的滨海型为主。不同类型度假区有不同的规模,开发投资、经营、环境保护、土地利用也有所不同。

自从1992年启动旅游度假区以来,我国以国家级旅游度假区为核心,以省市级旅游度假区为基础,以各种类型的旅游度假村、度假山庄为辅助,形成了多元结构的旅游度假接待服务体系。

一个旅游度假区的发展需要确定其类型属性:按旅游度假区发展所密切依赖的海滨、湖滨、滑雪场、森林、气候、温泉矿泉等特殊自然环境资源可形成度假区的自然属性,如海滨旅游度假区、湖滨旅游度假区、山地旅游度假区、滑雪场旅游度假区、森林旅游度假区、温泉矿泉旅游度假区等;按接待度假旅游者的不同,可形成度假区的人为属性,如国际型旅游度假区与国内型旅游度假区;按行政等级,可划定度假区的行政属性,如国家级旅游度假区、省级旅游度假区;按建设质量,可确定度

① 何光暐语.中国旅游网.

假区的质量属性,如大众型旅游度假区和豪华型旅游度假区。确定旅游度假区的类型属性,可以使旅游度假区建设明确功能与市场方向。

旅游度假区的旅游度假项目主要适应旅游者休闲、健身的需求,以丰富多彩、身心健康、精神愉快的假期生活为目的。旅游度假区通常包括度假村、高尔夫球场、特色商业街、文化娱乐中心、健身或康复设施等,与之相配套的主要项目可分为以下五类:

1. 观光休闲类

观光休闲类旅游度假项目,一是观赏度假区周边自然风景、文物古迹、民俗风情、农业、山林、海滨、湖滨;二是洗浴,如水浴、沙浴、空气浴、日光浴、森林浴、温泉浴等;三是建立康体休闲中心,康体休闲中心包括康复养生、体育康体、餐饮养生、野炊、亲子或全家同乐等亲近自然、生态回归等休闲活动。

2. 娱乐类

以参与项目为主,有游艇、划船、垂钓、游泳、观看文艺演出、参观展览、参加节庆活动等。

3. 体育类

以参与性项目为主,有高尔夫球、网球、壁球、门球、保龄球、骑马、射箭、射击、潜水、帆船、滑板、滑冰、滑雪、滑草等。

4. 健身类

主要有桑拿、按摩、气功、医疗保健等。

5. 特殊类

根据特殊资源开展的项目,如狩猎、探险、漂流等。

在欧美旅游度假区中,高尔夫球、网球、游泳和游艇被看成是度假中基本的而又主要的项目。游艇运动是轻松、愉快的并富于冒险和刺激的水上活动,一般建在有较大水体的度假区,特别是湖海地区。在有游艇运动的度假区,要建造码头、船坞,设置各种类型船只,如大型宫殿式豪华游艇、一般汽艇、木船或独木舟等,以备客人租借。

休闲旅游度假的方式多种多样,度假区最终应当成为特色观光、文体娱乐、会议展示、保健康复、宗教、民俗、猎奇等多种类型旅游项目的综合旅游区。

(三)旅游度假区发展趋向

旅游度假区发展与旅游业发展的趋势相一致,旅游由观光旅游向休闲旅游发展,旅游度假区也相应由观光旅游度假区向旅游观光加休闲、休闲加养生度假区的性质转变。休闲度假或休闲养生度假是度假的最高层次,也是旅游度假区最终发展的趋向。

要满足旅游休闲度假需求,旅游度假区必须具备休闲度假最根本的基础条件,即快捷和便利的内外部交通、惬意的生态休闲环境、足够的休闲度假空间、舒适的休闲度假设施和有益于身心健康的旅游度假项目。度假旅游者一般多为近距离旅游者,因为假期时间有限,不能将大部时间花费在路途上。我国旅游度假区需要按乘坐的交通工具测算所属的最佳旅游圈,按乘坐汽车两小时里程所能到达的客源地,乘坐飞机一两个小时航程所能覆盖的客源圈,为度假旅游者提供最佳行程方案。

创新是新世纪发展的主题,也是我国旅游度假区发展的主题,创新就是开拓我国旅游度假区发展的空间。创新要把握旅游资源特色,确定度假区特色。然而,旅游资源往往不是独有的,需要用特殊的创意去将资源优势转变为特色的旅游项目,创新特色的游线、特色的酒店、特色的餐饮、特色的纪念品、特色的服务;打造度假区的特色主题,以确保旅游度假产品的竞争力和度假区的生命力。

1. 关注多元休闲度假市场

新世纪是一个多元经济与文化发展的世纪。随着社会经济的多元发展与融入世界大经济与大文化之中,我国会出现休闲度假多元化的群体和多元休闲度假趋向,会出现富人休闲度假、工薪阶层休闲度假、城镇居民休闲度假、乡村居民休闲度假、老年人休闲度假、青年学生休闲度假的区别;会出现到城市休闲度假、城郊休闲度假、农家休闲度假、文化娱乐休闲度假、体育健身休闲度假的趋向;也会出现旅游观光度假与旅游休闲度假长期并存的现象。旅游休闲度假市场的多元化,需要多元的旅游度假产品,如需要相应的星级酒店、便利酒店、青年旅馆、汽车旅馆等多元的旅游度假区酒店结构。国家旅游度假区需要培育旅游休闲度假市场的多元卖点、多元的消费热点和多元的利润增长点。

2. 具有国际化视野,培养国际竞争力

我国的旅游业是最早与国际接轨的行业,旅游度假区,特别是国家级旅游度假区已在走向国际化。走向国际化需要有国际化观念、国际化人才、国际化管理、国际化商业原则、国际化企业、国际化服务标准。培养国际竞争力,重要的是具备国际化人才。据研究,“美国旅游休闲行业大专以上人才占 70%,中国只有 3% ~ 5%”①。目前,海南三亚市正在筹划一项《建设三亚国际度假旅游实验区框架方案》。据介绍,三亚旅游总体规划的中标者阿特金斯·奇创旅研机构有关专家认为,三亚也应在适当时候实现从亚龙湾国家级旅游度假区向国际度假旅游实验区的身份转换,并在国际航班、入境签证、税收、经营项目等方面享有更大的政策施展空间②。当然,只有是民族的才是世界的。我们必须用自己的民族化去共建世界的国际化,从而形成国际竞争力并赢得国际市场份额。

---

① 加拿大亚洲商会、加拿大经济技术促进会中国副首席代表袁新怡.整合国际资源,包装国内休闲产业[EB].中国旅游网.

② 三亚市政府市长陆志远.三亚全力打造中国的度假天堂[R].中国度假酒店、度假村发展国际论坛上的发言.2005;12(12).

我国的12个国家级旅游度假区各具特色和优势，即使同是海滨旅游度假区也各有区别、各具发展的空间，但同时又受到相对的旅游休闲度假项目发展的限制，这就需要通过联合，共同赢得更大的市场与更大的发展。2005年6月17日，除广州南湖缺席外，全国11个国家级旅游度假区负责人首次会聚青岛，在2005亚太旅游博览会的全国旅游度假区座谈会上，相互传授发展经验，“建议今后度假区间加强交流合作，建立联合机制，成立协作组织等”①。

我国休闲度假产业尚处在旅游观光度假阶段，作为国旅游度假区需要做好当前的旅游观光度假服务的同时，要为旅游休闲度假时代的到来做好准备。

二、旅游度假区规划任务、原则与布局

（一）规划任务

旅游度假区规划的基本任务，是通过确定发展目标，提高吸引力，综合统筹旅游度假服务体系、支持体系和保障体系的关系，拓展旅游度假内容，优化旅游度假产品结构，保护度假旅游赖以发展的生态环境，获得良好的效益并促进地方社会发展。旅游度假区总体规划是旅游度假区建设和发展战略目标的集中体现。任何一个旅游度假区的建设都必须从制定总体规划入手。

制定总体规划是一项艰巨而严肃的工作。旅游度假区总体规划的制定涉及经济、社会和环境问题，必须将经济、社会和环境三种目标综合为一体，进行市场研究，重视经济目标，同时不要忽略社会和环境的影响；需要结合环境的综合保护问题提出建筑物的高度、建筑密度、容积率、污水和垃圾处理标准、饭店客房接待能力及停车场、安全和卫生标准等数据；进行建筑风格设计和自然美化构思，使度假区各个组成部分协调一致，互相补充、互相强化。

度假区的总体规划是度假区开发建设的纲领性文件，要严格执行，同时，随着时间的推移，旅游度假区也将为适应市场的变化和发展而进行总体规划的修编。

在我国试办的首批12个国家级旅游度假区当中，许多度假区都委托了国内甚至国外的一些规划研究学术机构来设计旅游度假区的总体规划。总结和检讨我国国家级旅游度假区规划实践，存在着起步阶段难以避免的错误：一是缺少度假情调；二是带有房地产开发的倾向；三是带有城市的色彩。究其原因，主要有：第一，当时申报批准建立的国家级旅游度假区要求在限期内把总体规划提交给国务院有关部门审定，时间紧、任务重，不可能在短时间内产生科学合理的总体规划。第二，我国当时还缺乏专门从事旅游规划设计研究的部门，对旅游度假区的情况知之甚微，因而由我国设计单位提交的规划往往缺少度假情调，有如城镇开发规划。第三，由于对建立旅游度假区的意义了解不透彻，不少度假区的规划带有房地产开发

① 吴洪斌. 全国国家级旅游度假区联席会召开[EB]. 青岛旅游网. 2005:6(18).

的倾向。第四,缺乏对旅游度假区的功能认识。例如,北海银滩国家级旅游度假区的总体规划采取了方案招标的做法,在国内外四家设计机构的方案中选定了加拿大安环伦城市规划设计公司的方案,然后由中国城市规划设计研究院进行修改、补充、完善,结果是一个带有旅游城市规划色彩的旅游度假区规划。因此,尽快地按旅游度假区的要求,学习国外的先进经验,结合本地区的实际情况,对度假区总体规划进行合理的科学的调整,是我国旅游度假区的一项紧迫的任务。

(二)规划原则

旅游度假区规划要十分重视将度假旅游与观光旅游相区别,要在环境、设施与服务的规划上体现这种区别。旅游者在度假区生活时间较长,要求居住和活动环境条件较高,要有高质量的自然生态环境、优美的视觉环境、人际间和谐的社会环境。旅游度假区除了旅游发展规划的一般原则外,还应有自己独特的规划原则。

1. 满足旅游度假需求

旅游度假区规划要满足人们旅游度假的需求,让人们从旅游度假活动的参与中得到某种身心益处,真正达到创造符合人们旅游度假生活的目的,为游客创造一种愉悦的旅游度假经历。

旅游度假游客的需求是辩证和双向的,既追求安静与休息,又需要消遣与运动;既要回避与他人交往,又需要与游客及当地居民接触;既要接触自然、地方文化风俗,又要有一定的家乡舒适感;既要有隐匿独居机会,又要有一定的聚合与热闹场面。旅游度假区规划要能提供多向的旅游度假选择。

对于大多数城市居民游客,旅游是逃避常规生活、高密度与污染的机会。旅游度假区规划应塑造“反城镇”性质的旅游度假生活,提供相反的经历、安静的环境、慢节奏的活动,使之充分放松,充分与大自然、阳光、海水、森林、山地接触,与原生活工作圈以外的人接触,接触差异的文化与生活方式。旅游度假区规划要在一些开阔地带或主要景观地区设置一系列的眺望亭与休息区,让旅游度假者充分享受自然美景。

2. 突出主题形象

旅游度假区的主题形象应尽可能新颖和易于辨认记忆的面貌,需要最佳利用旅游度假区的资源与特色,创造一个有吸引力的“主题形象”。突出主题形象是旅游度假区规划的中心原则,采用反映当地背景与气候特色的文化符号与材料,对设施赋予富有想象力的处理,提供与当地居民、工艺品与风俗习惯接触的机会,创造主题形象“气氛”;通过各种产品与服务,来突出旅游度假区的主题形象;通过自然景观、建筑风格、园林设计、服务方式、节庆事件等,来塑造与强化度假区的形象;通过社区居民的文化方式与对游客的态度来提升度假区的形象品位。

3. 服务设施方便性原则

度假区的住宿、餐饮、娱乐、购物等服务设施的设计与分布要以方便度假游客为原则，游客光顾次数最多、密度最大的区域，一定要布局在中心与方便的区位，如在大饭店、主要风景点附近布设方便的路径和交通工具。

4. 交通便利原则

度假区内外部交通布局以便利为原则，建立完整的公共交通体系，路径与景观有效配置，步行与车行分道，交通无污染，限制高速行车。邻近景点之间设置人行道、缆车或畜力交通，相距较远的景点之间要配备公共汽车。道路采用主干道、次干道、支路、景观漫步道四级系统。

5. 环境优美舒适原则

良好的环境是旅游度假区赖以生存和持续发展的基础。旅游度假区主要是为了满足人们利用假期进行休养和消遣旅行而建造的。由于度假旅游者强调以休息为主，成功的旅游度假区要给度假旅游者提供优美舒适的环境。旅游度假区规划要充分注意度假休闲氛围的营造，在区域的硬件和软件方面，提供度假旅游者住宿、锻炼、娱乐及配套服务设施，延伸到环境保护养化、雨水和污水的排放、建筑垃圾和生活垃圾的收集和处理，以及与之相协调的景区建筑风格、区内交通、通信、购物、指示标志设计等，从而形成优美舒适和轻松宜人的环境。

旅游度假区规划须特别保护沙滩、近海区域、池塘、湖泊、泻湖、考古和历史遗迹、古木和树林、特有地貌和山峰等自然环境，建立免受汽车干扰的步行系统，具备充足的基础设施容量，避免污染风险和高峰压力，从而保证恬静的度假环境。

6. 管理服务周到

与观光旅游相比，旅游度假的服务内容更广泛，服务质量更讲究，因为，度假旅游者停留的时间越长，越计较服务态度，越希望有家庭式的温暖环境。旅游度假区的管理服务既要为客人提供食宿接待服务，又要为客人提供多种形式的娱乐向导、器材及活动组织的服务。

（三）规划布局

旅游度假区的布局是根据选定的旅游度假区用地的资源、地势、区位与旅游度假的需求对基础设施和服务功能做出安排。总结中外旅游度假区的规划与发展的经验，旅游度假区规划布局模式有核心式布局模式、功能区布局模式、组团式布局模式、围绕水系布局模式、综合布局模式等可以参佐。

1. 核心式布局模式

旅游度假区核心式布局模式的特点是，以一个自然保护区、自然景观、娱乐综合体为核心，围绕核心进行基础设施和服务功能布局。以自然保护区为核心的布局又称为“三区结构”布局，以娱乐综合体为核心的布局又称为“娱乐同心圆”布局，以自然景观为核心的布局又称为“核式环”布局。

“三区结构”布局是按自然保护区资源保护模式设立的，因自然保护区资源分核心区、缓冲区和实验区三级保护，故称“三区结构”。“三区结构”布局适合以自然保护区为依托的旅游度假区。按“三区结构”布局，核心区和缓冲区是受到严密保护的自然区，禁止游客进入。旅游活动安排在实验区，配置野营、划船、越野、观望点等旅游设施与服务。在实验区之外安排旅游服务区，为游客提供饭店、餐厅、商店或高密度的娱乐设施等各种旅游度假服务。

“娱乐同心圆”布局方式，是在度假区中心布局一个旅游度假娱乐中心，形成吸引物的娱乐综合体，在度假区的休闲服务中心与娱乐综合体之间用交通连接。

“核式环”布局方式，是以自然景观为“核”，环绕自然景观布局温泉、滑雪场、饭店、餐馆、商店等旅游服务设施，各种设施之间的交通联络道路构成圆环，设施与中心景观之间亦有便道或车道连接，交通网络呈车轮形或伞骨形。

2. 功能区布局模式

功能区布局模式是按照旅游度假区的旅游度假服务功能需求布局，功能区基本依照旅游度假区的用地资源进行安排，一般要求设旅游接待区、休闲度假区、娱乐观光区等功能区。例如，武夷山国家级旅游度假区设旅游接待区、休闲度假区、高尔夫度假区、综合娱乐区和特色游览区五大功能区及民俗风情、户外康乐、水上活动等十五个功能小区，能为中外游客提供高质量的生态环境与高效能的基础设施，高档次、多功能的文化享受，高水平的服务与管理。

3. 组团式布局模式

组团式布局模式是根据旅游度假区的地势、区位等综合资源的不同重点进行相对有区别的基础设施和服务功能布局，形成各具特点又有联系的组合单元。例如，广西北海银滩旅游度假区分为海滩公园、华侨投资开发区、恒利海洋运动娱乐旅游度假中心三大组团，形成三大旅游度假中心。第一组团海滩公园按东区、中区、西区划分，配套有供游人游览、观海、游泳、滑水、射击、烧烤、购物、娱乐和参观海豚、海狮表演等旅游设施；第二组团华侨投资开发区沿海岸线建了十几座宾馆、度假村和培训中心，各种建筑有不同的风格和情调；第三组团恒利海洋运动娱乐旅游度假中心是一个集海上运动娱乐、沙滩运动娱乐、陆上运动娱乐、康复疗养、美食购物、接待会议和休闲度假等为一体的大型综合性的旅游度假区。

4. 围绕水系布局模式

围绕水系布局模式是滨水的旅游度假区所选择的规划布局模式，这一规划布局模式的特点是以水岸为规划布局的重点，构成线状格局。例如，大连金石滩国家级旅游度假区三面环海，延绵30多公里长的海岸线，凝聚了3亿~9亿年地质奇观，被称为“凝固的动物世界”、“天然地质博物馆”，有“神力雕塑公园”之美誉，分布赏石馆、金石园、万福鼎、中华武馆、发现王国主题公园、模特影视艺术中心、狩猎俱乐部、高尔夫俱乐部等项目,各具风格的建筑与优美的海滨观光路、黄金海岸、自然环境融为一体。

5. 综合布局模式

综合布局模式是将多种布局模式巧妙地运用于资源多样化的旅游度假区布局。例如,《苏州太湖国家旅游度假区中心区控制性详细规划》中将苏州太湖国家旅游度假区中心区规划为"一带、一环、两轴、两岛、五区"的结构,就是采用综合布局模式。"一带":沿太湖岸线的休闲旅游带;"一环":核心区的绿色生态环;"两轴":两条面对太湖开敞的多功能轴;"两岛":叶山岛和长沙岛,以保留原有度假用地为主;"五区":西部滨湖度假宾馆区、南部滨湖亲水度假村区、中部核心商贸娱乐区、北部动迁居住区和东部入口居住区。

各种布局模式随着时间的流逝、度假区的演化、游客偏好的改变而变化,最重要和关键的是避免街道混杂模式的出现和旅游度假区的城市化。

三、总体规划内容

(一)规划主要内容

旅游度假区由居住设施、娱乐设施、购物设施、度假村等部分构成。规划主要内容,包括区位选择、发展目标与发展战略确定、主题与形象策划、娱乐与服务设施规划、餐饮购物设施布局、公共交通规划、基础设施配置、土地利用与控制规划、市场营销规划、建筑设计等。

1. 区位选择

旅游度假区的区位选择就是确定旅游度假区的选址,是旅游度假区规划的关键性工作。旅游度假区区位选址的关键是最大限度地利用旅游度假区位经济价值及其他环境优势。区位选择的先决条件是可进入性、交通方式、风景组合、劳动力供给的可能性。区位选择可以观景区、风景区为选取主要坐标,参照确定各种要素的分布位置,确定交通网络,同时为旅游发展计划的设施留有余地。

2. 发展目标与发展战略确定

旅游度假区规划的根本任务是依据对旅游度假区资源、特色与市场分析,确定旅游度假区的发展目标和发展战略。旅游度假区发展目标和发展战略是一个旅游度假区建设的总方向和宏观的调控。

3. 主题与形象策划

旅游度假区的主题是旅游度假区发展的主要理念或核心内容。设计旅游度假区主题的目的是形成或强化度假区特色,增强度假区的竞争优势,符合度假区核心客源市场的旅游休闲度假需求。游客对旅游度假区的一般需求趋势是安静轻松的环境、真实淳朴的友好、微笑的服务。旅游度假区的主题是与旅游度假区的形象相联系的。

度假区的形象设计是该地区旅游自然资源和人文资源的合理利用。一个旅游度假区在游客心目中的形象来源于原生形象与引致形象。建立旅游度假区形象，主要依靠给予市场提供持续的高水平服务的可靠性所赢得的社会声誉，依靠领导潮流的旅游度假产品。游客对旅游度假区的期望趋势是决定旅游度假区形象的主要依据。

4. 娱乐与服务设施规划

在欧美，高尔夫球场、网球场、滑雪场等娱乐设施是旅游度假区的招牌，旅游度假区别墅、度假饭店、公寓大楼、度假单元及其他住房服务设施的占有率，在很大程度上依赖娱乐设施的质量、可用性及方便性。我国的旅游度假区也同样需要具备相应的娱乐设施和服务设施，要建设高尔夫球场、网球场、滑雪道、游艇码头和其他娱乐场所，需要建设度假村、度假别墅、度假饭店、公寓大楼，并配置保健设施。

旅游度假饭店的级别、种类、数量需要与游客结构、豪华等级、客流量相匹配。居住设施规划应体现地方特色，体现地方建筑的传统与风俗。在规划客房数量时，期望的客流量应认真推算，使提供给游客的住房占用率在70%左右。建造饭店的成本预测标准是，在有利的竞争房价下，房间占有率为50%时，其营销收入平衡。客房数太多导致淡季闲置，太少则客房利用过度，从而丧失一部分潜在客源。各种类型的旅馆应层次分明，数量搭配适当。

旅游度假区的保健设施为度假区医院、饭店医疗室等，负责游客的急救、常见病医疗与护理，以保障游客的生命安全。

5. 餐饮、购物设施布局

商店、餐馆、小吃店、野餐区或其他餐饮设施要与娱乐设施场所布局协调配合，与地理环境条件相吻合，以方便游客到达和使用。例如，野餐区必须具备良好的排水条件、浓密的遮阴、稳定的土壤表层和良好的植被覆盖，可以安排方便的停车场。餐饮、购物设施布局设计必须依照逻辑顺序推进，以建立理想的空间布局关系。

6. 公共交通规划

旅游度假区的公共交通规划包括道路、路标、停车场等要素。进入旅游度假区的道路和旅游度假区内的道路设计，第一，要求舒适安全；第二，避免公路拥挤；第三，道路两旁自然风光美丽。道路设计应适当经过某些制高点或眺望点，以便游客游览观赏。旅游度假区路标分为方向性路标与宣传性路标。其要求是清晰美观、数量适当、避免繁杂。

旅游度假区的公共交通规划布局合理的根本之点是方便性，要求交通路线要与停车场以及宾馆、娱乐场所、风景区、商店、餐馆、小吃店、厕所等连成一体，从而整合成一个整体的交通流纵贯整个旅游度假区。

7. 基础设施配置

旅游度假区的基础设施主要是给排水、供电、通信设施。一个旅游度假区的饭店每天每间房一般需要用 1 400 ~ 1 600 公升的水，一个客房每天消耗电 3.25 ~ 3.75 千瓦。规划要保证游客用水与用电的连续性。电力系统应满足高峰负荷的需求，有必要时还须建设高压供电网与预备发电机。室内电力供应的类型应与主要游客使用的电器类型相一致，如吹风机、电剃刀、电动牙刷等。在一个旅游度假区，一般每间房每日需求下水道排泄污水能力在 800 ~ 1 000 公升之间，因此旅游度假区需要重视下水道的规划设计。在通信方面，旅游度假区应提供电脑、电报、传真、长途电话等服务。

8. 土地利用与控制规划

旅游度假区的分区布局需要合理利用土地，为利用土地资源建立经济指南，从合理利用土地中获取最大利益。合理利用土地需要考虑的因素，主要有空地或绿带、住宅区、商业区、娱乐场所面积的比率、房屋建筑面积的限制等。土地利用与控制需要考虑度假住宅区与商业区、娱乐场所地和其他活动地之间的方便程度，需要考虑旅游活动及其相关服务的关系、旅游与相关商业区的关系以及服务人员住宿区与工作区，从而形成科学合理的土地使用格局。

9. 市场营销规划

旅游度假区的市场营销规划，主要研究开发何种旅游度假产品，确定目标客源市场，分析市场需求，规划旅游度假项目，制定旅游市场营销战略，选择得当的广告、展销、公关方式。

10. 建筑设计

基于建筑的、自然的、社会文化的与心理的考虑，旅游度假区的建筑结构、功能特性与建筑风格、装潢，应给旅游度假区创立整体形象。一些单体建筑本着人工美与自然美高度统一的原则，应与自然景物相协调、融合，并需要对建筑高度与外墙进行限制。旅游度假区的建筑，一般不应超过树的高度，建筑密度以 15% ~25% 为最佳，体量亦不能过大，体现民族风格和地方特色。一个具有活力的旅游度假区的建筑设施一般要求布局紧凑、主题鲜明、客房较小、公共活动空间较大，从而给人以放松之感。

（二）休憩节点规划

休憩是一种静止的活动，是人们旅途劳累后的要求。休憩节点就是为人们提供短暂休息的空间场所。旅游度假区需要重视休憩节点的规划。休憩节点包含的景观要素有桌椅、花坛、雕塑、小卖亭、电话亭、灯光照明、废物箱、绿化等。

休憩节点分为可观景休憩节点、可休闲休憩节点、可休息休憩节点三类。可观景休憩节点设在景点附近地区，在休憩的同时可以观赏景点的景色。可休闲休憩节点设有休闲桌椅，在休憩的同时可以进行打牌、下棋等休闲活动。休息休憩节点专门为人们提供休息的休憩节点，如度假区步行街上供人休息的小广场、休闲道旁边的小平台、度假公园中的小木屋等，都属休息休憩节点。

休憩节点的设计应遵循人性化的原则，设计适当尺度的空间，应根据不同性别、年龄、心理、社会地位等人群对休憩、环境不同的生理、心理特性要求，体现各色人群对坐椅位置、绿树花草、雕塑小景、休憩灯光的不同需求。

（三）服务规划

与一般的旅游区服务不同，旅游度假区的服务除了一般饭店、餐馆等服务外，还有导游服务、教练服务、托儿服务等专属旅游度假区的服务。

1. 导游服务

旅游度假区面积通常较大，有较丰富的旅游景点，为了有效地组织游客旅游、购物、娱乐，往往要配备导游服务，为游客设计各种旅游线路，供游客选择。导游者熟悉体育活动、娱乐活动、景点介绍与管理方面的基本技巧，他们随叫随到，有求必应，举止文雅，机智幽默，富有创造力。

2. 教练服务

许多娱乐活动，尤其是体育活动，需要较高的专业技巧，如高尔夫球、冲浪、帆板、垂钓、赛马、滑雪、独木舟等，都需要专业技巧，还有一定的危险，而且这种活动多属于青年和中年人的活动，人员更新较快，对于初学者需要教练培训指导：一是提高运动水平，提高参与者的兴趣与经历；二是可以避免意外伤害。有些项目还需配有陪练员。

3. 托儿服务

在许多国外旅游度假区都设立有托儿中心。旅游市场年轻化，大量夫妻携子女出外旅游，为了真正使游客无忧无虑，许多度假区都提供托儿服务，为 3 岁到 16 岁的儿童及少年提供有人监护的消遣活动，根据儿童及少年不同的年龄级别，安排不同的活动与服务：年龄大者有台球、拳击、篮球等；学前儿童则组织小组游戏、做手工艺、玩增智玩具等。

（四）重点规划

旅游度假区规划应遵循规划的一般规律，做好各项规划工作，根据度假旅游的特点，需要进行有针对性的重点规划，从而增强旅游度假区的吸引力和竞争力。

1. 突出高标准

度假产品特点，一是多项目综合性；二是档次高；三是服务质量要求高。国际性的度假区和国家级度假区的整体旅游产品要求有美丽壮观的天然吸引物、热情好客的社区社会环境、舒适豪华的食宿条件、最受人喜爱的消遣和娱乐活动、令客人满意的购物设施和所需要的购物商品，因此需要得到详细具体的规划，以充分满足客人度假期间的睡眠、饮食、沐浴、游乐等需求。

2. 突出度假区特色

特色的研究在旅游规划中居于重要地位。度假区特色的确定，主要把握住两点：一是旅游资源的特色；二是度假项目的特色。例如，青岛石老人暖温带海滨度假区以海山风光和啤酒文化为特色；无锡马山湖滨度假区以仙山、佛岛、花果山为特色；等等。

3. 目标市场策划

每个度假区都会有它的客源市场，需要通过市场研究和分析，确定目标市场，确定市场的特点及其潜在总量，测算市场的发展规模，从而确定旅游度假区的建设规模、项目特点和经营方式，以保证旅游度假区获得良好的经济效益。度假旅游者一般为近距离旅游者，因为假期时间有限，不能将大部时间和花费用在路途上，这就决定了度假旅游的客源圈在乘飞机一两个小时左右的距离地区，即近距离毗邻地区。例如，大连金石滩国家旅游度假区的主要目标市场是日本度假者；青岛石老人度假区的主要目标市场是韩国客人；莆田湄州岛度假区的主要目标市场是我国台湾客人；等等。

4. 旅游度假区环境规划

旅游度假区要有和谐的社会环境、浓郁的文化氛围、良好的治安保卫以及整洁、干净、优美的环境。旅游度假区居民需要热忱友好地欢迎旅游度假者，需要维持地方舞蹈、音乐、戏剧表演及艺术、手工艺的真实性，告知游客有关地方风俗、服饰、行为方式及其他社会特征；度假区内要防止旅游景区的过度拥挤，要求水体、空气、饮用水没有污染，附近没有噪声。新建的酒店、别墅、餐馆、公厕等设施要有排污、净化工程，以防出现新的污染；度假区内绿化标准要高，植被覆盖率尽可能达到75%以上，树种多选择松、柏、冷杉、云杉、柳杉等，这些树种对改善环境质量和治疗各种慢性病有良好的效果；在度假区，除大片绿地外，应选择山水较好的地段，建多处观赏性花园，以增加游览观赏空间。

根据世界旅游度假区的经验，度假区运转和经营应具备以下五个方面必要的基本条件：一是，拥有天然浴场、人工泳池，使旅游者有一个基本的度假环境；二是，建成一处高尔夫球场和网球场，使度假旅游者有个运动条件；三是，建成一座四星级以上的中心度假酒店，使旅游度假者有完善的度假设备，以适应短期度假使用；四是，建成一批度假别墅，每一单元各种设施较为完备，以适应家庭旅游者使用；五是，要有一个良好的旅游度假环境，以便于旅游度假者放松心情。

一个好的旅游度假区规划必须深入地调查旅游度假区的资源和客源市场，把握国内外旅游度假区的发展动向与趋势，创新旅游度假区发展模式，高起点、高标准、高水平，以确保度假产品的竞争力和度假区的生命力，并实现旅游度假区的成功建设与持续发展。

思考题

1. 什么是旅游发展规划？旅游发展规划的原则是什么？
2. 试述旅游发展规划的主要类型和主要内容。
3. 简述目前我国常用的旅游发展指标。
4. 简述旅游总体规划编制的原则和主要内容。
5. 试分析控制性详细规划和修建性详细规划的区别和联系。
6. 试分析旅游度假区旅游项目规划和发展趋向。
7. 简述旅游度假区规划的主要布局形式和一般规划内容。

第四章

风景名胜区与旅游景点规划

风景名胜区是具有观赏、文化或科学价值，自然景物、人文景物比较集中，环境优美，具有一定规模和范围，可供人们游览、休息或进行科学、文化活动的区域。风景名胜区的自然旅游资源是独特的、不可替代的景观名胜资源，是通过几亿年大自然鬼斧神工所形成的自然遗产，是世代不断增值的宝贵财富。

第一节　风景名胜区旅游总体规划

一、我国风景名胜区现状

风景名胜区是以风景名胜为观光游览景物的区域，是我国千年人文历史锤炼的结晶，自古以来作为帝王将相和骚人墨客的休闲览胜之所。

风景名胜区自古就有，但其作为一个经济产业进行运作则始于近代。我国从20世纪80年代起，以评定风景名胜区为标志，将风景名胜区纳入了现代旅游产业范畴。我国的风景名胜区，按景物的观赏、文化、科学价值和环境质量、规模大小、游览条件等，划分为国家级、省级两级。国家重点风景名胜区，由省、自治区、直辖市人民政府提出风景名胜资源调查评价报告，报国务院审定公布；省级风景名胜区，由市、县人民政府提出风景名胜资源调查评价报告，报省、自治区、直辖市人民政府审定公布，并报建设部备案；市、县级风景名胜区，由市、县主管部门组织有关部门提出风景名胜资源调查评价报告，报市、县人民政府审定公布，并报省级主管部门备案。

我国从1982年开始评定风景名胜区，截至2004年2月，经政府审定命名的风景名胜区有677处，其中，国家级风景名胜区177处，省级风景名胜区452处，市县级风景名胜区48处，总面积占国土面积的1%以上。国家级风景名胜区是我国风景名胜区的代表，国务院分别于1982年、1988年、1994年、2002年、2004年和2005年先后公布了六批国家级风景名胜区，共187处。2006年，国家启动5A级旅游景区评定试点。2007年5月,国家旅游局正式命名66家风景名胜区为首批国家5A级景区,体现了中国旅游业的核心竞争力。在国家级风景名胜区中,由联合国教科文组织列入《世界遗产名录》的中国国家重点风景名胜区已达16处,其中包括泰山、黄山、峨眉山—乐山、武夷山、庐山、武陵源、九寨沟、黄龙、青城山—都江堰、三江并流等闻名世界的风景名胜。

风景名胜区,也称风景区,海外的国家公园相当于国家级风景区。在我国,风景名胜区还按用地规模可分为小型风景名胜区($20km^2$以下)、中型风景名胜区($21\sim100km^2$)、大型风景名胜区($101\sim500km^2$)、特大型风景名胜区($500km^2$以上)。

风景名胜区、旅游酒店和旅行社被视为旅游业的三大支柱,风景名胜区又是三大支柱的基础。风景名胜区的评定,特别是国家级风景名胜区的评定,为地方旅游业奠定了基础,地方旅游产业围绕国家级风景名胜区布局,因此国家级风景名胜区成为一个地方旅游业发展的核心和推动力量,带动了地方旅游业的发展,推动了中国旅游业的全面进步。一个风景名胜区,特别是国家级风景名胜区,往往会形成一个产业。没有风景名胜区,特别是没有国家级风景名胜区,我国的旅游业是不可想象的。

二、规划原则

为了加强对风景名胜区的管理,更好地保护、利用和开发风景名胜资源,不论哪一级的风景名胜区都需编制风景名胜区规划。风景名胜区规划要依据国家标准《风景名胜区规划规范》(GB 50298—1999)进行。

风景名胜区规划,在所属人民政府领导下,由主管部门会同有关部门组织编制。国家重点风景名胜区规划由风景名胜区所在地的县级以上地方人民政府组织编制。省、自治区、直辖市内跨行政区的国家重点风景名胜区规划,由共同的上一级人民政府组织编制;跨省、自治区、直辖市的国家重点风景名胜区规划,由建设部组织有关省、自治区、直辖市编制。位于经国务院批准的城市规划区内的国家重点风景名胜区,风景名胜区总体规划应当纳入城市规划。

风景名胜区规划,也称风景区规划,是保护培育、开发利用和经营管理风景区,发挥多种功能作用的统筹部署和具体安排。为了确保风景名胜区的可持续发展,一般应遵循以下基本原则:

(一)保护优先原则

风景名胜区是自然和历史留给我们的宝贵和不可再生的遗产,风景名胜区的价值首先是原真性,只有在确保风景名胜资源的真实性和完整性不被破坏的基础上,才能实现风景名胜区的多种功能。因此,保护优先是风景名胜区规划的基本出发点。

（二）综合协调原则

风景名胜区规划管理的基本目标是在资源充分有效保护前提下的合理利用。虽然保护是风景名胜区工作的核心，但是并不意味着要将保护与利用割裂开来。我国风景名胜区的特殊性之一，就是风景区包含许多社会经济问题，只有将各种发展需求统筹考虑，依据资源的重要性、敏感性和适宜性，综合安排，协调发展，才能从根本上解决保护与利用的矛盾，从而达到资源的永续利用。

（三）突出自然原则

即充分发挥风景资源的自然特征和文化内涵，维护景观的地方特色，强调回归自然，防止人工化、城市化、商业化倾向。

（四）环境承载力原则

承载力原则意味着任何资源的使用都是有极限的，风景名胜资源的利用也不例外。当使用强度超过某一阈值或临界值时，资源环境将失去其持续利用的可能。风景名胜区开发利用必须限制在其允许的环境承载力（或称环境容量）之内，以保证风景名胜区的可持续发展。

（五）分区管理原则

即根据风景资源价值与分布，划分功能区，严格实行“山上游，山下住”、“区内游，区外住”、“区内景，区外商”的管理原则，在保证风景资源不被破坏的前提下，促进地方经济发展。

（六）统一规划、分期发展原则

风景名胜区保护和建设是一个长期的过程，一些遭到破坏的风景名胜区还需要有一个很长的自然恢复阶段。风景名胜区规划要从战略发展的高度，高起点、高标准、严要求，妥善处理近期建设与远景目标的矛盾，从最终目的出发，统一规划，分步实施。

风景名胜区规划是关于切实保护、合理开发和科学管理风景名胜资源的综合布置，经过批准的规划是风景名胜区保护、建设和管理工作的依据。

三、规划内容

风景区规划分为总体规划和详细规划。大型而又复杂的风景区，可以增编分区规划和景点规划；一些重点建设地段，也可以增编控制性详细规划或修建性详细规划。风景名胜区规划是一个专项规划，需要与国土规划、区域规划、土地利用总体规划、城市规划及其他相关规划相衔接。各级风景名胜区规划应当包括下列内容：

第一，确定风景名胜区性质。

第二，划定风景名胜区范围及其外围保护地带。

第三，划分旅游功能区。

第四，制定风景名胜区发展战略。

第五，确定游览接待容量和游览活动的组织管理措施。

第六，统筹安排公用、旅游服务及其他设施。

第七，确定保护和开发利用风景名胜资源的措施。

第八，估算投资和效益。

第九，其他需要规划的事项。

编制规划应当广泛征求有关部门、专家和人民群众的意见，进行多方案的比较和论证。风景名胜区规划经主管部门审查后，报审定该风景名胜区的人民政府审批，并报上级主管部门备案。

第二节　国家重点风景名胜区总体规划

国家重点风景名胜区规划分总体规划和详细规划。国家重点风景名胜区总体规划和详细规划应当由具备甲级规划编制资质的单位编制。

一、编制要求

国家重点风景名胜区总体规划应当确定风景名胜区性质、范围、总体布局和公用服务设施配套，划定严格保护地区和控制建设地区，提出保护利用原则和规划实施措施。

风景名胜区总体规划的主要任务是，研究确定风景名胜区的性质、范围和规划原则，妥善处理资源保护与开发利用的关系，统筹安排各项基础设施，合理配置为旅游服务的接待和安全设施，指导风景名胜区合理发展和科学管理。

风景名胜区总体规划的报批文件应包括规划文本、规划说明书、规划图纸、基础资料汇编四个部分。风景名胜区总体规划编制完成后，省、自治区、直辖市人民政府主管部门应当会同有关部门并邀请专家进行评审，提出评审意见，为进一步修改完善规划提供依据。

风景名胜区总体规划经主管部门审查后，报审定该风景名胜区的人民政府审批。经批准的风景名胜区总体规划，任何单位和个人不得擅自改变。对风景名胜区性质、范围、布局等重大内容进行调整或者修改，应当报原审批机关审查同意。调整或者修改后的规划应当报原审批机关批准后实施。

二、规划内容

风景名胜区总体规划是风景名胜区全面性的规划，与一般的风景名胜区规划的内容有所不同，要求全面而具体。其基本内容包括：

第一，根据地形特征、行政区划和保护要求，划定风景名胜区规划范围，包括外围保护地带。

第二,确定风景名胜区规划性质、发展目标、规模容量。

第三,根据风景名胜区功能分区,确定土地利用规划。

第四,确定风景名胜资源保护规划,明确保护措施与要求。

第五,确定风景名胜区天然植被抚育和绿化规划。

第六,确定风景名胜区旅游服务设施规划。

第七,确定风景名胜区基础工程规划,包括道路交通、供水、排水、电力、电信、环保、环卫、能源、防灾等设施的发展要求与保障措施。

第八,确定风景名胜区内居民社会调控规划、经济发展引导规划。

第九,制定分期发展规划。

第十,对风景名胜区的规划管理提出措施建议。

三、规划纲要

我们在编制国家重点风景名胜区总体规划前应当先编制规划纲要。规划纲要的任务是确定总体规划的目标、框架和主要内容。

风景名胜区规划纲要的任务是研究总体规划的重大原则问题,应该结合当地的国土规划、区域规划、土地利用总体规划、城市规划及其他相关规划,根据风景区的自然、历史、现状情况,确定发展战略布置。风景名胜区纲要的主要内容包括:

第一,风景名胜资源调查与评价。明确风景资源价值等级、保存状况以及风景名胜区主要存在问题。

第二,SWOT 分析。分析论证风景名胜区发展优势与不足条件,确定发展战略。

第三,拟定风景名胜区发展目标和战略。发展目标包括资源保护目标、旅游经济目标和社会发展目标。

第四,确定风景名胜区性质、范围(包括外围保护地带)、总体布局以及资源保护、利用的原则措施。

风景名胜区总体规划的任务是根据风景名胜区规划纲要,综合研究和确定风景名胜区的性质、范围、规模、容量、功能结构、风景资源保护措施,优化风景名胜区用地布局,合理配置各项基础设施,引导风景名胜区健康、持续发展。

风景名胜区总体规划纲要编制完成后,省、自治区、直辖市建设(规划)行政主管部门应当组织专家组,按本规划的审查重点对规划纲要进行现场调查和复核,提出审查意见。编制单位应根据审查意见,对总体规划纲要进行修改完善。

四、规划文本

规划文本是实施风景名胜区总体规划的行动指南和规范,应以法规条文方式书写,直接表述风景名胜区总体规划的结论,对风景名胜资源的保护应当做出强制性规定,对资源的合理利用应当做出引导性和控制性规定。

规划文本条文内容应明确简练,利于执行,体现规划内容的指导性、强制性和可操作性。规划文本一般应包括以下内容:

(一)总则

总则应包括规划编制目的、依据、指导思想与原则、规划期限以及涉及本规划的其他相关规定。规划分期一般为15~20年。近期规划期限一般为5年。

(二)风景名胜区范围与性质

确定风景名胜区的范围,应当保持自然景物、人文景物的完整性和地域分布的连续性,有利于资源和生态的保护和利用,兼顾与行政区划的协调,并应明确详细的四至界限,利于设立界标。

确定风景区规划范围及其外围保护地带的依据是:景源特征及其生态环境的完整性;历史文化与社会的连续性;地域单元的相对独立性;保护、利用、管理的必要性与可行性。

划定风景区范围的界限必须有明确的地形标志物为依托,既能在地形图上标出,又能在现场立桩标界;地形图上的标界范围,应是风景区面积的计量依据;规划阶段的所有面积计量,均应以同精度的地形图的投影面积为准。

风景区的性质,必须依据风景区的典型景观特征、游览欣赏特点、资源类型、区位因素以及发展对策与功能选择来确定。风景区的性质应明确表述风景特征、主要功能、风景区级别三方面内容,定性用词应突出重点、准确精练。

(三)风景资源评价

风景资源,也称"景源"、"景观资源"、"风景名胜资源"、"风景旅游资源",指能引起审美与欣赏活动,可以作为风景游览对象和风景开发利用的事物与因素的总称。风景资源是构成风景环境的基本要素,是风景区产生环境效益、社会效益、经济效益的物质基础。风景资源评价一般阐述资源分类和风景资源价值重要性等方面的评价结论。风景资源评价应包括景源调查、景源筛选与分类、景源评分与分级、评价结论四个部分。

风景资源评价结论由景源等级统计表、评价分析、特征概括三个部分组成。评价分析要表明主要评价指标的特征或结果分析;特征概括要表明风景资源的级别数量、类型特征及其综合特征。

(四)规划目标与发展规模

规划目标一般应包括风景资源的保护目标和资源合理利用的发展目标。发展规模要以确定环境、生态、人口合理容量为基础,制定发展的控制规模。

(五)功能分区与规划布局

风景区功能分区要明确规定用地布局,采用分级方式规定不同分区用地可开发利用的强弱程度,以体现资源保护和开发利用不同程度的要求。

根据不同分区用地可开发利用的强度规定，我们要统筹兼顾，协调安排，综合划定各级景区、各类保护区、服务基地区、居民区和其他需要的功能区，并对风景名胜区资源保护、基础工程、服务设施等制定科学合理的总体布局。

风景区应依据规划对象的属性、特征及其存在环境进行合理区划，要遵循三个原则：第一，同一区内的规划对象的特性及其存在环境应基本一致；第二，同一区内的规划原则、措施及其成效特点应基本一致；第三，规划分区应尽量保持原有的自然、人文等单元界限的完整性。

根据不同需要而进行规划分区划分，要符合四个规定：第一，当需调节控制功能特征时，应进行功能分区；第二，当需组织景观和游赏特征时，应进行景区划分；第三，当需确定保护培育特征时，应进行保护区划分；第四，在大型或复杂的风景区中，可以将几种方法协调并用。

（六）风景游赏规划

风景游赏规划要提出景区的景观特征和游赏主题，提出游赏景点以及游赏路线、游程、解说等内容的组织安排。

风景游览欣赏规划内容，包括景观特征分析与景象展示构思、游赏项目组织、风景单元组织、游线组织与游程安排、游人容量调控、风景游赏系统结构分析等基本内容。

景观特征分析和景象展示构思，要遵循景观多样化和突出自然美的原则，对景物和景观的种类、数量、特点、空间关系、意趣展示及其观览欣赏方式等进行具体分析和安排；要对欣赏点选择及其视点、视角、视距、视线、视阈和层次进行分析和安排。

游赏项目（表4－1）组织包括项目筛选、游赏方式、时间和空间安排、场地和游人活动等内容，并遵循四个原则：第一，在与景观特色协调、与规划目标一致的基础上，组织新、奇、特、优的游赏项目；第二，权衡风景资源与环境的承受力，保护风景资源永续利用；第三，符合当地用地条件、经济状况及设施水平；第四，尊重当地文化习俗、生活方式和道德规范。

表4－1 游赏项目类别表

游赏类别	游赏项目
1. 野外游憩	休闲散步，郊游野游，垂钓，登山攀岩，骑驭
2. 审美欣赏	览胜，摄影，写生，寻幽，访古，寄情，鉴赏，品评，写作，创作
3. 科技教育	考察，探胜、探险，观测研究，科普，教育，采集，寻根回归，文博展览，纪念，宣传
4. 娱乐体育	游戏娱乐，健身，演艺，体育，水上、水下运动，冰雪活动，沙草场活动，其他体智技能运动
5. 休养保健	避暑避寒，野营、露营，休养，疗养，温泉浴，海水浴，泥沙浴，日光浴，空气浴，森林浴
6. 其他	民俗节庆，社交聚会，宗教礼仪，购物商贸，劳作体验

资料来源：《风景名胜区规划规范》（GB 50298—1999）。

风景单元组织要把游览欣赏对象组织成景物、景点、景群、园苑、景区等不同类型的结构单元，并遵循三个原则：第一，依据景源内容与规模、景观特征分区、构景与游赏需求等因素进行组织；第二，使游赏对象在一定的结构单元和结构整体中发挥良好作用；第三，为各景物间和结构单元间相互借景创造有利条件。

景点组织，包括景点的构成内容、特征、范围、容量，景点的主、次、配景和游赏序列组织，景点的设施配备，景点规划一览表四个部分。

景区组织，包括景区的构成内容、特征、范围、容量，景区的结构布局、主景、景观多样化组织，景区的游赏活动和游线组织，景区的设施和交通组织要点四个部分。

游线组织要依据景观特征、游赏方式、游人结构、游人体力与游兴规律等因素，精心组织主要游线和多种专项游线，包括三项内容：第一，游线的级别、类型、长度、容量和序列结构；第二，不同游线的特点差异和多种游线间的关系；第三，游线与游路及交通的关系。

游程安排应由游赏内容、游览时间、游览距离限定。游程的确定要符合三个规定：一日游，不需住宿，当日往返；二日游，住宿一夜；多日游，住宿两夜以上。

（七）典型景观规划

景观，既可以是物质实体，又可以是事件或现象，或深藏于大自然，或存在于社会文化之中，是大自然造就的，也是人类智慧的结晶。景观具有较强的组合性和显著特征，可以根据景观的性质、主要特征进行景观分类。旅游景观包括地文景观、水域风光、生物景观、气候天象景观、历史遗存景观、城市景观和乡村景观等。

地文景观，包括山岳风景环境、典型地质构造、标准地质剖面、生物化石点、自然灾害遗迹、火山熔岩景观、蚀余景观、洞穴、沙漠、砾石、滩涂景观等。

水域风光，包括风景河段、漂流河段、小型岛屿、海底景观、海岸、湖泊、瀑布、泉、海潮江潮、现代冰川等。

生物景观，包括森林、古树古木、奇异花草、树林、草原、沼泽、湿地、野生动物、海水与淡水生物等。

气候天象景观，包括雪景、江雾、日出、云海、佛光、海市蜃楼等。

历史遗存景观，包括文化遗迹、军事遗迹、古城遗址、宗教圣地、古塔、牌坊碑碣、古桥、陵寝陵园、石窟、摩崖石刻等。

城市景观，包括港口、广场、历史街区、建筑、公园、科学设施、教育文化设施等。

乡村景观，设施城镇与村落、民俗街区、乡土建筑、民风民俗、稻作农田、林场、渔帆、牧场、手工产业景观等。

旅游典型景观规划具体涉及植物景观规划、建筑景观规划、溶洞景观规划、竖向地形规划和人造旅游景观规划。

1. 植物景观规划

植物景观规划应符合五项规定：第一，维护原生种群和区系，保护古树名木和现有大树，培育地带性树种和特有植物群落；第二，因地制宜地恢复、提高植被覆盖率，以适地适树的原则扩大林地，发挥植物的多种功能优势，改善风景区的生态和环境；第三，利用和创造多种类型的植物景观或景点，重视植物的科学意义，组织专题游览环境和活动；第四，对各类植物景观的植被覆盖率、林木郁闭度、植物结构、季相变化、主要树种、地被与攀缘植物、特有植物群落、特殊意义植物等，应有明确的分区分级的控制性指标及要求；第五，植物景观分布应同其他内容的规划分区相互协调，在旅游设施和居民社会用地范围内，应保持一定比例的高绿地率或高覆盖率控制区。

2. 建筑景观规划

建筑景观规划应符合五项规定：第一，应维护一切有价值的原有建筑及其环境，严格保护文物类建筑，保护有特点的民居、村寨和乡土建筑及其风貌；第二，风景区的各类新建筑，应服从风景环境的整体需求，不得与大自然争高低，在人工与自然协调融合的基础上，创造建筑景观和景点；第三，建筑布局与相地立基，均应因地制宜，充分顺应和利用原有地形，尽量减少对原有地物与环境的损伤或改造；第四，对风景区内各类建筑的性质与功能、内容与规模、标准与档次、位置与高度、体量与体形、色彩与风格等，均应有明确的分区分级控制措施；第五，在景点规划或景区详细规划中，对主要建筑提出总平面布置、剖面标高、立面标高总框架、同自然环境和原有建筑的关系四项控制措施。

3. 溶洞景观规划

溶洞景观规划应符合四项规定：第一，必须维护岩溶地貌、洞穴体系及其形成条件，保护溶洞的各种景物及其形成因素，保护珍稀、独特的景物及其存在环境；第二，在溶洞功能选择与游人容量控制、游赏对象确定与景象意趣展示、景点组织与景区划分、游赏方式与游线组织、导游与赏景点组织等方面，均应遵循自然与科学规律及其成景原理，兼顾洞景的欣赏、科学、历史、保健等价值，有度有序地利用与发挥洞景潜力，组织适合本溶洞特征的景观特色；第三，应统筹安排洞内与洞外景观，培育洞顶植被，禁止对溶洞自然景物滥施人工；第四，溶洞的石景与土石方工程、水景与给排水工程、交通与道桥工程、电源与电缆工程、防洪与安全设备工程等，均应服从风景整体需求，并同步规划设计。

4. 竖向地形规划

竖向地形规划应符合五项规定：第一，维护原有地貌特征和地景环境，保护地质珍迹、岩石与基岩、土层与地被、水体与水系，严禁炸山采石取土、乱挖滥填盲目整平、剥离及覆盖表土，防止水土流失、土壤退化、污染环境；第二，合理利用地形要素和地景素材，应随形就势、因高就低地组织地景特色，不得大范围地改变地形或平整土地，应把未利用的废弃地、洪泛地纳入治山理水范围加以规划利用；第三，对重点建设地段，必须实行在保护中开发、在开发中保护的原则，不得套用“几通一平”的开发模式，应统筹安排地形利用、工程补救、水系修复、表土恢复、地被更新、景观创意等各项技术措施；第四，有效保护与展示大地标志物、主峰最高点、地形与测绘控制点，对海拔高度高差、坡度坡向、海河湖岸、水网密度、地表排水与地下水系、洪水潮汐淹没与侵蚀、水土流失与崩塌、滑坡与泥石流灾变等地形因素，均应有明确的分区分级控制；第五，竖向地形规划应为其他景观规划、基础工程、水体水系流域整治及其他专项规划创造有利条件并相互协调。

5. 人造旅游景观规划

人造旅游景观是通过人工技术模拟的自然景观和人文景观。由人造景观组合的人造旅游景区集中体现了人造景观的规划方法。

人造旅游景区在设计手法上可以分为陈列观光型、表演欣赏型、主体参与型。由陈列观光型景观构成的景区风貌类似露天博物馆，游客主要通过视觉得到满足。由表演欣赏型歌舞景观构成的旅游景区，由景静人静提高到景动人静，游客在观光基础上能够通过欣赏歌舞表演而获得娱乐，景区通过歌舞节目更新给游客以新奇感受。由主体参与型项目景观构成的景区，游客通过动智动力的身心投入得到放松、愉悦，随着每次遇到的挑战不同而得到不同的满足。

在典型景观规划设计中，我们有三个需要努力追求的目标：第一，追求文化、历史与艺术性，包括挖掘潜在于景观环境中的历史文化、风土民情、风俗习惯等与人们精神生活息息相关的要素，景观规划的文化、历史与艺术性直接决定着一个景区、城市、街区的风貌；第二，追求环境生态性，包括土地利用、地形、水体、动植物、气候、光照等人文与自然因素在内的环境生态性，景观规划的环境生态性直接决定着一个景区和旅游目的地的品质和旅游的可持续性；第三，追求景观感受性，是基于视觉对自然与人工景观的感受，从而形成狭义的景观。旅游景观规划设计的“三性”目标是旅游景观规划所追求的科学水平和美学标准。

典型景观规划必须保护景观本体及其环境，保持典型景观的永续利用；应充分挖掘与合理利用典型景观的特征及价值，突出其特点，组织适宜的游赏项目与活动；应妥善处理典型景观与其他景观的关系。

（八）旅游社区居民社会调控规划

旅游社区居民社会调控规划主要对旅游风景名胜区涉及的城镇、社区、居民村（点）提出发展、控制或搬迁的调控规划。凡含有居民点的风景区，应编制居民点调控规划。凡含有一个乡或镇以上的风景区，必须编制旅游社区居民社会调控规划。

旅游社区居民社会调控规划应包括现状、特征与趋势分析，人口发展规模与分布，经营管理与社会组织，居民点性质、职能、动因特征和分布，用地方向与规划布局，产业和劳力发展规划等内容。旅游社区居民社会调控规划应遵循严格控制人口规模,建立适合风景区特点的社会运转机制,建立合理的居民点或居民点系统,引导淘汰型产业劳动力的合理转向等基本原则。

旅游社区居民社会调控规划应科学预测和严格限定各种常住人口规模及其分布的控制性指标,也应根据风景区需要划定无居民区、居民衰减区和居民控制区。

旅游社区居民点系统规划,应与城市规划和村镇规划相互协调,对已有的城镇和村点提出调整要求,对拟建的旅游村、镇和管理基地提出控制性规划纲要。

对农村居民点应划分为搬迁型、缩小型、控制型和聚居型四种基本类型,并分别控制其规模布局和建设管理措施。

居民社会用地规划严禁在景点和景区内安排工业项目、城镇建设和其他企事业单位用地,不得在风景区内安排有污染的工副业和有碍风景的农业生产用地,不得破坏林木而安排建设项目。

(九)经济发展引导规划

经济发展引导规划是引导风景名胜区发展旅游经济的规划,其主要内容包括经济现状调查与分析、经济发展的引导方向、经济结构及其调整、空间布局及其控制、促进经济合理发展的措施等内容。经济发展引导规划应提出适合风景名胜区经济发展的方向和途径,对不利于风景资源和生态环境保护的经济生产项目提出限制和调整的要求。经济发展引导规划,应以国民经济和社会发展规划、风景与旅游发展战略为基本依据,形成独具风景区特征的经济运行条件。

风景区经济引导方向,应以经济结构和空间布局的合理化结合为原则,提出适合风景区经济发展的模式及保障经济持续发展的步骤和措施。

风景区经济结构的合理化应包括:明确各主要产业的发展内容、资源配置、优化组合及其轻重缓急变化;明确旅游经济、生态农业和工副业的合理发展途径;明确经济发展应有利于风景区的保护、建设和管理;等等。

风景区空间布局合理化应包括:明确风景区内部经济、风景区周边经济、风景区所在地经济三者的空间关系和内在联系;应有节律地调控区内经济、发展边缘经济、带动地区经济;明确风景区内部经济的分区分级控制和引导方向;明确综合农业生产分区、农业生产基地、工副业布局及其与风景保护区、风景游览地、旅游基地的关系;等等。

对居民社会调控、经济发展引导等若干专项规划,我们可以根据风景名胜区的类型、规模、资源特点、社会及区域条件和规划需求等实际情况,确定是否需要编制。

(十)分期发展规划

风景区总体规划分期应符合以下规定:第一期或近期规划5年以内;第二期或远期规划5~20年;第三期或远景规划大于20年。在安排每一期的发展目标与重点项目时,应兼顾风景游赏、游览设施、居民社会的协调发展,并体现风景区自身发展规律与特点。

近期发展规划内容包括，提出发展目标、重点、主要内容、具体建设项目、规模、布局、投资估算和实施措施等。近期规划项目与投资估算，包括风景游赏、游览设施、居民社会三个职能系统的内容以及实施保育措施所需的投资。远期发展规划的目标应使风景区内各项规划内容粗具规模，提出发展期内的发展重点、主要内容、发展水平、投资预算、健全发展的步骤与措施。远景规划的目标应提出风景区规划所能达到的最佳状态和目标。远期规划的投资匡算应包括风景游赏、游览设施两个系统的内容。

风景区规划的成果包括风景区规划文本、规划图纸、规划说明书、基础资料汇编四个部分。规划文本应以法规条文方式，直接叙述规划主要内容的规定性要求。规划图纸应清晰准确，图文相符，图例一致，在图纸的明显处标明图名、图例、规划期限、规划日期、规划单位及其资质图签编号等内容。规划图纸应当准确表示规划内容所处的地域或空间位置，现状图、规划图应当分别表示。规划图纸的内容和深度要求应符合规划规范的要求。规划设计的主要图纸需要符合《风景区总体规划图纸规定》。

五、规划说明书

《国家重点风景名胜区总体规划》应有“规划说明书”对“规划文本”进行详细说明。规划说明书应分析现状，论证规划意图和目标，解释和说明规划内容。规划说明书应在规划文本内容的基础上，对规划内容进行分析研究和对规划结论进行论证阐述。“规划说明书”说明的问题包括：

第一，阐述风景名胜区地理位置、自然与社会经济条件、发展概况与现状等基本情况。

第二，对风景名胜区的发展战略与规划对策进行分析与说明。

第三，对照规划文本中的条文内容，对相应内容的现状条件、存在问题等做出分析或说明。

第四，对规划确定的原则、目标、规定、结论、措施等内容进行必要的说明。

第五，对风景名胜资源评价的说明。在风景名胜资源评价的说明中，对现状基础资料充分研究和风景名胜资源内涵与特有价值的充分揭示，是编制规划的基本依据和重要基础工作。风景名胜区资源调查评价的内容包括资源调查、环境质量调查、开发利用条件调查、风景名胜区评价依据等。

在规划纲要、规划文本中涉及的有关主要专题研究成果、重大问题专题研究报告、专业评审意见、有关审批文件等，都可以作为附件汇编于规划说明书中。

对规划编制过程中需要把握的重大问题，可以放在前言或后记中加以说明。属于新一轮修编的规划，需要在说明书前言或后记中说明对上一轮规划实施情况的评述,对存在的问题进行分析和阐述,对修编规划背景、重大调整内容等做出说明。

六、基础资料汇编

基础资料汇编主要是整理汇编规划工作中涉及或使用的各种相关基础资料、数据统计、参考资料、论证依据等内容。

基础资料汇编一般涉及区域状况、历史沿革、自然与环境资源条件、资源保护与利用状况、人文活动、经济条件、人工设施与基础工程条件、土地利用以及其他资料。

基础资料汇编中的文字资料、数据、附图等要准确清晰、简明扼要,统计数据要准确有效地反映近期状况,并可使文字叙述与图、表相结合。

第三节 风景名胜区详细规划

在风景名胜区内,我们应根据景区开发的需要,编制控制性详细规划,作为景区建设和管理的依据。风景名胜区详细规划的任务和主要内容是以总体规划为依据,规定风景各区用地的各项控制指标和规划管理要求,或直接对建设项目做出具体的安排和规划设计。风景名胜区的修建性详细规划主要是针对明确的建设项目而言,主要内容包括:

第一,详细确定景区内各类用地的范围界线,明确用地性质和发展方向,提出保护和控制管理要求以及开发利用强度指标等,制定土地使用和资源保护管理规定细则。

第二,建设条件分析和综合技术经济论证、建筑和绿地的空间布局、竖向规划规划设计、估算工程量和总造价、分析投资效益。

第三,景观规划设计,提出环境与景观要求。

第四,对景区内的人工建设项目,包括景点建筑、服务建筑、管理建筑等,明确位置、体量、色彩、风格。

第五,道路系统规划设计,确定各级道路的位置、断面、控制点坐标和标高。

第六,工程管线规划设计。根据规划容量,确定工程管线的走向、管径和工程设施的用地界线。

详细规划编制完成后,省、自治区、直辖市建设(规划)行政主管部门组织有关专家进行评审,提出评审意见。编制单位应当根据评审意见,对详细规划进行修改完善。

国家重点风景名胜区的重点保护区、重要景区的详细规划,由省、自治区、直辖市建设(规划)行政主管部门初审,报建设部审批;其他地区的详细规划,由省、自治区、直辖市建设(规划)行政主管部门审批。

报建设部审批的国家重点风景名胜区详细规划材料包括规划文本、图纸以及规划评审意见和省、自治区、直辖市建设(规划)行政主管部门的初审报告。

第四节　旅游景点设计

旅游景点是旅游区中的最小单位,由两个以上的景物组成,旅游活动较为单一,配套建有相应旅游服务设施的游赏点。一个旅游区的吸引力和旅游生产力的大小,主要取决于旅游景点的规划设计水平和管理水平。

一、景点类型

景观是景点的基础和必备要素。景观分自然景观和人工景观,具有美的观赏价值的景色、景象和景物,是与环境相结合的艺术升华。旅游景点是依景观而进行观赏形式的处理,将景观与旅游地域综合要素进行整合与安排,形成一个可以集中观赏游览的地点。

旅游景点是旅游地域综合要素最基本的组合,旅游资源各要素在组合上有最大的一致性,具有突出的特征。依据旅游景点的特征进行类型认识,是进行旅游景点规划的重要前提和基础。

旅游景点的范围,取决于地理环境,小者有数百平方米,大者可达数平方公里。按以景观为主的资源综合要素的性质和特征,我们可将旅游景点分为自然型、历史型、文化型和特殊型;按开发的程度,可分为保护型、修饰型、强化型和创造型。

自然型旅游景点是以自然山水为基本要素特征的景物和景观点。自然型旅游景点是旅游景点类型中数量最多的类型。

历史型旅游景点是以历史文化遗址、遗迹、遗物为主体游赏物的游览观光点。

文化型旅游景点是以某种文化为载体的游赏点,如壁画、摩崖石刻、石窟、歌舞等。

特殊型旅游景点是以某种特殊景物为游览对象的景观点,如航天飞机、航空母舰等,与常规情况下的景点有很大的区别。

保护型旅游景点是指列入旅游观赏中美学特征突出、科研价值高、文化内涵深厚和具有重大历史价值的景物,以保护原貌为原则,按原有形态、内容及环境条件完整地、绝对地加以保护的景点。景点规划的任务,就是明确旅游景点的保护范围、内容和具体措施。

修饰型旅游景点是指某些有所欠缺的重要景物,为了保护和强化旅游观赏形象,可通过人工技术,适当地加以修饰和点缀,起到“画龙点睛”的作用。例如,将裸露在野外的碑石、文物放在与之相协调的建筑物中,既可起到保护作用,又可引导游人游览和考察；在自然风景区的某些地段，选择观景的最佳位置，开辟人行道和修建一定的景观建筑，将最美的画面呈现在游人面前，既有利于旅游者观赏，又丰富了风景内容；在天然植被中，调整部分林相，按设计种植有观赏价值的树种和花卉，使自然景观更加丰富多彩。

强化型旅游景点，就是利用人工技术强化手段，烘托和优化原有景物的形象，创造一个新的景观空间，使旅游资源更集中、更典型地表现区域旅游特色。例如，在海滨地带建立“海洋生物公园”，游人在较小的范围、较短的时间内，观赏到海洋中各种鱼类和海生物；在森林中建立森林旅游城，铺设森林栈道，建造观景亭台，让游客可以在一定范围内看到典型的森林植物和动物，适度接触各种野生动物。

创造型旅游景点，就是根据区域的客源市场、区位和环境条件，利用现代科技手段，将文化旅游资源（如将民间传说、神话、故事和幻想等）变成可视、可参与的仿古园、微缩景观、人造园林等旅游景点。

认识旅游景点类型是进行旅游景点设计的基础，可以使景点设计获得整体创新的平台。

二、景点设计原则

旅游景点设计属微观工程范畴，涉及知识领域较多，在设计中应遵循下列原则：

（一）创新原则

创新，在旅游景点设计中就是创意或景点开发前的设计意图。旅游景点设计创新要有中心主题，从市场需求、资源特色、区位和环境条件综合分析确定创新主题。

（二）人工美与自然美统一

风景、名胜和文化是景点规划的核心和主体。任何人工建筑必须围绕核心、主体进行，使人工美与自然美达到完美的高度的统一。自然风景以山、水地貌为基础，植被做装点。空间组合形式使用亭、榭、廊、楼等建筑来配景，使风景与建筑巧妙地融合在一起。

人工美与自然美的高度统一，就是要明确：自然是第一位的，而人工是第二位的；自然为主，人工为辅，巧加点缀，自然结合，人工建筑与环境融为一体。我们应将建筑与环境相协调的思想贯彻到景点开发的各个环节中去，在风格特点、造型体量、比例尺度、色调对比上要服从环境整体，应当顺应自然、点缀自然。在自然景观区，建筑物应宜低不宜高、宜小不宜大、宜散不宜聚、宜互补烘托不宜离散累赘。在景点设计中，我们既要研究景观构成的共性规律，更要研究景点的特殊规律，把握住客观因素，创造出景象各异、意境多样的风光美景。

（三）维护和创造生态平衡

环境生态理论认为，环境系统中的生物与生物、生物与生存环境，处于相互依存、相互联系、相互作用中，在一定条件下处于相对稳定平衡状态。生物体同环境间经常处于物质交换和能量的不断转化之中,处于动态的平衡之中。旅游景点未开发前,生态平衡处于相对稳定状态。一旦进行旅游开发,旅游者的进入,建筑物的落户,就会使生态平衡受到破坏,因此生态需要得到保护,使青山常在、绿水长流,从而创造更高一级的生态平衡。

成功的旅游景区发展,强调维护原有生态平衡,绿化与美化旅游环境,增加植被覆盖率,用人造园林技术创造新的生态平衡:避免"建设性破坏",禁止在景点内开山取石、伐木建房;避免在景点附近建工厂、办企业,防止废水废气污染空气、水质和土壤,从而降低环境质量;避免将步行游览道变成宽敞、平直的水泥路,从而破坏了"曲径通幽"的意境;避免在以攀登为主的山地游览景点架设索道,以保持原生态山石景物和山岳的"神气",使"游从慢"。

(四)最佳经济效益

旅游开发是地区经济发展的一部分,是企业行为,需要做好经济概算,进行投入与产出分析。我们应优先选择投资少、回收期快的旅游项目。例如,山水风光,修建通达的道路即可。选择霞光、云海、佛光、极光、海市蜃楼、冰景、雪景等持续产生、不会即逝的旅游资源进行景点开发,不需更多资金就会产生可观的经济效益。黄山的云海、泰山的日出、蓬莱的海市蜃楼、峨眉的佛光、哈尔滨的冰灯等,都是开发成功的范例。

三、景点设计方法

旅游景点设计应在景点规划的基础上,根据功能要求和环境具体条件,制订具体方案。旅游景点设计一般可采用如下方法:

(一)突出主题

一般来讲,未经人工改造的自然物,显得单调、主题不突出。要把自然物转化为供欣赏的景物,需经过人工的概括、提炼、选择、加工,去杂存真,突出主题,使天然美景独放异彩。

(二)平中出奇

在旅游规划中,我们常常会遇到平淡无奇的峰岭,但它却是周围的制高点,有广阔的视野,赏景范围大,可一览周围风光,也可选择作为鸟瞰景点的最佳处。有的景点,在没有开发前,只是一个空旷的空间,引不起游人的兴趣。我们可以在山上的适当位置建亭阁建筑,将自然空间变成被限定的空间,使之产生"谁家亭子碧山间"的疑问,从而引导游人去攀登;另外,这些建筑对整体景观能起到"万绿丛中一点红"的点缀作用。

(三)充实人文内涵

自然景色若没有人文内容,则总会显得有些单调和不足,需要按着自然规律,把握区域文脉,经人工的修饰,增加文化内涵,使景观特色更集中、更突出。

（四）协调环境

景物密集的景点，游客停留的时间长，需要建造观赏、休息、茶饮和卫生间等设施，但体量不能过大，建筑间距要大，以留出充裕的游览空间；所设计的建筑尺度、造型和色调要与周围环境相协调，并烘托景观。

（五）强化特色

在旅游开发中，对一些平淡无奇的景点，我们可以采用夸张的手法，布置具有特色的建筑物，使其在整个背景中突出来，成为吸引力强的旅游景点。例如，武夷山大安红军街，原有的资源较为平淡，可以依据原有内涵基础，恢复20世纪二三十年代的红军街市，强化旅游景点特色。

四、组景手法

在旅游景点的设计中，我们要借鉴古代园林的组景常用手法。古人总结的园林组景常用手法有对景、借景、夹景、框景、隔景、障景、泄景、引景、分景、藏景、露景、影景、朦景、色景、香景、景眼、题景、天景十八种方法。在旅游景点设计中，常可见到使用对景、借景、框景和引景等手法。

（一）对景

所谓“对”，就是相对之意。我把你作为景，你也把我作为景。对景在园林中使用很多，但要做好不易。

（二）借景

对景是相对为景，借景则只借不对。例如，无锡寄畅园，人在环翠楼前南望，可以见到树丛背后的锡山和山上的龙光塔；然而，若人在锡山或龙光塔上，甚至找不到寄畅园。借景是单向的，这就是借景与对景之不同。

借景手法之一是设计视线。例如，无锡寄畅园中能见到锡山，拙政园中能见到北寺塔，都是在视点前面有一大片水池，才使视线可及远处之景。这两处水池都做得狭长，拉长视距又不影响园的规模。《园冶》中说：“得景则无拘远近，晴峦耸秀，绀宇凌空，极目所至，俗则屏之，嘉则收之，不分町畽，尽为烟景。”所谓“俗则屏之”，可以理解为有的建筑不好看，就得用林木、小建筑等挡住其视线；“嘉则收之”，就是可以把远处美的建筑引入景观之中。借景能使观赏空间扩大，小中见大，形成有限空间、无限景色，使画面层次丰富和生动。借景的原则：“园林巧于因借，精在体宜。”这要求将景点内外、周围远近的景色进行取舍，使借景取材达到“精”的要求，并且将借来的景色同本空间的环境巧妙地结合起来，内外相互呼应、汇成一片。借景有远借、邻借、仰借、俯借之分。“采菊东篱下，悠然见南山”是“远借”；“满园春色关不住，一枝红杏出墙来”是“邻借”；登高远眺田野风光为“俯借”；高山、大松、楼亭为“仰借”。此外，还有借形、借声、借色、借香等。

(三)框景

顾名思义,框景就是将景框在“镜框”中,如同一幅画。苏州拙政园内园有个扇亭,坐在亭内向东北方向的框门外望去,见到外面的斋室和水廊,在林木掩映之下,形成一幅美丽的画。北京颐和园中的“湖山春意”,向西望去,可见到远处的玉泉山和山上的宝塔,近处有西堤和昆明湖,更远处还有山峦,层层叠叠,景色如画。

(四)引景

漏窗可以起到引景的作用。例如,杭州西泠印社,围墙上一排漏窗,人们观窗内之景,便欲入园游赏,于是,沿墙找到大门而入。苏州怡园中的复廊、上海豫园中的复廊,都有引景之作用。引景手法较多,有的用弧墙引景,如杭州虎跑,自“虎跑泉”照壁,沿弧墙前行,便至叠翠轩、桂花厅等处;也有的用文字来暗示,起到引景的作用,如上海豫园,自三穗堂向东,有一条廊向北,有“渐入佳境”四字,很起引景作用,廊边墙上又有四字“峰回路转”,显然是转弯,里面果然美景不少。总之,无论是漏花墙、廊、台阶、弧墙乃至文字,都能起到引景的作用。

组景十八法,只是古人对组景方法的总结,在旅游景点设计中,我们不能生搬硬套,墨守成规,而要融会贯通,并富有新意。

第五节　旅游景观建筑设计

景观建筑指对自然景观起点缀、装饰、烘托作用的亭、台、楼、阁、榭、廊、桥、塔等中国传统建筑。我国古代在景观建筑选址方面有完整的理论,提出“因山就势”、“远取势,近取质”和“因境而成”的原则。“因山就势”,就是利用地形环境和地势、地貌特点,布局和设计相应的建筑物,可对环境起到点缀、修饰作用。“远取势,近取质”,就是在布置具体建筑物时,大环境要考虑地貌特征,即“势”;小环境要考虑地面的岩性及风化后形成的景观形象,即“质”。因此,在建筑中,我们要考虑“势”与“质”,考虑远眺与近观,充分利用地形地物,可使人工与自然浑然一体。“因境而成”,就是在建筑中不要破坏环境,不要大规模平整土地,利用小环境辅以相应的建筑,可使人工建筑与自然环境珠联璧合、相得益彰。建筑设计手法的运用,需要结合景点环境特点,从而做到人工美与自然美的高度统一。

一、山地景观建筑组合

在人工景观建筑选址中,由于自然环境的不同,人们往往采取不同的建筑形式。景观建筑选址主要在山水之间,特别是在群山峻岭之中,对山巅、山脊、山坡、山谷盆地、山麓、峭壁等处有特别的选择。

(一)山巅

山巅,即山之最高点,或称绝顶。山巅,一般有尖顶、圆顶和平顶之分。山顶地势高，鹤立鸡群，犹如人首，最能反映山的气势。游人登上峰顶，有“山为绝顶我为峰”的无限征服快意；站在山巅，居高临下，纵目远眺，视野开阔，鸟瞰周围景色，会产生“登高壮观天地间”、“欲穷千里目，更上一层楼”的高远意境，也会产生“上观碧落星辰远，下视红尘世界遥”的超然于世、羽化成仙的感受。因此，登顶活动成为游览中的高潮点，能给人留下终生难忘的记忆。山顶上布置建筑物，可以丰富山峰的立体轮廓，并增加其生气，又是游人登顶观景的最佳处。山顶的景观建筑多以集中向上竖向的亭、塔居多，与直指蓝天的山峰气势相匹配。在山顶夷平面处，多建有色调鲜明的寺观，有天上仙境气氛。例如，峨眉山金顶、泰山玉皇顶、南岳峰顶的祝融殿、天台山顶的天台寺、华山峰顶的真武宫等。

（二）山脊

山脊是两个山坡的交接带，它一般也是两条河流的分水岭。山脊有的浑圆，有的窄如鱼脊，连绵起伏。站在山脊，可观两面景色。在山脊可建亭、宫殿、廊道等建筑。例如，九华山的百岁宫，建于摩空岭山脊的最北端，上下5层，东以悬崖为基，西临峡谷，群山环抱，云雾缥缈，是山脊建筑佳例。又如，万里长城也是山脊景观典范。

（三）山坡

山坡是山顶至山麓的斜坡，分直形坡、凹形坡、凸形坡和阶梯状坡。因为坡地地域广大，视野开阔，因此游客可仰观山岭峰峦，俯视田园秀色。

站在凸坡或阶梯状坡上，游客可环视三方；建筑可随山势陡缓，前低后高，旁低中高，分段叠落，参差布置，同周围的峰峦环境相呼应，从而产生动的景观效果。例如，杭州的虎跑寺沿山坡地布置，从前至后逐渐升高，建筑参差错落，空间院落交替穿插，有着浓厚的寺观园林气氛。

凹坡，幽曲含蓄，环境最适寺观建筑，如嵩山嵩阳书院、泰山普照寺和峨眉山的伏虎寺等，都建于凹坡。

（四）山谷盆地

山地，受构造作用，形成山谷小盆地。山谷小盆地有清溪相伴，风力小，空气清新，土壤肥沃，植被茂密，有良好的生态环境，有“世外桃源”的意境。古人在山谷盆地盖屋修寺建庙，有所谓“深山藏古寺”之说，如九华山的九华街、武夷山的“小桃源”等。

（五）山麓

山麓，为山地与平原地形转折过渡带。山麓背山面向平原，地面组成物质多由冲积物和混合物组成，地势平缓，地表水与地下水丰富，土质肥沃，森林茂密，交通条件方便，多有居民点分布。在山麓布置大体量的景观建筑，中轴线对着山岭，可形成气势磅礴的山地建筑景观，如泰山的岱庙、华山的西岳庙、衡山的南岳庙等。

（六）峭壁

峭壁是山地受断层作用的界面。利用峭壁布置人文建筑成为险景，使游人望而生畏，联想非神仙不可居之地，达到人工“神造”的意境。恒山悬空寺是一处利用峭壁建造、以险著名的成功建筑。

二、景观与建筑协调

中国是一个历史悠久的文明古国，形成了整形式和自然式两种不同的建筑景观风格。

整形式园林建筑以紫禁城为例，从永安门、天安门、端门、午门、前三殿、后三宫、御花园、神武门、地安门到钟鼓楼，高高在上的是金銮宝殿——太和殿，在一条中轴线上的建筑严守规整的形式，蕴涵着皇家唯我独尊的权势。

自然式园林以江南古典园林为主，避免中轴对称，处处体现自然的感觉，宛如一幅优美的风景画，达到“虽由人作，宛自天开”的意境。例如，苏州拙政园，否定了传统的“门—路—堂”形式的中轴线，游客一进腰门，一座黄石假山挡住去路，要到前面的远香堂，有两条路径：一是踏石蹬，缘曲溪，或钻山洞，偏于东侧起伏弯环而前行；二是由假山西侧的小路或曲廊越过小溪上的曲桥至远香堂。无论哪一条道都不对称。

我国的传统人文景观与园林建筑存在着既互相联系又互相统一的“巧”、“宜”、“精”、“雅”关系①，这是对风景建筑的基本品格特征的高度概括，对景点设计和规划具有指导意义。

（一）巧

景观建筑与自然景观的融洽，需要灵巧、灵活、有变化。景观建筑与环境协调和结合、造就意境美的灵巧手法，就是在景观建筑空间处理上要求灵活变化。例如，景观建筑的空间平面不一定都是四边形，可以是三角形、多边形、弧线形；建筑物空间排列剖面不一定限制在一个平面上，可以错落有致；景观建筑可以在空间中自由流通和渗透，互相补充与借用，使空间的不定性与整体的完整性结合在一起；在景观空间的组织中，可以有直有曲，有静有动，有大有小，有虚有实，有正有变，有疏有密，有隐有显……相辅相成，辩证统一，从而创造富有活力、奇巧变幻的空间境界。景观中有建筑，建筑中有景观，可让游人随着建筑空间的曲折变幻，在心理上产生旅游的兴奋。

（二）宜

就是景观建筑的形式与大小适宜、适用、因地制宜，使“园中有景，景中有人，景因人异”，为旅游者创造出满意的景观建筑空间，使旅游者在景观建筑空间获得最

---

① 冯钟平．中国园林建筑[M]．北京：清华大学出版社，1988．

大美感和精神满足。景观建筑的优美造型与环境的结合没有固定的格式,要视环境具体设计,根据山水环境特点,宜亭则亭,宜榭则榭,"景到随机","得景随形"。景观建筑应成为观景的交汇点,有最佳的观赏距离,最好的观赏角度,使旅游者能够观赏到更多的画面。

(三)精

就是将景观建筑设计成建筑精品,符合建筑空间形式美的规律,体现整体美、结构美、韵律美、逻辑美。

(四)雅

就是景观建筑的形象、色彩、气氛具有典雅、雅致的格调和意境。景观建筑追求环境气氛的幽雅,追求建筑造型、装修、细部的雅致,追求建筑色调的典雅。景观建筑材料,就地取材,风格采用当地民居传统建筑形式,与自然环境协调,追求景观建筑的古雅情趣。

旅游景点建筑属景观建筑。景观建筑等设施具有直观特征,也具有灵活性,需要建筑师充分发挥设计的创造性。旅游景点建筑的创造性设计,需要运用本地区传统或历史的设计风格和图案,使建筑与文化环境相适应,体现民族性和地方性特色,给游人一种地域感;屋顶线条是体现建筑物特点的重要因素,需要对屋顶精心设计;尽量使用当地材料,体现当地建筑风格。

我国旅游景点的建筑规划和设计尚无统一的规范。根据世界旅游组织顾问德华·英斯基普先生的研究,一些景观建筑的密度、高度、缩进、建筑占景点面积比率、绿化、指示牌等数据和比率,可供实际规划和设计者参考。

(一)密度

景观建筑的密度分为极低密度、中低密、中高密度和高密度。极低密度为独立屋或成平房,每公顷 12 ~25 间。中低密度为 2 ~3 层楼房,每公顷 25 ~75 间。中高密度为 4 层楼房,每公顷 75 ~150 间。高密度为高层楼房,每公顷在 300 间以上。

(二)高度

景观建筑物高度一般不超过 4 层或 15 米。15 米是树的高度。

(三)缩进

景区建筑物缩进,是指建筑物必须与海岸、江岸、河岸、道路、建筑物地基分界线保持一定距离。其中,与海岸线应保持 50 ~60 米,这样可保护海岸线的风貌,保证海滨地带的共享空间。

(四)建筑占景点面积比率

为保证旅游者有足够的观赏和活动空间,在山间和海滨游览地,建筑物所占景点面积应控制在 20% ~25% 以内。

为维护景点环境和观赏效果,一般景点绿化面积应占 75% 以上。旅游景点内的指示牌类别、设置地点要进行控制。旅游景点要适当设置游览信息牌和指路牌,但不宜设置面积很大的广告牌。在旅游景点内的各种管线应埋设在地下,以保持景观的完整性,也有利于对线路的保护。

三、水景建筑构成

水是旅游景区不可缺少的因素。水给人以清新、明净、亲切的感受,水面的倒影,景物成双,使空间扩大,给人一种虚幻之美;水流动产生各种声音,激动人的心弦,令人欢快。因此,依水体辅助的各种类型景观建筑是游人最爱去的地方。

(一)景观建筑与水体构成关系

在处理景观建筑与水体的结构关系中,有"点"、"凸"、"跨"、"漂"、"引"等主要手法。点,就是将景观建筑点缀于水中,或在水中小岛上建塔,如杭州西湖的三潭印月。

凸,就是将景观建筑物布置在湖岸或海岸的前端,三面临水,一面与陆地相连,一面与水紧密结合。例如,青岛栈桥一景,是一条宽 10 米、长 440 米伸向大海的水泥大堤,大堤尽头建有三角形防波堤,以减弱风浪的冲击。并在桥的南端建有八角形的"回澜阁"亭子,金色琉璃瓦,红漆柱子,亭内有螺旋形楼梯可供游人登高远眺,感触天海一色的景观。

跨,就是跨越河流溪涧设置建筑物。桥是"跨"手法的最佳杰作,兼有游览与交通双重功能。我国赵州古桥为弧形单孔石拱桥,造型精巧空灵,于雄伟中见秀逸,如初月出云,似彩虹当空,"水从碧玉环中过,人在龙脊背上行",是我国桥梁史上的一颗明珠。广西三江县程阳村林溪河上的风雨桥,长 76 米,宽 3.4 米,高约 103 米。桥上建造风雨长廊,也是难得的水上建筑景观。

漂,就是把建筑伸入水中。"漂"类建筑一般不用粗石砌成驳岸,而采取下部架空的办法,使水漫入建筑物底部,建筑物如漂浮在水面。例如,苏州拙政园的波形廊,是从临近建筑中挑出飞架,承托浮廊。

引,就是把水引入建筑群中来,形成水院。例如,杭州西湖玉泉,水池在庭院中,三面轩庭环抱,成为建筑内部空间的一部分。"玉泉观鱼"为清代"西湖十八景"之一。

(二)依水景观建筑

依水景观建筑是水景观设计中的一个重要组成部分。由于水的特殊性,决定了依水景观建筑的异样性。利用水体丰富的变化形式,可形成亭、桥、榭、舫各具特色的依水景观建筑。

1. 依水建亭

水面开阔舒展,明朗,流动,有的幽深宁静,有的碧波万顷,情趣各异。为突出不同的景观效果,一般在小水面建亭宜低临水面,以细察涟漪;在大水面,碧波荡漾,亭宜建在临水高台或较高的石上,以观远山近水,舒展胸怀。

2. 临水建亭

临水建亭，一般有一边临水、多边临水或完全伸入水中、四周被水环绕等多种形式。在小岛上、湖心台基上、岸边石矶上都是临水建亭之所。在桥上建亭，更使水面景色锦上添花，也增加了水面的空间层次。

3. 依水建桥

桥跨越山河天堑，可引发人的美好联想，有“人间彩虹”的美称。桥造型优美，形式多样，作为中国传统园林中重要的造景建筑，小桥流水成为中国园林及风景绘画的典型景色。在自然山水景点中，地形变化与水路相隔，需要用桥来沟通景区、组织游览路线。在规划设计桥时，我们应使桥与景区道路系统配合，联系游览路线与观景点，注意水面的划分与水路的通行与通航，注意组织景区分隔与联系的关系。水景中的桥有多种类型，我们要根据不同的水体情况设计应用相应类型的桥。

(1)步石

又称汀步、跳墩子，这是最原始的过水形式。汀步最适合浅滩小溪跨度不大的水面，可形成富有情趣的跨水小景，也可结合滚水坝体设置过坝汀步，使人走在汀步上有脚下清流、游鱼可数的近水亲切感。

(2)梁桥

跨水以“梁”，独木桥是最原始的梁桥。在景区中小河、溪流宽度不大的水面可使用梁桥。在水面宽度大但不深的河上，我们也可建设桥墩形成多跨桥的梁桥。梁桥面要求平坦以便行走与通车。在依水景观的设计中，梁桥除起到组织交通外，还能与周围环境相结合，形成一种诗情画意的意境。

(3)拱桥

拱券是人们用石材建造的大跨度的工程创造，我国很早就有拱券的利用。拱券的发展就形成拱桥。拱桥的形式多样，有单拱、三拱到连续多拱，可根据景区的不同环境要求选用。拱桥在功能上，上可通行，下可通航，有独特造景效果，有“长虹偃卧，倒影成环”的描写。

(4)浮桥

浮桥是在较宽水面通行的简单的和临时性的办法。浮桥可以免去做桥墩基础等工程措施，只用船或浮筒替代桥墩上的架梁板，用绳索拉固就可通行。在依水景观的设计中，重点不在于组织交通，可利用它固而不稳，人立其上有晃悠动荡之势，给游人以动感，可以与水的静态形成强烈的对比，能激发人们勇于冒险、积极奋进的进取心。

(5)吊桥

吊桥可以大跨度地横卧水面，悬而不落，具有优美的曲线，给人以轻巧之感。依水设计的吊桥景观，优美的曲线，立于桥上，既可远眺，又可近观。

(6)亭桥与廊桥

亭桥与廊桥是既有交通作用又有游憩功能与造景效果的桥。例如,北京颐和园西堤上建有幽风桥、镜桥、练桥等,在长堤游览线上起着点景休息作用,在远观上打破上堤水平线构图,有对比造景和分割水面层次的作用。又如,扬州瘦西湖上的五亭桥是瘦西湖长轴上的主要景观建筑。

4. 依水修榭

榭是园林中游憩建筑之一,建于水边,是一种以借助于周围景色而见长的园林游憩建筑。《园冶》记载:"榭者,借也,借景而成者也,或水边,或花畔,制亦随态。"榭在功能上除满足游人休息的需要外,还有观景及点缀风景的作用。

最常见的水榭形式是在水边筑一平台,在平台周边以低栏杆围绕,在湖岸通向水面处作敞口,在平台上建起一单体建筑,建筑平面通常是长方形,建筑四面开敞通透。榭与水的结合方式有很多种,有一面临水、两面临水、三面临水以及四面临水等形式,四周临水者常设计用桥与湖岸相连。榭的平台有实心土台形式和石梁柱结构平台。实心土台,水流只在平台四周环绕;石梁柱结构平台在平台下部是以石梁柱结构支撑,水流可流入部分建筑底部,甚至有的可让水流流入整个建筑底部,从而形成驾临碧波之上的效果。

5. 水面建舫

舫的原意是船,一般指小船。建筑上的舫是指水边的一种传统建筑,是在园林湖泊的水边建造起来的一种船形建筑。舫的下部船体通常用石砌成,上部船舱则多用木构建筑,其形似船。舫建在水边,一般是两面或三面临水,其余面与陆地相连。最好是四面临水,其一侧设有平桥与湖岸相连,有仿跳板之意;立于水中,又与岸边环境相联系,使空间得到了延伸,具有富于变化的联系方式,既可以突出主题,又能进一步表达设计意图。

第六节　旅游景点花木配置设计

在旅游景点中的花木,其特有的色、香、形、质,构成美妙动人的景观。色,景点中有了花,色彩就丰富了,姹紫嫣红,粉白鹅黄,五光十色,美不胜收;香,闻香也是一种享受,空气中的花香似轻音乐使人陶醉;形,花木的形态婀娜多姿;质,花木的内在品质,蕴涵深层次的美。在不同的季节,花木都有不同的景观表现特征。花木配置既是景点设计中的重要内容,又是绿化体系的一部分,可以起着生态平衡和改善环境质量的作用。

一、花木景点作用

花木是风景素材,也是风景的主题。在旅游景点中,有以建筑、文物、山石、水体为主题;也有以花木为主题,如黄山的迎客松。花木在景点建设中具有重要的作用。

(一)丰富景点构图

景点的山石、屋宇线条较硬直,色调也较单一,而植物线条柔软、弯曲,色调丰富,二者相结合,可以打破生硬轮廓,调整单一色调,改变景点的构图。例如,西安大雁塔由于有垂柳、花卉的陪衬,在蓝天白云下显得更加雄伟、高耸。

(二)赋予景点时空变化和生气

植物是生长变化的物体,花叶一年有周期性季相变化,蓬蓬勃勃,焕发着生机。春花、夏雨、秋叶、冬雪的变化,四时有景,四时景异。在植物的陪衬下,山石、屋宇被赋予生命、赋予生气。

(三)植物有分割空间和隐蔽建筑物的功能

景区、景点常常需要用树木划分若干个独立空间,以便于游人游览;同时,有的地物和建筑观赏效果差,可用树木隐蔽,形成完整、优美的观赏环境。例如,颐和园西侧平直呆板的围墙,割断了颐和园同玉泉山和西山的视觉联系。在造园时,就用西堤垂柳挡住墙体,将中景玉泉山和远景西山纳入颐和园内,从而扩大了观赏空间。

二、风景花木种类

风景花木具有特殊的美韵,或以树古,或以花胜,或以叶称,或以果名,或成"茂林",或成"浓荫"。按生态和观赏特点,风景花木可以划分为林木、花木、果木、叶木、荫木、蔓木六类。

(一)林木类

林木类分针叶树、阔叶树和竹类。就观赏性而言,林木以苍劲、古老和有一定造型的树木为最有风景价值。超过500年树龄的超寿树有银杏、水杉、红杉、洪椿、松、柏、侧柏、楠、悬铃木、菩提树等。在我国旅游区中,著名的古树,有黄帝陵的轩辕柏(3 000年)、晋祠的周柏(距今3 000年)及孔庙的古柏等。

黄山松分布在江南海拔800~1 000米的凉湿、营养贫瘠的岩石裂缝生态环境中,以造型奇特著称,有迎客松(1 000年)、送客松(450年)、黑虎松(450年)、陪客松(400年)、蒲团松(350年)、凤凰松(200年)、卧虎松(200年)等。

松、竹深受人们的喜爱。松树,冬夏常青,生命力强,象征着坚强不屈,"经隆冬而不凋,蒙霜雪而不变"。竹,清丽拔秀,静雅高洁,"未曾出土先有节,纵入凌霄亦虚心"。

(二)花木类

花木以花大、浓艳、花期长为贵。白色玉兰,莹洁清丽,花气袭人;红色茶花,鲜艳,热烈;牡丹有"花王"之称;杜鹃有"西施"之誉;月季有"花中皇后"之说;樱花是春天的使者；梅花铁骨冰肌，顶霜傲雪，有忠烈之骨气……

（三）果木类

树果色彩以红紫为贵，黄色次之。因为果实成熟正值盛夏凉秋之际，所以自然景观处于冷色系统中，正所谓“浓绿夏、黄绿秋”。在夏秋时节，成熟果实以红色、淡红色最为引人注目，如苹果、桃、李、梅、荔枝、樱桃等；黄色亦惹人喜爱，如柑、橘、佛手、枇杷、梨、石榴等。

（四）叶木类

观赏树木树叶，以新绿和红叶为最。当早春之际，天气渐暖，叶芽初崭，呈鹅黄或微绿色，出现“枝间新绿一重重，小蕾深藏数点红”的景象。夏去秋来，层林尽染，尤其是枫树叶经霜变红，呈现“霜叶红于二月花”的艳丽景象。

（五）荫木类

荫木类具有密叶特点，供蔽荫之用，如樟、榕、杨、梧桐等。

（六）蔓木类

蔓木具有攀缘习性，茎部纤弱，依附于山石、墙壁和花架之上，如葡萄、紫藤、蔷薇等。

三、花木配置

花木有着独特的性格，或名贵，或挺拔，或苍劲，或古拙，或花艳，或芬芳，或盘根错节，或婀娜多姿。花木所引起的景观效应，不仅由花木本身的特性所决定，而且在很大程度上由其配置方式所决定。

（一）花木配置的主要方式

1. 孤植

在较小的景点范围内，如庭院，可采用孤植的花木配置方式，将所选林木类树木栽植于院内一角，切忌居中。高低、大小、疏密要与院落空间相适应。

2. 点缀

在景点范围较大时，孤植就显得单小，可采用点缀花木配置方式，将二三株或三四株进行点植。根据树干大小、树叶疏密、姿态差别、色调明暗适当地安排，切忌对称与平均排列。

3. 丛植

丛植是将花木按“丛”进行栽植。丛植可根据植物生态和季相变化进行考虑，可以乔木与灌木结合，常绿树与落叶树结合，使园林构图内容丰富、错落有致、层次分明。树种和数量的选择要考虑季相变化、开花先后、色彩的对比与协调。

4. 群植

群植是在一定空间范围内，将某一种花木成片栽植，强化某一主题，形成枫林、花海，如北京香山的“枫叶”，余杭超山的“十里梅海”、苏州邓尉山的梅花“香雪海”等。

不同地域景点配置花木，要多选择本土树种，因为土生土长的花木存活率高、成长快。在栽植花木时，要考虑时令的变化，使园林景色风花雪月、四季长新，力求做到细竹迎春、柳嫩桃红、榆烟杏雨、玉兰飘香、丁香开花、梨树添白、牡丹阶前、芍药怒放、荷莲一片、芙蓉满地、榴开碎锦、菊花烂漫、芦白江湖、枫红山林、腊梅迎雪、松柏常青……

（二）植物花卉配置原则

不同植物具有不同的观赏性，在考虑植物花卉配置时，我们要注意合理搭配，以便创造优美、长效的花卉景观。配置植物时，总体上应注意：

1. 观花和观叶植物相结合

观赏花木中有一类叶色漂亮、多变的植物，如叶色紫红的红叶李、红枫，秋季变红叶的槭树类，变黄叶的银杏等，均很漂亮，将之与观花植物组合可延长观赏期，同时这些观叶树也可作为主景放在显要位置上。常绿树种也有不同程度的观赏效果，如淡绿色的柳树、草坪，浅绿色的梧桐，深绿色的香樟，暗绿色的油松、云杉等。选择色度对比大的种类进行搭配效果更好。

2. 分层配置，色彩搭配

分层配置、色彩搭配是拼花艺术的重要方式。不同的叶色、花色，不同高度的植物搭配，使色彩和层次更加丰富。如 1 米高的黄杨球、3 米高的红叶李、5 米高的桧柏和 10 米高的枫树进行配置，由低到高，四层排列，可以构成绿、红、黄等多层树丛。不同花期的种类分层配置，可延长观赏期。

3. 配置植物要有明显的季节性

配置植物要避免单调、做作和雷同，形成春季繁花似锦，夏季绿树成荫，秋季叶色多变，冬季银装素裹，景观各异，近似自然风光，使游人感到大自然的生机及其变化。按季节变化可选择的树种有：早春开花的迎春、桃花、榆叶梅、连翘、丁香等；晚春开花的蔷薇、玫瑰、棣棠等；初夏开花的木槿、紫薇和各种草花等；秋天观叶的枫香、红枫、三角枫、银杏和观果的海棠、山里红等；冬季翠绿的油松、桧柏、龙柏等。总的配置效果应是三季有花、四季有绿，即所谓“春意早临花争艳，冬景苍翠不萧条”的设计原则。在林木配置中，常绿的比例占 1/4 ~ 1/3 较合适，枝叶茂密的比枝叶少的效果好，阔叶树比针叶树效果好，乔灌木搭配的比只种乔木或灌木的效果好，有草坪的比无草坪的效果好，多样种植物比纯林效果好。另外，我们也可选用一些药用植物、果树等有经济价值的植物来配置，使游人来到林木葱葱、花草繁茂的绿地或漫步在林荫道上时，但觉满目青翠，心旷神怡，流连忘返。

4. 以草本花卉弥补木本花木的不足

木绣球前可植美人蕉，樱花树下配万寿菊和偃柏，可达到三季有花、四季常青的效果。园林植物配置应在色泽、花型、树冠形状和高度、植物寿命和生长势等方面相互协调。

四、水体花木配置

在中国园林景观设计中,需要借助自然的或人工的水景,来提高园景的档次和功能。不管是静态水景,还是动态水景,都离不开用植物花木的配置来创造意境。

(一)水边花木配置

我国园林自古在水边主张植以垂柳,形成柔条拂水;同时,在水边种植落羽松、池松、水杉、杨、柳、迎春花及具有下垂气根的小叶榕等,使之起到线条构图的作用。但水边植物配植切忌等距种植及整形式或修剪,以免失去画意。在构图上,我们注意应用探向水面的枝、干,尤其是似倒未倒的水边大乔木,以起到增加水面层次和富有野趣的作用。

无论大小水面的植物配置,与水边的距离一般要求有远有近、有疏有密,切忌沿边线等距栽植,避免单调呆板的行道树形式。但是在某些情况下,又需要造就浓密的"垂直绿障"。

(二)驳岸花木配置

驳岸分土岸、石岸、混凝土岸等,植物配置原则是,既能使山和水融成一体,又对水面的空间景观起着主导作用。土岸边的植物配置,应结合地形、道路、岸线布局,有近有远,有疏有密,有断有续,曲曲弯弯,自然有趣。植物配置原则是露美、遮丑,使之柔软多变,一般配置岸边垂柳和迎春,让细长柔和的枝条下垂至水面,遮挡石岸,同时配以花灌木和藤本植物,如变色鸢尾、黄菖蒲、燕子花、地锦等来局部遮挡,切忌全部覆盖。

(三)水面花木配置

水面景观低于人的视线,与水边景观呼应,加上水中倒影,最宜观赏。水中植物配置用荷花,以体现"接天莲叶无穷碧,映日荷花别样红"的意境。若是岸边有亭、台、楼、阁、榭、塔等景观建筑时,我们可设计种植优美树姿、色彩艳丽的观花、观叶树种相配。水中植物配置切忌拥塞,应留出足够空旷的水面来展示其倒影。

(四)堤岛花木配置

水体中的堤与岛是划分水面空间的主要手段。堤常与桥相连。岛的类型很多,大小各异。环岛以柳为主,间植侧柏、合欢、紫藤、紫薇等乔灌木,疏密有致,高低有序,增加层次,具有良好的引导功能。

五、花境设计

花境是人们参照自然风景中野生花卉在林缘地带的自然生长状态,经过艺术提炼而设计的自然式花带，艳丽的色彩和丰满的群体是旅游景点的重要形象。

花境布置一般以树丛、绿篱、矮墙或建筑物等作为背景，根据组景的不同特点形成宽窄不一的曲线或直线花带。花境内的植物配置为自然式，主要欣赏植物本身特有的自然美以及植物组合的群体美。

花境设计首先是确定平面，要讲究构图完整，高低错落，一年四季季相变化丰富又看不到明显的空秃。配置在一起的各种花卉不仅彼此间色彩、姿态、体量、数量等应协调，而且相邻花卉的生长强弱、繁衍速度也应大体相近，植株之间能共生而不能互相排斥。花境中的各种花卉呈斑状混交斑块的面积可大可小，但不宜过于零碎和杂乱。几乎所有的露地花卉都能作为花境的材料，但以多年生的宿根、球根花卉为宜，因为这些花卉能多年生长，不需要经常更换，养护起来比较省工，还能使花卉的特色发挥得更充分。设计者要了解花卉的不同生长习性，选择不同种类合理搭配，使花境具有持久的和良好的观赏效果。

花境分单面(2~4米宽)观赏和双面(4~6米宽)观赏两种。单面观赏花境植物配置由低到高，形成一个面向道路的斜面。双面观赏花境，中间植物最高，两边逐渐降低，立面应该有高低起伏错落的轮廓变化，平面轮廓与带状花坛相似，植床两边是平行的直线或有轨迹可寻的平行曲线，最少在一边用常绿木本或矮生植物，如麦冬、葱兰、绣墩草、瓜子黄杨等镶边。

花境植床一般应稍高出地面，以种植多年生宿根花卉和开花灌木为主，在有路牙的情况下的处理方式与花坛相同。没有路牙的，植床外缘与草地或路面相平，中间或内侧应稍稍高起，形成5°~10°的坡度，以利于排水。

第七节 石景与水景观设计

一、石景设计

石景设计是以石材或仿石材布置成自然露岩景观的造景设计。在山水的布局上，中国古典园林石景讲究“极尽自然”。用假山假水，模拟真山真水，需要掌握自然的法则，达到以假乱真的地步。从景观的特征来分，假山石景可分为仿真型石景、写意型石景、透漏型石景、实用型石景、盆景型石景五大类。

仿真型石景造型要有真实的自然山形，山景如同真山一般，有峰、崖、岭、谷、洞、壑等。写意型石景则是经过明显的夸张处理，在塑造山形时，特意夸张山体的动势、山形的变异和山景的寓意，而不再以真山山形为造景的主要依据。透漏型石景是由许多穿眼嵌空的奇形怪石堆叠成可游、可行、可登攀的石山地。实用型石景如庭院山石门、山石屏风、山石墙、山石楼梯等。盆景型石景是布置大型山水盆景，让人领略咫尺千里的山水意境。

人工石景的布置在我国古典园林中称“置石”。置石可结合所具有的挡土、护坡和作为种植床或器设等实用功能，用以点缀风景园林空间。置石能够用简单的形式，体现较深的意境，达到“寸石生情”的艺术效果。

我国古典园林中的置石运用于旅游景点制造，有特置、对置、山石器设、山石花台、与园林建筑结合等多种方法。

（一）特置

又称“孤置”，江南又称“立峰”，多采用整块体量巨大、造型奇特和质地、色彩特殊的石材。特置的巨石常用作园林入口的障景和对景、漏窗或地穴的对景。置石于廊间、亭下、水边，作为局部空间的构景中心。特置石材可用钟乳石、珊瑚石、木化石等。特置也可以小拼大，不一定都是整块的立峰。

（二）对置

在建筑物前两旁对称地布置两块山石，以陪衬环境、丰富景色。散置，又称“散点”，即“攒三聚五”做法，常用于布置内庭或散点于山坡上作为护坡。散置按体量不同，可分为大散点和小散点。大散点既减缓了对地面的冲刷，又使土山增添奇特嶙峋之势；小散点可深埋浅露，有断有续，散中有聚，脉络显隐。

（三）山石器设

为了增添园林的自然风光，造园人常设置石屏风、石栏、石桌、石几、石凳、石床等石作于园林中。古亭内的石几、石凳和附近山洞中的石床，都可以使景色具有艺术魅力。

（四）山石花台

布置石台是为了相对地降低地下水位，安排合适的观赏高度，布置庭园空间和使花木、山石显出相得益彰的诗情画意。园林中常以山石做成花台，种植牡丹、芍药、红枫、竹、南天竺等观赏植物。花台要有合理的布局，适当吸取篆刻艺术中“宽可走马，密不容针”的手法，采取占边、把角、让心、交错等布局手法，使之有收放、明晦、远近和起伏等对比变化。花台个体的平面要曲折有致，兼有大弯小弯，曲率和间隔变化有致。如果利用自然延伸的岩脉，立面上要求有高下、层次和虚实的变化，既有高擎于台上的峰石，又有低隆于地面的露岩。

（五）与园林建筑相结合

为了减少园林建筑墙角线条平板呆滞的感觉并增加自然生动的气氛，置石于外墙角称“抱角”，置石于内墙角称“镶隅”。在建筑入口的台阶用自然山石做成“如意踏跺”，两旁再衬以山石蹲配，主石称“蹲”，客石称“配”。

置石造景多用天然石，在近代一些不产石材的地方有用灰浆或钢筋混凝土等材料制作的塑石。塑石不受天然石材形状的限制，随意造型，但保存年限较短，色质等也不及天然石材。

二、水景类型

水景有自然水景和人工水景。从旅游景点规划的需要出发，根据《环境景观设计导则》，水景观可以分为以下四大主要类型：

（一）驳岸、景观桥、木栈道等自然式水景

自然式水景与海、河、江、湖、溪等相关联。这类水景设计必须服从原有自然生态景观、自然水景线与局部环境水体间的空间关系，正确利用借景、对景等手法，充分发挥自然条件，形成纵向景观、横向景观和鸟瞰景观。自然式水景应能融合旅游区内部和外部的景观元素，从而创造出新的亲水形态。

（二）瀑布、跌水、溪流、生态水池等园林式水景

园林式水景通常以人工化水景为多，根据旅游环境空间的不同，采取多种手法引水进行跌水、溪流、瀑布、涉水池等造景。园林式水景水态可以分为喷涌、垂落、流变、静态及跌水五种。

（三）游泳池、人工海滩、浅水池等泳池式水景

泳池式水景以静为主，可营造一个让游人在心理和体能上均放松的环境，同时突出水上乐园、海滨浴场等游人可参与性特征。

（四）喷泉类、倒影池等装饰式水景

装饰水景不附带其他功能，可起到赏心悦目、烘托环境的作用，这种水景往往构成环境景观的中心。装饰水景通过排列、疏密、粗细、高低、大小、时间等人工方法对水流的控制，达到艺术效果，并借助音乐和灯光的变化产生视觉上的冲击，进一步展示水体的活力和动态，从而满足人的亲水要求。

三、水景设计原则

中国园林素有“有山皆是园，无水不成景”之说，可见水对于景观之重要性。水景观设计在景观学各类设计中是最综合、最复杂的一类，涉及陆地上和水里的，还有水陆交接地带和濒河（湖）、湿地类等广泛内容。水景观是最能引起旅游者兴趣的地方，具有持久的吸引力。在设计水景时，我们需要考虑地域水资源的状况，并着重考虑和遵循以下六项原则：

（一）环境优先原则

在设计水景观时，我们要创造性地进行保护工作，既要最佳组织调配地域内的有限资源，又要保护该地域内的美景和生态自然，并注意保留一些原始的河、湖浅滩。在设计中，用于改造原泥土自然驳岸和防止水土流失的“块石驳岸”，可用当地的自然风化石作自然堆筑，石缝之间以鸢尾、麦冬、草坪点缀，尽可能保持其自然河滩的原始风貌。

环境保护主要是水体水质的维护，我们可将驳岸、路上的雨水统一收集，放入

城市雨水管网系统,经过滤处理后再排入湖中,以维护水体的环境。

(二)文脉原则

在进行水景观设计时,我们不能完全脱离本地原有的文化与当地人文历史沉淀下来的审美情趣,不能割裂传统。处理方式,一是保留传统园林的内容或文化精神,整体上仍沿用传统布局,在材料及节点处理上呈现一定的现代感和现代工艺、现代手法;二是在设计中汲取"只言片语"的传统园林形式并植入现代景观设计中,使人们在其中隐隐约约地感受历史的信息与痕迹。

(三)亲水原则

人与生俱来有亲水特性。在水景观设计时,我们要规划亲水木平台、亲水大台阶或是立于湖中的木坐凳,即使四季水面涨涨落落,人们总能触水、戏水、玩水。

(四)立体设计原则

水景观设计不应仅仅是平面设计,而应是全方位的立体设计。立体设计涵盖了软、硬质景观两方面。软质景观如种植乔木、灌木时,应先堆土成坡,再分成高低立体种植;硬质方面则运用上下层平台、道路等手法进行空间转换和空间高差创造。这样既能满足驳岸防洪要求,又将人们逐渐、逐级引入水面之中,使得整个区域在三维空间中变得丰富多彩。

(五)技术更新原则

科技的发展、新材料与技术的应用,使得现代景观设计师们具备了超越传统材料限制的条件。他们通过选用新颖的建筑、装饰材料,达到只有现代景观设计才能具备的质感、透明度、光影等特征,如地面光纤照明、柱式照明、彩钢板玻璃砖厕所、水幕广场人工喷泉等。运用现代科技的成果可以创造新的视觉效果。

(六)师法自然原则

师法自然原则,即在设计中要遵循大自然中河流、小溪蜿蜒曲折的规律,仿自然的曲水,使水景形成变幻的效果。

四、景观喷泉设计

古语有"山得水而活",可见水在景观中具有极其重要的作用。通过水体的流动、多变、渗透、聚散、蒸发等特性,水景观设计可以做到动静相补、声色相衬、虚实相应、层次丰富,如池、溪涧、河湖、瀑布、喷泉等水体往往给人以静中有动、寂中有声、以少胜多、发人联想的强烈感染力。

据记载,早在我国汉代的上林苑中,"铜龙吐水"就是一种人工的喷泉,喷泉应用于园林已有两千余年的历史。在现代旅游景观中,喷泉设置灵活多变,可大可小、可高可低。喷射出的水,大者如珠,小者如雾。随着喷泉组合形式、大小及水压不同、水态各异,我们可以设计成多种形式的喷泉。

（一）单孔喷泉

单孔喷泉设计由一个喷孔由下往上或向侧面喷出，成一独立的抛物线，如龙吐水、鱼吐水等。单孔喷泉还可设计成定时间隔的喷泉，有的还在喷泉水落地的点上设置一个圈或池，使喷泉准确地落在圈或池里。

（二）组合喷泉

组合喷泉设计由多个单孔喷泉按一定的图形进行组合，使喷泉形成一定的形状。

（三）面壁喷泉

面壁喷泉设计使喷泉直向墙壁或壁雕喷射，然后让泉水再由墙壁或壁雕流淌下来，从而形成景观效果。

（四）花样喷泉

花样喷泉设计使粗细不同的单线喷头在旋转中喷射如珠状或如雾状，从而构成较为复杂的各种花样。

（五）柱形喷泉

柱形喷泉设计将相当数量的单孔喷泉集中于一处，使其齐喷如柱，从而构成壮观的喷泉水柱。

（六）雾喷泉

雾喷泉设计将使喷泉喷洒成雾状水态，还可以将雾状水态设置在阳光的照射之下，使天空出现彩虹的景象，成为景观的借景或衬景。

（七）自然风向喷泉

自然风向喷泉是一种利用风向转动仪，以自然风向、风力来控制喷泉的吹向与高低的喷泉。无风平静时，喷泉保持一般的直上高度；风大时泉水喷得高而大，随风而飘，能显示出风力的大小与风向。

（八）复合喷泉

复合喷泉是在同一处综合各类喷泉与各种建筑小品，形成一个多层次、多方位、多种水态的复合喷泉，可从喷泉不同的角度欣赏不同的水景，或如泉涌如柱、水花四溅，或如玻璃般透澈晶莹，或如浓雾笼罩、形如趵突，或如壮观的“花丛”……

随着现代科技的发展，光、电、音乐等广泛地运用于景观喷泉的设计之中，从而产生了喷泉广场、音乐喷泉等。喷泉会随着音乐声的强弱而高低起伏，产生各式各样的变化；此外，还有利用喷泉发明的水幕电影，拓展了喷泉利用的空间。

思考题

1. 简述风景名胜区规划的基本原则。

2. 试分析国家重点风景名胜区规划文本的主要内容。
3. 试述风景名胜区详细规划的主要内容。
4. 试分析旅游景点的主要类型。
5. 试分析景点设计的原则和方法。
6. 景观设计的主要组景手法有哪些?
7. 谈谈在景观建筑设计中如何做到景观和建筑的协调。
8. 简述景观建筑和水体关系及景观建筑和水体关系处理的主要方法。
9. 如何做好花境的设计?
10. 结合案例分析水景设计的原则和景观喷泉设计。

第五章

都市旅游与乡村旅游规划

第一节　都市旅游规划

城市是人类社会构成的一个重要形式。在历史发展过程中，中华大地上形成了规模大小不一的大、中、小城市，一些城市还成为不同层次与级别的行政中心城市，古称“都城”，现称“都市”。都市是城市类型中的一种，有历史都市、现代都市，有大都市、小都市等。在旅游规划中，“都市”与“城市”都称“都市”。都市旅游规划，一般是指现代城市旅游规划。国家批准为历史文化名城名镇的城镇，称为“历史城镇”。

都市旅游，是以城市历史、文化、风貌为资源，以城市社会经济与设施为条件，满足非本市人员参与、体验都市风情的旅游体验活动。我国社会主义新农村的建设与发展，将会带来新一轮的都市旅游潮。都市旅游是一种多元旅游，有别于其他类型的旅游，不仅包括休闲旅游、度假旅游、娱乐旅游、会议旅游、节庆旅游，而且还包括购物旅游、商务旅游和大量的探亲游，在某些城市甚至还有宗教朝圣旅游等。

一、都市旅游规划总论

都市旅游规划属于专项旅游规划，就是将城市设施、城市历史、传统文化、民俗信仰、手工艺、传统产业等资源，进行旅游产业整合，提供都市旅游活动安排和战略发展方案，通过旅游规划，解读都市，展示都市。都市旅游规划遵循旅游发展规划的一般性要求与原则。

（一）都市旅游的意义与任务

根据 WTO 的有关统计，都市旅游约占全球国际人数的 20% 强，越来越受到世界各国的重视。发展都市旅游的意义，在于开发和整合都市所拥有的城市设施与环境资源，以低的投资代价创造良好的城市发展效益。利用城市宾馆，发展商务旅游，有利于与国际商务旅游者和大都市的商贸团体进行高度的联系；利用城市会馆、会场资源,开展会议旅游,有利于提高城市的国内、国际知名度;利用城市的物流优势,开发购物旅游,有利于推动城市的商业发展;利用城市的历史文化资源,尤其是列入《世界遗产名录》的遗产地所在都市和国家历史文化名城,开展城市历史文化旅游,有利于推动城市文化事业发展,提高城市文化识别性,树立城市的国际文化形象……

发展都市旅游可以改善城市交通与环境。随着都市旅游的快速发展,世界各国主要旅游城市均不同程度地产生交通拥挤、停车困难、空气污染、信息不明等都市旅游的通病。都市旅游规划已成为旅游城市的共识。

都市旅游规划的基本任务是,以城市资源为基础,以目标客源市场需求为导向,结合城市发展与建设,加强和畅通城市交通,合理布局多种标准与类型的旅馆,完善公园系统与步行系统,凸显城市历史特征与环境特征,提供安全便利、清新整洁、友好热情的都市旅游接待环境和设施,提高城市旅游服务功能,塑造与传播都市形象,组织适销对路的旅游产品,以取得都市旅游良好的经济效益、环境效益和社会效益。都市旅游规划需要面对城市用地限制、城市环境容量压力、城市中心拥挤、主要吸引物人满为患等难题。

都市旅游发展形态取决于城市性质和功能。都市旅游不仅仅是组织旅客观光游览,重点要发挥城市在交通、商务、物流、信息等方面的功能和潜力,从而推动都市的发展。旅游规划要协调有关部门组织各种商务、会议、展览、体育、文化等大型活动,扩大充实都市旅游内涵。都市旅游以都市的整体形象对旅游者产生吸引力。

都市旅游规划要分析都市旅游产品的可开发性、具体开发方向及空间布局,策划都市旅游产业发展策略,为现代都市旅游的发展指明方向。

(二)都市旅游规划背景

都市旅游规划是将城市作为旅游吸引物和旅游目的地的规划,因此明确都市旅游规划的背景十分重要。都市旅游规划的背景是城市在历史发展过程中所形成的城市背景,包括城市区位、城市旅游资源、城市形象等内容。

1. 城市区位

城市的形成和发展,有地理环境所规定的区位,即城市区位。都市旅游发展涉及的城市区位包括旅游区位、经济区位、文化区位。旅游区位是指城市所在旅游区域框架中的位置。对城市旅游区位的认识通过具体所处的局部区位和全国旅游区位分析获得。例如,武夷山的城市旅游区位,具体要分析武夷山市所在华东、华南地区和全国旅游区的旅游目的地情况与游线位置。武夷山市地处福建省北部,东连浦城县,南接建阳市,西临光泽县,北与江西省铅山县毗邻;是闽、浙、赣“大三角”的交界、边缘与中心,西北连江西上饶,经南昌可达中原郑州;东北连浙江衢州,经杭州可达上海;可达南京、天津、北京以及东北三省。

城市经济区位是指城市的经济发展总量和经济竞争力水平在所处区域经济框

架中的位置。例如,武汉市的城市经济区位,处在东、西两大经济地带的结合部位,为我国内陆多功能的经济中心和中部经济核心城市。在交通上,武汉处在长江水运的黄金地段,可直达赣、皖、沪、陕、川等省市主要旅游地,处在全国铁路网中的南北大动脉之咽喉位置,京九线贯通全境,是内陆最大的转运中心。

城市文化区位是指城市在区域文化系统中的位置。城市在人文传统中形成了可视性的城市文化。文化的发展具有区域性,区域发展影响城市文化的发展,城市文化的发展也影响着城市的发展。都市旅游规划要充分的分析和认识城市文化区位。

2. 城市旅游资源

城市旅游资源是都市旅游发展的基础,是发展特色都市旅游的重要依据。一座城市所处的地理位置和拥有的历史是不可取代的,也就形成了城市所固有的旅游资源的特色。就一般而言,城市旅游资源包括:城市的历史、文化、民俗;城市的建筑、广场、街区;城市的物流、商贸;城市的交通;城市的自然山水环境;等等。城市旅游资源区别于乡村旅游资源,在于城市繁荣的经济、先进的文化、发达的交通、富裕的生活和现代的文明。城市旅游资源的特色,就是城市的特色和地域特色。都市旅游产品个性化定位,要充分把握城市地域特色。城市旅游资源的特色是一个城市区别于另一个城市的本质所在,是唤起旅游活动动机的根本所在。

3. 城市形象

城市形象是社会大众(包括城市居民)对城市的空间印象和人文形象印象的评价总和。城市形象是城市整体化的精神与风貌,是城市全方位、全局性的形象,包括城市的整体风格与面貌以及城市居民的整体价值观、精神面貌、文化水平等,也可以概括地认为是公众对城市的整体印象。城市形象是一个内涵深厚、外延宽泛的概念。城市形象又可分为建筑、交通等硬性客观印象和城市发展理念、市民素质等柔性主观印象两部分,具体表现在政治形象、经济形象、人文形象、地理空间形象等方面。

政治形象主要是城市政府形象,包括相关行政事业部门形象。廉洁高效的城市政府是创造其他形象的前提。城市政府形象的内容包括对城市发展理念的战略性的思考与决策、对企业与市民诚恳的服务态度以及自身素质等方面。城市政府形象直接影响到整个城市形象的好坏。

经济形象主要是一个城市在经济领域的综合表现,包括企业实力与规模、金融市场、商贸市场在内的综合实力的体现以及所反映的生活水平与市场容量。

人文形象是城市的规模、经济、文化、环境、治安、管理与效率、市民素质等形成的综合形象。

地理空间形象主要是指城市空间环境美化印象和城市的外观形象,具体包括主要街面与公共活动中心的功能与形象、高楼与建筑群景观、交通道路绿化与交通状况、城市环境与空气质量等。

城市形象具有整体性、差异性、长期性三个特征。整体特征是理念、行为、视觉三类识别相互作用、相互依赖，在公众脑海中结合形成对城市的整体感觉和记忆。差异性特征是每一座城市自身的特征，它根据客观条件、经济实力、发展战略，设计出与众不同的城市形象。长期性特征是指城市形象的形成是一个长期的过程，全体市民建设"城市形象"和接受"城市形象"也需要一个较长时间的过程。

纵观世界及中国旅游城市的发展，凡是万众神往、游人如云的旅游都市，无不具有鲜明独特的城市形象：北京，中国政治文化中心；上海，国际大都市；昆明，春城；哈尔滨，冰城；西安，古城；桂林，山水城；武汉，"大桥飞架南北"的历史名城；等等。城市形象就是与众不同的都市风采、独特的个性及特有的文化内涵底蕴。鲜明的都市形象可以映入旅游者的心目中，从而在旅游市场上产生巨大的旅游吸引力、诱惑力和感召力。

（三）都市旅游功能规划

城市是人类现代文明的集聚点和创造中心，是人类追求舒适、个性的深刻反映，也成为重要的旅游目的地。随着城市旅游功能的逐渐加强，我国许多城市已发展成为旅游会展中心、旅游商务中心、旅游购物中心和观光游览、度假胜地。

1. 规划原则

都市旅游功能规划就是按照旅游活动组织与产业运作要求，整合城市资源，满足都市旅游需求。

第一，彰显城市特色。都市旅游吸引力就是城市特色，城市特色体现在城市的历史与文化上，体现在城市的个性特征、城市建筑和城市人群及其各种生活内容上。都市旅游功能规划就是要从城市的人文历史、自然山水环境与人文环境特色、传统和现代建筑特色中挖掘、发扬和彰显城市特色。

第二，创造舒适环境。城市是人类社会文明与进步发展的结果，都市旅游功能规划就是要给旅游者创造更舒适的旅游生活环境。都市就是繁荣和热闹的代名词，在都市旅游功能规划中，要闹中取静，创造出舒适的旅游生活环境。

第三，反映现代气息。都市旅游功能设计，要体现现代科学技术水平和时代进步的精神，追求与运用新科技，反映都市生活的现代化气息，从而满足都市旅游者对都市现代发展的体验与信息需求。通过都市旅游功能设计，我们可向都市旅游者展示都市完善的通信网络、高质量的服务设施、高速快捷安全的交通网络、卫生整洁的城市环境、高效的行政管理、蓬勃向上的城市人群风貌……

2. 功能分区

都市旅游必须以特定的区域为城市空间依托。发展都市旅游，在空间战略上应从城市综合的自然、经济、文化、交通和区位出发，以城区为中心，合理整合周边旅游资源和旅游服务设施资源，构筑都市旅游的空间功能区划。都市旅游一般划分为“中心区”、“边缘区”、“辐射区”三大旅游功能区。

(1)中心区

“中心区”多为城区,又可按“食、住、行、游、购、娱”六大旅游产业要素,划分为二级旅游功能区,如旅游购物区、娱乐区等。现代都市旅游中心区的规划,多用特色街道、形象建筑与雕塑来强化和烘托都市旅游个性。

特色街道、形象建筑不仅成为旅游城市的象征,而且也成为城市旅游的吸引物,是人们游览、观赏、领会城市历史文化的场所。特色街道,或称“历史街区”、“民俗街区”,以特有的历史与民俗成为街道的特色。北京的王府井、上海的外滩与南京路、哈尔滨的中央大街、青岛的东海路等,都是特色显著的特色街道。形象建筑就是一座城市具有代表性的优秀建筑,是城市长期历史发展的文化结果。良好的城市形象建筑是城市的宝贵资产,为城市发展旅游提供了强大的旅游吸引物。

优秀的城市雕塑可以标志出一个城市的文化内涵,承载起一个城市的历史与未来,描绘出一个城市的时代追求,凝聚着一个城市的精神,展示出一个城市的品位。当旅游者站在城市雕塑作品之前,他们都能够从中解读城市的历史、现在和未来,品味城市的风土人情、世态民风,并将这种印象深深地留在脑海。好的城市雕塑,不仅要传达出美好的视觉形象,而且更要彰显出城市的文化和品格。城市雕塑作为具有很强的公众性的公共艺术,最具可读性和识别性,给城市空间与城市文化带来深远的影响。城市雕塑不论是具象的,还是抽象的,都要坚持高艺术水准和高环境效益原则。作为城市公共艺术,城市雕塑不仅是为市民提供审美和阅读对象,而且还是一座城市文化情趣的直接反映。城市雕塑强调与环境的对话,是城市特定环境下的激情创造,要求雕塑的放置要与环境贴切,要求雕塑材质与雕塑凝聚的文化内涵相吻合,要求雕塑家集城市学、建筑学与景园学基本素养于一身。

(2)边缘区

“边缘区”为城郊区,即从城区中心外出一小时至一个半小时的汽车车程内,往往是都市旅游者出游的区域,是发展城郊旅游的区域,可划分为“观光游览区”和“休闲度假区”等二级旅游功能区。

(3)辐射区

“辐射区”指中心城市周边县镇的所属区域,即在两小时至四小时的汽车车程内可以到达的区域,是“中心区”的辅助旅游区,往往也是旅游景区景点较为集中的区域。“辅助区”是都市旅游发展的未来拓展区,需要依靠都市旅游客源的辐射和带动。

都市旅游功能区划是都市旅游产业发展的空间整体协调:一是都市旅游产品的内部空间协调,提供从基础的观光旅游产品到购物、休闲、会展、娱乐等深层次旅游产品,全方位满足不同层次旅游者的需求;二是都市旅游产品的外部空间协调,即城区旅游与城郊旅游、周边地区旅游产品的外部空间协调,形成功能互补与资源共享的都市旅游产品网络和旅游产业体系。

3. 旅游产品与项目设计

都市旅游是以城市中心区为核心的旅游,旅游产品与项目的设计自然以城区的旅游资源与旅游基础设施为依据,以城郊与周边乡镇为辅助。一般意义上,都市旅游有观光、购物、会展、节庆、休闲、度假、文化等旅游产品。观光旅游产品可设计市容市貌观光、都市专题观光、城郊山水观光、乡镇民俗观光等项目;购物旅游产品可设计大型购物中心、购物步行街、城郊购物、乡镇特产购物等项目;会展旅游产品可设计国际会展中心、博览会等项目;节庆游产品可根据城市历史与民俗设计组织历史节庆与民俗节庆活动;休闲、度假、文化等旅游产品可设计城市公园、城郊度假村、乡镇度假区、博物馆、展览馆、风景名胜区等项目。

都市旅游产品与项目的设计需要注意城市个性,突出城市特色,通过旅游产品开发、旅游活动项目设计、旅游景点建设等方面,充分展示城市风貌。

二、都市旅游购物步行街规划

都市旅游购物步行街,或称"旅游步行街"、"旅游观光休闲步行街",是城市商业步行街的一种。随着城市经济和旅游业的发展,我国自20世纪80年代就开始城市商业步行街;90年代,开始建设适合旅游和现代购物的商业步行街。在世纪之交,我国的城市出现了规划和建设商业步行街的高潮,商业步行街成为我国城市建设和形象提升的重要内容,城市商业步行街成为市民与游客共享的重要活动空间。据粗略统计,全国目前已有数百条大大小小、风格各异的城市商业步行街。

我国都市旅游购物步行街经过了一个发展的历史进程,完成由单一的满足消费者购物的基本需求向集购物、休闲、娱乐、餐饮、健身、运动等多元化需求的功能转变,由单独一条旅游购物步行街向多条旅游购物步行街组成的旅游购物步行街区转变。最早的城市步行街是为了解除城市交通与城市购物之间的困局,禁止车辆通行,开放整个街道以供人们步行逛街。步行街的发展极大地推动了城市的经济与旅游产业的发展,都市旅游购物步行街的功能也得到拓展。为了吸引顾客,展览展示、公益活动、文艺演出、节日庆祝、旅游观光、民俗文化、运动健身等多种社会活动逐渐在步行街内举办,满足了人们都市购物、餐饮、休闲、观光、娱乐、健身等多种需要,集吃、住、游、购、娱多功能于一身,成为城市商业与旅游业最佳结合的黄金点。

随着社会的发展和人们消费水平的变化,我国城市步行街规划经历了由杂乱无章的自由发展阶段到逐步完善、整体布局协调的成熟阶段。人们渐渐注意把步行街布置得亮丽舒适、协调合理。人们到步行街来,不再仅仅是购物,更多的是被优美宜人的环境和丰富多彩的活动所吸引,人们可以在轻松的环境气氛中充分享受人与人之间交往的乐趣,商业街开始彰显巨大的经济效益、环境效益和社会效益。随着都市旅游业的不断发展，城市旅游购物步行街吸引了众多外来人士到中国观光、旅游、购物，为我国都市经济与都市旅游产业的发展带来了新的商机。

旅游购物步行街兼多种功能于一身，主旨是为步行旅游观光休闲者提供了一个宜人的观光、购物、休闲、娱乐环境。在旅游购物步行街中，人们往往可以充分感受到交往、娱乐的乐趣，购物不再是主题。

（一）规划原则

一个城市的旅游购物步行街规划是一个城市规划的重要组成部分，是一个城市商业规划的点睛之笔。旅游购物步行街规划涉及房地产开发、商业运作和旅游观光休闲等规律，需要遵循科学的原则。

1. 慎重选址，有机链接

旅游购物步行街需要选择在城市地理位置十分优越的区段，需要考虑城市的环境与周边交通的关系，既要使步行街进出方便，又不能影响其他街道的通行效率。因此，步行街最好选址在两条街道的中间，与其他街道形成“工”字形结构，既可提供进出步行街的便利，同时又不影响其他街道的通行效率，避免选在多条街道中间呈“丰”字形关系，造成周边交通恶化，也造成步行街进出困难。旅游购物步行街的规划、设计，需要注意与周边原有商业圈的链接。街巷要沟通链接，不要割裂与整座城市形成有机的整体。

2. 规模适度

我国的商业街建设，存在求大求洋的现象，很多商业街从1公里到3公里，甚至更长。开发旅游购物步行街要考虑规模效益，但更多地需要考虑边际效益。按照经济学的边际效益理论，旅游购物步行街有长、宽、高的比例要求，不要一味追求长度。一般步行商业街，长度在300米左右为宜，特大城市以600米以内为佳。不同的商业街的宽度，应该在十几米、二十几米为宜，一些迷你型旅游购物步行街则更窄一些。一般人的行走路线是“之”字形，很少有走到一端再回来的，街面过宽可能导致游客疲劳。一般商业街的建筑高度以一层到二层为宜，局部主力店铺可以是三四层。在一条步行商业街中，楼层过高，会造成行走不便，人们习惯平行行走，而不希望垂直行走。在一条步行商业街中出现过多的高楼大厦，游客很难驻足，甚至会产生高楼效应，使商业街的整体空间产生压迫感。旅游购物步行街的商业总经营面积不宜过大。比如，一条街有20万平方米的商业面积就可能是人们体力、心理承受的最高阈值。

3. 因地制宜，突出特色

旅游购物步行街规划要本着城市与本街区所具有的最基本的、最原始的特征，体现最根本的特色，不可模仿别的城市，特别是模仿欧洲城市，以免过分追求洋化的东西而造成所有的旅游购物步行街形象都似曾相识，这样会丢掉民族的特色和城市的特色。

最具活力的旅游购物步行街的规划是因地制宜的,是城市历史文化自然"生长"出来的,如北京大栅栏传统商业步行街。简单推倒重来式的步行街,必然割断其文脉、商脉,从而散失活力。步行街店面外部立面细部的规划设计,要本着街区的历史文化风貌,要为商业老字号提供生存发展的土壤,不可抛弃街区历史进行全面规划,不可使历史街区散失自我特色,使步行街成为"僵死"的街道。营造步行街的文化氛围,需要有街区历史文化的设计,要展示城市特定的历史与地域、民族的文化形象,但要避免一味模仿前清带辫子的雕像。旅游购物步行街是休闲街区,不能将街区规划成整齐的兵营氛围,道路可平坦而适当起伏,街面错落有致,既有商业氛围,又有历史、文化、民族氛围。

构筑旅游购物步行街的商业设施,需要重视对特色景观的设计,需要挖掘城市旅游资源,需要创造步行街环境的艺术个性。旅游购物步行街的景观设计,要从步行街各组成要素的特性和功能出发,考虑城市的历史传统、文化特色,展现丰富的空间形式,塑造完整的空间环境意象和独特的景观,从而形成城市最亮丽、最有特色的景观群,使商业和旅游最佳结合,满足人们的物质和精神需求,展现城市的魅力形象。

4. 以人为本,强化功能

旅游购物步行街不能单纯以购物为主,要体现对"人"的关怀,要以人为本。成功旅游购物步行街,往往有比较亲切宜人的氛围,绿地、彩色路面、街头雕塑,良好的交通体系,多一些景观,多一些休息椅,多一些盲人道与残障人的轮椅道,提高非购物的功能,为旅游者和广大市民提供优美的旅游观光休闲环境,充分满足旅游者的观光、休闲、度假需求,更多地体现社会活动中心的功能,聚集人气,使人们在购物之余,仍愿意留在步行街中活动,从而延长了游客在商业街停留的时间。

5. 重视节点,营造氛围

旅游购物步行街需要重视旅游节点活动场地和景观的设计,聚集人流。旅游购物步行街一般都有商业效益最好的地点即"黄金涡点",这个"黄金涡点"应设计在步行街总长乘以0.618的位置,并作为商业购物区。旅游购物步行街规划要有热点、次热点,就像一首交响乐,有节奏,时而高亢激昂,时而低回婉转。

(二)步行街定位

都市旅游购物步行街定位:第一,基于本街区所蕴涵的城市历史和资源,不能脱离街区历史,另起炉灶;第二,基于本街区所处的商圈状况,既要遵循、依托街区所在区域的商圈,又要适当扩大辐射半径。

旅游步行街准确定位就是为步行街在旅游者心目中找到一个合理的位置,让旅游者要逛街时,首先想起要逛旅游步行街。旅游步行街的定位不同于一般城市商业步行街的定位,需要从客流量的具体结构出发。就一般旅游城市而言,旅游步行街客流量由本地居民、外地旅游者和外国旅游者三部分人组成,在这三类人群中，本地居民、外地旅游者往往占大多数，是消费群体定位的侧重点，也是购买力的主体，外国旅游者是兼顾的对象。旅游购物消费群体是一个综合性的概念，在每一种消费群体中还有高、中、低消费水平之分，但这种不同消费水平对象的选择，则应由商家自己具体把握。

旅游购物步行街的业态结构要服从于旅游步行街定位，服务于旅游消费群体的大多数。旅游步行街是一个综合性的商业步行街，旅游步行街的业态结构要满足于旅游者对旅游观光、购物、休闲等方面的需要，要创造出自身的特色，努力做到对外国旅游者显示出中国特色，对外地旅游者显示出城市的特色，对本地居民显示出商业步行街的特色。在具体业态上，旅游购物步行街既要有多样性，又要有层次感，既有所侧重，又有所兼顾，从而满足不同旅游消费对象不同层次的消费需求。就一般旅游步行街规划发展规律，以下几个概念支持旅游步行街的定位：

1. 健康购物

旅游购物步行街采用开放式建筑，空气新鲜流畅，没有风吹雨打，消费者想坐就坐、想行就行。

2. 文化购物

旅游者在购物休闲的过程中，可以通过步行街的建筑和格局，了解旅游城市和旅游步行街的历史，可在书店、工艺品店、文物店里，接受旅游城市和旅游购物步行街的艺术熏陶。

3. 观光休闲

旅游购物步行街具有旅游观光功能，旅游者可以欣赏街景，可以摄影照相，还可以在美食广场享受美味佳肴，使旅游者在旅游购物步行街获得自由自在、无拘无束、轻松自在的观光休闲。

4. 大众购物

旅游步行街是一个旅游与商业相结合的综合型项目，目标消费人群是广大旅游者，必须以大众性的购物吸引所有的旅游者。

旅游步行街定位，关系到旅游步行街的发展方向和生命力，需要高度重视和认真研究。

（三）步行街形象设计

都市旅游购物步行街建设是旅游城市的形象工程。例如，云南丽江的四方街、桂林阳朔的西街、北京的王府井、上海的外滩等，它们既是一条旅游观光休闲步行街，又是城市的标志性旅游形象街区。旅游购物步行街可以通过购物环境设计、建筑设计和商业文化设计获得步行街形象的总体塑造。

1. 环境设计

旅游步行街购物环境既是吸引消费者的主要因素，又是商业要素的组成部分。环境美包括区域环境美、街道环境美、店堂环境美等方面，也包括自然生态美、人造景观美以及传统美与现代美等方面,如步行街的雕塑、喷泉、草地、花坛等。

2. 建筑设计

旅游步行街的建筑设计一般是依托于旅游城市街区的历史风貌,城市街区的结构和建筑立面细部是步行街的魅力和特色之所在。利用原有街路改建的旅游步行街,需要保护和发展原有的建筑特色,不要随意舍弃;如果是在受到破损和严重破坏的城市街区规划旅游步行街或新城区建旅游步行街,需要调查和收集城市街区历史建筑的特征要素,作为旅游步行街建筑设计的出发点,使建筑设计在某种程度上起到恢复和演绎、发展城市街区历史建筑的作用,切忌盲目模仿和随意创新。

3. 商业文化设计

旅游步行街是城市商业街的一种类型,在根本上属"商",商业设计是为旅游购物服务的。旅游步行街的商业设计主要是为营销地方旅游商品和旅游工艺品营造商业氛围,从而产生旅游购物的号召力。例如,天津和平路旅游步行街,街道两侧均为仿明清风格的砖木结构两层建筑,沿街有专售"泥人张"泥塑的"华宝斋"、"杨柳青"画店以及出售文房四宝、名人字画、戏装古玩的"天一阁"、"艺林阁"、"古纺阁"等80余家店铺。各家店铺的匾额均由当今的书法家和名人书写。南北街口分别为"津门故里"牌坊和"沽上艺苑"牌坊。整个街道古色古香、富丽堂皇,旅游购物气氛特别浓厚。

都市旅游购物步行街具有先天和独特的旅游、观光、休闲的功能,都市旅游购物步行街规划应结合城市的历史资源打造。步行街重振都市旧城中心区,使商业重返都市中心,加强都市旅游与商业功能建设,对我国城市发展意义重大,同时也为都市旅游开创了崭新的领域。

三、都市旅游广场规划

都市旅游广场是随着都市旅游发展而出现的一种城市广场类型,主要是为旅游者提供良好的都市旅游活动空间,满足都市旅游休闲、交往、娱乐的功能要求,兼有代表一个城市的文化传统风貌特色的作用。

(一)规划原则

都市旅游广场是城市道路交通系统中具有多种功能的空间,是旅游者和城市居民休闲、交往、娱乐的活动中心,也是公共建筑最为集中的地方。都市旅游广场规划是城市总体规划和城市开放空间规划的重要组成部分,内容包括:都市旅游广场空间结构;都市旅游广场功能布局;都市旅游广场的性质、规模、标准;广场与整个城市及周边用地的空间组织、功能衔接和交通联系;等等。都市旅游广场规划设计一般应遵循以下原则:

1. 以人为本原则

都市旅游广场规划以人为本,就是都市旅游广场规划的公共空间和城市的肌理是否与旅游者的旅游生活与城市居民的行为习惯相符。都市旅游广场规划设计“以人为本”，要体现对旅游者的关怀，以旅游者为主体，体现旅游者的人性化，贴近旅游者的生活。巧妙的休闲与文化设施配置和交通组织，可以实现广场对旅游者的可达性和可留性。

2. 地方特色原则

城市环境与文化反映城市的精神状态，城市居民的生活方式是城市文明程度的集中体现，也是决定城市品位和城市发展潜力的文化力量。城市文化蕴涵了整座城市的活力、吸引力和生命力。都市旅游广场规划，首先，应该突出城市地方自然特色，强化地理特征，尽量采用富有地方特色的建筑艺术手法和建筑材料，体现地方山水园林特色，适应当地的地形地貌和气温气候条件。其次，都市旅游广场应该突出地方社会特色，即人文特性和历史特性。都市旅游广场规划应承继城市的历史文脉，体现地方民俗风情文化，突出地方建筑艺术特色，有利于开展地方特色的民间文化活动，避免千城一面、似曾相识之感，从而增强广场的凝聚力和城市旅游的吸引力。

3. 三效益原则

都市旅游广场规划应体现经济效益、社会效益和环境效益“三效益”并重的原则。都市旅游广场规划设计不仅要有创新的理念和方法，而且还应体现“生命至上、生态为先”的经济建设与社会、环境协调发展的思想。都市旅游广场是城市最具公共性、最富艺术感染力和最能反映现代都市文明魅力的开放空间。都市旅游广场是城市的重要建筑、空间和枢纽，也是城市市民社会生活的中心，要起到当地市民的“起居室”、外来旅游者的“客厅”的作用。

4. 突出文化原则

都市旅游广场是以旅游服务为主要功能的城市广场，都市旅游广场以文化活动为重要的内容。都市旅游广场规划设计要在广场特定的空间里为呈现城市文化及其本身蕴涵的文化特质留足展示场地，包括在广场上开展的专业或民间的地方戏曲艺术性表演活动、群众性的娱乐、体育等休闲活动，展现都市的绿色文化、运动文化、艺术文化、休闲文化、商业文化等文化生活。都市旅游广场规划要通过文化气息浓厚的广场建筑、雕塑和配套设施等设计，挖掘和突出广场文化。

不同民族、不同风格的都市旅游广场的文化特色，已经成为都市旅游广场的一大亮点，形成都市旅游广场鲜明的特色和内聚力与外引力，直接影响都市旅游广场的旅游生命力。

（二）广场选址

都市旅游广场是都市旅游的组成部分，都市旅游广场地点的选择需要考虑都市旅游活动组织与城市的布局和发展关系，需要对选址场地的现状进行调查分析研究，具体要进行以下四个方面的考虑：

1. 自然环境条件

对所选广场用地及其相邻区域进行自然环境条件调查，弄清广场预选场地在城市所处的地理位置、土地地貌特征、可用场地面积范围、现有植被、周围空间，调查有无水源、有无建筑及其性质特征、有无街道穿过、有无污染源及其治理等方面情况。

2. 附属设施

对所选广场用地的地面或地下或空中有无公用管道、电线、光缆、地下通道、天桥以及不可拆建筑等情况进行调查。

3. 经济及社会情况

研究城市发展水平及发展目标，所选广场辐射范围内居民的人口数量、年龄层次、精神面貌等方面情况，附近广场的性质、规模及游客、市民到此的目的及心理。

4. 城市历史与文化

调查和收集所选广场用地的人文历史信息以及有无旅游者最近或将来人们所关心的话题，以便使规划具有拓展和创新的基础。

都市旅游广场一般被当做城市的“名片”，向旅游者进行展示。从都市旅游发展和旅游活动组织出发，都市旅游广场选址的具体地段有三种选择：第一，可以选在都市历史文化中心区的结合部、都市的入口处、城市主要交通道路的出入口处，自然环境好，有利于展示城市文化和游客集散；第二，可以选在人口稠密的城市居住区、商业区，便于旅游者进入城市居住区和商业区，满足旅游者迫切了解城市文化与城市民俗的需求；第三，可以选在代表一个城市的政治、经济、文化或商业的中心地段。

（三）广场设计

都市旅游广场规划既是城市发展规划的组成部分，又是城市旅游产业发展规划的组成部分。在都市旅游广场规划设计中，我们需要考虑以下八个方面的设计内容：

1. 广场设计要结合城市、自然、人文、居民实际情况

即：充分尊重城市格局现状，尽量少动土方，降低成本，使广场轮廓及地形更加与周围环境相融，贴近生活。充分尊重历史，借鉴古今文化，使都市旅游广场除追求景观优美外，更多知识底蕴和教育含量。充分依靠城市，在交通上，使都市旅游广场连接城市干道，增加可达性；在空间上，依附建筑物，具有围合感、安全感；在位置上，靠近城市居住区，亲近城市文化，亲近城市民俗。结合实际，优化城市空间，改善居民生活环境，塑造城市形象。

2. 赋予广场丰富的文化内涵

都市旅游广场与其周围的建筑物、街道、环境共同构成城市文化活动的中心。文化环境在具体的情况下，有文脉、传统、历史、宗教、童话、神话、民俗、乡土、风情、

纪念性的、闻名的、怀古的、原始艺术、文学与书法、诗词等许多不同的表现。设计旅游广场时，要尊重周围环境的文化，注重文化内涵，对不同文化环境的独特差异进行深入的理解与领悟，设计出特定城市文化环境下和时代背景下的旅游广场环境。"夜生活"也是城市旅游的重要文化内容，需要为旅游广场创造出更多的具有文化性的旅游者夜间活动、五彩缤纷的城市灯光夜景和音乐喷泉，营造旅游广场的丰富的夜间文化生活氛围。不同文化、不同地域、不同时代孕育了不同风格的广场文化内涵，把握好广场的文化风格取向，将直接影响都市旅游广场的使用频率，对都市旅游具有重要意义。

3. 营造旅游活动与交往场所空间

旅游广场旅游活动与交往场所空间的营造主要是空间环境塑造、空间层次塑造和空间文化塑造。旅游广场内部空间环境塑造，可利用点、线、面相结合的广场绿化和水景，保证广场具有较高的绿化覆盖率和良好的自然生态环境。旅游广场空间层次塑造，可利用地面高差、绿化、建筑小品、铺地色彩、图案等多种空间限定手法对旅游广场内部空间做第二次、第三次限定，以满足广场内从集会、庆典、表演等聚集活动到私密性的情侣、朋友交谈等的空间要求。广场空间文化塑造，可利用具有鲜明的城市文化特征的小品、雕塑及具有传统文化特色的灯具、铺地图案、坐凳、喷泉、花坛、水池等元素，烘托广场的地方城市文化特色，使广场具备文化性、趣味性、识别性、功能性等多层意义，有别于城市市政广场、纪念广场、交通广场和商业广场等。

都市旅游广场的结构一般都设计为开敞式，根据广场的性质、规模来决定和设计大小比例，给人以开敞性的印象。组成广场空间的重要因素就是广场周围环境的建筑，结合旅游广场的性质，需要保护历史性建筑，运用适当的处理手法，将周围建筑环境融入广场空间环境中。都市旅游广场空间设计与周围整体环境，在空间、比例上要统一与协调。在广场内部尺度设计时，踏步、石阶、栏杆、人行道宽度、停车等要求符合人与交通工具的尺度，注意与广场的比例、尺度、材料、文化的关系，比例与尺度要和谐，给人以美感，并增添旅游观光活动的舒适度。

4. 旅游广场设计注重与街道的协调和统一

都市旅游广场与街道在形式和组成上有许多必然的联系，两者的协调与统一是构成广场上环境质量的重要因素。在规划时，我们要根据广场与街道的性质，对广场与街道的城市文化、地域特征及社会历史文化、空间设计、建筑及其细部处理、交通组织及步行区域划分进行统一考虑；同时，注意街道与广场相协调的路灯、广告、展示牌、钟塔、布告栏、雕塑、喷泉等环境艺术设计，协调植被、铺面、色彩、材质、标牌、照明等元素。

5. 都市旅游广场设计与城市交通组织协调统一

都市旅游广场的人流及车流集散及其交通组织是保证都市旅游质量的重要因

素。广场的道路交通系统要与城市交通网络相协调:在城市交通与旅游广场的交通组织上,首先要保证由城市各区域到达都市旅游广场的方便性;旅游广场周围环境要有最大的可达性;系统考虑城市地铁、有轨电车、车行道、步行道、立交桥、站点等交通设施设计,充分考虑大量停车需求的停车场和汽车停靠站(包括在线路选择、站点安排以及换乘车系统)。在交通与广场设计时,应考虑在广场周围的适当区域或街道建立步行街,在步行街结束点位充分考虑人流、车流集散,通过设置公交车、地铁等站点,扩大步行规模。在广场内的交通组织设计上,需要考虑组织旅游观光、浏览交往及休闲娱乐等特殊要求,结合都市旅游广场的性质,不设车流或少设车流,从而形成随意轻松的内部交通组织,使旅游者在不受干扰的情况下,拥有欣赏都市旅游广场及交往的机会。

6. 广场空间形态设计

广场的空间形态主要表现为平面型和立体型两种形式。平面型旅游广场比较常见。平面型旅游广场在剖面上没有太多的变化,接近水平地面,与城市主要交通干道联系好,优点是交通组织方便快捷、造价低廉、技术含量低;缺点是缺乏层次感和特色景观环境。立体型广场是旅游广场在垂直立面上的高差与城市道路网格之间所形成的立体空间。它可分为上升式广场和下沉式广场。上升式广场将车行道放在较低层面上,将非机动车和人行道放在地下,实行人、车分流。下沉式广场多具有步行交通功能,解决了交通分流问题,在高差处结合水体,使空间产生美妙的动感。立体型广场的特点为喧闹的城市提供了一个安静、围合并极具归属感的安全空间,点、线、面结合使空间层次更为丰富。

7. 广场环境规划

都市旅游广场环境规划手法有多种,建议利用轴线设计来组织旅游广场环境。在都市旅游广场环境规划中,轴线手法是在广场具有一定规模时的最有效的一种方法,既可以组织广场和周围环境,又可以同主要街道相关联,从而控制整个城市的内在联系,使城市文化广场空间有序,将建筑、雕塑、广场、地面铺装在轴线上统一起来,协调地进行组合,构成了卓越的城市空间,给人强烈的空间感染力,使得城市成为一个有机的整体。旅游广场环境规划内容包括地面处理、灯光处理、绿化与水体小品处理、雕塑设计等内容。

(1)地面处理　古典广场一般没有绿地,以硬地或建筑为主;现代广场则以大片的绿地为特征。旅游广场需要合理地选择铺装材料和铺设图案,以加强广场的图底关系并给人以尺度感。通过铺设图案可将地面的行人、绿化、小品等联系起来,使广场更加有机;同时,利用铺装材料限定空间,可以增加空间的可识别性,并强化和衬托广场的主题。色彩是表现都市旅游广场气氛和空间性格的重要手段。色调富有生机,铺地小品的色彩应与主体建筑取得和谐统一的效果,避免色彩杂乱无章,以加强广场的艺术性和品位。小品、雕塑的色彩宜鲜亮,起到画龙点睛的作用。

(2)灯光处理　广场照明的灯具可分为三种:第一种,高杆灯,用于主要的活动空间;第二种,庭院灯,用于休闲区域;第三种,草地灯,用于园林绿地照明,创造特殊意境。中心区域照明可以亮一些,休闲区的照度一般即可。都市旅游广场应以景观照明为主,注重灯型、灯具的视觉效果。空中强光探照灯之类的光源,应安装在广场附近的高大建筑物上,建议高度应超过20米。旅游广场的照明要适合游人的生理要求、安全要求和交往要求。因此,都市旅游广场照明应使人感到轻松、舒适、随意,并能潜心静处;避免不舒适的眩光;满足觉察障碍物的要求;保证视觉方位的亮度;对广场的标志牌、指示牌的照度可略提高;帮助不熟悉周围环境的人确定方向;从安全和交往的角度出发,需保证在10米左右的范围内能识别他人面部或他人特征。

(3)绿化与水体小品处理　广场绿化可以使空间具有尺度感和方位感。树木本身具有指引方向、遮阳、净化空气等多重功效。绿化可以作为重要的景观设计要素,合理配置,进行适当的修剪,既体现树木的阴柔之美,又体现其秩序性。根据不同地区的气候、土壤等地域条件,选择合适的植物花卉品种,配合观赏周期,使在不同季节都能欣赏到不同的景致。旅游广场环境绿化设计有多种处理手法,如可采用树林、花卉、草坪、水体等自然环境的引入手法。水体是都市旅游广场空间中人们重点观赏的对象,可分为静态水体和动态水体。静态水体的水面产生倒影,使空间显得宁静、深远。喷泉、瀑布、跌水、导水墙等动态水体,在视觉上保持空间的连续性,可以分割空间,丰富广场的空间层次,活跃广场的气氛。

(4)雕塑设计　都市旅游广场雕塑及环境艺术设施,包括柱廊、雕柱、浮雕、壁画、小品、旗帜等艺术作品,是体现都市旅游广场主题的重要手法。都市旅游广场雕塑设计,第一,要结合广场文化氛围、时代背景以及旅游活动的内容趋向,做到雕塑设计与旅游广场活动内容相一致;第二,理解建筑、雕塑与旅游广场的相互作用及内在联系,结合广场建筑风格,设计广场雕塑;第三,协调雕塑与建筑、广场的比例与尺度,通过雕塑设计将广场与建筑在比例上联系起来,在尺度上将人群与广场联系起来,说明人与雕塑、建筑与广场的尺度关系,使雕塑成为空间比例与尺度联系的枢纽;第四,注重雕塑设计与水、树木等自然因素相结合,以衬托旅游广场气氛、活跃旅游广场环境。

另外,我们还须注意现代化的通信设施、坐椅、饮水器、垃圾桶、时钟、街灯、指示牌、花坛、廊架等广场小品的设计,总体要与广场空间环境相协调,并将小品选题、造型纳入广场总体规划。

8. 广场防灾功能规划

现代城市建筑集中、人口过密、信息飞速膨胀,使城市在各种天灾人祸面前变得脆弱。在旅游城市，旅游广场成为了城市过度密集的有效缓解，在灾害发生时起到隔离、疏散、避难、救援等作用。旅游广场在设计时，应设置必要的防灾救灾设施，如取水点、消防水池、广播与夜间照明等；在广场植被配置上，尽量多种树以形成遮盖，选择常绿、阔叶的耐火树种，并在广场周边留出防火隔离带等。

第二节　历史城镇旅游规划

一、历史城镇分类

“历史城镇”是“需要或是已经给予保护要求的地区或城镇”。我国历史悠久、幅员辽阔，拥有众多城市文化遗产。从1982年起，我国开始评审国家级历史文化名城，国务院先后于1982年2月、1986年12月、1994年1月三批批准了99座全国历史文化名城，又于2001年8月、2001年12月、2004年10月、2005年5月四次批准了4座全国历史文化名城，中国国家历史文化名城达103座。从2003年起，我国开始评审中国历史文化名城，国家建设部、国家文物局先后在2003年10月、2005年11月和2007年5月三批批准了85个全国历史文化名镇。历史城镇具有三个特性：第一，历经生活不断的延续与演绎，历史上遗留下来的古物、古迹点与城市的发展史密切相关。第二，具有历史传统特色的古街区、古建筑群、城市地段，现代生活在这些（部分）地段依旧延续，使它们成为城市充满活力的有生命的有机组成部分，包括民居、旧商业街、古文化广场等。第三，城市的遗存具有自身的特点，区别于其他的城市而具有明显特殊的意义。根据历史城镇物质构成要素价值及质量上的差异、构成要素以及在历史时间上的差异和构成要素在构成形态上的差异，历史城镇一般可分为以下四种类型：

（一）古都型

古都型主要是在历史上曾作为都城的城市，如开封、洛阳、西安、北京等城市。古都型城市一般规模较大，拥有体现古代城市建设伟大成就的城市格局和大量的历史遗存，具有辉煌的历史，既是政治、经济中心，又是文化中心。古都文化随着城市历史的延续部分地被传承下来，融入现代人们生活的潜意识中，表现出强烈的地方文化的特征，使人们的观念、生活性格、哲学思想、音乐、戏剧审美、文学等各方面都具有独特性。

（二）特色风貌型

特色风貌型是指较完整地保留了某一时代或几个时期的历史风貌的城市或具有特殊民族风貌特色的城市。特色风貌型城市不仅在物质形态上使人感受到强烈的历史氛围或民族特征，而且这些物质形态可以折射出某一时代或某一地域的政治、文化、经济、军事等诸多方面的深层内涵，表现出很强的历史特征和文化传承性。

(三)风景名胜型

风景名胜型是指自然环境对城市特色具有巨大作用的城市。一方面,环境和城市共同构成了独特的景观,有的甚至成为城市的主体,如桂林等;另一方面,不同的地理环境因素对建筑材料、色彩和建筑形式的影响很大,从而形成城镇独特的景观风貌。

(四)近现代城市

近现代城市是指在中国近现代的历史上具有重要历史地位和历史作用的城市。例如,延安作为中国社会从半殖民地半封建社会走向社会主义社会重大的历史变更时间的发生地而具有重大的历史价值。又如,上海、青岛反映了中国近代历史的坎坷和屈辱。帝国主义的殖民统治,一方面使近现代城市成为对中国进行经济掠夺的基地和“乐园”,另一方面也给近现代城市留下了大量具有殖民风格的建筑群。在文化意识上,大量的西方先进技术和思想使近现代城市的市民在思想观念、生活方式、文化水平等各方面都体现出不同于其他类型城市的特征。

二、历史名城旅游现状

历史名城的城市旅游从最初的北京、西安开始,后来有上海,形成中国历史名城旅游的三足鼎立形势。“十五”期间,北京市累计接待海外旅游者1 456.8万人次,比“九五”期间增长21%。旅游外汇收入累计147.3亿美元,比“九五”期间增长21%。累计接待国内游客5.58亿人次,比“九五”期间增长26%,其中,外地来京游客3.78亿人次,比“九五”期间增长29%,本市游客1.8亿人次,比“九五”期间增长22%。国内旅游收入4 936亿元人民币,比“九五”期间增长107%,其中,接待外地游客旅游收入总计为4 653亿元,比“九五”期间增长109%,接待本地市民旅游收入总计为283亿元,比“九五”期间增长70%①。2005年,西安市旅游业共接待海外旅游者77.5万人次,同比增长19.27%;创汇4.09亿美元,同比增长24%;国内旅游者2 346万人次,同比增长12.8%;旅游业总收入178.5亿元,同比增长15.9%。2005年全国接待海外旅游者的增长比例为10%,西安市几乎相当于全国的两倍②。2006年,西安市旅游业总收入突破200亿大关,达到204.3亿元,同比增长14.45%。入境旅游增长速度连续第三年较大幅度地超过全国平均水平③。1992年,上海接待海外入境旅游者首次突破100万人次。1997年,上海接待海外入境旅游者达到150万人次,2001年一举突破200万人次,在2004年,又刷新到400万人

① 北京市“十一五”时期旅游业及会展业发展规划. 北京政府网. 2006,11(13).

② 杨利娜. 西安旅游实现跨越发展. 中国西北旅游网. 2006,1(25).

③ 郝迎利. 西安市旅游业总收入首破200亿大关. 西安晚报. 2007年1月2日.

次，实现了接待入境旅游者的倍增。2006 年，上海又迎来了第 600 万名入境旅游者，实现了年接待入境旅游者的第二次倍增。随着上海改革开放的不断深入和城市经济的快速发展，上海的都市旅游发展将写下不凡的篇章①。

大多历史名城的城市旅游，是在自然旅游发展遇到挑战的时候，才开始思考城市的历史文化旅游、购物旅游和会展旅游。例如，历史名城桂林的旅游发展，从山水风光旅游到对城市历史文化资源形成旅游产业化认识，经历了一个逐渐明晰的过程。桂林是中国南方的山城、水城、国家历史文化名城。"桂林山水甲天下"知名度古已有之，自然山水风光旅游就成为桂林旅游发展的起点。桂林山水风光旅游带给了桂林巨大的社会产业意义，影响了人们对城市本身所具有的悠久历史文化的注意，使人们忽略了对城市历史文化的旅游开发与建设。进入 20 世纪 80 年代后期和 90 年代，旅游作为产业开始在全国展开，形成了旅游客源市场的竞争态势。一直抱定山水风景为桂林根本优势的桂林旅游业人，开始感到桂林旅游内容的单一，感到桂林"三山两洞一条江"旅游格局的偏窄和狭小，感到了来自旅游市场的压力。于是，一种危机和求变的思绪，促使着桂林人思考如何将桂林旅游向更广阔的领域拓展。于是，人们注意到了桂林城的历史与文化，注意到了所在区域的民族所独具的民俗风情，1987 年靖江王陵的整修开放，1991 年漓江民族风情园的开园迎宾，1996 年 7 月建成开放的七星公园华夏之光广场，1999 年建成开放的虞山公园，2001 年建成开放的正阳旅游步行街，2002 年 4 月开通榕湖、杉湖、桂湖、木龙湖与桃花江、漓江贯通的"两江四湖"旅游线，复原了宋代桂林城水系等，促进了桂林山水、历史文化与民族风情三大旅游资源全方位的优化配置与旅游发展。

20 世纪 90 年代中期，中国掀起了历史古镇游，带动了历史古镇旅游业的发展。例如，山西平遥是一座具有 2 700 多年历史的古城，是我国现存最完整的明清县城，1997 年 12 月 31 日被联合国正式列入《世界遗产名录》。平遥古城的旅游及其相关产业已经发展成其支柱产业。据统计，平遥 2005 年接待国内外游客 73 万人，海外游客人数占到了 20%，实现门票收入 5 730 万元，旅游综合收入 5.03 亿元；平遥直接或间接从事旅游业的人数近 5 万人②。周庄、同里等古镇，也凭其历史文化资源成为旅游热点。据统计，2004 年周庄全年的旅游收入已经达到了 7 亿元人民币，单是门票收入就有 1.1 亿元③。江苏吴江市同里 2002 年全年实现旅游总收入 16.5 亿元，比上年增长 18%，接待中外游客 225 万人次，其中，境外游客 12 万人次，分别比上年增长 18.1% 和 20%④。

据有关资料统计，目前我国进行旅游开发的古城镇已经达到 200 多个，潜在的

① 上海旅游业攀越又一新高峰，本市今天迎来第 600 万名入境旅游者. 上海旅游网. 2006,12(30).
② 京国宝贝. 平遥古城：因为旅游，从山西走向世界. 后街十号——中文旅游第一社区. 2007,4(7).
③ 应妮. "赛"出来的江南古镇，周庄借"美丽经济"发力. 中国新闻网. 2005,10(18).
④ 吴江市统计局. 关于 2002 年国民经济和社会发展的统计公报. 中国吴江网.

具有资源开发可能性或者能开发的古城镇还有 1 000 多个。古城镇旅游发展将把我国城市的发展推向一个新的历史发展阶段。

三、历史城镇旅游发展存在的问题

据统计,我国历史城镇旅游每年超过 10 亿人次的旅游人数,并以年均 20% 以上的速度递增。历史城镇的旅游发展具有两面性:一方面,通过旅游使国内外的游客认识我国历史文化名镇名村独特的风貌和丰富多彩的地方文化,体现出历史城镇的社会价值和经济价值;另一方面,旅游业的发展,也在使历史文化名镇(名村)的建筑遗产处在不恰当的旅游开发中,逐渐丧失其历史的原真性。总结我国历史城镇旅游发展的过程,以下问题值得注意:

第一,对古建筑进行不恰当的重新包装和改建。在古建筑的旅游开发中,不恰当地在建筑材料、颜色及施工工艺等方面进行人为改变,使古建筑"旧貌换新颜",历史信息荡然无存。与此同时,兴建了许多仿古建筑、仿古一条街,与文化遗产保护的原真性原则相违背。在一些历史城镇的旅游发展中,拆了真宝贝,建了假古董,留下一堆建筑垃圾。

第二,单纯追求发展旅游经济,将古民居群改为旅游服务用房、购物商店和娱乐设施,过多的商业气息,失去了历史城镇的历史氛围与传统生活方式。当我国历史城镇作为旅游资源进入旅游产业运作时,在巨大的经济利益的诱惑下,从当地政府到普通百姓都卷入了一个商品经济旋涡中,造成对古镇风貌极大的损坏。例如,古镇周庄在传统上要靠摆渡进入,1998 年周庄为了开发旅游,建起了一座水泥大桥,旅游客车长驱直入,破坏了周庄的原生态。古镇周庄有房产 900 多处,其中,80% 的房子为镇集体所有,20% 是私房。随着旅游的兴起,集体所有的房子全部出租用于开店或居住。私有房产也多有破墙、破窗开店的。古镇在旅游开发之前,共有饭馆和商店 800 多家,而目前饭馆已超过 150 家、商店超过 1 800 家。为了做生意,不少住户每年未经保护委员会同意就对房子进行私自拆迁、改建。周庄古民居的门窗,如对角门、海棠窗、板窗、顺风窗、元宝窗等,因人为破坏已有多种样式消失,其中对角门、元宝窗毁坏最多①。

第三,无视历史文化遗产的脆弱性特点,不加限制地接待游客,超出历史文化名镇(名村)所能承受的游客容量,再加上保护措施和力量部署不到位,任凭游客在历史古迹上乱刻乱画,从而造成了对文化遗产的严重损害。

第四,由于中国文化的千年传承和古城镇大多使用土木结构的特定形式,形成了中国历史古城镇的同质化,带来中国古城镇旅游思想和经营策略的雷同性,形成古城镇旅游以观光旅游为主的模式。由于历史的、自然的、人为的原因相互促进、

① 余丹. 我国古镇旅游的开发利用. 中国旅游网.

相互影响，最后导致中国古城镇旅游同质化的开发模式越来越强，导致古城镇旅游的开发决策者和运营主体往往把古城镇旅游发展的重点放在争牌子、争品牌、争世界文化遗产、争历史文化名城、争文物保护单位上，而忽略古城镇旅游发展策略与技术研究，使古城镇旅游发展出现了本应避免的不足。

历史城镇是中华民族的宝贵财富，是全人类共同财富的组成部分，在城镇化发展和旅游的大潮当中，我们要树立严格保护与合理利用的观念，认识历史城镇文化遗产的不可替代性、独特性和唯一性。在旅游规划中，对历史城镇旅游存在的问题，我们需要特别强调以下四个方面：

（一）纠正观念偏差

历史城镇与别的名胜风光不同，首先是一个活生生的实体，生活在历史城镇中的人们需要生活、工作、休闲、娱乐，甚至要求更大的包容力和承载力。历史城镇，首先必须履行作为城市的主要职能，其次才是发展旅游。开发旅游曾一度成为筹集资金和保护文物的出发点，但忽视了不适当旅游行为会对历史城镇的文物与文化性造成直接损害。1985 年，国际古建筑保护及城市规划会议第二次代表大会（巴塞尔会议）的中心议题，反对把文物建筑作为纯赢利手段，呼吁国家重视旅游污染的治理工作，制止为了旅游的需要、名为旅游保护而实是破坏文物建筑的行为。我国古城镇旅游的保护，一定要尊重古城镇居住者的利益，要注意保护他们的生存权和发展权，要通过保护为历史城镇带来更多的实惠，只有这样才能使历史城镇旅游获得持久发展。

（二）以保护为主、旅游开发为辅

历史城镇之所以受到游客的青睐，主要是古色古香的民居建筑、优美宁静的环境、淳朴的民风民俗，保护原真的、本来的、真实的东西是维持和延长古镇生命力和旅游吸引力的有力举措。以保护为主、旅游开发为辅，以旅游促进保护，是历史城镇旅游发展的方向。在历史城镇的城市建设与发展中，有的将城镇的历史传统风貌看成是束缚社会进步的枷锁，大力地进行所谓的“旧城改造”，按照“千城一面、万镇一貌”的模式建造崭新的城市，从而失掉了发展历史城镇旅游业所依赖的生动丰富的地方历史风貌特色；侥幸地保存了较为完好历史风貌的城镇，却盲目地开发旅游，致使房屋破旧、环境恶劣、设施匮乏，使旅游充满了商业气息，从而失去了文化旅游的真正意义。保护与发展是辩证的关系。保护历史城镇有价值的东西，可使旅游发展有本可依。只有科学发展历史城镇的旅游业，才能使历史城镇的保护富有意义和获得经济的支持，也才能使历史城镇在新世纪获得更大发展。

（三）限制游客量

历史城镇古建筑经千百年风雨朽蚀，本身在自然老化，大量游客的参观、触摸，会使古建筑面临人为破坏的危险。任何一个文物建筑和历史城镇都有一个最大游客容量的问题，在同一地点、同一时间，超容量的游客，会造成对旅游点的资源破坏,降低旅游质量。为了防止超容量破坏,我们需要对历史城镇旅游点采取一定的保护措施,规划适当的游线,对旅游人数进行合理分流,在不减少旅游总量的情况下保证旅游质量;对重要的历史地段严格控制游览范围,限制进入游览的人数;对一些特殊的古迹,在没有找到更好的保护方法以前,暂停开放。

(四)创新旅游发展思路

每一座历史城镇就是一个文化品牌,只有深入挖掘历史城镇的文化内涵、形成独具魅力的文化特色、显示不同的风格个性和人文环境,才能使历史城镇更具文化旅游的特征,以适应观光旅游转向休闲度假旅游的发展趋势。发展历史城镇旅游,在对最具代表性的建筑进行重点保护和发掘整理的同时,需要创新发展思路,既要真实再现历史城镇传统生活情景,延续传统文化风貌,又要推出与现代生活有千丝万缕联系的民俗文化,让游客参与其中,形成互动关系,以增加游人的兴致。在2004年的国庆黄金周期间,江南各古镇隆重推出的“水乡迎亲”、“穿花衣、坐花轿”、“打莲湘、荡游船、挑花篮”等各具特色的民俗节庆活动,吸引了众多游客,就是创新历史城镇旅游发展的范例。

四、历史城镇旅游规划

(一)旅游可行性分析

并不是所有的历史城镇都有发展旅游的美好前景。旅游开发的可行性研究是在决策之前进行的旅游发展调查研究,目的是为投资决策提供可靠的客观依据,根据历史城镇特点进行旅游规划。历史城镇旅游发展分析,包括近期旅游开发的可行性论证、中期发展的可靠性分析和远期建设的前瞻性预测。近期旅游开发的可行性分析一般包括旅游资源分析、经济分析、政策分析、旅游市场分析四个部分。

1. 旅游资源分析

历史城镇的旅游资源包括自然景观资源、历史人文资源和民俗文化资源三个部分。历史城镇自然景观资源是指有特征的地貌和自然景观,包括地理条件和气候、物候条件。历史城镇及其建筑与所处的自然环境是不可分割的整体。例如,苏州平江历史街区和周庄古镇区仍保留着临河面街的依水为生、依水为乐的水乡传统风貌和生活,“小桥、流水、人家”和苍老的石桥构成恬淡宁静的世外桃源情调。

历史城镇的历史人文资源是人们创建活动所产生的物质环境,如城市格局、历史建筑、街区、胜迹、遗迹等。城市格局包括每个城市所特有的与周围地形的关系、总体布局、城廓形状、方位、轴线以及与之相关联的道路骨架、河网水系等内容。首先,历史城镇的格局的形成和城址的选择与城市的大环境密切相关。其次,历史城镇往往表现出一定的规划思想,从而使城市格局具有独特的风格。同时,由于中国古城镇大多使用了土木结构的特定形式,所以存在典型的同质化现象。历史建筑是具有重大历史和艺术价值的古代建筑作品。例如,隋唐是我国古代建筑的成熟时期,隋唐的长安规模宏大、规划严谨,是当时世界上最宏大繁荣的城市,现存古大雁塔是中国楼阁式砖塔的杰出代表。北京妙应寺白塔、著名的承德避暑山庄、北京的圆明园、苏州的拙政园和留园以及福建的土楼、陕西的窑洞、苗族的吊脚楼、侗族的风雨桥等,都是中国历史建筑的杰出代表。城墙和城门亦是城市历史建筑的重要历史实物。例如,西安城墙既是西安的重要历史建筑,又是西安古城传统格局的重要元素。城市的古老街区作为历史城镇的保护及旅游的内容稍迟于历史建筑。对于一座历史城镇,历史街区更能反映出历史城镇的生动的信息。由于长期的历史演变,完整保存下来的历史街区已不多见。胜迹和遗迹甚至有些遗址目前深埋地下,仍是历史城镇保护及开发旅游的重要资源。

历史城镇民俗文化资源体现历史城镇人们的社会生产、生活、习俗等方面的文化内容。民俗文化资源分为社会生产习俗、生活习俗、文化习俗三部分,体现特定的、由人群组成的社会组织特色以及该群体所拥有的文化特色,诸如生产模式、生活方式、价值观念、信仰崇拜等。民俗文化具有社会特征和文化特征。历史城镇社会特征包括群体特点和社会结构特点。群体特点如不同的历史城镇的宗教和种族聚居类型和特点;社会结构特点如家庭结构、社会习俗、社会交往、社会道德等。历史城镇文化特征包括民间文化形式特点和民间民俗文化特点。民间文化特点如艺术活动、传统工艺美术、音乐、戏曲等;民间民俗文化特点如饮食习惯、婚丧习俗、风物特产和工艺技术等。

历史城镇的历史文化内容是客观存在的,但可挖掘的旅游资源的对象及范围与保护对象及范围随着社会的发展和人们认识的提高而有所变化。在时间上,人们最初所关注的或成为旅游热点的仅限于历史城镇一些著名的、艺术价值高的古代作品,如清代以前的建筑。然而,在20世纪中期以后,历史城镇文化旅游的概念已大大扩展,开始包括一些近代的甚至离现在尚不足一代人时间的建筑,如上海外滩的建筑群和上海明珠电视塔。在类型上,历史城镇最初只有杰出的、在历史上或艺术史上占有重要地位的所谓伟大的建筑作品和艺术品被人们重视,而现在许多由于时光的流逝而获得文化意义的一般建筑、各历史时期的构造物以及近现代工业的技术和建筑,都已作为旅游开发的资源。在范围上,最初历史城镇旅游的观光游览仅限于遗址、文物、古建筑本身,而现在人们所关注的则扩大到遗址、文物、古建筑周围的自然环境,从单纯的遗址、文物、古建筑扩大到与历史文化和人们当前生活密切相关的历史街区和整个城市。在深度上,人们从单纯的历史城镇历史文化的观览,趋向于对历史城镇所具有浓郁的地方民俗文化、典型特色的社会环境和历史文化传统的陶醉和参与。

2. 经济分析

旅游与经济之间有着互动的关系。历史城镇的经济发展水平直接影响其所能提供的旅游服务设施及项目开发程度:一方面,促进或限制若干旅游行业的发展以及某些旅游活动的消费行为；另一方面，又为历史城镇提供了旅游发展商机，间接拉动其他经济的发展，促进经济的增长。因此，历史城镇旅游规划必须遵循旅游经济发展规律，提出历史城镇保护措施和旅游发展战略，从而促进历史城镇旅游业的发展。

3. 政策分析

对于历史城镇的旅游发展，国家有对历史城镇文化古迹保护和土地使用等重要的政策规定，地方政府也对历史城镇的保护和旅游资源开发有相关的规定。历史城镇旅游规划，一是要遵循国家与地方政府的法律法规；二是要研究历史城镇旅游在旅游产业结构中的地位以及区域旅游业发展战略，制定有针对性的历史城镇旅游发展政策，科学编制历史城镇旅游规划。

4. 旅游市场分析

对于中国历史城镇来说，国内客源的特征已从历史城镇旅游发展的初期纯历史、艺术或学术考察性质的专家旅游者普及到了对历史文化感兴趣的人群。(1)我国港澳台市场。由于我国港澳台地区经济相对发达，与内地接壤或相近，同时在文化上同根，所以港澳台地区的人们对祖国的历史传统文化有着深厚的感情，使其成为历史城镇旅游的重要客源之一。(2)日本市场。日本在地理上与中国是一衣带水的近邻，在经济上仅次于美国，在文化上同我国有着悠久的历史渊源，这使其成为我国历史城镇旅游的重要客源国。(3)新、马、泰、印尼、菲律宾等东南亚市场。(4)近年来，欧美、大洋洲市场游客的数量亦在不断增加。

(二)历史城镇保护规划

历史城镇(包括名镇、名村)的风貌作为宝贵的物质精神财富，具有不可再生性和脆弱性，一旦遭到破坏就无法恢复。

城市是一个有机体，与单个文物古迹或其他旅游资源不同。一个历史城镇，少有几万人，多有几十万、上百万人在其中生活和工作，如同一个充满了生命的有机体。历史城镇在长期的历史活动中形成，又在不断发展和更新中走向未来。为了保护历史城镇优秀的历史文化遗产，在发展旅游、促进城市社会和经济发展的同时，要改善居民的生活和工作环境，必须从历史城镇发展的角度提出保护规划。

1. 确定保护对象

历史城镇保护的自然景观、历史人文和民俗文化，往往就是可供开发的旅游资源。自然景观、历史人文和民俗文化三部分资源分布在历史城镇内，互相之间或联系紧密，或缺少联系，应对其进行分析与归类，确定保护的特色主题与保护对象。

2. 确定保护等级与范围

在对历史城镇中各保护对象进行评价分析后，我们应确定其保护的等级与范围，使文物得到切实的保护。我国将历史城镇保护分为绝对保护区、重点保护区、一般保护区三级。

绝对保护区是国家规定保护文物古迹、古建筑、园林的绝对保护范围，由保护单位全面负责，所有建筑物与环境都要严格认真地保护，不允许擅自更动原有状态、面貌及环境，如需进行必要的修缮或环境整理，应在专家指导下，并严格按审批程序进行。

重点保护区是在文物古迹等绝对保护范围外再划一道保护范围界线，目的是使重点保护对象在确保不受到物质破坏的同时，周边的历史环境也得到有效的控制。在重点保护区范围内的一切建筑活动均应符合所保护对象的要求，并经城建和文物部门的审核批准。在划定的保护范用内的建筑物及各种设施的性质和内容不能与保护对象有冲突，在外观、造型、体量、高度和色彩等方面都要与保护对象相协调。

一般保护区，又称环境协调区，是在重点保护区以外再划的第三道界线，要求在此范围内的建筑和其他设施在内容、形式及高度等方面尽量与保护的对象相协调，取得合理的空间和景观的过渡，以求较好地保护环境风貌。

3. 确定保护措施

历史城镇在确定保护等级与范围后，需要确定保护措施。首先，进行用地的调整，使得在保护区内的用地性质符合保护的要求。其次，是进行高度控制的规划，从总体上保护历史城镇传统空间的艺术轮廓，以展现其特色风貌。第三，是对历史城镇的建筑及外部空间提出保留、保存、保护、更新等措施。保留，即对近期兴建的建筑，质量较好，同时风貌与保护对象相协调，一般维持现状；保存，就是对于文物点及重点风貌带中建筑质量和建筑风貌都较好的保持原样，对个别构件加以更换和修缮，修故如故；保护，是在对重点风貌区中的建筑在保护格局、治理外部环境、修故如故的同时，重点对建筑内部加以调整改造；更新，就是对传统风貌影响较大的建筑，采取拆除更新或改造更新的措施。

（三）旅游开发方法

历史城镇的旅游资源是历史遗留物，不论采取怎样的开发方式，前提都是对旅游资源的保护。我国对历史城镇的开发已经有一些经验，成功的开发方式有再现法和提炼法。

1. 再现法

恢复古代城镇面貌，再现昔日历史情景。例如，南京夫子庙地区是“十里秦淮”的核心，它与附近的乌衣巷、白鹭洲、李香君旧居一起，历来是名人佳丽汇集之地。六朝金粉，十里秦淮，代表了历史上南京城的繁华。明清以来，夫子庙、贡院一带成为科举考生、文人雅士旅居游览之地。这一带多书画古玩店、地方特色商品店、旅社酒楼，歌妓杂耍出没于巷闾间，画舫游船轻泛于秦淮河上。自 1984 年起，南京市政府按城市总体规划要求，本着保护古都特色、发挥中心城市的吸引力和辐射力、提高综合服务功能的原则，对方圆 0.5 平方公里的夫子庙地区开始了全面的修复和建设,成坊成片地再现该地区的历史风貌,将其恢复为南京民俗旅游和商业中心。经过近十年的经营发展,带来了良好的整体效益,现在该地区每年营业额已达7亿~8亿元,游客也日益增多,平均每天有15万游客,最高峰达到30万人,解决了7 000多人的就业问题,从而促进了当地旅游事业和经济的发展。又如,云南丽江在大地震以后,按照原样进行重建,并拆除了一些与历史风貌不相符合的新建筑,保存了历史风貌,并列入世界文化遗产。目前,丽江的旅游收入已经占当地GDP的85%以上,有力促进了地方经济的发展。

2. 提炼法

即发掘文化内涵,提炼历史主题,形成旅游景点。全国成功的例子不胜枚举。例如,位于山东省龙口市黄城北巷村东北端的丁氏故宅是一处至今保存较好的清代古建筑群。建筑在布局、空间、形式、构造与装饰等方面个性鲜明、自成一体、分区明确、中轴对称、宅院组合,反映了清代胶东民居的建筑文化特点,是研究清代胶东地区社会、经济、文化不可多得的珍品,属于全国重点文物保护单位,经过政府对丁氏故宅的整饬修缮,辟为龙口市博物馆。又如,南京明城墙改作遗址公园、青岛成功利用德占初期工厂遗址建立青岛啤酒博物馆等。

(四)旅游设施规划

历史城镇的旅游设施就是为旅游者提供食宿、购物、娱乐等方面需求的旅游服务设施,包括旅馆、饭店、餐厅、商店、娱乐设施等。旅游设施规划包括确定旅游设施的选址、数量、规模、档次和特色。

旅游设施的选址应根据保护规划的要求设置。在历史城镇老城区,应保持原有的风貌、尺度与格局。在老区内,一般采用利用原有建筑改造成民居式旅馆或餐厅的形式;在过渡区内,可运用传统的建筑形式建造适当的设施。大型的现代化的旅游服务设施则应尽量避开老城区设置,不影响历史城镇的风貌,并成为老城区内旅游设施的补充,以满足不同旅游者的需要。

旅游设施的数量与规模的确定基于对旅游容量的分析,要既能满足旺季的旅游需要,又能维持淡季的经营。旅游设施应分档次,以适应不同消费水平的旅游者。民居式旅馆往往是最质朴的,可以体味历史城镇中贵族与平民的不同生活情趣。历史城镇的旅游设施应具有地方特色,包括饮食方式、食品特点、旅游建筑风格、宾馆装饰情趣、旅游产品特色等。

(五)旅游组织规划

历史城镇旅游组织主要通过对外交通和内部交通来实现。

1. 对外交通

对外交通是解决旅游可进入性的问题。对外交通是根据历史城镇所处的区位选择火车、汽车、飞机和船舶。火车与汽车的对外交通状况,对于历史城镇本身和旅游发展影响很大,可以直接将历史城镇对外的旅游组织与内部游线进行衔接。

机场一般远离历史城镇，港口则多取决于进入城市的水道，而铁路线与车站的选址及交通组织则可以靠近城市修建。

当城镇规模较大或线路较为复杂时，火车道路线一般不宜太接近老城区，可采用终端式车站，以专用支线把游客引到城市中心处或市区边缘。对于大城市，一般都不止一个车站，通常把车站布置在接近中心区的地方，通过车站从各个方向将游客引入城市。公路要与高速公路与国道相连，以快速解决进入城镇的旅游交通。

2. 内部交通

内部交通是解决游客在历史城镇游览输送的问题。对于历史城镇，历史上形成的道路网对城镇的空间形态构成有着举足轻重的作用，是旅游交通组织的前提，也是旅游的一个重要内容。在很长的一段历史时间内，步行是最主要的交通方式，甚至是唯一的手段，许多历史城镇都是在这样的前提下形成的。这样的街道系统有着浓郁的艺术情趣，却不适应现代旅游交通的需要。为了避免破坏原有的城镇道路格局、尺度，对历史城镇内尤其是老城区道路的改造应该采取谨慎的态度，限制车辆交通，将原有道路改为单行道，恢复步行街、步行区，以建立完善的步行系统。

对于临水的历史城镇，水陆游线是十分重要而且最富有特色的，在整治河道的同时，以舟代步，实行按航速分行，设置停泊、转乘码头，并与陆路游道网络共同形成完整的内部旅游交通体系。

第三节　乡村旅游规划

乡村旅游是指以乡村为旅游目的地，以乡村特定区域的自然生态环境和乡间农、林、牧、副、渔、手工业等各类生产活动、村野风光、村寨文化、地方民族、乡村习俗等为旅游吸引物的观光游览、体验乡村风貌和乡村生活、休闲度假、康体娱乐等旅游活动。

一、乡村旅游总体规划

乡村旅游，是一种集乡村产业、乡村旅游和乡村接待服务为一体的体验型的休闲度假产品，具有乡土气息浓郁、投资较少、带动面大、旅游空间大、发展规模大、经营方式灵活等特点。乡村旅游的旅游吸引物包括保护完好的自然资源、美丽的风光和宁静的环境、与周围环境融为一体的住宿、土风十足的手工艺品和不可多得的物产、风味餐馆、传统民俗文化等。

（一）规划原则

乡村旅游规划除了依据旅游发展规划的一般性原则之外，还需强调以下原则：

1. 服务社会主义新农村建设

加快农村基础设施建设，改善乡村交通、用水、用电、通信等生产生活条件，是建设社会主义新农村和发展乡村旅游的共同任务。乡村旅游规划应与新农村建设规划紧密结合并融为一体。乡村基础设施、生产生活条件好了,乡村旅游的发展就有了基础。在乡村旅游规划中,要把旅游乡村的住宿、餐饮、旅游公厕、停车场、农产品购物点等配套设施与新农村的基础设施、公共设施建设结合起来,营造村容整洁卫生、村民文明友善的旅游环境,从而促进乡村旅游快速、健康发展。

从各地的实践看,良好的生态环境,便捷的交通条件,整洁的村容村貌,是发展乡村旅游的重要保障。社会主义新农村建设对村容村貌提出了明确要求,要求通过新农村建设,极大促进和改善乡村基础设施、生态环境和生产生活条件,通过交通、通信、卫生和饮水等条件的改善,使乡村旅游业的设施条件和自然环境大为改观。

2. 突出优势

乡村旅游资源数量丰富、规模宏大、种类多样,但同时因乡村产业的相似性而带来了各地乡村旅游资源的相近性。因此,在乡村旅游规划中,要进行横向资源类比分析,突出区域优势,提升乡村旅游的吸引力和生命力。突出优势:一是要突出乡村自然景观优势,引导游客领略独特的乡村风光和山水景观;二是要突出乡村的传统文化优势,充分挖掘古村、古镇的文化内涵,包装具有特色的传统乡土工艺技术;三是要突出体现地方民族在建筑、服饰、饮食、歌舞等方面的民族风貌、风情、习俗等特色优势。

3. 强化特色

特色是旅游产品的吸引力。在乡村旅游规划中,强化特色:一是突出原汁原味的乡村特色,避免乡村城镇化和商业化。突出原汁原味的乡村特色,就是强调乡村旅游的文化性和原生性。在乡村旅游规划中,服务设施设计防止脱离了朴素、自然、协调的基本原则,贪大求洋,追求豪华,使建筑物富丽堂皇,不仅与乡村旅游内涵相脱离,而且还破坏了当地的资源和环境;日常餐饮提供和旅游项目设计要贴近农家生活,满足游客"吃农家饭、住农家屋、干农家活、享农家乐"的消费需求,创办专项特色餐饮、特色住宿、特色观光、特色休闲、特色商品、特色娱乐、特色种养业等,防止盲目追求高档。二是忌不切实际的生搬硬套。乡村旅游规划需要对乡村资源优势和风土人情进行认真的调查和研究,选择合适的旅游项目,切忌照抄他人的成功模式,生搬硬套。强化特色,就是在学习他人的基础上,研究乡村旅游市场,研究本土特色、挖掘本土特色、突出本土特色,用本土特色赢得市场。

4. 多元化

乡村具有丰富和多元的旅游资源。在乡村旅游规划中,要走出吃饭、打牌、钓鱼等单一、单调的千篇一律的旅游活动项目,要多元开发形成农家乐、渔家乐、林家乐、品果游、赏花游、采摘游、特色村落、农业观光园区、休闲农庄、乡村俱乐部等多层次产品结构和业态的旅游产品结构，以给游客提供丰富的多元的乡村旅游活动。

5. 参与性

乡村旅游的核心吸引力，就在于游客的体验和参与。游客从城市来到乡村，就是要在旅游观赏青山秀水之中获得审美体验，就是要在果园中亲手采摘新鲜的水果并感受着硕果累累的丰收喜悦。因此，乡村旅游规划，要提供给旅游者采摘、捕捞、耕耘、栽种、推磨等乡村劳作机会，让旅游者体会农事艰辛的同时，获得健身娱情。乡村旅游需要发展和建设多功能、复合型旅游活动，让游客能充分体验和参与乡村民风民俗、乡村生活和劳作形式，在劳动的欢快之余，购得满意的农副产品和民间工艺品；在乡村参与游泳、摸鱼、捉泥鳅、钓龙虾、荡排等乡村娱乐活动，实现了娱乐、取乐和休闲的目的；在乡村品尝各色水果蔬菜，获得视觉、味觉、触觉和听觉上全方位的体验。此外，让旅游者在观赏乡村生态景观的同时，了解乡村系统内部结构的依存关系，使旅游者能通过参与乡村实践，体会和认识乡村最真实、最质朴的风俗文化。

6. 保护生态环境

乡村旅游是以良好生态环境为基础的旅游，盲目的旅游开发会破坏当地的生态环境和旅游资源。越是保护完好的村寨，发展乡村旅游的优势就越大，在参与国、内外旅游竞争的优势就越突出。保护乡村生态环境最重要的一点就是要保持原有的特色，与城市生活区别开，以保持其旅游吸引力。由于保持传统特色的乡村往往经济欠发达，因此政府还需要在规划、产品组织、市场营销、资金投入等方面进行规范、引导和支持。

乡村旅游规划除了要遵循规划原则之外，还要坚持“一保留、两坚持、三不”的规划理念。“一保留”，保留乡村历史文脉，传承乡村建筑文化，彰显乡村文化底蕴。“两坚持”，坚持人与自然和谐，保护山体、河流、水塘，保护生态环境和自然环境；坚持本土特色，依山就势，体现乡村特色，凸显田园风光，避免城乡一体化变为城乡一样化。“三不”，做到不推山、不填塘、不砍树。

科学的规划原则与规划理念，就是新农村建设规划与乡村旅游发展的完美结合。乡村旅游发展规划要注重乡村旅游的整体性和连续性，从而实现乡村旅游的可持续发展。

（二）乡村旅游模式

在新农村建设中，不是所有的乡村都能够发展旅游，而是要具备一定的区位优势和资源优势。从各地的发展经验来看，适合发展乡村旅游的有三类乡村：一是紧靠中心城市，汽车车程在两个小时之内的城郊乡村；二是紧靠现有景区的乡村；三是以旅游资源良好的古村落、农村风貌、高科技农业、生产活动、生活方式、民情风俗、宗教信仰及各种传统节日为特色以及具有果业、花卉等特色农业或自然、生态比较好的乡村。中外乡村旅游模式，可以分为以下五种：

1. 村落民居旅游模式

村落民居旅游模式是依托特色村寨或民居群落的村落民居建筑为旅游吸引物的旅游发展模式。村落民居建筑按发展特点分为古代与现代两类，村落民居旅游模式也相应分为古民居旅游与新民居旅游两种。

(1)古民居旅游　我国的民居住宅造型风格多样，汉族斗拱挑檐建筑、陕北窑洞、徽州民居、客家围屋、苗族吊脚楼、黎族船屋、傈僳族“百脚落地”草屋、侗族外廊式木楼等，都极具观赏旅游价值。福建武夷山的下梅村、城村，山西的皇城相府和王家大院，河南的寨卜昌民居和康百万庄园等，都属于村落古民居旅游发展模式。

(2)新民居旅游　随着农村经济的发展，我国涌现了许多按现代社会主义新农村规划的新农村村落民居，也具有巨大的旅游吸引力。江苏的华西村，河南的南街村、刘庄，山东临沂蒙阴的桃花峪村、八达峪村等，都属于农村新民居旅游发展模式。例如，山东临沂蒙阴的桃花峪村、八达峪村利用建设新型的民宅，开展修学旅游和观光旅游。桃花峪村，风景优美，空气清新。在政府的指导下，村民自筹资金建设家庭旅馆，吸引游客观光和学生修学旅游。八达峪村在政府管理和农民自愿的基础上，实行土地置换，使农民分散建房，每户4~6亩土地，连片开发，房前屋后种植桃树，庭院内养殖长毛兔，吸引了不少游客前来观光旅游和洽谈生意。

2. 民俗风情旅游模式

民俗风情旅游模式是以乡村的风土人情、民俗文化为旅游吸引物的旅游发展模式。民俗风情旅游模式充分突出和展示乡村的衣食住行、婚丧嫁娶、时令风俗、工艺游艺、体育竞技、信仰崇拜等乡土文化和民俗文化，可以整理规划为：民俗节庆，如游春、庙会、歌会等；乡村手工制作民俗，如开发乡村流传已久的打铁铺、弹棉铺、竹刻、根雕等传统作坊；乡村体育，如河南温县陈家沟作为太极拳的发源地，开发“太极之旅”等旅游项目，让游客感受乡村特有的文化风情。

3. 生态旅游模式

乡村生态旅游模式是以田园、草原、森林、渔港等生态环境和各种乡村生产活动为旅游吸引物的旅游发展模式。乡村生态旅游模式以稻作的梯田、放牧的草原、狩猎的森林与扬帆的渔港为特色，把乡村生态与乡村生产生活结合起来，旅游与休闲结合起来，开发梯田游、草原游、竹乡游、花乡游、渔乡游、水乡游、蕉乡游、果乡游等不同特色的乡村生态旅游。

4. 现代农业旅游模式

建设现代高新技术农业示范园区，发展现代农业旅游是乡村旅游的未来趋向。山东枣庄市农业高新技术示范园区、沂南大地农业科技示范园和临沂罗庄飞龙花卉等，形成乡村旅游的现代农业科技游模式。其主要做法是，引进国内外种植高新技术和品种，使园区内的果木、花卉、蔬菜等植物既有食用价值，又有观赏价值。园内一般分为育苗区、栽培区、温室区以及果木、花卉特色种植区。

5. 综合旅游模式

综合旅游模式是对乡村旅游资源进行多元开发的乡村旅游发展模式。例如,上海崇明前卫村的乡村游,游客可以体验农家推磨、纺纱、踏车、踩高跷等生产生活乐趣;可以观看"抛球择婿"旧时婚礼习俗;可以在水产观光基地观看长江口盛产的各种鱼类和滩涂生产的各种小动物;可以在树林深处的家禽园用网捕捉活鸡等。又如,辽宁鞍山唐家房镇的"乡村绿色家园之旅",可以住在东北典型的农家院里,吃山村传统饮食,大锅贴饼子、"笨鸡"炖蘑菇、水豆腐、土豆大茄子、山鸡等尽是纯绿色食品;可以出门上山,欣赏漫山遍野的丰收美景,亲手采摘水果及无名野果。牧业旅游可美化草场、畜群,建设蒙古包餐厅接待设施,按照当地民族习惯接待游客,开展骑骆驼、骑马、狩猎、摔跤、赛马等旅游服务项目;渔业旅游可突出水乡特色,在湖泊周围营造绿色林带,在浅水区植荷种菱,配合烟波浩渺、渔帆点点的湖面,形成动人的水乡美景,游客可以荡舟湖上,或撒网捕鱼,或悠然垂钓,或采莲摘菱……综合旅游模式的发展可以构建成更具现代旅游度假意义的乡村俱乐部,以提供设施完备的乡村综合旅游度假康体休闲中心。

随着旅游业多元化趋势的发展,旅游者对乡村旅游的需求与选择也趋向多元化,乡村旅游发展又呈现出休息娱乐、收获品尝、运动养生、观光审美、学习体验五种旅游类型趋向。休息娱乐型乡村旅游以休息娱乐为主,趋向于"农家乐"、"渔家乐"、"山里人家"、"竹乡乐"、"湖乡乐"、"花乡乐"、"樵乡乐"等旅游模式;收获品尝型乡村旅游以特色乡村餐饮美食为目的,以采摘垂钓等为主,趋向于"采摘游"、"果园游"、"垂钓世界"、"美食村"等旅游模式;运动养生型乡村旅游以乡村山野及水体运动、乡村自然环境疗养健身等为主,趋向于"乡村运动俱乐部"、"温泉别墅"等旅游模式;观光审美型乡村旅游以特色风光、农事活动或村落名胜等的观光旅游为主要内容,趋向于现代农村观光、科技农业观光、古村落民居观光、名胜观光等旅游模式;学习体验型乡村旅游以学校或家长等安排的有目的的旅游与考察、写生、实习等为主,以学生远足、夏令营等为旅游模式。发展乡村旅游成长的五种旅游模式,需要从旅游资源出发,以市场导向为原则进行规划,将具有客源优势的城市郊区乡村旅游列为第一模式,以农家游、渔家游等作为核心产品;将依托旅游目的地客源辐射为优势,具有村寨特色或风景特色的乡村旅游列为第二模式,以特色风景观光、农事活动观光、村落文化观光为核心旅游产品。

旅游模式是旅游发展到一定阶段的产物,随着社会经济的发展和人们旅游消费观念的变化,旅游发展模式会随之推进,旅游资源、客源市场、消费观念都将影响旅游发展模式的设计,休闲度假、现代农村观光、休学体验等旅游产品将受到更多的关注。

(三)乡村旅游类型

我国的乡村旅游在其发展过程中,为了适应市场的需求,各地陆续出现了具有各自不同形态的乡村旅游类型①，对乡村旅游发展具有典型的借鉴意义。

1.“农家乐”类型

“农家乐”是以农家为主要旅游资源，以农村其他资源为辅助旅游资源，策划开发的旅游产品类型。“农家乐”旅游以农业、农村、农事作为主要发展载体，重点突出一个“农”字。“农家乐”类型除了山东类型外，还有成都“农家乐”、湖南“农家乐”值得关注。

(1)成都“农家乐”

成都的乡村旅游以“农家乐”为代表，主要以庭院、堰塘、果园、花圃、农场等农、林、牧、渔业自然资源和乡村人文资源吸引旅游者，提供观光、娱乐、运动、住宿、餐饮及购物等旅游服务。

(2)湖南“农家乐”

湖南“农家乐”的发展都最大限度地保持和突出“农家乐”旅游原汁原味的农家风味。例如，益阳市相继开发的“竹乡农家乐”、“湖乡农家乐”、“花乡农家乐”、“渔乡农家乐”、“樵乡农家乐”等系列“农家乐”旅游产品，特别是开发“竹乡农家乐”时，围绕“竹”字，挖掘特色，突出“做客竹乡农家，亲近美好自然”的主题，吃的是竹宴，用的是竹家具，观的是竹海，集中展示了江南竹乡的农家风貌。常德的“农家乐”旅游让游客吃的是有地方特色农家风味餐，住的是青瓦木屋农家房舍，玩的是乡村民间文艺节目，买的是农家的风味土特产品及手工艺品等。

湖南“农家乐”旅游发展基本上有两种形式和格局：一种是“客栈型农家乐”，主要位于城郊结合部和一些主要景区(点)附近，为游客提供食宿；另一种是“度假型农家乐”，在满足游客吃住的基础上，还能为游客提供更多的农家休闲娱乐活动。两种“农家乐”旅游形式都在湖南都得到了较好发展，形成了一定规模。例如，武陵源“客栈型农家乐”的“家庭旅馆村”，占地 35 亩，规划建房 120 户，共有床位 1 800 余个，总投资达 2 171 万元，休闲娱乐项目全，综合效益好，受到游客的青睐。

湖南“农家乐”旅游的发展，得益于原汁原味的农家特色，得益于本土的风土人情、民俗文化。农村的一山一水、一村一街甚至温泉、花木、瓜果都是特色。在湖泊水域较广的地区，可开展“水乡农家乐”旅游活动，吸引游客前来欣赏水生植物、野营、野餐和四季垂钓等。高科技农业对现代旅游者有着较大吸引力，可让游客亲眼观看现代化农业栽培技术、亲自体验高科技生产手段、亲手收获绿色农产品、亲自喂养活泼可爱的小动物等，并在休闲中得到教育。

在全国乡村旅游中，“农家乐”各地不尽相同。例如，在成都郊区，不少“农家乐”的接待户都同时做着盆景、苗木和花卉的生意，为旅游者提供休闲、聚会的环境和餐饮，其中，棋牌几乎家家都有。而在长沙郊区的“农家乐”，虽然同样提供环境

① 刘德谦. 关于乡村旅游、农业旅游与民俗旅游. 2006，4(14). 搜狐.

和餐饮，也有棋牌，由于长沙郊区水面较多，多数"农家乐"都把钓鱼作为主要的娱乐活动。北京郊区怀柔的"农家乐"，虽然也有钓鱼，但是除了大型垂钓场外，在不少虹鳟鱼、罗非鱼的垂钓地，钓鱼却只是虚晃一下。珠三角的番禺、中山等地的"农家乐"，尽管也有餐饮和垂钓等，而最让旅游者心旷神怡的却多是一望无际的农事天地。

"农家乐"的基本特点：一是"农"的特征，置身于"农"的环境中，居农家屋，吃农家饭，干农家活，观农家景；二是"家"的感受，家人聚会，家常菜，家庭消费水平，家庭化休闲，大众化消费；三是"乐"的体验，农事体验，学习识别农作物，欣赏畜禽养殖，参加犁地、摘菜、采果、推磨等①。"农家乐"是乡村旅游的有效载体，只要深入分析本土的乡村旅游资源，"农家乐"旅游就一定能在特色和创新上取得突破。

2. 民俗村类型

民俗文化村的建设模式分为实地村落和模拟村落两种。实地村落，或称"原生型民俗村寨"，是在民族地区选择较为典型的天然村落对民俗文化进行开发、保护和利用，以展现一个活生生的民族生活现状。实践证明，这是最富有生命力的民俗文化村模式。模拟村落，是把某一地某些民族的文化生活现状以模拟的形式，保存或重建加以展示，属于主题公园类型。模拟民俗村往往建在城市周围，以弥补城市旅游资源的缺乏，为开拓客源市场提供了新的思路，也为保护民俗文化提供了一条非常重要的途径，但不代表民俗旅游发展的方向。

例如，北京的乡村旅游以原生型民俗村为特色，到2004年12月止，北京全市已有316个行政村开展了民俗旅游接待，其中市级"民俗村"70个，乡村民俗旅游接待户已发展到了13 819户，其中市级"乡村民俗接待旅游户"5 537户。2005年9月，北京市第三批又批准了40个市级民俗旅游村和1 582个市级民俗旅游接待户，北京市级"民俗村"已达到110个，市级"乡村民俗接待旅游户"已达到7 119户。

3. 田园风光类型

田园风光，是广袤田垄与峰林山峦相连、田秀山清、山环水绕、河映山村的美妙景色。田园风光游是乡村旅游区别于都市旅游最大的韵味。由于不同地域地质地貌的差异，田园风光又表现出江南田园风光、平原田园风光、山林田园风光、水乡田园风光、梯田田园风光、热带田园风光等不同特点。

随着乡村旅游的深入发展，不同地域地质地貌差异形成不同的田园风光类型，并得到不同程度的开发。例如，江苏无锡江阴华西村从江南田园风光旅游起步，推出了牛车水、人车水、钓鱼、扳鱼等江南传统农事，让游客亲历，每天都吸引了2 000～3 000甚至5 000～10 000人的游客；福建泉州具有林茂、山雄、水秀、石怪、树奇、峰险、壑幽等自然风景特色，果林、竹林、森林茂密，古树参天，翠竹如帘，奇岩

① 杨小英. 从"农家乐"看成都发展乡村旅游. 四川日报，2006，08(29).

怪石，开辟了山林田园风光游线；在太湖，利用连接区内众多的湖荡小岛，田园、村庄、桑林、鱼塘，开展了旅游、垂钓、观鱼、赏花、品茶、野营等水乡田园风光游；在广西桂林龙胜，利用层层叠叠的梯田，从20世纪90年代开始就开展梯田田园风光游；海南岛热带作物丰富，植被繁茂，四季常青，自然景色宜人，隐藏其间的自然村落，形成了海南特有的热带田园风光游。

另外，田园风光游还可围绕某一观光主体形成特色。例如，曾有旅行社推出跨青海、江西、贵州、云南四省的油菜花田园风光游，选择了青海门源县油菜花、江西婺源油菜花、贵州安顺油菜花旅游节、云南曲靖市罗平县油菜花等各具韵味的油菜花田园景色组成一个观花的旅游主题，别具一格。

从旅游组织方式，田园风光游可以分为徒步游、自行车游和自驾车游。例如，广西阳朔推出了一条从县城出发分别至大榕树、月亮山、勇村、白沙、世外桃源、福利、兴坪等多地的自行车田园风光游项目，欣赏诗境般的田园景色、在路边观赏农民在田间劳作的情景、在江岸观村民、鸬鹚捕鱼、拜访明清古民居、漫步老寨、登山远眺、农家做客，很受自助旅游者的欢迎。

4. 古村落类型

我国在明清两朝曾有一个乡村社会的繁荣发展时期，给后世留下了拥有大量传统民居的古村落，形成了我国乡村旅游的一个重要特色。在我国乡村旅游古村落类型中，皖赣古村落旅游最具有典型性。

皖赣古村落乡村旅游的代表是江西上饶婺源和安徽黄山黟县。黟县的西递、宏村是乡村旅游中村民聚居地旅游发展的范式。拥有二十多年旅游发展历史的黟县，其特色是浓郁的乡村聚居文明。黟县的西递、宏村被联合国教科文组织列入了世界文化遗产名录。地处皖浙赣交界的婺源素有“书乡”的美誉，条条小街仍印着徽商创业的足迹，幢幢明清古建仍透出村庄往日的繁盛。十分重视历史文化保护的婺源，在2005年《中国国家地理》等媒体的“中国最美的地方”的评选中，“婺源古村落群”被评为“中国最美六大古镇古村”。2005年11月，乡村旅游的两个集会引人注目，一个是在江西上饶婺源举行的“婺源乡村文化旅游节”，另一个是在安徽黄山黟县召开的“中国乡村旅游论坛”。两个节会的举办，目的都是促进以乡村聚居地为中心的乡村旅游的发展。

5. 果木园林类型

果木园林类型以山东果木园林旅游最为突出。为提高农业经济效益和改善生态环境，山东临沂、枣庄两市近年来广泛开展了退耕还林工作，大面积种植果木经济林，在枣庄出现了万亩石榴园、万亩梨园和万亩枣园，在临沂郯城县出现了万亩板栗园和万亩银杏园，在费县出现了万亩梨园，还出现了一些远近闻名的葡萄村、银杏村、苹果村、梨村等。为了发挥果木园林的综合效益，山东临沂、枣庄两市利用果木园林发展了乡村观光旅游，在园内设置游览线路，建设各种景点或小品进行点缀,增强了园林观光旅游的观赏性和参与性,在不同季节推出踏青、赏花、采果等不同的旅游项目。枣庄市峄城区以万亩石榴园发展乡村旅游业取得了很大的成功,在全国已有很高的知名度,为乡村发展果木与旅游相结合的乡村果园观光旅游提供了一个成功的范例。

6. 观光农场类型

在我国观光农场的乡村旅游类型中,台湾的观光农场最为成熟。台湾乡村旅游主要集中在观光农场。1978 年,台湾苗栗县大湖草莓园偶然开辟观光农场开始了台湾乡村旅游,使旅游业和农业开始实现产业间的结合。从 1980 年起,台北市在其近郊进行辅导观光农场的建设。台湾观光农场包括观光果园、观光茶园、观光花园等多种形态。两年间,观光农场就达到 280 多公顷,数年间就遍布全岛。观光农场最大的特点,就是创造休闲度假环境,回避喧闹,一种家庭式度假,一种朋友聚会,让游客真正进入闲休度假生活。每一个观光农场度假休闲旅游项目各不相同,多以农场种植的农作物或饲养的家畜为特色。

以观光农场为代表的产业观光区,已成为台湾旅游的重要组成部分。观光农场的开辟既为旅客提供了参与性极强的旅游产品,又在产业结合的基础上缩小了农产品交易的中间环节,从而增加了农民的收入①。

(四)乡村旅游经营管理

我国的乡村至今在广大区域仍采用传统劳作工艺进行传统产业生产,经济发展滞后,交通设施薄弱,开发资金短缺,旅游人才稀少。因此,各地在发展乡村旅游的实践中,紧密结合实际,创新发展思路,积极探索,形成了不同的旅游经营发展模式②。

1. 景区带动型模式

景区带动型模式是以重点旅游景区为核心,把旅游景区的部分服务功能分离出来,吸引和指导周边乡村的农民参与旅游接待和服务,带动乡村旅游发展,如云南石林县的五棵树村、宁蒗县泸沽湖的落水村、梅里雪山下的明永村、罗平县多依河景区的周边乡村均属这种模式。

景区带动型模式的主要特点:一是通过开发建设旅游景区,带动景区周边乡村的旅游住宿、餐饮、购物及配套服务,拉动农副产品、土特产品的销售,促进乡村旅游及社区经济发展;二是减少旅游景区建设资金投入的压力,迅速扩大和提升旅游景区的接待服务功能,形成具有特色的旅游配套服务;三是带动旅游景区周边农民就业和收入增加,促进贫困地区群众脱贫致富,形成旅游景区和社区经济的互动发展。

---

① 论台湾旅游业的若干作用和发展特点. 2005,12(17). 福建旅游网.

② 罗明义. 发展乡村旅游促新农村建设. 2006,3(28). 香格里拉政府网.

2. 乡村组织型模式

乡村组织型模式是以具有丰富旅游资源，交通通达条件较好，又以有一定经济发展基础的乡村为依托，由乡村农民自行组织或通过乡政府、办事处有组织地引导农民经营户，按照统一规划和建设的要求，发展旅游接待设施和配套服务，促进乡村旅游发展的模式，如云南昆明市团结乡、丽江市黄山乡、昆明市福保文化村、玉溪市大营街等。

乡村组织型模式的条件与意义：一是拥有丰富独特的旅游资源，又毗邻旅游市场，具备发展乡村旅游的交通条件和良好的生态环境；二是乡政府、办事处统一规划、开发和建设主要旅游吸引物，引导和组织农民户建设接待设施，开展旅游接待服务；三是推动乡村经济结构调整和乡村环境改善，带动农业、农村经济的发展；四是带动农村富余劳动力转移，促进农民收入增加，改善农民生活质量和水平等。

3. 公司 + 农户型模式

公司 + 农户型模式是对具有旅游特色的村镇，通过引进有经济实力和市场经营能力的企业，进行公共基础设施建设和环境改善，指导村镇居民开发住宿、餐饮接待设施，组织村民开展民族风情、文化旅游活动，形成具有浓郁特色和吸引力的乡村旅游产品，吸引和招徕国内外旅游者。例如，福建武夷山下梅村引进武夷山旅游集团公司进行投资和管理，形成农民入股的“公司 + 农户型模式”。又如，云南丽江市引进昆明鼎业集团对束河古镇进行保护、开发和经营，腾冲县引进柏联集团对和顺镇进行整体保护、改造和经营，西双版纳橄榄坝农场投资对五个傣族村寨进行整体开发、包装和经营等。

公司 + 农户型模式的特点：一是通过以公司为主导进行整体开发和经营，解决了发展乡村旅游的资金短缺问题；二是发挥公司的经济实力和经营能力，强化公共基础设施建设，开发核心旅游资源，配套服务接待设施，加强对外宣传促销，促进乡村旅游迅速健康发展；三是引导和帮助村民改善环境条件，开展配套接待服务活动，促进村民收入的增加；四是提高村民的旅游服务质量，形成良好的旅游环境和氛围，增强对旅游者的吸引力。

4. 综合开发型模式

综合开发型模式，是乡村旅游资源丰富的县(市)，由政府主导进行乡村旅游的规划设计，投入资金建设和改善公共基础设施，开发核心景区景点，吸引社会资金投入建设旅游接待服务设施，引导城乡居民参与旅游接待服务，促进乡村旅游的快速发展。例如，云南罗平县发挥数万亩油菜花的田园风光优势，通过开发九龙瀑布、多依河景区景点和鲁布革电站旅游，带动城乡居民参与旅游接待服务，迅速成为国内外知名的乡村旅游胜地；香格里拉县以宁静的森林、洁净的湖泊、辽阔的牧场、独特的藏族风情为特色，积极吸引社会资金和当地村民产业旅游开发和接待服务，形成了在国内外有较高知名度的“香格里拉”乡村生态旅游胜地。

综合开发型模式的特点：一是发挥政府主导作用，通过整体规划设计、政府引导性投入，吸引社会资金和村民投入开发，加快了乡村旅游开发建设的步伐；二是区分公共性项目和经营性项目，由政府投资建设公共性基础设施，吸引社会资金和村民投入建设经营项目，尽快形成旅游的配套服务接待设施；三是引导和指导农民，积极参与和开展相应的旅游接待服务，带动地方农副产品的加工和销售；四是依托绚丽的民族文化，组织惠及广大城乡居民的旅游节庆活动，在吸引和招徕大量游客的同时，丰富了农村文化生活。

（五）乡村旅游规划方向

乡村旅游规划是与乡村社会发展紧密相联系的，不仅要反映乡村旅游发展的趋势，反映世界旅游发展的趋势，而且也要反映乡村社会发展的趋势。

1. 规划乡村意境

乡村旅游规划就是规划乡村意境。乡村意境规划以自然情趣、诗化田园、草原牧歌、蓝色海湾为灵魂，挖掘乡村文化所承载的人与自然和谐、政治秩序与自然规律和谐的思想，将“天人合一”的观念物化到乡村旅游规划之中。乡村旅游规划应该保留自然和谐的乡村意境，呈现出田园聚落、草原分散式的居民点体系布局和农业耕地、林地、草地等自然景观体系布局，呈现河流、湖泊、湿地等乡村典型的景观要素。乡村旅游规划应保持乡村生态的多样性，达到自然循环的稳定性，实现乡村人与自然和谐共处。乡村旅游规划在细部处理上，应充分挖掘田畴、林盘、农舍、篱笆、沟渠、湿地、河塘、牛羊、船帆、水磨、水车等众多乡村景观要素，从多层面、多角度共同维护乡村生态的自然环境，保留传统的劳作技术，保护人与自然接触过程中形成的优美独特的乡村风光，营造与城市截然不同的悠闲、自在的生活方式和宁静、祥和的生活氛围。

2. 反映传统与现代乡村的多元化发展

乡村旅游应统筹规划发展乡村观光和乡村休闲。在规划的过程中，要根据乡村各业的地域性、自然性、专业性的特点，因地制宜地开发独特的乡村旅游项目，把旅游产品贯穿在具有高科技含量、高环境质量、高价值效益的“三高”乡村生产中，使传统粗放型乡村转变为集精致性、系统性、集约性、教育性为一体的现代乡村。

3. 营造和谐、自然、优美的乡村人居环境

乡村人居环境是整个乡村经济环境、社会环境和生态环境的综合体现，是乡村社区的成长性和可持续能力的综合标志。它以乡村经济、社会、环境的可持续发展为目标，通过合理的乡村旅游规划，保证乡村人居环境的整体性和稳定性，保证人居环境空间布局的高效性和合理性，保证人居环境的功能设施建设的便捷性和全面性，以营造出和谐、自然、优美的乡村整体人文景观生态系统。

4. 提供乡村体验式旅游模式

乡村旅游的目标人群是城市居民，乡村旅游规划就是为城市居民提供最惬意

的乡村体验式旅游模式，通过整合乡村旅游资源，让游客真正体验乡村生活与生产，感受“乡村农夫”、“乡村牧民”、“乡村渔夫”生活。

5. 完善乡村旅游基础配套设施

配套完善农村基础设施建设，直接关系到乡村旅游的成败。按照政府主导、部门联动、社会参与的思路，在文明生态村建设的基础上，我们应加快旅游村各项功能建设，具体做到“四化”：基础设施城市化，完善旅游村内外道路、水电、污水垃圾处理、清洁能源、公共厕所、景区点指示牌等；配套设施现代化，开通农村宽带网、有线电视、卫生服务站等；农村景观生态化，保护原生态植被，按照景观标准改造农房等；交通便利化，开通大中城市直达乡村旅游景区景点的公交线路。

二、乡镇旅游规划

在乡村旅游发展过程中，乡镇的作用越来越大。具有旅游交通区位优势或拥有现实的或潜在旅游资源的古老乡镇，旅游能给居民带来极大益处，旅游业足以作为乡镇整体发展的有机组成部分，推动乡镇自然生态和文物古迹保护计划的实施。

乡镇在城市旅游系统中，具有特定的位置与特点，乡镇旅游规划需要因势发展，构建特色乡镇旅游业。乡镇在社会关系上，混合着乡镇居民的生活和民俗风情，可以开发乡镇民俗风情旅游；乡镇位于城市的周边，拥有山水、滑雪、海滩、沙漠、温泉等特殊吸引力的旅游资源，可以形成具有特点的山水旅游镇、滑雪旅游镇、温泉旅游镇、海滨旅游镇等；乡镇往往处在大中城市的往来地带，在提供过境旅馆、餐馆、购物、文化娱乐设施及旅游服务的发展过程中，形成度假旅游镇。

乡镇旅游规划通常要解决一些特有的问题：一是规划范围界线的划分，规划范围界线划分宜结合村镇行政区划、山脉、河流、道路等地物地貌，进行综合分析确定；二是濒临水面、森林、雪山的旅游乡镇的旅游交通，要为游客开拓自然景观视阈，改善进入自然景点的通道，研究利用狭窄而曲折的街道；三是历史文化乡镇保护，在历史文化乡镇，旅游规划保护的历史遗存总体特征和文化风情，不是只对单独的建筑物进行保护，应通过相互调整，使历史文化保护融入城镇总体规划或中心区改建规划的整体之中。

乡镇旅游规划的内容，一般包括：乡镇旅游资源调查、分析与评价；确定乡镇旅游发展目标；确定旅游设施、土地利用、道路交通、基础设施、人员培训规划；确定可能的旅游客源市场，分析潜在客源市场和相关因素，客源市场分析一般应重要考虑过境旅游及度假旅游者对设施和服务的需求；乡镇资金及其他要素的综合平衡。

乡镇旅游规划的图纸一般包括旅游资源分布图、旅游区位图、旅游发展规划图、旅游道路规划图、基础设施规划图。

第四节 旅游节庆规划

旅游节庆是现代节庆的重要组成部分,是在传统节庆的基础发展起来的。节庆活动是旅游的重要内容,不仅具有旅游业意义,而且还具有文化与商业意义。

一、旅游节庆活动组织原则

旅游节庆规划是一个专项规划,在进行旅游节庆规划时,需要罗列以往举行的节庆事件,包括名称、类型、规模、组织者、区位、季节、赞助者、主要活动、参与者人数等,针对已有与潜在的市场的优势与缺点、影响、潜力及对节庆事件的质与量做出评价,选择节庆类型。在进行旅游节庆组织时,我们需要遵循旅游节庆组织的一般性原则。

(一)选择标志性的地方旅游节庆

以整合旅游地形象各要素、塑造和传播目的地形象为目标的旅游节庆策划和设计,关键是选择和发展标志性的旅游节庆。在2002年的中国民间艺术游的主题旅游年中,国家旅游局推出的百项旅游艺术节庆都为各地特色旅游节庆活动,如山西平遥古城与乔家大院等地举办的晋商社火节、福建“海上女神”妈祖祭典、呼伦贝尔的那达慕大会、新疆喀什的达瓦孜节、青海的纳顿会、四川的自贡灯会等。

从2002年国家旅游局推出的百项旅游艺术节庆活动中看,能够成为某一地方的标志性节庆活动的选择是非常广泛的,不论是世界性的盛事还是地方性的节庆,不论是外来的节事活动,还是本土的传统节日,不论是偶尔为之的节事,还是循环定期举办的节事,都可加以发展和培育成为旅游地标志性的旅游节庆。中国贵州遵义国际少年杂技节、重庆三峡国际旅游节暨世界大河歌会、中国吴桥杂技民俗旅游文化节、中国舟山国际沙雕节、中国昆明国际旅游节等,都是经过多年发展形成的地方标志性的旅游节事活动。

我国的一些城市,在旅游业发展中,已经建立起城市的标志性的旅游节庆,如山东潍坊的国际风筝节、大连的国际时装节、青岛啤酒节、南京国际梅花节、曲阜国际孔子文化节、湖南株洲炎帝祭典、桂林山水旅游节、广州的广交会和广州花会、西藏拉萨酥油花灯节等,都成为反映该城市旅游的指代物。我国少数民族地区的民族节日,因其独特的地方性,也已发展成为少数民族具有标志性的节事,如泼水节总是与傣族的形象联系在一起的、那达慕大会代表着内蒙古的形象、民歌节成为了广西壮族的象征……此外,宗教的固定传统节目,与庙会活动融合,也发展成为某一宗教圣地的标志性节事。例如,福建、台湾等地的“妈祖圣诞日”活动,已成为闽台两地最隆重的旅游节庆活动。

(二)加强合作与交流

旅游节庆艺术表演是旅游目的地活力的源泉。艺术表演对旅游目的地具有画龙点睛的作用。从经营的角度看,表演艺术产品文化内涵丰富,轰动效应大,但开发成本高,生命周期短,对旅游目的地表演艺术产品开发带来很大的挑战。因此,旅游节庆需要加强与外界的合作与交流,坚持走民间开发与商业经营的发展道路。

旅游节庆的组织需要交流与合作。旅游节庆的组织需要资金和人力,交流与合作可以延长旅游节庆寿命,减少开发成本,实现资源共享。旅游节庆中的表演艺术产品长久生命力的源泉是交流,没有任何一种方式比交流更有效、成本更低。

国内与国际交流是表演艺术产品的活水源泉。由于地域的分割,一种产品在南方已经是成熟乃至老化的产品,而在北方很可能是个全新的产品。例如,杭州的茶道表演在浙江可能吸引力不大,但到北京就有可能重新焕发青春。交流无疑使表演艺术产品的创新源地由单点变成了网络。例如,1994 年上海桂花节在突出文化个性的同时,邀请了五个省、市、自治区的艺术团体前去展演。北京中山公园举办 1997 年中国七大古都文艺节,邀请了安阳、洛阳、西安、杭州、开封和南京的文艺团体前来助兴。

(三)表演性、群体性、参与性相结合

随着中国现代旅游业的发展,旅游节事活动也伴随着一般性旅游娱乐从无到有地成长起来,在一些人工旅游景点中,从观赏性的表演到最后以游客参与为主的“大家乐”活动,几乎成为必不可少的一种旅游吸引因素。

旅游节庆活动是一种大众性的娱乐活动。旅游节庆娱乐活动的基本特征要求是:首先,具有民族特色和地方特色,使旅游者耳目一新;其次,欢快,热闹,幽默,雅俗共赏,喜闻乐见;第三,具有参与性,满足顾客的表现欲,活跃气氛。旅游节庆的文化艺术表演性旅游项目,不仅要有新意,有较高的文化品位,而且还要有较强的参与性。既要新、奇、特,又要雅与俗。雅,要求文化含量高,品位高;俗,要求通俗。参与性强,要求有丰富的文化内涵。

(四)宣传和推出特色旅游节庆

特色既是旅游产品的生命线,又是旅游节庆发展的根本。旅游节庆是以地方文化为特色的节庆,必须根植于地方文化。地方文化丰富多彩,有民俗、商业与艺术文化;有稻作、蚕桑、水利、渔猎、舟桥、居室、纺织及金融文化;有食、茶、酒、服饰、陶瓷、鞋等一系列文化活动;有传说、戏剧、电影、音乐、绘画、武术、魔术等文化。傈傈族的刀杆节、回族的花儿会、傣族的泼水节……节庆活动浪漫、隆重、吉祥,让人享受欢乐的盛会、领略中华民族生活的美妙诗篇。

宣传和推出各具特色的旅游节庆,已成为 20 世纪 90 年代以来中国招徕国际旅游者、开发节庆旅游资源的重要内容。例如,1997 年中国旅游年推出 48 个旅游节

庆,1998年华夏城乡游要着重办好23个旅游节庆。

(五)民间开发与商业经营相结合

旅游节庆最大的特点和价值是能够实现经济效益与社会效益。旅游节庆能给经营商带来经济效益,同时又传播了一种文化。由于旅游节庆的特征决定了旅游节庆的组织需要民间开发与商业经营相结合。旅游节庆的组织需要民间企业给予经济支持。旅游节庆组织对旅游节庆产品的包装与推销可以使旅游节庆保持长久的生命力。

旅游节庆的组织应依据旅游节庆组织原则,建立旅游决策咨询组织机构;建立健全一支高素质稳定的节庆咨询、设计、筹划、组织、招商等具有市场化运作能力的队伍;确定节庆的目的与任务,包括节庆事件的角色、预期收入和需解决的问题;确定节庆的规模、地点、时间、历程等;确定节庆的组织者;确定吸引客商和游客的政策;分析目标客源市场的构成及兴趣,选择与节庆匹配的市场产品,如商贸洽谈、商品交易、特色饮食等;制订节庆行动计划,包括财政计划、行动日程、主协办单位以及影响评估、效果衡量标准和效果评估方法;最后,对旅游节庆活动效果进行整体评价。

二、打造旅游节庆品牌

要把旅游节庆办成高品位、高档次的城市旅游节庆品牌,需要明确举办原则,确定节庆定位,明确指导思想,精细策划,突出特色,精心组织,加大宣传,加强领导工作。

(一)明确举办原则

举办节庆活动只有遵循和把握主题、特色、国际、市场、创新、效益等原则,才能不断提高节庆活动的质量,使节庆活动健康、有序地进行。

1. 主题原则

主题是一个节庆活动的主旋律,节庆活动的主题一定要鲜明。

2. 特色原则

特色是增强节庆吸引力、影响力的重要途径,旅游节庆特色主要表现在文化特色、地域特色和时代特色上。

3. 国际原则

在全球经济一体化的大背景下,旅游节庆国际化是一种必然趋势;同时,旅游节庆的国际性,可以使旅游节庆获得更大的收益。旅游节庆要力争办成国际性的盛会。

4. 市场原则

市场运作主要通过门票、广告、赞助、郊游会、冠名权、委托权、举办权买卖等方式来进行。

5. 创新原则

每一届旅游节庆都要研究创新问题，总结经验，探索新思路，以不断推陈出新。旅游节庆要不断创新，避免千篇一律，注意挖掘本地的文化特色，丰富活动内容，展示特色，使旅游节庆既有鲜明主题，又有地方特色；既体现传统文化的精华，又有休闲文明的魅力。

6. 效益原则

搞任何活动都要注重效益，旅游节庆效益要做到社会效益和经济效益、近期效益和远期效益、单向效益和综合效益的"三个相结合"，三者缺一不可。

（二）确定节庆定位

旅游节庆定位事关旅游节庆的成败。要举办一个旅游节庆需要有适当的定位：是办国际性，还是非国际性；办高标准节庆，还是低标准；是单纯追求经济效益，还是"三个效益"相结合；是搞隆重热烈的形式，还是办成一个经久不衰的旅游品牌；等等。

（三）明确指导思想

据统计，到2003年年底，全国县级政府举办的节庆活动大约有6 000个，成熟的节庆有3 660个。影响办好旅游节庆的主要原因有三个：一是办节指导思想不明确；二是策划水平不高；三是组织工作不能落实。要打造节庆品牌，在举办节庆之前，只有明确节庆的指导思想、主要目的并选择正确方案，才能把节庆活动办出特色、办出水平。

（四）精细策划

旅游节庆活动举办的成功与否，除了明确指导思想和组织落实以外，在很大程度上取决于节庆的策划水平。旅游节庆的策划水平高、运作正常、技术好，节庆的影响就大。搞好旅游节庆的策划工作，要学习借鉴国内外的先进经验，采取领导、专家或专职人员结合的节庆策划形式，从总体方案、事实方案和实施细则到开幕式、闭幕式以及接待工作文艺活动、经贸活动、旅游宣传工作、安全保卫经费筹措等，都要制订出切实可行的方案。内容策划要体现多元化，以适应不同层次人的需求，又要以生动活泼的形式增强节庆的吸引力。

（五）突出特色

突出旅游节庆特色和创新旅游节庆的特色，可以增强旅游节庆的吸引力和影响力。旅游节庆特色主要体现在民族文化特色和时代特色上，围绕特色，抓好旅游节庆的重点、亮点、热点和卖点。亮点就是闪光点，旅游节庆特色就是亮点，亮点必然是重点。但是，重点不一定是亮点。旅游节庆中的接待工作是个重点，但不是亮点。抓好旅游节庆亮点，就是要把旅游节庆的亮点工作做好、做细并做出成效。譬如开幕式，特别是在开幕式晚会上，一般都邀请明星、大明星来进行演出，但这不是特色。例如，2005年的云南旅游节在开幕式文艺晚会上集中展示了云南原生态的歌舞,突出本地原生态的建设特色,成为旅游节的亮点。又如,2005年5月举办的中国武夷山旅游节突出了对台特色,在节庆活动期间举行武夷山与阿里山旅游对接仪式。两山的合作成了中国武夷山旅游节的亮点。热点就是兴趣点。旅游节庆从某种意义上讲就是一种休闲文化,在旅游节庆中间一定要注意设计观光休闲、游园、娱乐、文体、会展、美食、购物等让人兴奋的内容项目,使旅游者获得精神和物质的享受。所谓卖点,就是能够吸引人、有效益的项目和内容。面向全国或国内外,策划能吸引全国或国内外游客的旅游项目,可使旅游节庆做到经济效益和市场效益相结合、经济效益和社会效益相结合、单向效益和综合效益相结合。

(六)精心组织

旅游节庆的精心组织是关系到旅游节庆成功的重要工作。旅游节庆的组织就是旅游节庆的运作,需要分析和选择旅游节庆的运作模式。政府操办模式的好处是能够将节庆活动抓在政府手上,接待人员可以比较好地得到解决,但政府经费不足,按单位和个人进行摊派,使旅游节庆的收益率受到很大的影响。政府主导、社会参与、市场运作的模式,由政府负责组织策划、规划、制定政策、协调组织、宣传组织、安全保卫等,企业承办和进行市场运作。不论采用什么样的运作模式,都需把旅游节庆活动纳入市场经济的轨道,通过市场规律,建立特色机制,吸引大企业、大财团和各地媒体参与,从而形成旅游节庆的良性循环。

(七)加大宣传

旅游节庆的宣传就是对外推销旅游节庆品牌。旅游节庆的宣传,在内容上,不仅要宣传旅游节庆的意义和指导思想,而且还要宣传旅游地的历史、文化、自然、风景、人文、观光建设成就,以激励市民奋发向上并吸引国内外更多人士前来观光。在宣传形式上,要调动广播电视、期刊、互联网、短信等宣传媒介媒体。旅游企业要下大力气在旅游街区景点进行宣传,利用大屏幕、广告牌、灯箱广告、大型广告进行集中展示。旅游企业可以到大城市或省会及境外召开新闻发布会。旅游节庆宣传要求做到,有战略高度、有力度、有深度并体现旅游节庆的主题。

(八)加强领导

旅游节庆是一个庞大的系统工程,没有当地政府的领导不可能取得圆满成功。地方党政领导要对旅游节庆进行宏观研究和规划,将举办节庆活动纳入议事日程,认真研究节庆中的重大问题,做好接待安全、宣传、环保、质量等方面的管理,做好协调工作,保证节庆的整体性、一贯性和协调性;在节庆前夕,一定要做好充分准备,各项工作要准确落实;在节庆活动中,要将任务落实到部门,任务到人,责任到人,使节庆活动有秩序地进行;在旅游节庆结束后,要做好总结性工作,公布成果,宣传报道,认真总结经验,使旅游节庆越办越好,办出水平、办出影响。

思考题

1. 简述都市旅游发展的意义。
2. 试分析都市旅游规划的原则和功能分区。
3. 结合案例分析如何进行都市旅游购物步行街规划。
4. 结合案例分析都市旅游广场规划。
5. 分析我国当前历史城镇旅游发展中存在的问题。
6. 简述旅游城镇开发的主要方法。
7. 谈谈你对乡村旅游的理解和开展乡村旅游的意义。
8. 试分析乡村旅游的开发模式和常见的乡村旅游类型。
9. 结合案例讨论如何打造旅游节庆品牌。

第六章

城市公园旅游规划

第一节　城市公园概论

城市公园是随着近代城市的发展而兴起的，是城市中的“绿洲”和环境优美的游憩空间。城市公园不仅为城市居民提供了文化休息以及其他活动的场所，而且也是旅游者了解城市社会、认识自然、享受现代科学技术的园地。此外，城市公园绿地对美化城市面貌、平衡城市生态环境、调节气候、净化空气等均有积极的作用。因此，在国内外，城市公园在城市的园林建设中都占有重要的地位。城市公园的数量与质量既可以体现一个国家或地区的园林建设水平和艺术水平，又是展示城市社会生活和精神风貌的橱窗。城市公园是城市旅游业重要的组成部分。

一、国外城市公园

世界造园已有 6 000 多年的历史，但是城市公园的出现却只是近一二百年的事。17 世纪中叶，首先在英国，继而在法国和全欧洲爆发了资产阶级革命，武装推翻了封建王朝，建立起土地贵族与大资产阶级联盟的君主立宪政权，宣告了资本主义社会制度的诞生。在“自由、平等、博爱”的口号下，新兴的资产阶级没收了封建领主及皇室的财产，把大大小小的宫苑和私园都向公众开放，统称为“公园”，为 19 世纪欧洲各大城市公园的发展打下了基础。

然而，从真正意义上进行设计和营造的公园则始于美国纽约的中央公园。1858 年，纽约市政府通过了由欧姆斯特德和他的助手沃克斯合作设计的公园设计方案，并根据法律在市中心划定了一块 5 100 亩的土地，建起了以自然式为主的中央公园。据统计，公园建成后的 1871 年，游人量竟高达 1 000 万人次。纽约中央公园影响了世界各国，推动了城市公园的发展。

1872 年，美国建立了世界上第一个国家公园黄石国家森林公园，面积为 134 752.35 亩，公园内有湖光山色、悬崖峡谷、喷泉瀑布等自然景观。黄石国家森林公园的建立,开辟了保护自然环境、满足公众游览需求的途径。

苏联在1917年“十月革命”胜利后,政府除了将宫廷和贵族所有的园林全部没收作为公园外,还于1929年在莫斯科兴建了高尔基文化休息公园,面积12 150亩,莫斯科市民们常在公园中欢度节假日,进行散步、游戏、观赏影剧、演讲、竞赛等文化游览活动,日游量多在10万人次以上。1936年,莫斯科兴建了世界上第一个儿童公园,面积45亩,由儿童们自己进行管理和组织各种游戏活动。

纵观20世纪国外城市公园的发展历程,随着社会经济的发展以及公众对环境认识的提高,城市公园在数量和面积上都得到较大的发展。

二、国内城市公园

在我国,作为现代意义的城市公园始于19世纪末期。自1840年的鸦片战争后,帝国主义列强把中国瓜分成各自的势力范围,相继在中国建造城市公园,如上海1868年的“公花园”(现黄浦公园)、1905年的“虹口公园”(现鲁迅公园)、1908年的“法国公园”(现复兴公园),天津1917年的“法国公园”(现中心公园)等。当时,城市公园多以大片草坪、树林和花坛为主,建筑物很少,在功能、布局和风格上都反映了外来文化的特征。

1906年,由无锡地方乡绅筹资兴建的“锡金公花园”,是我国最早自己兴建城市公园的雏形,公园内有土山、树林、草地和小亭。1911年扩建后,定名为“城中公园”。由于公园由日本人规划监造,所以种植大量日本运来的樱花,假山上有小宝塔,留下了日本造园的痕迹。

辛亥革命后,孙中山先生决定将广州越秀山辟为公园;同时,在民主主义者极力宣传倡导的西方“田园城市”思想的影响下,全国的一些城市相继出现了一批城市公园,如广州的越秀公园、汉口的市府公园(现中山公园)、北平的中央公园(现中山公园)、南京的玄武湖公园、杭州的中山公园、汕头的中山公园等。这些公园大多是在原有风景名胜的基础上整理改建的,也有参照欧洲公园风格扩建和新辟的。除此之外,1927年,由华侨集资兴建的厦门中山公园,面积约195亩,采用自然山水园式布局,建有博物馆、运动场、陈列所和影剧场等。1926年,陈祖先生的《镇江赵声公园设计书》和1929年的《国立大湖公园计划》,代表了我国20世纪现代公园规划设计的理论水平。

中华人民共和国成立后,公园数量增多,种类丰富,规划建设、经营管理的水平亦不断提高和完善。据有关资料统计,1985年年底,全国有公园978个,总游人量达到了8亿多人次。1999年年底,城市公园达4 197个。从2001年至2005年年底,新建公园1 972个,总数达6 169个。新中国建立以来的我国城市公园发展历史,可划分为六个主要阶段:第一阶段,1949~1952年,全国各城市以恢复和整理原有公园、改造和开放私园为主,很少新建公园。例如,北京市修缮了中山公园、北海公园,合并了逍遥津公园,抢修了颐和园古建筑等。第二阶段,1953～1957年,全国各城市结合旧城改造和新城开发,大量新建公园。例如,北京市新建了陶然亭、东单、什刹海、宣武等公园,利用名胜古迹改建、开辟了日坛、月坛等公园。上海市利用废弃荒芜的垃圾地,改建了蓬莱公园、海伦公园,利用沼泽地改建了杨浦公园等。第三阶段,1958～1965年,全国各城市公园建设的速度减缓,工作中心转向强调普遍绿化和园林结合生产,出现了将公园经营农场化和林场化的倾向。例如,北京市在紫竹院公园内挖湖130.5亩,用以发展养鱼生产,中山公园也建起了果园。第四阶段,1966～1976年,十年"文化大革命"给全国各城市公园事业造成了巨大冲击,1968年全国新建公园降到了零。第五阶段,1977～1984年,全国各城市公园建设在医治"文革"创伤的基础上重新起步,数量增加,建设速度普遍加快,至1978年城市公园恢复到579个。第六阶段,1985～2005年的20年,是全国各城市公园建设大发展的最好时期,特别是旅游事业的发展直接刺激和促进了城市公园的发展,1999年达到了4 197个,类型丰富多样,有北京的石景山雕塑公园,无锡的三国城、欧洲城,广州的东方乐园等。风景资源的开发利用和城市公园的建设成就,极大地丰富了城镇居民的业余生活,促进了城市旅游产业和地方经济的发展。特别是从2001年到2005年的"十五"期间,新建城市公园1 972个和10个城市湿地公园。

在国际上,城市公园类型有多种分类,一般将城市公园分为文化休息公园、儿童公园、体育公园、动物园、植物园、森林公园、郊区公园、城市湿地公园八类。八类城市公园,各有特点,是人们城市生活的调剂和补充,也是城市旅游的新热点。

三、总体规划与详细规划

在进行城市公园规划时,我们需要对规划现状进行分析。现状分析是城市公园规划的基础性工作,需要分析公园在城市中的位置、气象资料、用地的历史沿革和现状、公园规划范围界线与红线及标高、园外环境景观、现有园林植物、现有建筑物、现有水面及水系的范围、现有山峦等情况。城市公园规划分为总体规划和详细规划。

城市公园总体规划是确定整个公园的总布局,对公园各部分做全面的安排,具体包括:公园用地内外分隔设计处理与四周环境的关系;园外借景或障景分析和设计处理;公园沿城市道路、水系景观与城市风貌协调规划;公园旅游活动项目、设施规模、建筑面积和设备规划;公园出入口、汽车停车场、自行车停车场规划;公园功能分区规划,确定景点的内容及位置,确定活动项目和设施的布局、园林建筑的位置和组织建筑空间;公园河湖水系规划;公园道路系统、广场的布局及组织导游线规划;公园艺术布局设计;园林工程规划;给排水电力通信规划;植物群落的分布、树木种植规划;土地利用规划;等等。

城市公园详细规划是在总体规划的指导下,对公园各地段、各项工程设施进行详细的设计，具体包括：主要出入口、次要出入口和专用出入口的设计；各功能区设计；园内道路设计；各种管线铺设设计；园林建筑设计；地面排水设计；水体设计、建筑小品设计；等等。

四、规划步骤

公园规划设计通常有调查研究、资料整理和评价、方案设计三个步骤。

(一)调查研究

调查研究阶段，需要明确公园规划的目的；明确公园游憩、观赏、游乐、展览、纪念、环境保护、美化环境等功能；明确公园氛围营造，营造或庄严雄伟、或轻松活泼、或古雅幽静的气氛；明确靠近江、河、湖、海等自然水面，或周围有山岳、有名胜古迹，或靠近城市街道等；明确公园格局形式，或规则式、自然式、混合式，或开放的、封闭的形式；明确公园项目设置所需工程费用、用地和环境、技术、设施和材料、法律法规等。

(二)资料整理和评价

资料整理和评价是对有关公园设计调查资料和同类公园案例资料进行整理和评价，为规划设计做准备。

(三)方案设计

公园规划方案设计有三个环节：

1. 基本构思

基本构思就是在设计开始阶段，规划人在其头脑中进行一定的酝酿，对方案总的发展方向有一个明确的意图。在公园规划设计中，基本构思的好坏对整个规划设计的成败极其重要，特别是一些复杂的设计，面临的矛盾和各种影响因素很多，需要在开始时就有一个基本构思，以便于在规划工作中掌握全局。基本构思不是凭空产生的，是以对公园主题的全面了解和对园林特点的准确分析为基础的。基本构思包括考虑园林绿地的功能，考虑建筑、植物、山石、水体、道路的全面布局，考虑工程和艺术的规律，考虑建设单位的人力、物力、财力的负担能力等内容。

2. 编制方案

编制方案的任务，主要是规划文本和绘制大量的图件，把规划理念和构思表现出来，直至最后选出较为满意的规划方案。

3. 规划方案论证

方案编制完成以后，需要征求委托者和有关专家的意见，经规划评审委员会评审论证，评审后报上级主管部门审批。

详细设计的主要任务是将已基本确定的总体规划具体化，并绘制详细设计图。比例尺的采用应根据设施而定；此外，还应编制预算说明书。

公园规划设计后，在施工阶段还需进行施工组织设计。在施工放样时，规划设计要结合地形的实际情况过核、修正和补充。有些园林工程内容，如叠石、塑石等，在施工过程中还需在现场根据实际情况对原设计方案进行调整。

五、建筑设计

城市公园建筑物的位置、朝向、高度、体量、空间组合、造型、材料、色彩及其使用功能，应符合城市公园总体规划的要求。

城市公园游览、休憩、服务性建筑物设计应与地形、地貌、山石、水体、植物等其他造园要素统一协调；层数以一层为宜，有主题和点景作用的建筑高度和层数应服从景观需要；游人通行量较多的建筑，室外台阶宽度不宜小于1.5米；踏步宽度不宜小于30厘米，踏步高度不宜大于16厘米；台阶踏步数不少于2级；侧方高差大于1.0米的台阶，设护栏设施；建筑内部和外缘，凡游人正常活动范围边缘临空高差大于1米处，均设护栏设施，高度应大于1.05米；高差较大处可适当提高，但不宜大于1.2米；护栏设施必须坚固耐久且采用不易攀登的构造；有吊顶的亭、廊、敞厅，吊顶采用防潮材料；亭、廊、花架、敞厅等供游人坐憩之处，不采用粗糙饰面材料，也不采用易剐伤肌肤和衣物的构造；游览、休憩建筑的室内净高不应小于2米；亭、廊、花架、敞厅等的楣子高度应考虑游人通过或赏景的要求；管理设施和服务建筑的附属设施，体量和烟囱高度应按不破坏景观和环境的原则严格控制；管理建筑不宜超过2层。城市公园河湖水池建造的驳岸要根据公园总体设计中规定的平面线形、竖向控制点、水位和流速进行设计。从驳岸岸顶至水底坡度小于10%者应采用植被覆盖；坡度大于10%者应有固土和防冲刷的技术措施；地表径流的排放及驳岸水下部分处理应符合有关标准的规定。人工砌筑或混凝土浇注的驳岸、寒冷地区的驳岸基础应设置在冰冻线以下，并考虑水体及驳岸外侧土体结冻后产生的冻胀对驳岸的影响，需要采取的管理措施应在设计文件中注明；驳岸地基基础设计应符合《建筑地基基础设计规范》(GBJ7)的规定。采取工程措施加固驳岸，其外形和所用材料的质地、色彩均应与环境协调。

城市公园“三废”回收处理的设施建筑设计，不得影响环境卫生和景观。残疾人使用的建筑设施，应符合《方便残疾人使用的城市道路和建筑物设计规范》(JGJ50)的规定。

第二节　主题公园旅游规划

主题公园是根据特定的文化主题，以人造景观的方式，再现山水、文化或事件，创造出游憩空间，提供人们游览与休闲度假的园区。人造景观园、游乐园、游乐中心、微缩景观园、民俗村等，都属主题公园。

主题公园按照投资和占地规模可分为大型主题公园、中型主题公园和小型主题公园。美国将投资在 8 000 万美元、占地 1 200 亩以上的主题公园称为大型主题公园，投资在 2 000 万 ~8 000 万美元的主题公园称为中型主题公园，投资在 1 000 万 ~2 000 万美元的主题公园称为小型主题公园。

一、主题公园的缘起

主题公园在世界上发展兴盛的历史，与世界旅游业发展的历史进程是大体同步的。世界主题公园起源于西方，可追溯至古希腊、古罗马时代的射击、狩猎、竞技等专门游乐园。17 世纪初，欧洲兴起了以绿地、广场、花园与设施配以背景音乐、表演和展览活动的娱乐花园。19 世纪后期，随着机械及工艺技术的突飞猛进，机械工业大举进军娱乐业，使游乐园彻底抛弃了表演和游人自娱的形式，转变为依赖机械设施来满足游人对刺激的需求。因此，美国成为世界游乐园发展的先锋。1893 年，Geoage W. Gale Ferris 发明的大转盘（Ferris Wheel）亮相芝加哥纪念哥伦布的博览会，刺激了游乐园向大型、惊险性机械游乐方向发展。1910 ~1930 年是机械游乐园发展的黄金时期。

机械游乐园的衰落孕育着新的游乐方式的诞生。美国电影动画师沃尔特·迪斯尼（Walt Disney）针对 20 世纪 30 年代游乐园以儿童为主要服务对象存在的缺陷，开始构思父母和孩子可以同娱同乐的方式。1955 年，他成功地在加利福尼亚州建成了世界上第一个现代主题公园——迪斯尼乐园，将制作动画电影所运用的色彩、魔幻、刺激、娱乐、惊奇和游乐园的特性相融合，使游乐以一种戏剧性、舞台化的方式表现出来。迪斯尼乐园是世界上第一个大型主题游乐园，是主题游乐园发展的里程碑。从此，主题游乐园风靡世界。

迪斯尼乐园确定了 20 世纪八九十年代全球综合性游乐园的发展模式。美国式主题园的概念逐渐推广到世界其他国家，并结合各国的文化传统、自然特色和经济状况产生了许多新的类型。迪斯尼乐园影响了很多传统意义的博物馆、展览馆、植物园、动物园等的展示概念，使主题园表现的主题和形式日趋丰富。

1950 年，荷兰的马都洛夫妇为纪念他们死在“二战”纳粹集中营的爱子，以与实物 1∶25 的比例将荷兰典型城镇缩小，建成世界上第一个小人国“马都洛丹”（Madurodarn）。本来纯属展览纪念之用，但这种形式便于在短时间、小范围内展示悠久的历史和广阔的空间，主题情节的贯穿使独立、冰冷的模型变成了有生命、能给人们讲述历史和描绘自然风光的情景空间。由于手法简单而且效果显著，“小人国”形式的微缩主题公园很快风行世界，并成为最受欢迎的主题公园模式。

民俗村源于早期的野外博物馆。例如，1965 年，日本把明治时代遗留下来的有保存价值或重要文物的建筑约 60 件相继迁到名古屋市北的一片约 1 平方公里的丘陵地上，经复原后展出。随着主题公园概念的普及，一种综合娱乐和展览的形式“民俗村”便产生了。民俗村利用野外博物馆的形式来展示民俗风情以及过去和现代的生活情境，游乐成为主要目标，用品也摆脱了完全文物式的限制，使民俗村生动而有趣。

我国的主题公园起源于台湾20世纪70年代初，内地主题公园始于20世纪80年代。1982年，我国内地的机械游乐园诞生于中山“长江乐园”。20世纪80年代中期为拍摄影视《红楼梦》而兴建了北京“大观园”以及河北正定的“荣国府”。20世纪80年代末至90年代初，我国掀起了以主题公园为代表的人工旅游景观项目的建设。1989年，深圳华侨城投资1亿元人民币创建的“锦绣中华”景区建成开业，高超的策划、精致的建筑、丰富的内涵、一流的管理服务水平，很快轰动海内外，取得了良好的经济效益和社会效益。

城市公园将服务对象从市民扩大至旅游者，园内增添了过山车、碰碰车、摩天轮、高架车等娱乐活动设施，或是将以娱乐活动设施从公园中独立出来，建成游乐园。城市公园依托市区边缘的山丘地形，发展为具有观光意义的郊野公园；城市公园围绕特定的主题，人工创造成舞台化的休闲娱乐活动空间，具有休闲娱乐产业性质，形成主题公园。游乐园、郊野公园和主题公园比传统的城市公园具有更强的对外旅游服务功能，从而成为独立的旅游吸引物。主题公园，由于主题的无限制性以及主题本身的创意，使之成为一个时期我国最时兴的旅游开发方式，掀起了全国现代城市兴建主题公园的热潮。

在深圳华侨城主题公园成功榜样的鼓舞下，策划、建设大型主题公园在我国开创了新局面。北京的“世界公园”，江苏苏州的“苏州乐园”，浙江杭州的“宋城”及“杭州乐园”，云南昆明的“云南民族村”及“世界园艺博览园”，海南三亚的“南山文化旅游区”，广西桂林的“乐满地”等大型主题公园，都已达到了较高的水平；黑龙江哈尔滨冰雪节期间创建的“松花江冰雪大世界”，也是一种特定时间段内的大型主题公园。我国主题公园丰富了我国的旅游产品，满足了海内外旅游者日益增长的旅游需求。

二、主题公园的特征

主题公园具有不同于传统旅游景区的属性特征，我们只有认识主题公园的属性特征，才能正确解释主题公园实践中的经验和教训，也才能在主题公园规划中处理好投资者、大众旅游者和规划师之间的矛盾，使主题公园规划设计科学合理、雅俗共赏。

（一）主题性

主题公园是一种旅游产品，是以某一种主题文化为主导的商业行为明显的人造旅游景观乐园。主题公园是一种文化的再创造，受市场价值规律影响明显，具有独特的产品生命周期。旅游地主题公园的生命周期，特别是大型主题公园，从规划开发到市场引入是一个迅速叠加、迅速推进的过程。主题公园规划的重点是放在市场吸引力和社会知名度的创造上,因而一进入市场,就立即形成轰动效应,使客流迅速达到最高峰。由于主题公园的主题内涵缺乏永恒的深度,通常就表现为带有赶热潮性质的时尚消费,市场高潮迅速到来、迅速消退,生命周期较短。要延长主题公园的生命周期,必须不断地更新项目和强化旅游形象,提高游客重游率。

主题公园的人为主题创造,导致了成功的主题公园被仿造甚至原样“拷贝”。主题公园最根本的生命力在于基于一定区域客源背景上的独创性,只要有市场基础的存在,这种创造便可以模仿。基于创造性基础的主题公园称为“原创性主题公园”,跟随出现的复制主题公园、仿造主题公园称为“诞生性主题公园”。以历史为题材的人工游乐景观群可以分为两类:一类是纵贯整个历史的“编年史”景观;另一类是“断代史”景观,把握断代与编年景观的差别,增强旅游吸引力。主题公园可模仿性的负面影响,不仅表现在恶性竞争与重复建设方面,而且还表现为削弱原始创造热情方面,因此需要得到宏观调控、实施专利保护。主题公园人工游乐景观规划,既要顺应地域文脉,又要突破地域文脉,需要整合理念和整体构思,设计出多主题的综合项目。主题公园规划设计要拓展思路,不断创新,以设计出不可模仿的主题公园。

(二)大众性

旅游有精英旅游与大众旅游之分,高尔夫旅游属精英旅游,主题公园属大众旅游。大众化特征是主题公园的主要特征。主题公园是大众化旅游的产物,是为满足大众旅游者追新求异的心理需求而产生的。

主题公园大众化特征:其一,与传统旅游景观相比,主题公园在继承其审美、教育功能的同时,消遣和娱乐功能进一步强化,世俗味较浓。其二,重视大众传媒形象塑造。在传统旅游中,旅游者主体意识强烈,对旅游景观消费的选择受外界影响小。但在信息爆炸的大众化旅游时代,旅游者主体意识在外在信息冲击下呈零散化,旅游景观消费选择受到大众传媒影响大,通常表现为人云亦云的认同、仿效、追随的特征。主题公园的目标市场是大众旅游者,需要特别重视大众传媒的形象塑造。其三,具有多样化和易变的发展趋势。当代大众旅游的消费特征,一方面表现为意向“趋同”,另一方面又表现为个性“求异”,随时间的推移还表现为“朝秦暮楚”的易变特征。主题公园为适应大众求异易变的消费特征,必然在创意上追求多样化和不断地更新换代,从而形成主题公园不同于传统旅游景观的活力。

主题公园的产品性、大众性分别代表投资者和目标市场的利益,比较容易统一于功利主义的投资者迎合大众旅游者的景观设计取向,从而导致主题公园的大众化、通俗化。大众化、通俗化毕竟只是人类文化中较为通俗、相对低层次的一种,缺乏“精英文化”、“高雅文化”,因此就难以提高,导致主题公园设计因过于取悦游客而产生不健康的、庸俗的、短视的设计。规划设计者只有坚持把主题公园当做特殊的景观艺术而不是纯粹的商品来创造,才能使其走向高品位、精致化、雅俗共赏、魅力相对持久并与经济效益相协调的必然途径。

(三)艺术性

从创意构思到规划设计,从整体布局到单项景观设计,从路线组织到气氛渲染,从外围配套到形象策划,成功的主题公园每一步无不凝聚着规划设计者的艺术设计思想。从设计的角度看,主题公园是规划设计师们的空间艺术杰作。承认主题公园的艺术性,有助于自觉地应用艺术美学方法指导主题公园的现代建设。但是,主题公园不是一般艺术品,也不是纯粹的景观设计艺术。主题公园规划不能像一般艺术家那样尽情地运用自己的创造性去挥洒自己的设计才能,而必须代表投资者的利益。地方"文脉个性"和目标市场的构成也给规划设计者以较大的制约。主题公园设计属于复杂的社会系统设计,规划设计者所面对的不仅有来自各方的利益和需要甚至冲突,而且还有设计对象本身所需技术层次的制约。尽管主题公园的创造性和艺术性受多方面制约,但其仍是主题公园得以不断成长的核心力量。

(四)创新性

强烈的个性与普遍适宜性相结合,具有创新价值。由大自然和老祖宗赐予的自然风光及文物古迹景观不同,主题公园完全是由当代人凭智慧和汗水创造出来的。付出的智慧和汗水越多,市场调研做得越精确,策划的功夫下得越大,科技作用发挥得越充分,主题公园的设计建设水平就会越高,成功的把握性就越大。

策划水平低、技术含量低、产品创新后续能力不足的项目,不会有多大前途;低水平、近距离重复建设的项目,注定要失败。各级旅游主管部门和其他相关部门在审批主题公园项目时,一定要严格把好这个关口,需要大力开发具有自主知识产权、科技含量高的游乐设施、声光电设备及立体电影、四维电影、水幕电影等。

具有主题公园特征的一些特殊旅游区(点),应该借鉴主题公园建设管理的经验,进一步围绕主题,优化产品,丰富表现手法,使其主题更加鲜明,更能赢得市场。一些旅游景区(点),如博物馆、纪念馆乃至工业旅游点、农业旅游点、科教旅游点等,虽然不是主题公园,但也具备主题公园的一些特征。借鉴主题公园的策划、经营和管理经验,突出特色,发扬优势,在运用机械、建筑、声、光、电及电子计算机技术方面大胆探索,丰富表现手法,将会进一步增加对观众的吸引力,取得更好的经济效益和社会效益。建在上海东方明珠电视塔下的上海城市历史发展陈列馆,制作了一批反映旧上海街区面貌的实景,并多处运用了多媒体技术,很受海内外旅游者的欢迎。

三、主题公园的区位

主题公园的成功与主题公园的区位具有重要的关系。主题公园区位就是确定主题公园建设的区域位置,确定主题公园选址。主题公园区位包括市场区位、交通区位、地价区位、环境区位等。

(一)市场区位

大型主题公园和小型主题公园对市场区位有不同的选择要求。大型主题公园必须位于没有强烈市场竞争的地区,而且需要有良好的市场条件,处在1小时汽车距离之内的一级客源市场中心范围最少需要有200万人口,处在3小时汽车距离内的二级客源市场中心范围要有200万人口以上。对于主题公园,一级市场为基本市场,是主题公园赖以生存的基础,二级市场属开拓市场,二级客源市场之外以及流动人口的三级客源市场是机会市场。三级客源市场规模大小取决于主题公园所在区域的经济发展水平和旅游业发达程度。旅游业发达地区主题公园的三级市场游客所占比例要高于旅游业不发达区域的主题公园。经济发达地区主题公园的发展容易取得成功,而经济不发达地区的主题公园的发展则相对艰难。

小型主题公园为保证最低门槛客流量,必须依附知名度较高的、成熟的旅游胜地以分享客流,或建在市区以吸引附近居民和城市流动人口。

(二)交通区位

主题公园交通区位是组织游客的重要条件,良好的区位会使主题公园获得良好的效益。因此,主题公园选址:第一,要位于交通主要干线旁或附近,有次级道路作辅助或紧急出入口;第二,视野开阔,可以向经过的汽车乘客展示标志性景点;第三,有足够的水、电供应和可以建设良好的污水处理设施;第四,居民友好,不反对发展主题公园;第五,有充足的用地,可以拓展空间。一个大型主题园至少需要1 200亩土地,地形平坦或略有起伏,理想的用地为长方形,长宽比以3∶2为佳。

(三)地价区位

一方面,由于交通和市场的约束,主题公园不能远离大城市,也不能位于非常偏僻的地方;另一方面,由于市区内地价高昂,主题公园一般也不可能位于城区。在地价的作用下,主题公园一般位于郊区交通方便的地段。

(四)环境区位

从环境出发,主题公园的选址主要考虑两个方面的因素:一是尽可能选址于自然风景优美和人文景观资源丰富的地域;二是选址于旅游资源丰富或旅游项目相对集中的地区。这样可以形成综合优势,为主题公园带来更多的游客。例如,北京石景山游乐园选址于苍山、八宝山风景区西侧,紧邻石景山雕塑公园、古城公园、法海寺等。无锡唐城、世界奇观、水浒城等位于太湖风景区内。深圳世界之窗、锦绣中华、中国民俗文化村都位于深圳湾畔。

主题公园选址尽可能选择利用河流、山丘、林地等自然要素,可以减少工程建设成本;同时,地形地貌是户外游览活动的基础,也是主题公园环境的基本结构要素,园内河流、山丘、林地等都能丰富主题公园的空间层次,从而增加主题公园的趣味。

四、主题公园的模式

主题公园的特征就是主题。主题公园的主题多种多样,归纳起来主要有八种:第一,以民族文化为主题,如深圳的“锦绣中华”和“中国民族文化村”等;第二,以地方历史文化为主题,如我国台湾的“九族文化村”、无锡的“吴文化公园”等;第三,以异国文化为主题,如深圳的“世界之窗”、北京的“世界公园”等;第四,以异地自然景观为主题,如我国台湾的“亚哥花园”、上海的“热带海宫”等;第五,以童话幻想为主题,如我国台湾的“小人国”等;第六,以科学技术和宇宙为主题,如我国台湾的“大同水上乐园”和上海的“太空城”等;第七,以历史人物为主题,如河北的“秦皇宫”、北京的“太皇城”等;第八,以文学名著为主题,如北京的“大观园”、无锡的“三国城”等。

围绕着主题公园的主题,就形成了展示主题的主题公园模式。创造性是主题公园的生命力。根据主题公园创造性成分的多少,主题公园可分为“原创性主题公园”和“派生性主题公园”。两者合而为一构成一个类型体系,形成游乐园、游宫、缩微景观、民俗村、电影城、博物馆、文化主题园等主题公园模式。

游乐园模式,主要以各种动力传动的游乐设施,如摩天轮、云霄飞车、旋转木马等,通过游客直接参与刺激身心,以满足感官刺激和精神心理愉悦。游乐园投资大,运转和维修费用较高,需要较大和较稳定的客源。

游宫模式,主要以雕塑、美术、戏剧等传统艺术手法和声控、电控、电子、灯光等技术手段,将故事、童话、神话等立体化、形象化、动态化。表现的内容十分广泛,投资相对不大,对空间适应性强,甚至可以在防空洞、溶洞中布置。由于内涵较肤浅,表现技巧不够高,重游性差。

缩微景观模式,是一种将著名景观缩微集锦式的主题公园,重现缩微景观的视觉逼真性,以被动游憩为主、参与性娱乐为辅。

民俗村模式,一般是将典型的民俗村落的民居与格局按同等比例复制到主题公园内,形成移植性民俗村落景观,同时以移植性民俗村落景观为背景编排民俗文化活动项目,使参与性与观赏性相结合。

电影城模式,影视拍摄和旅游接待相结合,内容丰富,艺术地再现虚构的或非原地曾有的景观,如大观园、唐城、水浒城、敦煌电影城、齐园等。

博物馆模式,各种类型的综合或专业博物馆,规模和内容差别很大,大多都以静态的展览为主要表现手法,如各类水族馆、兵器博物馆甚至大型的世博园、万博文化城等,都未能摆脱传统的博物馆的缺点,必须增加参与性和娱乐性的内容,在展览形式上增加高科技含量。

文化主题公园模式,可以是一个文化主题,也可以是多个文化主题。它是以宗教文化、民族文化、地域文化、时代文化为创意素材,综合多种表现形式,注重参与性、娱乐性、观赏性，配套完善，能独立运转的新型游乐城。对于一个待建主题公园，主题及其支持项目的选择是关键，直接关系到主题公园的吸引力与经营成功与否。

每一个主题公园的主题都需一系列具体项目来支撑、体现主题。例如，深圳锦绣中华由84个项目组成；中国民俗文化村有近40个项目组成。所有项目都围绕一个主题设计，既能体现主题，又别具一格，独见特色，使整个主题公园步移景异、充满乐趣。

五、主题公园的娱乐规划

主题公园的规划过程一般包括文脉分析与主题开发、项目构思、景观结构与环境设计、形象策划与配套设施规划四个阶段。主题公园娱乐是借助主题公园工作人员和主题公园活动设施给游客提供的表演欣赏和参与性活动，使游客得到视觉及身心的愉悦。主题公园娱乐项目规划，按场地可以分为舞台类、广场类、村寨类、街头类、流动类（如吉卜赛大篷车歌舞）及特有类（如枪战场、滑翔基地等）；按活动规模和提供频率可以分为小型常规娱乐和大型主题娱乐①。

（一）小型常规娱乐

小型常规娱乐是指旅游景区长期性提供的娱乐设施及活动，占用员工较少，因而规模小，游客每次得到的娱乐时间也不长。它可分为表演演示型、游戏游艺型和参与健身型三大类。在三大类中，游戏游艺型是一种过渡形式，是指一些比较简单的对人数限制不大的舞蹈，在演示过程中邀请游客模仿参与，从而成为一种活跃气氛的大众性游戏。

（二）大型主题娱乐

大型主题娱乐是旅游景区经过精心筹划组织、动用大量员工和设备推出的大型娱乐活动，是景区小型娱乐基础上的点睛之作，一般在推出前进行较高频率的广告宣传，用心营造特定氛围，以掀起客人游园高潮，如深圳华侨城的“欧洲之夜”与“中华百艺盛会”即属此类。大型主题娱乐按活动方式可以分为舞台豪华型、花会队列型、分散荟萃型。

1. 舞台豪华型

以世界之窗每晚在“世界广场”推出的大型晚会为代表，一般采用最先进的舞台灯光技术，采用氢气球、秋千、声控模型、鸽子等占据多维空间，并施放焰火、礼炮配合舞台演出。在舞台表演中，服饰强调彩衣华服、夸张怪诞，节目强调时代感与快节奏，集杂技、小品、歌舞、哑剧、服饰表演、游戏娱乐于一台，淡化艺术属性中的教育性、审美性和知识性，极其强调娱乐性，以新、奇、乐取悦观众。

---

① 陈南江.“百艺盛会”、“欧洲之夜”谈旅游景区娱乐走向.广东省旅游发展研究中心站.

2. 花会队列型

它以深圳中国民俗文化村的“民族大游行”为代表，是一种行进式队列舞蹈、服饰、彩车、人物表演，一般与节庆相结合，在广场或景区内街道进行，有的以民族民俗为主题，有的以传统神话为主题，有的以童话传说为主题，音响热烈，喧闹喜庆，服饰夸张怪诞，娱乐性强。“百艺盛会”的游行队列汇集了高跷、秧歌、旱船、威风锣鼓、四大美女等民间文化娱乐；世界之窗的大游行则汇集了皇家马队、扑克方阵、典礼仪仗、文化彩车等异国文化风情。

3. 分散荟萃型

它以一定的节庆为契机，围绕一定主题，在旅游景区多处同时推出众多小型表演型或参与型娱乐活动，从而共同形成一个大型主题娱乐活动。例如，1996 年春节，中国民俗文化村推出的以学跳民族舞为主题的迎新春系列活动，世界之窗在 8 万平方米的欧风街范围内于“欧洲之夜”期间同时推出的诸多活动等。

目前，大型主题娱乐呈现出舞台型、花会型和荟萃型三种类型的交互交叉趋势，并大量运用声光电等高科技手段，使活动更为丰富、更为热烈、更为精彩纷呈。

（三）景区娱乐的未来发展

人造主题景区设计不能再设计成为单一看“景”的“景区”，而应努力设计成娱乐欣赏型和主体参与型景区，使“景区”向“乐园”转化。随着中国旅游景点设计水平的发展，曾受欢迎、大获成功的以锦绣中华为代表的集锦式、缩微型的静态陈列观光景区，因不能提供游客需要的多种娱乐而已经落伍了。不少模仿锦绣中华的新建景点片面追求最大、最高、最长、最多的雕塑、蜡像、图腾柱、碑刻，形成大型静态“博物馆”。娱乐功能缺乏，新建景点开园后难以形成客流高峰。人造景区应努力设计成娱乐欣赏型和主体参与型景区，使“景区”向“乐园”转化。

1. 景区娱乐由表演欣赏型向主体参与型、由多个小舞台向整个大舞台转变

不少现有旅游景区文化味道浓郁，但娱乐气氛不足，对策是营建非现实化的时空氛围，如进行卡通化改造，通过四维的环境装饰，使整个景区充满童话氛围，让相关的中外神话、童话、传奇、历史题材中的各种“动物”和人物在景区内随时随处出现，使游客感觉置身非现实的梦幻乐园中，在气氛感染下也打扮成类似人物，参与各种活动，同时景区也推出多种相关的娱乐、商品、饮食、交通工具等，实现由表演欣赏型向主体参与型、由多个小舞台向整个大舞台的转变，经营效益将会实现总量的增长和结构的优化。

在常规小型娱乐活动的基础上，各景区应立足于自身文脉，尽量与中外节庆相结合，并不断精选贴近生活的主题，创办自己的节庆，吸引市民前来观摩、参赛、娱乐。例如，1996 年 6 月 18 日，世界之窗推出两周年庆典晚会，演出结束后由演员带动观众在世界广场上跳起欢快的舞蹈，把广场变成了一个大舞场，塑造了良好的节庆氛围。

2. 景区娱乐全面再设计，革新形象，拓展功能

每个景区均有生命周期，当景区生命周期进入衰退期时，需要进行景区娱乐的全面再设计与再包装，使景区形象得到革新和功能拓展：将景区通过卡通化改造向“乐园”转化，把景区改造为文化娱乐氛围浓郁的度假村乃至俱乐部，从而实现形象的根本变化及功能的更高拓展；以节庆系列活动为契机，将景区改造发展成具有浓郁民俗风情的度假村，延长游客逗留时间，使旅游行为由周游型向逗留型转化；更新部分项目（包括大型晚间主题演出）已难以起死回生时，必须整体地“二次开发”，在原有设施、主题的基础上更新设施和主题，塑造崭新形象。例如，广州东方乐园在机械游乐园已失去市场的情况下，大胆引入电影主题，在增加众多电影场馆和“黄飞鸿”、“上海滩”场景演出的基础上，于 1996 年年底以“东方电影世界 2000”的名称对外大力宣传，使其客源量发生了巨大的增长，1997 年 1 ~ 9 月即已超过了 1996 年全年。当人造景观再次进入衰亡期时，可“二次开发”为度假村。

国内的人造景点普遍表现为开业高峰之后客源逐年下降，而迪斯尼乐园则十几年保持上升趋势，一个重要原因就是迪斯尼乐园对园内项目实施“三年评估制”，凡是不太受游客欢迎的项目就坚决拆掉，换以新的项目，游客每次重游都能发现景区内有新内容，因而乐于重游。

3. 营建游客的品牌忠诚

在经营管理上，景区应致力于营建游客的品牌忠诚，从而获得较高的重游率。除了对重游游客实行价格优惠外，重要的手段之一是向半会员制俱乐部发展，努力淡化景区员工与游客之间的主客关系，建立家庭成员式的氛围和情谊，使旅游景区娱乐活动的参与规模与参与效果更上一层楼，这样景区生命力就会更盛、更持久。

随着百姓大众生活水平的提高，人们对文化、科学、自然和健康的需求将持久旺盛，旅游景区的建设需要紧紧围绕主题，不断创新，努力创造景区的亲和性、技术性和参与性，及时适应、引导旅游消费时尚，从而获得旺盛的发展。

六、主题公园的设施规划

主题公园的设施构成主要包括游乐活动设施、展示设施、游艺设施、表演设施、体育娱乐设施、餐饮商业设施、技术供应和工程服务设施等。

（一）游乐活动设施

游乐活动设施是主题公园中最主要的内容。早期的主题公园的一般活动内容单调，活动设施类型单一。随着主题公园建设的不断发展，活动设施种类日渐增多。现代主题公园的活动设施已不再局限于单纯的机械游乐、惊险刺激型，而是集文化、教育、科技与游乐为一体，呈现出多元化的局面。从活动的行为特点上看，主题公园的活动设施可分为观看型、参与体验型和复合型三类。观看型就是观看各类表演、展览等；参与体验型就是让游人亲自参与各类游艺、探险活动。观看型和

参与体验型活动时常交织在一起,构成复合型活动设施。

(二)展示设施

主题公园的展示设施有陈列展馆和模拟环境场景。陈列展馆的内容与形式十分丰富,可以是纵向展示世界发展的历史和未来的博物馆模式,如城市的历史博物馆;可以是横向展示各国、各地区历史文化的橱窗式组合,如迪斯尼世界的“世界橱窗”,由9个国家的展馆组成;可以是集中展示各国、各民族的民俗风情聚落式,如深圳中国民俗文化村展出了21个民族的24个村寨;可以是专题展示某一专类文化的堂馆式,如海洋世界的水族馆、鲨鱼馆,迪斯尼世界的交通馆、能源馆,北京游乐园的电影奥秘馆等。

模拟环境场景就是模拟某一时代、某一地域、某一文学作品中某一场景的环境。如果说陈列展馆是以陈列的方式向游人展示主题的内容,那么模拟环境场景就是以戏剧性的手法向游客讲述各种故事和经历。例如,童话乐园创造了一个个可爱的童话场面,将游人从现实带入童话王国。

主题公园的现代展示设施有以下特点:其一,引入高科技手段。设计充分运用声、光、电、计算机等技术,发挥音响、照明的作用,加上动画、电影,逼真表现主题内容,将现实和虚幻成功地融为一体。例如,长春电影城的“天幕”、“大海”、“村庄”、“地震”等,雷电交加,大雨狂作,火光冲天,村庄人声阵阵、鸡犬不宁,现代科技手段将环境塑造得十分真切可信。其二,注重游人的参与性。传统展示场馆以游人观看为主,与之相比,现代主题公园中的展示设施则注重游人的参与性。例如,迪斯尼世界的太空馆,让游人乘坐飞船、火箭,体验星际旅行、太空探险的历程,在游乐中获得直观的感受和知识。游乐园的“古老西部魔鬼城”,让游人在参观过程中突然被卷进一场“枪战”或其他突发事件中,可谓“身临其境”。

(三)游艺设施

游艺设施是指供人们游乐的各类机械、电子游艺设备,动力方式有人力、重力、机械或电动力等,种类繁多。

旅游产品与工业产品一样存在着更新换代的迅速替代性。机械游乐园所提供的某些参与性机械设施或服务已不再具有吸引力,因为机械技术已经落伍。比如,1980年后,我国台湾的机械游乐园已趋衰落,但1989年,仙乐园与剑湖山游乐园引入高科技的设施,重新开创了机械娱乐的新局面。北京九龙游乐园运用了电脑控制技术,给游客以不同寻常的感受。高科技之所以能够吸引游客,在于能给游客全新的视觉感受和心理感受。高科技游乐设施的引入,要求技术的具体运用保持在低层面上,如果一般游客需要很长时间才能掌握要领,这项技术就难以运用于大众化的旅游景区,只适于开设专门培训班的逗留型景区。

现代游艺设施可以实现娱乐的惊险性、刺激性、巨型化、情节化、环境化。现代游艺设施制造“惊险性”、“刺激性”,就是摇晃加旋转,体现高度感、坡地感、隧道感和迷宫感。现代游艺设施的许多类型就是以制造“惊险性”、“刺激性”感觉作为设计目的，如滑道的“坡地感”、飞轮的“旋转感”，大型过山车则集摇晃感、高度感、坡地感、隧道感于一身，富有强烈的刺激性。

由于时代的变化，现代人对“刺激”、“兴奋”的理解已打上了鲜明的时代烙印。从1888年给人以飞行感的转椅到今天以高速运转和真正的飞行来获取“刺激”、“兴奋”；从早期的怪兽、海盗船到赛车、轻型飞机，直至近年的太空漫游、星际旅行，人们所追求的刺激感也在不断升级，从而导致了现代游艺设施的不断进步、新产品的层出不穷。

主题公园的现代游艺设施为了对游客形成巨大的吸引力，出现游艺设备巨型化和情节化、环境化的趋势。一些游艺设备，如过山车、摩天轮、水上滑道等，向着巨型化的方向发展。习惯上，我们把轮径在百米以上的巨型观览车叫做“摩天轮”，它是主题公园中最令人瞩目的标志性项目。1999年，英国落成了一座名叫“伦敦眼”的摩天轮，身高140米；随后，美国拉斯维加斯的摩天轮高152米、莫斯科市中心麻雀山上的摩天轮高达170米、新加坡一个海滨的摩天轮也高达170米。我国的台北、香港和内地许多城市也都在争相建造100米以上的摩天轮。巨大的体量制造出令人叹为观止的视觉效果，是现代技术力量的象征，也是游乐园富有个性的标志。

现代游艺设备的造型设计，常融入一定的故事情节及与之适应的环境因素，使之更富戏剧情节和场景环境。同为过山车，在迪斯尼的“开拓公园”中为穿梭于旧矿中的采矿列车，在“宇宙山”中为漫游太空的宇宙飞船。北京游乐园的“快乐杯”（一种杯状转椅）在迪斯尼变为爱丽丝的午茶派对，洋溢出浪漫与温馨的情节和环境。在现代，游乐园的环境设计日趋主题化，将带来游艺设备造型的情节化、环境化。

依据现代游艺设备所进行的游艺项目组织，成为实现游艺设施价值的重要工作。游艺项目的组织就是游客的组织，游客是主题公园的生命，有了游客，主题公园就有了勃勃生机。游客是有类别与层次的，游艺项目是有对象和时限的。游艺项目组织需要注意：第一，兼顾各年龄层次的需求。有些游乐园建设者只把眼光放在儿童身上。事实上，游乐园中以家庭为单位的游乐方式相当普遍，成年游客占游客总数的四分之三，不能忽视成年人的娱乐需求。一般而言，儿童适宜新奇、趣味性较强而不超出其心理、生理承受范围的活动项目，如碰碰车、滑梯等；青年人则喜惊险性、刺激性较强的项目，如过山车、激流勇进等；中老年人适宜速度低、惊险度小的项目，如观览车、单轨列车等。充分考虑不同年龄层次游客的需要，有助于扩大游乐园的游客来源，增强游乐园的吸引力。第二，注意传统保留项目与特色新项目的搭配。有些游乐项目（如摩天轮、过山车等）已成为游乐场所的标志，属游乐园的“保留节目”。为突出个性和风格，游乐园也应创造一些“特色项目”，以增强竞争力。例如，北京游乐园的激光水幕电影场景宏伟、气势宏大，为亚洲所罕见。保留项目与新增特色项目的结合，形成了游乐园的互动与发展。

(四)表演设施

表演设施是指提供各类演出的场所，如露天剧场、音乐厅、电影厅、马戏表演棚等。主题公园的表演设施与一般表演设施的不同之处，在于表演内容更注重趣味性、知识性和科普性，如趣味电影、民俗歌舞、马戏表演等。又如，广州东方乐园电影厅放映“追逐”系列片，利用立体电影的三维感给观众以逼真的感受。

同展示设施一样，表演设施也成了展示高科技手段的舞台。以各类电影厅为例，传统的立体电影已不再是主角，出现了180度、360度环幕电影。迪斯尼乐园的360度环幕电影“美国之旅”由9个巨大环形屏幕形成连续的画面，观众坐在可转动的座位上欣赏电影。水幕电影是又一种新型电影，原理是利用特高压水泵将湖水喷射成巨型屏幕，再以专用强力电影机打出图像，配以多声立体音响，效果十分壮观。

(五)体育娱乐设施

体育娱乐设施是指开展各项娱乐性体育活动的场所，如跑马场、棒球场、高尔夫球场、保龄球馆、赛车场、溜冰场等。主题公园的发展历程，经历了从简单、原始的机械游艺机到运用声、光、电等高科技手段的现代化娱乐设备，从单纯娱乐型的游戏场到拥有先进的游艺设施、大型剧场、音乐舞厅、博览设施的综合型娱乐场所。现代主题公园的一个显著特点，就是活动设施的现代化与多元化。

(六)餐饮商业设施

在主题公园尤其是大中型主题公园中，餐饮商业设施的重要性是毋庸讳言的。国外资料显示，游乐园门票收入、游艺收入和饮食收入的比例接近1∶1∶1，因此，经营者必须通过提高配套服务设施的数量和水平来扩大餐饮、购物的收入，以达到增加营业收入的目的。与国外相比，国内游乐园由于游客平均停留时间短、整体消费水平不高，相应的餐饮商业设施也不够发达，餐厅、商店数量少而水平低，使用率也不高。

在现代游乐园中，餐饮商业设施不仅以其不可缺少的功能服务于游人，而且还常常以新颖、漂亮、特色的造型成为游乐环境的重要角色。商业建筑的店面设计形式多样，有的采用精致优美的异国建筑风格与造型，有的施展古朴典雅的乡土材料与语汇，有的精雕细刻，有的只寥寥数笔，形象鲜明。

在一些大型主题游乐园中，餐饮商业建筑往往汇集在一起，以商业街、商业广场的形式出现，成为游乐园中独立的区域。例如，北京“世界公园”的“国际街”，无锡“欧洲城”的“欧风街”，深圳“世界之窗”的“亚洲街”和“欧洲街”，广州“东方乐园”的“食街”等。经过精心设计的待售商品与主题相呼应，烘托了游乐氛围。散置的餐座、商亭是餐饮商业设施的另一种色彩绚丽、造型独特的风景。

在大型游乐园中，除去游乐、餐饮商业设施外，还必须拥有功能配套齐备的后勤服务设施,包括医疗中心、摄影部、失物招领处、婴儿中心、存物处、问讯处、残疾人服务处等。

(七)技术供应和工程服务设施

技术供应和工程服务设施是游乐园每天正常运转的保证,包括通信系统、废物处理系统、监控系统、机械电子设备维修系统、供电系统、制造安装和修理车间等。对拥有大型游艺设备的游乐园来说,电是主要的动力来源。除了城市电力供给外,为保证不因停电而影响游乐设备的运转,一般都采取两路供电。以南京游乐园为例,其全部供电容量为500kW,自设了变电所和发电机,以保证大型游艺设备运转不受干扰。

游乐园在运转中必然产生废水、垃圾等废弃物,需要有一整套废物处理系统。例如,奥兰多"迪斯尼世界"专门花费近2 000万美元修建了一个地下废物处理系统,整个系统由电脑控制。我国游乐园废物清理受技术设备水平和经济条件的限制多靠人力。

七、主题公园的评价

现代主题公园在我国的发展有十多年的历史,受到产业与学术界的普遍关注,褒贬不一。

有的全面否定主题公园建设的必要性,认为我国有丰富的自然风景资源和文物古迹,都可用来发展旅游业,根本不需要主题公园,类如"锦绣中华"的主题公园都被斥为"假古董",强调要看"文物真迹",主题公园建设是对资金和土地的浪费。

有的对主题公园的文化内涵持有异议,认为绝大多数主题公园内涵肤浅、品位低下。

有的对主题公园的重复建设现象予以批评,认为成功的主题公园被模仿,在一个被称为"机械复制"社会的今天,如同好书多几本发行量、好电影多几个拷贝一样,是主题公园商品性本质特征的表现。市场盲目地复制,导致创造力的削弱和恶性竞争。

有的对主题公园建设和风景区建设的协调性处理不当提出批评。主题公园,特别是小型主题公园,单靠个体的吸引力往往不足以达到满足成本效益平衡的最小门槛客源,所以常建在知名度较高的风景区附近,以期分享客流。此时,若区位和景观处理不当将会有害于整个风景区的风貌和形象,从而出现"风景区的破坏性建设"。主题公园一般应建在风景区与城镇区交接的优良地段,不宜深入景区腹地。

有的对某些主题公园论证不足、盲目上马、好大喜功提出批评。主题公园作为投资大、占地规模大、维护费用高、主题活动多样、风险高的特殊商品,开发前需要做充分的前期论证。目前,一些主题园前期论证不足,一方面,反映投资决策者缺乏成熟的理论指导，有待在实践的基础上进一步总结，但另一方面，更多的原因在于宏观政策的疏漏诱发地产投机行为。

事实上，主题公园就其本质，是商业化、专门化的游憩空间，以文化复制、文化移植、文化陈列等手法迎合一些游憩者的好奇心理，满足其基本的游憩愿望。主题公园成功与否，在根本上取决于所在地区的经济发展水平，不是任何地方都可以建主题公园。我国主题公园发展存在的主要问题是，主题及其支持项目的选择缺少对市场的深入研究，盲目性较大，主题模仿、雷同性普遍，名不副实现象严重，政府宏观调控不力，主题公园形象策划力度不够，经营管理水平不高等。从游憩活动形态来看，多数主题公园仍然处于以观赏为主的被动游憩的初级阶段，游憩活动单一。从游憩发展历史来看，主题公园又是游憩发展中的一个阶段。从城市游憩系统结构来看，主题公园又是游憩供给的一种类型。我国主题公园是在改革开放后旅游业高速发展，特别是国内旅游成为热潮和房地产市场的带动下发展起来的。从20世纪80年代后期到现在，纵观我国主题公园的实践，我们经历了一条由对国外游乐园的刻意模仿或名著小说的空间再现到具有民族特色的主题园创造，由小规模的游乐宫到大规模的集景园、民俗园，类型由少到多，品位由低到高，花样不断翻新，投资决策由随意到科学，已经逐步走上成熟的发展道路。

我国地域辽阔，历史悠久，民族众多，具有发展多种主题公园的资源和条件。我国人口众多，国内旅游兴旺发达，发展主题公园也拥有世界上最庞大的市场。

第三节　文化休闲公园与儿童公园旅游规划

一、文化休闲公园规划

文化休闲公园是整座城市性或大城市某区域性的综合性公园，强调为全体市民服务，公园面积应能满足城市人口10%的人同时游园的需要（按人均活动面积60平方米计算，其中，人均硬地铺装占13平方米）。公园规划强调宣传教育与游园活动完美地结合，公园内拥有各种文体活动的设施和场地，能满足不同年龄、性别、职业爱好的人的各种游园要求。

文化休闲公园原则上应建在市区内，要求不同类型城市公园的吸引圈能够互相连接，不要出现不包括在吸引圈内的城市区域。文化休闲公园要满足城市及其他区域居民的文化休闲需求，需规划和建设富于选择性的、丰富多彩的文化休闲游憩活动项目。

文化休闲公园的功能分区，主要有公共设施区（舞台、游艺场等）、文化教育设施区（剧场、展览馆等）、体育活动设施区、儿童活动区、安静休息区、经营管理设施区等。由于文化传统以及科技水平的不同，所以公园功能分区规划设计的做法与要求,应体现出差异性,呈现出不同的发展趋势。

二、儿童公园规划

少年儿童是国家的前途和未来,提高他们的素质是一项长期而艰巨的任务。因此,国家除了对他们进行必要的文化教育外,还应多开辟一些户外活动场所,建造儿童公园,让他们在活动中接触大自然,熟悉大自然,接触科学,热爱科学,锻炼身体,增长知识,培养良好的道德和习惯。

(一)儿童公园的类型

儿童公园总体规划应在了解儿童对娱乐、游戏活动的要求尤其是儿童户外活动特点的基础上进行,只有了解、掌握了儿童户外活动的特点,才能有针对性地进行儿童公园的规划设计。儿童公园的主要服务对象是3~15岁的少年儿童。儿童公园的园区不宜过大,据对儿童公园的面积统计分析,平均面积为60亩。

儿童公园分为综合性儿童公园、特色性儿童公园、小型儿童乐园等类型。儿童公园根据不同年龄儿童的生理、心理特点的不同以及兴趣爱好、运动量大小的不同,在活动内容的安排上可适当进行分区,通常分为幼儿区(学龄前儿童)、学龄儿童区(学龄儿童)、体育活动区(儿童体育运动或障碍攀登活动场所)、娱乐和科技活动区(少年科技娱乐)四区。综合性儿童公园内容比较全面,能满足多样活动的要求,可以设置各种球场、游戏场、小游泳池、戏水池、障碍活动场、露天剧场、少年科技站、阅览室、小卖部等。

儿童公园要为儿童提供具有创造意义的游戏和全面发展的机会,通过游戏培养儿童的自信心、好奇心、创造力、动手能力,从中了解自然、了解社会。例如,在儿童游戏场喂养小动物(如兔、鸡等),孩子们在工作人员的引导下,亲手为小动物搭窝、喂食、驯化等,从中观赏动物习性和生长过程;设有各种工作室,有纸工、泥工、木工、纺线等,孩子们可以动手建造房屋、桌椅、制作模型等;设花圃和温室,孩子们可以种植和管理花草……总之,孩子们在游戏场中,可以自由选择自己感兴趣的活动。

特色性儿童公园,以突出某项特色活动内容为主,再配以一般儿童公园应有的项目,构成比较系统又有特色的儿童公园。例如,哈尔滨儿童公园布置了2公里长的儿童小火车。从司机到列车长、列车员均由孩子担任,孩子们驾驶着自己的"少年号"机车,牵引六节满载游客的车厢奔驰在环形小铁路上,为公园增添了独特的魅力,以至于凡是哈尔滨来观光的中外宾客,从国家元首到平民百姓,都以能乘坐一次儿童小火车为快。

小型儿童乐园,一般设施较简单,占地也较小,通常设在城市综合性公园内(常称儿童活动区)或居住区内。例如,北京玉渊潭公园儿童游戏场,由滑梯、坐凳、雕像和小卖部4个部分组成。近年来有许多城市设立了以室内活动为主的儿童活动中心，或称为“少年宫”，不同的是，其室内学习娱乐项目较多，户外活动较少，绿地面积也比较小。

儿童户外活动有年龄聚集性的特点，年龄相仿的儿童多在一起游戏。游戏内容也因年龄不同而不一致：3～6岁的儿童多喜欢玩秋千、跷板、沙坑等；7～12岁的儿童，喜欢玩跳格、跳绳、小型球类游戏（如足球、板球、羽毛球、乒乓球）等；12～15岁，这个年龄段的孩子德、智、体已全面发展，爱好体育活动和科技活动。

（二）儿童游戏设施设计

游戏是一种本能的活动，儿童公园规划应鼓励儿童进行积极的、自发的、创造性的游戏。儿童公园应根据儿童的年龄及其兴趣爱好安排活动内容，并提供必要的游戏设施。儿童公园规划应有儿童科普教育内容和游戏设施，面积宜大于30亩。

儿童游戏玩具有滑、转、摇、荡、钻、爬、跳、乘、碰等多种类型；滑类有滑梯、组合滑梯、动物造型滑梯等；转类有电动转马，电动海、陆、空转椅，转伞，风车等；摇类有摇船、摇马、摇篮等；荡类有秋千、浪船、浪木、飞毯等；钻类有钻山洞、钻碉堡、钻混凝土筒、钻迷宫等；爬类有爬绳、爬梯、爬井架等；跳类有弹跳床、充气橡皮包等；乘类有小火车、游艇、飞机、赛车、电瓶车等；碰类有碰碰车、碰碰船等。游戏活动的内容因儿童年龄大小的不同而有所区别，对学龄前儿童规划运动量小、安全和便于管理的室内外游戏活动内容，如游戏小屋、室内玩具、电瓶车、转盘、跷跷板、摇马、绘画板、绘画地、沙坑、涉水池等；而学龄儿童则多安排少年科技站、阅览室、障碍活动、水上活动、小剧场、集体游戏等活动内容。

儿童公园游戏器械应分别按幼儿和学龄儿童设置。游戏内容规划应保证安全、卫生和适合儿童特点，并有利于开发智力、增强体质，不宜选用强刺激性、高能耗的器械。游戏设施的设计应符合儿童游戏场内的建筑物、构筑物及设施的要求：其一，室内外的各种使用设施、游戏器械和设备应结构坚固、耐用，避免构造上的硬棱角；其二，尺度应与儿童的人体尺度相适应；其三，造型、色彩应符合儿童的心理特点；其四，根据条件和需要设置游戏的管理监护设施。机动游乐设施及游艺机，应符合《游艺机和游乐设施安全标准》（GB 8408）的规定；在儿童游戏场内应设置坐凳及避雨、庇荫等休憩设施；宜设置饮水器、洗手池等。

规划符合儿童心理、生理需求的活动内容及设施。少年儿童对什么都充满新奇感，总想亲自试一试，尤其是对沙和水。玩沙能激发孩子们的想象力和创造力，在沙坑中配置一些童话人物雕塑，让孩子们修筑城堡、隧道、迷宫、沟渠、陷阱等。在儿童公园中应规划沙地场，设置宽敞的沙坑和沙区，配备提沙器、机械铲沙等器具。

对于水，尤其是在夏季，更是孩子们喜欢玩的活动之一。儿童公园可规划游戏水池，或是在小山坡上安装一个手压泵，压几下，“小溪”就潺潺流出来；或是让“小水利专家”们围在下游筑坝修堤，开沟渠，玩转车、涉水、喷泉等。游戏水池一般有涉水池、涉水喷泉、涉水地与涉水喷泉的有机组合、游泳池与游戏设施相结合、洗手喷泉等种类。涉水池有两种:一种是池深一致,水深在20厘米左右,最深处的水深不得超过0.35米,池壁装饰材料应平整、光滑且不易脱落,池底应有防滑措施;另一种是池边线由池边到池中央逐渐加深的涉水池。涉水喷泉是将涉水池与喷泉(或淋浴)相结合,可用直径2米左右涂上油漆的不同高度的混凝土管建造涉水喷泉。涉水池水深10厘米,水可以从最高水池中的喷水口供给,从一个水池的边缘流到下一个水池,直到最低的水池。涉水地与涉水喷泉的有机组合,包括一个较大的涉水池、一个涉水喷泉和几个小水池,可把幼儿与学龄儿童的涉水设施结合起来,既便于家长照看,又不致互相干扰。游泳池与游戏设施相结合适于7~15岁的孩子。孩子们既可游泳,又可借助水中或水池的游戏设施(如滑梯等)进行游玩。洗手喷泉既可供儿童观赏,又可供儿童洗手、戏水。

儿童游戏场利用旧物巧妙安排得当,对孩子们也是很有吸引力的。例如,挪威有一个游戏场建在几棵大树之间,设计师水平和垂直地设置了许多条粗绳,在地上安放了旧轮胎。来游戏场活动的孩子则根据自己能力的大小选择自己游玩的方式:可以荡秋千、爬绳;可以从摆动的绳子上"跳远"或"降落"在轮胎上;还可以利用绳子的摆动"上树"、"爬绳"。此外,旧火车、汽车轮胎、下水管等都可成为游戏场的游乐设施。

重视残疾儿童的游戏要求,需要规划专为盲童设计的秋千、转马、攀登架等游戏器械,器械的构造及用料需要符合盲童特点,不能产生任何伤害;同时,整个公园干净清洁,盲童们可以尽情玩耍,不必担心被东西绊倒。

(三)儿童公园的建筑和小品设计

儿童公园中的建筑和小品应形象生动,设计要以民间传说故事和童话寓言故事为主题,根据儿童的心理、生理要求进行规划设计。造型应形象生动,与历史事件、人物故事、神话小说、动物形象相联系,如卡通式的小屋、蘑菇亭、"月洞门"、"龟兔赛跑"、"守株待兔"等建筑物及小品。色彩应鲜明丰富,如红、黄、蓝、白等色泽明快的色彩。比例尺度要适宜,力求体量小,注意安全防范,采用自然式的曲线或圆角,根据需要设置孔洞,以便儿童观望、钻爬、游戏等。

(四)儿童公园的绿化与道路

儿童公园绿化配置忌用有毒植物(花、叶、果有毒或发出难闻气味的植物)、有刺植物,应选用叶、花、果形状奇特、色彩鲜艳并能引起儿童兴趣的树木,如马苗木、扶桑、白玉兰、竹类等。儿童游戏场的植物选用:乔木宜选用高大荫浓的种类,夏季庇荫面积应大于游戏活动范围的50%;活动范围内灌木宜选用萌发力强、直立生长的中高型种类,树木枝下净空应大于1.8米;露天演出场观众席范围内不应布置阻碍视线的植物,观众席铺栽草坪应选用耐践踏的种类。

儿童公园游戏场内的园路应平整,路缘不得采用锐利的边石,地表高差应采用缓坡过渡，不宜采用山石和挡土墙，游戏器械下的场地地面宜采用耐磨、有柔性、不扬尘的材料铺装。儿童公园的道路宜成环路，根据公园的大小和人流的方向设置一个主要出入口或1~2个次出入口，入口处应“开门见山”点出主题。园内主要道路应能通行汽车，次要园路和游憩小路应平坦，并进行美化装饰，不可用卵石式的毛面铺装，以免儿童摔跤。此外，儿童公园的主要园路还应考虑童车的推行以及儿童骑小三轮车的需要；在主要园路上，一般不宜设踏步、台阶；在活动场地中可设必要的坐椅和休息亭廊等，供带孩子来园游玩的老人和成年人使用。

第四节　盆景园规划

盆景，起源于中国。中国盆景是以树木、山石等为素材，经艺术处理和精心培养，在盆中集中典型地再现大自然神貌的艺术品。集中展示中国盆景艺术的盆景园是从20世纪60年代开始逐渐在城市公园中出现的一种园中园。盆景园在整体布局、空间处理以及园林建筑与园林植物的巧妙结合方面，营造了一个既源于自然又高于自然的古雅艺术园地，越来越为人们所喜爱，并成为人们城市旅游观光的重要去处。

一、盆景分类

盆景是我国传统的园林艺术珍品。盆景，顾名思义就是盆中置景。盆景的“盆”，一般有石盆、沙盆、瓷盆、陶盆、树皮盆等。盆景制作十分讲究盆的选用。中国盆景分类的方法较多，还没有一个严格的统一标准。传统上，盆景研究者一般根据取材和造型的不同分为两大类：以树木材料为主，称“树木盆景”，或称“树桩盆景”；以山石材料为主，称“山水盆景”，或称“山石盆景”。随着盆景事业的蓬勃发展和盆景创新，原分类办法已不能概括全貌，于是出现了“五分法”、“六分法”。“五分法”将盆景分为植物盆景、山水盆景、壁挂盆景、组合盆景和工艺盆景五类。“六分法”将盆景分为树木盆景、竹草盆景、山水盆景（又称山石盆景）、树石盆景（又称水旱盆景）、微型组合盆景（又称微型盆景）和异型盆景六类。综合各种盆景分类研究，我国盆景可分为树木盆景、山水盆景、树石盆景、花草盆景和工艺盆景五类。

（一）树木盆景

树木盆景以树木为主体材料造型取景，简称“桩景”。树木是有生命的植物体，在生长过程中，随着树龄的增长、季节的更替而不断地发生形态变化。不同的树木种类，取景内容千变万化，有以露根、虬干取胜，有以叶形、叶色见长，有以花果取景。故而，又有依观赏部位不同，将树木盆景分为观叶类、观花类、观果类三类。树木盆景造型艺术和技巧力求树姿古朴、秀雅、苍劲、奇特，要求色彩丰富、风韵清秀。

树木盆景是大自然树木优美姿态的缩影，一般宜选取植株矮小、枝密叶细、形态古雅、寿命较长的树种为材料；盆栽后，再根据它们的生长特性和艺术要求，经过攀扎、整枝、修剪、摘叶、摘芽等技术措施，创造出较之自然树姿更为优美多彩的艺术品。树木盆景规格有大小之分，最小一类称“微型盆景”，又称“掌上盆景”。由于盆域狭小，取用材料的特点是体积微小、造型细腻、制作精致、线条简练，充分体现了微型盆景的艺术美。

（二）山水盆景

山水盆景以各种山石为主要材料，经过精心选择和加工造型，模仿真山真水的天然景色，装饰于咫尺盆中，展现悬崖绝壁、险峰幽壑、翠峦碧涧等山水风光，有所谓“一峰则太华千寻，一勺则江湖万里”。“小中见大”是山石盆景艺术造型的特色。山水盆景有水石盆景和旱石盆景两类。将山石置于浅口水盆中，盆中贮水，表现出有山有水的景物，称“水石盆景”；将石置于浅口旱盆中，盆中盛土，表现无水的天然山景，称“旱石盆景”。

（三）树石盆景

树石盆景是介于树木盆景与山水盆景二者之间的一类盆景，以树木、山石、人物、水、土为材料，以山石隔开形成各式各样的树景。自然界的景物，往往都是有联系的，是不可分割的整体，水旱盆景的特点正是在于再现了自然界的完整景观。树石盆景还时常安置一些人物、建筑等小配件，从而构成富有情趣的清溪垂钓、柳塘放牧等生活景象。树石盆景的山石多采用硬质石料，树木选用树矮叶小的五针松、真柏、短叶罗汉松、六月雪、榔榆、虎刺等。水旱盆景在布局时，可以植物为主体，也可以山水为主景，原则是协调统一并成为一个有机联系的整体。

（四）花草盆景

花草盆景是一类以花草为主体的装饰盆景，既要突出名花异草的观赏价值，又要着意盆景布局造型的优美。花草盆景的选材，既区别于以观赏树姿为主的树木盆景，又不同于一般的盆花。花草盆景可以选用以观花为主的木本花卉，如海棠、月季、杜鹃、山茶、迎春等，也可选用兰花、菊花、水仙等草本花卉。盆中可配置山石、牧童、仕女、老翁等小型配件，以表现花草盆景的整体装饰美。

（五）工艺盆景

凡是没有生命、不用植物制成的各类盆景都为工艺盆景。工艺盆景按照造型及取材的不同，可分为塑料盆景、岩石盆景、山树皮朽木盆景。塑料盆景是仿照树桩盆景，尤其以五针松、枫树及其他带花果的为多。岩石盆景是以山石加园林配件制作的山水盆景。山树皮朽木盆景是以树皮或朽木取代石材而制成的山水盆景。

中国树桩盆景，在制作材料、造型方式、表现手法和内容上，还形成了具有地域代表性的风格流派，主要有岭南、四川、苏州、扬州、徽派、上海等流派。

二、盆景园旅游总体规划

盆景园总体规划要体现“特”和“新”。“特”，主要是指盆景园地方的环境特色、建筑特色、植物特色和盆景特色。“新”主要是指为了表现盆景园特色而采用的各种新的表现手法和形式。盆景园总体规划主要内容包括出入口规划、功能分区规划、空间分隔规划、建筑园林小品规划、植物配置规划等。

(一)出入口规划

盆景园出入口选择要考虑便于游人进园参观游览。入口以偏、小、幽为特色，以突出盆景园主题和富有地方特色。

(二)功能分区规划

为了便于盆景展出，盆景园分区规划主要是根据地形、地势、面积的大小以及盆景种类划分。例如，上海盆景园是上海植物园中的一个园中园，分为序区、大盆景区、小盆景区和兰室区。桂林盆景园分为水石盆景区、树桩盆景区和钟乳石盆景区。

(三)空间分隔规划

盆景园的空间表现形式很丰富，根据空间所处的环境，可分为室内空间(如建筑等)和室外空间(如树林、草地等)；根据空间的大小，可分为大空间和小空间(没有规定的尺寸，以相互比较而言)；根据游人观赏的形式，可分为动态空间(主要是“游”，如道路、游廊等)和静态空间(主要是“想”，如亭、厅等)；根据空间构成的要素，可分为植物空间(如各种植物，如乔木、灌木、草本、丛生植物、攀缘植物等组成的空间)、建筑空间和地形空间(如山洞、谷地、水体等)；根据空间持续时间的长短，可分为永久性空间(如建筑等)和临时性空间(如活动的博古架、竹架、棚架等)；根据园林中组织风景视线的效果，可分为可挖空间(人可在此空间内游览)和不可挖空间(指人不能在其间游览，但人的视线所能达到的空间，如远山、天空等)；根据空间的封闭程度，可分为开敞空间(人的视平线高于四周景物的空间)、闭合空间(人的视平线被四周景物遮挡的空间)、纵深空间(两侧被景物遮挡所形成的狭长空间)。总之，园林中空间变化形式多样，要形成各种空间就必须对原有空间进行分隔和布局，从而创造多彩的空间环境。

盆景园空间分隔一般可归纳为虚隔和实隔两种形式。所谓虚隔，就是在两个有联系、干扰不大、互通气息的空间，采用框景、夹景等方法进行空间分隔。所谓实隔，就是在两个功能不同、风格不同、动静要求不同的空间，采用基本无视线联系的分隔方法，如用实墙、密林、山体等进行空间分隔。此外，亦可将虚隔和实隔两者组合使用，如用墙、疏林、漏花窗、柱廊、花墙、博古架等进行分隔，形成“虚中有实”、“实中有虚”、“犹抱琵琶半遮面”的含蓄和层次丰富的效果。

使用不同的空间分隔材料会获得不同的环境效果：当用树篱、板墙、树皮墙、土墙等进行分隔时，会有柔和、亲切的空间感；使用石头或混凝土、钢材进行分隔时，就会有密实、坚硬、牢固、庄重的空间感。

（四）建筑园林小品规划

在盆景园中常见的园林建筑及园林小品有亭、廊、榭、景窗、景门、园墙、棚架、台座、壁龛、雕塑、地盆等，除了用于分隔空间、形成景点之外，主要是为了盆景展出服务。台、架、墙、亭、榭、景门等建筑形体，宜轻巧、空透，便于与地形、植物有机结合。色彩不宜过于华丽耀眼，既与植物有一定的对比，又有全园统一的格调。

（五）植物配置规划

在盆景园中的地栽植物是对盆景的渲染，应与盆景的展现有机地结合。其在种植的方式上，以自然式为主，局部采用规则式的绿篱种植方式。在植物配置上，盆景园应以一两种植物为主统率全园的基调树种，然后根据植物的生态习性及造景的需要配置植物。例如，桂林盆景园的植物配置，主要是利用植物点题，利用植物造景。比如，在围墙的死角处开一个瓶状门洞，内种几株芭蕉，芭蕉宽大的叶片伸出墙头，有"满园春色关不住，几株芭蕉出墙来"的意趣；叠石旁的棕竹，曲廊边的桂花、罗汉松，小径两侧的竹林，草坪上的凤尾葵，水池旁的红枫等，都为每个空间创造出各具特色的植物景观。同时，全园用大片草地将建筑、山石、水体、树木有机地联系在一起，构成了一个开朗、清新、生机盎然的整体。

盆景园不仅利用植物赋予建筑环境以自然生机，而且利用建筑为绿化环境增添人文气息。植物与建筑互相融合、互相渗透，空间分而不死、隔而不断，使建筑充满活力，也使植物的造景功能更加突出。

第五节　植物园旅游规划

植物园是以展出活植物标本和进行科研为主的城市公园。植物园，顾名思义是种植植物的园地，不仅是植物学的研究基地，而且也是植物品种的保存、展出基地。在国际上，人们习惯把专门栽植乔灌木的植物园，称为"树木园"。植物园内有各种山水地貌，植物景观丰富多彩，具有参观和游览的功能，可设置一些必要的设施和景观类建筑，纳入城市公园范畴。

一、植物园概况

世界各国的植物园数量众多，由于历史、经济、地理等因素，各国植物园各具特色。

英国邱皇家植物园，称"邱园"，始建于1759年，面积1 821亩，位于伦敦市郊的泰晤士河，北靠邱村，南与里契蒙市镇接壤。邱园搜集和栽培的植物达55万多种，标本室的蜡叶标本总数达万份，图书馆藏书7.5万册，是世界上植物界文献最丰富的专业图书馆。邱园搜集的全部植物种类大部分种于温室内。建造邱园的目的是为了科学研究,同时十分注意植物的经济用途和园景设计。邱园内除了坚固的散步游道和栽了花草的花坛和花境外,到处都是修剪得整齐的草坪,游人可进入草坪散步和休息。宽长的草坪,夹道的树木构成的透视夹景,成为邱园的一大风景特色。此外,邱园还运用建筑(如温室、博物馆、宝塔及希腊、罗马式样的寺院等)来点缀园景。

美国阿诺尔德树木园,称“阿园”,属哈佛大学,位于美国东北部马萨诸塞州的波士顿城郊区,1872 年筹建,1879 年正式成立,面积 1 600 亩,小于英国邱园。阿园是美国第一个树木园,历年出版的书报、杂志等文献一直是世界上的前趋者。木本植物在露天自然条件下引种成功的数量最多,世界各国植物园很少能够超过阿园。据统计,阿园引种的植物已有 6 000 多种,保存标本 320 万份。

加拿大蒙特利尔植物园,称“蒙园”,1932 年在蒙特利尔大学植物研究所的密切合作下建立,面积为 1 092 亩,搜集的植物已达 15 000 种,蜡叶标本 9.7 万份。蒙园是近代植物园的后起之秀,打破了古老植物园的框框,将全园分为多年生观赏植物区、经济植物区、果园、药用植物区、绿篱植物区、松柏园、草地及草坪植物展览区、儿童园地、苗圃区等 26 个小区。蒙园在狭长的地形上安排了丰富的内容,园中道路也随之变化,安静与热闹形成显明对比,使全园生动活泼、别具一格。

我国远在公元前 100 多年便出现了原始形态的植物园——搜集植物达 3 000 种的汉代的上林苑。20 世纪初,在许多立志献身植物科学的回国留学生的倡导下,我国开始建立植物园。1929 年,我国在南京中山陵附近开始筹建为纪念孙中山先生而取名的中山植物园;1934 年,在江西庐山建立庐山森林植物园,即今庐山植物园。从 1951 年开始,中国科学院在全国各气候区域建立了北京、昆明、广州、西安、南京、哈尔滨、贵阳、上海、杭州、厦门等植物园网。据统计,到 1988 年,我国共有植物园和树木园 80 处,1997 年有 111 个植物园,2005 年有 140 多个植物园,截至 2006 年 10 月我国植物园已达 160 多个①,成为我国植物科研和科普工作的重要基地和人们参观、游览的城市公园。

二、植物园类型

我国植物园,由于从属关系、研究重点不同以及所处地理带的差异,主要有四种类型:一是国家科学院所属研究所、试验站系统的植物园,以科学研究为中心;二是省属、市属的园林、药用等各类植物园,或侧重研究,或侧重科学普及;三是高等院校附设的植物园,如农林院校的树木园、大学生物系的标本园、医学院的药用标本园等,以教学示范为主要任务,兼有少量研究项目;四是私人经办或公私合营的

① 我国 60% 的高等植物物种已实现迁地保护. 2006 年 10 月 18 日. 新华网.

植物园,大多以收集和选育观赏植物为目的。

世界最早的植物园以药用植物为主,直到16世纪,在文艺复兴运动发生的意大利才出现了比较正规的植物园。1543年建立的意大利比萨植物园是世界上建立最早、至今还存在的植物园。

三、植物园选址

植物园是植物学及其分支学科的实验研究基地,所造成的植物景观又吸引着参观者和游览者。由于植物对生长发育有一定的环境要求,作为研究机构又需要一定的研究条件,所以,植物园大都选址在大、中城市的郊区,列入城市绿地系统。植物园选址要从以下六方面加以论证:

第一,依据植物园的类型、属性、目的和主要服务对象以及植物园所需面积的大小等问题来确定。例如,侧重于科学研究的科学院系统的植物园,主要服务对象是科学工作者,位置可以设在交通比较方便的远郊区。对于一些有特殊生态要求的植物,要按照其生境选择园址,如热带植物园选在云南西双版纳,沙生植物园选在甘肃民勤等。侧重于科学普及和一般性研究的植物园,服务对象主要是城市居民、中小学生和游客,位置最好选择交通方便的近郊区。属于大专院校或农林、中医、园艺等单位专用的植物园,为了方便专业教学或进行专业性的实验研究,最好在校园的一角或靠近单位所在地的附近选择园址。

第二,地形条件最好的是背风向阳,园内既有平地又有起伏的坡地,而不是丘壑满园或高低起伏、变化很大的山地。选择平坦、向阳的植物园用地,是因为植物园在进行引种驯化的过程中,要具备原始材料外苗圃以及引种成功的经济植物试验地和建立各种类型的植物展览区等,都需要大面积适于植物栽植、生长的平坦、向阳土地。起伏的山峦、溪流湖沼等小地形的存在,可以满足有特殊生态要求的植物引种驯化、生长发育等的需要;同时,这些小地形的存在,对调节小气候、增进园林风景有益。

第三,土壤是植物赖以生存的基础,要选择能适于大多数植物生长的土壤。土壤要求土层深厚、土壤疏松肥沃、砾石少、腐殖质含量高、呈微酸性或中性反应、地下害虫少、旱涝容易控制等。

第四,要有充足的水源,选址时必须调查、勘测当地的水利条件,保证在旱季有足够的用水量。对于远离城市的植物园,如果生活用水需要自行供应,用水量要和灌溉用水一并考虑。对于水质的要求,应按饮用水的标准,有污染的水源不能采用。至于设在山区的植物园,因夏季有洪水的威胁甚至还有积水或漏水的可能,需要对水文地质的情况有所了解。

第五,园址所在地的气候要能代表附近比较广泛的地区,使大量不适应的植物变为适应;除了自然条件之外,还应考虑植物园与城市的关系,如公共交通、电力、生活品供应等。

第六，需要有足够的土地面积。建立一个植物园应该拥有多大的面积，需要根据植物园的性质、任务以及管理程度的高低，从需要与可能两方面进行考虑。一般正规的植物园的面积最好在1 000亩左右。

四、植物园旅游总体规划

在进行植物园总体规划时，需要有植物学家、园艺学者、园林及建筑工程师等组成规划团队，共同研究制订总体规划方案。植物园总体规划主要内容包括出入口规划、功能分区规划、道路规划、建筑规划、植物景观规划等。

（一）出入口规划

植物园出入口的位置选择和处理是植物园规划设计中的一项重要的工作，不仅影响到游人是否能方便地进出植物园，而且还影响植物园内部结构规划和分区规划。植物园的出入口一般有主要入口、次要入口和专用入口。

植物园多在城郊，主要入口应在距城区较近的交通主干道上，以便于游人到达和集散。大门入口可设入口外广场、大门建筑和入口内广场。入口外广场设置停车场和自行车存放处。广场面积的大小应根据植物园的规模、设施及游人量的大小来确定。大门建筑包括大门、售票房、小卖部等。入口内广场位于大门之后，面积可小些。次要入口主要是为方便附近居民或本园职工生活需要的简单大门。对植物园内不开放的部分、研究试验区、图书馆、标本馆区等应设专用入口。

（二）功能分区规划

植物园的功能分区规划，世界各国不一致，一般分为展览区、研究试验区、图书馆、标本库和生活区。展览区又分为理论植物学展区、应用植物学展区、城市园林植物展区、新分支学科展区。理论植物学展区，如树木园、植物分类区、植物地理区、植物生态区、植物形态区、水生、湿生、沼泽、岩石等植物区；应用植物学展区，如经济植物区、药用植物区、果树植物区、有用野生植物区等；城市园林植物的展区，如绿篱植物区、花园、庭院示范区、花期不断示范区、草坪植物区、专类花园、花灌木搜集区等；新分支学科展区，如植物遗传进化区、栽培植物历史区、民族植物展览区等。有条件的植物园可以建立植物博物馆，以展出室外活植物不易观察到的科学知识。研究试验区是研究引种驯化理论与方法的主要场所，一般设有试验地、苗圃、原始材料外繁殖温室、人工气候室、前机冷室、冷藏库、病虫防治室、消毒室、工具室、储藏室等。

（三）道路规划

植物园的分区界限，常以道路作为依据，使分区界限清晰明确。植物园中的道路系统最好与分区系统取得一致，以获得完整的内部秩序。比如，以植物园中的主干道作为大区的分区界限，以园中的支路和小路作为小区界限。近百年来建立的植物园大多采用自然式的道路，用道路分隔的小区也是不规则的地块。

植物园中的道路宽度一般分为三类：主干道 4～7 米，支路 3～4 米，小路 1～2 米。对于支路和小路多进行一些装饰性的铺装，铺装材料和铺砌方式则多种多样。例如，杭州市植物园采用卵石、草皮等材料进行混合铺装，增添了园景的艺术性。路面铺装以外的部分可以留出较宽的路肩，铺设草皮或点缀路边花坛，花坛以外还可以配上花灌木或高大的背景树，有高低、色彩、层次变化的处理显得道路既宽畅又美观。比如，英国的植物园常常不设小路，林间全部铺设草皮，任人散步，便于接近各种乔灌木。

（四）建筑规划

植物园的建筑因功能不同区分不同的类型：展览性建筑，如展览温室、展览荫棚、植物博物馆、蜡叶标本馆等；景点休息类建筑，如亭、廊、棚、塔、小桥、汀步、桌椅、园灯等；服务性建筑，如小卖部、茶室、书报亭、厕所等；科研及管理建筑，如科研大楼、生产性温室和前棚、办公楼、图书馆、宿舍、杂用房等。植物园建筑要与植物园总的环境协调，在满足功能要求的前提下，尽可能地注意外观的艺术性。开放展览区的建筑应注意艺术性，在以强化植物景观为主体的环境中，应充分发挥植物与建筑结合的优势，创造宜人的自然美景。

（五）植物景观规划

我国地域辽阔，自然条件千差万别，植物类型非常丰富，植物园景观规划要充分地展示植物的天然美，以形成植物园重要的旅游吸引物。植物园景观一般分为群体林木景观、岩石植物景观、植物水景观、荫生植物景观等类型。

群体林木景观是一种大面积同一树木或相近树木群集而形成的林象景观。我国华南植物园竹类标本园，收集了 80 多种华南多产的丛生竹，以大黄金竹间碧玉竹形成主体景观。庐山植物园的松柏区 20 亩，以落叶松、水杉、铁杉、雪松等树种组成的林木景观，成为庐山植物园的特色。

岩石植物景观是借鉴高山植物的造型，以岩石与植物巧妙配置而形成的景致。岩石植物的配置应注意不同岩石植物的生境要求，考虑植物的外部形态与岩石的大小造型。在较大岩石之侧可植矮小松柏类植物、常绿灌木或其他观赏性灌木，如紫杉、云片柏、黄杨、瑞香、十大功劳、常绿杜鹃、六道木、南天竹等；在石的缝隙与穴处可植石韦、书带蕨、铁线蕨、虎耳草等。在较大石隙间可种植匍地植物与藤本植物，如铺地柏、平枝栒子、络石、常春藤、薜荔、海金沙、石松等，使其攀附在石块上。在较小石隙间可用白芨、石蒜、水仙、各种石竹等。岩石植物景观还应根据造景、观景、休息等的需要修筑曲径、石级、叠水、小桥、亭廊等，以造成曲折幽深的自然野趣。

植物水景观是利用低洼地或水面集中种植水生植物，形成各类有水生植物点缀的水景观。根据水生植物在水中分布的深浅，可分为飘浮植物、浮叶植物、沉水植物等种类。飘浮植物，如紫背萍、浮萍、槐叶萍、凤眼莲、满江红等，植物的叶全部飘浮在水面上，根悬垂在水中，与土壤不发生直接关系，对水的深度没有要求。浮叶植物，如荷花、睡莲、菱角、玉莲等，植物的叶浮在水面上，但它们的根牢固地扎在水下的土壤中并从土壤中吸收养分。沉水植物，主要是生长在水下的水草类，一般叶子不露出水面，而在水下进行呼吸和光合作用。植物水景观的水生植物配置，要充分表现植物的立面效果、水面的平面效果和倒影效果，从而获得水景观。水景配置植物时，多以高大乔木做背景，以造成水中的倒影效果。同时，在水面的边沿以用浮叶植物作为水和树之间的过渡带，使之在形态、质感、色彩以及气氛上造成深远的意境。水生植物的配置，还应按照水面的大小和水的深浅以及水生植物的形态特征进行搭配，以求取得多样统一的艺术效果。比如，荷花叶片大，生长快，宜种植于较大的水面上；睡莲叶片较小、花形优美、色彩鲜艳，宜种植于小水面上细赏；而菖蒲之类，宜种于港汊水湾之处，以造成一种颇具野趣的水面。为了提高水景园的风景价值，还应设置一些小桥、汀步、水榭等，也可利用大水面开展划船、采莲等活动。

荫生植物景观是利用将荫生植物搭建成散射光的高低架或荫棚，让荫生植物悬挂、壁挂和附树而形成的自然植物景观。荫生植物主要是指耐荫和半耐荫植物，长年生长在林中或林下，往往只有少量光线或散射光线，形成其生存特性。在人工栽培的环境中，荫棚植物景观的荫棚布置采用迂回曲折的大小各异的高低架、平顶荫棚，分蕨棚、兰棚和观叶植物棚。比如，中国兰用盆栽高低架方式展示，气生兰则按其自然生态，用造型盆栽、悬挂、壁挂和附树等方式栽培。大型的气生兰和红珊瑚、蕉兰可让其直接攀附于砖柱上，吻合自然生态要求，丰富和美化荫棚立面的效果。蕨棚的配置以树蕨及其他高大蕨类（如莲座蕨）作为骨架，在棚中形成几个突出点，然后将其他蕨类根据分类系统和群落原则加以布置。小型珍贵的荫生植物采用盆栽，利用山石及枯树使藻类攀附其上，配合藤本及附生悬挂蕨类，以增加棚中变化，从而形成生动活泼的立体景观。用花廊、小径与荫棚组群相连，把园地分隔为大小不同、内外异趣的几个小景区，周边用树丛、花径、草地加以衬托，可使荫棚区的环境更加优美。

植物景观造就了植物园的园景，通过导游线和园景空间的穿插、过渡和分隔变化，组成完整的植物园景观点旅游系列。此外，植物园展览区的种植设计应将各类植物展览区的主题内容与植物引种驯化成果、科普教育、园林艺术相结合。展览区展示植物的种类选择应对科普、科研具有重要价值；在城市绿化、美化功能等方面具有特殊意义。展览区配合植物的种类选择应能为展示种类提供局部良好的生态环境，能衬托展示种类的观赏性特征或弥补其不足，并具有满足游览需要的其他功能。展览区引入植物的种类，应是植物园繁育成功或在原始材料圃内生长时间较长、适应本地区环境条件的植物。

第六节 动物园旅游规划

动物园是以展出野生动物、珍稀动物移地保护和普及动植物科学知识、引导和教育人们热爱自然、保护野生动物的场所。动物园,又称动物公园,包括综合性动物园、水族馆、专类性动物园、野生动物园、城市公园的动物展区、珍稀濒危动物饲养繁殖研究场所等。近年来,为了适应旅游业的发展,动物园也有称“动物世界”、“动物乐园”、“野生动物世界”的,专业性动物园也称作“百鸟园”、“水族馆”、“海洋馆”、“海底世界水族馆”等。一般建设较早、地点在城市内或城市边缘的都称“动物园”。

一、动物园分类

动物园分为综合性动物园、特色性动物园和小型动物展区。综合性动物园展出动物品种从400种到700种,用地面积一般为300~900亩。特色性动物园主要展出本地野生特产动物,展出品种控制在200种左右,面积宜在225~900亩。小型动物展区指中、小城市动物园和附设在综合性公园中的动物展区,如南京玄武湖菱洲动物园、上海杨浦公园动物展区等,展出动物品种在200个以下,用地面积小于225亩。动物园的具体用地规模取决于动物园笼养或放养饲养的形式、动物园的级别以及动物园经营管理的程度。我国的动物园大部分是以笼养为主,最多有一个很小的动物运动场地,面积一般在300亩以上,专类动物园为75~300亩。

动物园在饲养方式上有笼养、圈养、散放等多种形式,也有将之相应分为笼养、圈养、散放等类型动物园。例如,1991年,深圳市旅游集团公司独家投资1.5亿元兴建中国第一家新形式的动物园——深圳野生动物园,改旧式笼养饲养方法为人工散养,将动物与植物相结合、乘车游览与步行参观相结合、知识性与趣味性相结合,开创了中国新建野生动物园的先河。随后,在河北的秦皇岛、上海、广东番禺、海南东山湖、黑龙江哈尔滨等地也相继建立了十几处人工散养类型的动物园。

动物园是集中饲养展出野生动物的地方,主要是供参观、游览、文化教育、科学普及、科学研究之用。动物园的任务:一是普及动物科学知识,向游人介绍各种动物的名称、产地、习性、用途等,了解动物在世界各地的分布、资源状况以及动物与人类的关系等。二是作为中、小学生生物课的直观教材和大学生物系学生的实习基地。三是研究野生动物的驯化和繁殖。通过对野生动物的驯化和饲养观察其习性,对其病理和治疗方法以及动物的繁殖进行研究,进一步揭示动物的变异进化规律并创造新品种,使动物为人类服务。特别是在太空科学发展的今天,动物更成为探索太空必不可少的试验品。四是通过动物资源的国际交流,增进各国的友谊。

二、动物园选址

我国现有动物园或饲养地点分布在城市、郊区、公园一角、野外、旅游景点、庭院等。动物园选址要考虑四个方面的条件：一是，要考虑动物种类繁多，来自不同的生态环境，为了保持动物的原有生境，选址的地形宜高低起伏，有山岗、平地、水体等，以便于安排各种动物。二是，动物的狂吼和恶臭以及多种疾病的发生均影响人类。因此，动物园应远离城市的居民区并建在居民区的下游、下风地带。为了不影响动物的生长，选址地带内不应有污染工厂、垃圾场、屠宰场和畜牧场，周围要有卫生防护地带。三是，动物园游人量大，要选在交通方便的地方。四是，应有良好的水电条件以及较好的地基条件，以便于动物笼舍的建设和开挖隔离沟或水池。为满足上述要求，我国的大、中型动物园都通常选择在城市郊区。比如，上海动物园离静安区中心 7 ~8 公里；南京市动物园位于西北郊，离市中心 5 公里；广州动物园位于市东北角的麻鹰角，距市中心约 6 公里。

三、动物园旅游总体规划

动物园的规划和建设必须符合城市总体规划及城市园林和绿化规划，依据建设部《城市动物园管理规定》(1994 年 8 月 16 日)的要求进行。动物园旅游总体规划主要包括功能分区规划、动物笼舍规划、道路与建筑规划、绿化规划等内容。

(一)功能分区规划

动物园应有明确的功能分区，做到不同性质和类型的动物有不同的区域，以便于动物的饲养、繁殖、管理和展出。大、中型动物园，一般可分为科普馆、动物展区、服务休息区、办公管理区四个区。

科普馆是全园科普科研活动的中心，馆内设标本室、解剖室、化验室、研究室、宣传室、阅览室、录像放映厅等。一般科普馆多布置在动物园出入口地段，用地宽敞，交通方便。

动物展区由各种动物笼舍组成，用地面积最大。各种动物展区在动物园中的排序，我国有按进化顺序、地形、生态习性、地理分布、动物生态等方式确定。较多动物园以动物的进化顺序为主，即由低等动物到高等动物，按脊椎动物—鱼类—两栖类—爬行类—鸟类—哺乳类进行排列。在这种顺序下，结合动物的游人爱好，就地方珍贵动物和建筑艺术，做局部调整。在规划中，我们还要按照地形安排笼舍，形成由数个动物笼舍组结合而成的既有联系又有绿化隔离的动物展览区：按动物生活的地理区域分布安排，如按欧洲、亚洲、非洲、美洲、大洋洲等进行布局，有利于创造不同景区的特色，给游人以明确的动物分布概念；按动物生活生态环境规划，如分水生、高山、森林、草原、沙漠、冰山等，这种布置生动自然，对动物生长有利；按游人爱好、动物珍贵程度、地区特产动物规划，如我国珍稀动物大熊猫是四川的特产,成都动物园为突出熊猫馆,将其安排在入口附近的主要位置。一般游人喜爱的猴、猩猩、狮、虎等多布置在主要位置上。

服务休息区,包括科普宣传廊、小卖部、茶室、餐厅、摄影部等。上海动物园将服务休息区规划在动物园的中部地段,配置大片草地、树林和水面,不仅方便了游人,而且也为游人提供了大面积的景色优美的休息绿地。办公管理区,包括饲料站、兽疗所、检疫站、行政办公室等,位置一般设在园内隐蔽偏僻处,要有绿化隔离,要与动物展区、动物科普馆等有方便的联系。此区应设专用出入口,以便运输与对外联系,有的将兽医站、检疫站设在园外。此外,动物园还有动物饲料加工厂、药厂及动物隔离区等。为了避免干扰以及卫生防疫的要求,动物园职工生活区一般放在园外。

(二)动物笼舍规划

动物笼舍建筑有动物活动、游人参观和管理与设备三个基本部分组成。动物活动部分,包括室内外活动场地、笼及室。游人参观部分,包括参观厅或参观席及露天参观道路。管理与设备部分,包括管理室、储藏室、饲料间、燃料堆放场、设备间、锅炉间、杂院等。按照展览方式,动物笼舍建筑有室内展览、室外展览、室内外展览三种。

动物笼舍建筑依其与生态环境的差别程度建设,基本造型可分为建筑式、网笼式、自然式和混合式。建筑式笼舍,是以动物笼舍建筑为主体,主要适用于不能适应当地生活环境的动物和饲养时需特殊设备的动物,如天津水上公园熊猫馆。网笼式笼舍,是将动物活动范围以铁丝网或铁栅栏相围,如上海动物园禽笼。网笼内也可仿照动物的生态环境,适于终年室外露天展览的鸟类或作为临时过渡性的笼舍。自然式笼舍,在露天布置动物室外活动场,其他房间则做隐蔽处理,并模仿动物自然生态环境,布置山水、绿化,考虑动物不同的弹跳、攀练等习性,设立不同的园墙、隔离沟、安全网,将动物放养笼内,让其自由活动。混合式笼舍,就是将以上三种笼舍建筑综合组织使用。

当今国内外动物园笼(馆)舍建筑的发展趋势,偏向于生态化、散放化和馆舍化,尽量把动物的一切活动展现在人们面前,以减少笼网对游人视野的影响。动物馆舍设计,应以实用、美观、轻巧为前提,逐步向科学化、实用化、生态化、艺术化方向推进。动物笼舍设计应注意满足动物的生态习性、饲养人员管理操作方便和方便游览观赏等方面的要求。动物的生态习性包括动物对朝向、日照、通风、给排水、活动器具、温度等的要求。比如,大象冬天怕冷夏天怕热,在冬季安排在室内季节性展览,在夏季进行室外活动时,需设计天棚和供大象洗澡的水池。同时,要因地制宜,创造动物原产地的环境气氛。比如,北极熊和企鹅要配合冰天雪地的极地气氛,大熊猫要配合幽静安宁的竹林气氛,大象、河马要配合热带雨林和河流的环境,孔雀要配合疏林竹楼的南疆风貌,猴子要配合悬岩绝壁的山林气氛……此外,笼舍的建筑造型还应考虑被展出动物的性格,如鱼、鸟类笼舍应玲珑轻巧,大象、河马的笼舍应厚实稳重,熊舍要粗壮有力,鹿苑宜自然朴野……笼舍建筑的色调与风格要与周围环境互相衬托、协调统一。

在动物笼舍规划时,要保证动物、游人和饲养人员的安全。在动物园中,许多猛兽危及人们的安全,同时动物之间也常相互残杀殴斗、传染疾病。因此,在笼舍设计时应使人与动物、动物与动物之间适当隔离,铁栅间距与隔离网孔大小要适当,要充分估计动物跳跃、攀缘、飞翔、碰撞、推拉的最大威力,避免动物越境外逃,也要防止动物伤人。

(三)道路与建筑规划

动物园的道路一般有主要园路、次要园路、小径、园务管理专用道路四种。主要园路和专用道路要能通行消防车及便于运送动物、饲料和动物尸体等。动物园的次要园路、小径的布局可有多种布局形式,规划时可根据不同的分区和笼舍布局,采用串联式、并联式、放射式、混合式等合适的形式。道路路面必须便于清扫。

(四)绿化规划

动物园绿化除应满足一般公园的绿化功能外,还应配合动物自然生长环境创造意境、提供部分饲料和保护水土等景观、功能作用。动物展览区的种植设计,应有利于创造动物的良好生活环境,不致造成动物逃逸,创造有特色的植物景观和游人参观休憩的良好环境;有利于卫生防护隔离。动物展览区的植物种类选择应有利于模拟动物原产区的自然景观,在动物运动范围内应种植对动物无毒、无刺、萌发力强、病虫害少的中慢长植物。在规划笼舍、动物运动场内植物种植时,应同时提出保护植物的措施。

绿化布局有园中园、专类园、四季园等方式。园中园方式,即将动物园同组或同区动物地段视为具有相同内容的小园,在各小园之间以过渡性的绿带、树群、水面、山庄等隔离。专类园方式,如展览大熊猫的地段可布置高山竹岭,栽植多品种竹丛,既反映熊猫的生活环境,又可观赏休息;大象、长颈鹿产于热带,可构成棕榈园、芭蕉园、椰林的景色。四季园方式,即将植物依生长季节区分为春、夏、秋、冬各类,视动物产于温带、热带、寒带而相应配置,以体现该种动物的气候环境。

动物园绿化树种选择从五个方面考虑:一从组景要求考虑,人们进入动物园除了观赏动物外,还要了解熟悉与动物生长发育有关的环境,植物配置须予以满足。例如,杭州动物园,在猴山周围种植桃、李、杨梅、金橘、柚等,以造成花果山气氛;在鸡禽馆栽桂花、茶花、碧桃、紫藤等,笼内配花木可勾画出鸟语花香的画面。二从动物生态环境需要考虑。例如,上海动物园在天鹅湖配植密林背景以衬托水面上的游禽,熊猫馆配植竹林,狮虎山配植松林,鹿苑则创造草原森林环境等。三从提供饲料考虑,在笼舍旁、路边隙地可种植四季竹、红叶枫,为熊猫、部分猴类和小动物提供饲料。四从防止水土流失考虑,在陡坡坎边、路旁石隙种黄馨、竹、迎春、麦冬、书带草等护坡，园内空地铺植草皮等。五从满足遮阴、游憩等要求考虑。例如，杭州动物园在笼舍和园路旁种冠大荫浓的大乔木梧桐、长山核桃等，以满足人和动物遮阴的要求。此外，在服务休息区内可采用树林草地、花坛等绿化手法进行处理，以便为游人提供良好的游憩环境。

此外，动物园总体规划还应考虑动物园的旅游导游路线，所设置的景物引导要符合人的习惯。动物园四周应规划坚固的围墙、隔离沟和林墙，以防动物逃出园外伤害人、畜。

动物园建设受动物收集和经费的影响，建园的周期较长，往往需要 10 ~20 年才能建成。动物园必须按总体规划分阶段、分期进行建设。

第七节　纪念性公园旅游规划

纪念性公园是指在历史名人活动过的地区或烈士就义地、墓地附近建设的具有一定纪念意义的公园。纪念性公园既有一定的纪念教育意义，又是城市居民休息、游览的好去处，也是重要的城市公园。

一、类型

纪念性公园在城市公园系统中，面积较大的往往以独立公园的形式出现，面积较小的则常附属于综合性公园之中，或独立于公园之外。纪念性公园主要类型有烈士陵园、纪念性园林、墓园和小型纪念性园林等。

烈士陵园：为纪念缅怀先烈，在烈士牺牲或就义地建造的公园，如南京雨花台烈士陵园、广州烈士陵园、长沙烈士公园等。

纪念性园林：为纪念历史名人或某一历史事件而建造的具有纪念性的园林，如上海的虹口公园、长沙的橘子洲公园等。

墓园：在名人的墓地或遗体、骨灰存放处建造的供人瞻仰、缅怀的园林，如南京中山陵、毛主席纪念堂等。

小型纪念性园林：由于内容少，常以公园的一个分区或一个景点的形式出现，如长沙岳麓公园的蔡锷、黄兴墓庐以及成都望江楼公园的“薛涛井”等。

二、规划原则

纪念性公园规划需要从综合利用的角度进行考虑，即以纪念性为主，又结合环境效益和游客的休息游憩要求，规划设计要根据“纪念性”和“园林”两部分的功能和景观要求的原则进行：其一，纪念性园林多以纪念性的雕塑或建筑为主景，渲染并突出主题、如南京雨花台烈士陵园以“殉难烈士纪念群像”为主景。其二，平面布置采用规则式，中轴线明显对称，纪念碑、纪念馆、纪念塑像等主要景物，布置在轴线两侧,突出纪念性主题。其三,地形多选有一定的平坦地面和水面的山岗丘陵地带。地形处理多采用逐步上升,以台阶的形式接近纪念性主景,使游人产生仰视的观赏效果,以突出主体的高大,表现人们的敬仰之情。其四,植物配置以规则式的种植为主,纪念碑周围多植花灌木以形成花环的效果,纪念碑后植松柏林,以示万古长存。

三、烈士陵园旅游总体规划

烈士陵园,又称"烈士公园",其总体规划区别于一般性规划,主要内容有功能分区、空间组织规划、绿化规划等。

(一)功能分区

烈士陵园一般分为陵墓区和风景游憩区。陵墓区多安排烈士史料陈列馆、烈士纪念碑、墓冢、烈士雕塑等。例如,位于朝鲜平安南道桧昌郡的中国人民志愿军烈士陵园,是朝鲜最大的一座志愿军烈士墓,建在前中国人民志愿军总部驻地的一座高 152 米的山腰上,1957 年建成,总面积 45 亩,四周群山起伏,苍松翠柏环绕,山下溪水潺潺。陵园大门上用中朝两国文字写着"中国人民志愿军烈士陵园"。登上 240 级台阶,到达陵园的第一层,正面是一座中国古式的三座门,上面挂着郭沫若题的"浩气长存"横匾。三座门内,有一幢红柱绿瓦、彩漆油面的六角亭,中内竖立刻有"抗美援朝保家卫国烈士永垂不朽"碑,在大纪念亭子横梁上,另外彩绘 11 幅图画,其中,有朝鲜国际主义战士朴在根、伟大战士邱少云、国际主义战士罗盛教、英雄黄继光和特级英雄杨根思等人的英雄事迹。在陵园第二层的宽阔平台正中,矗立着 3 米高的志愿军英雄铜像,连同大理石砌成的方形底座,总高 17 米。石座正面和背面有朝鲜最高人民会议常务委员会和朝鲜内阁用朝文刻的碑文,铜像后有两面巨大的石影壁,壁面浮雕是朝鲜人民积极支援志愿军和志愿军英勇作战的 41 人群像。从影壁之间的台阶往上便到了墓地,这里有 134 名志愿军墓,其中包括毛岸英之墓。每一座坟前都立有石碑,植有青松。园内遍植名花和松柏,全园气氛静穆庄严。

风景游憩区多结合地形安排一些游憩性的活动内客。例如,建于 1953 年的长沙烈士公园,面积 118 亩。公园的西半部为纪念区山顶的两条轴线正交处,建有高耸的烈士纪念塔,为全园的制高点,也是空间构图的主体,显示出公园的主题特征。公园的东半部,为游憩区,水面宽阔的浏阳河老河湾成为游憩区的主题,沿岸布置有游船码头、红军渡、餐厅、水上运动乐园等,湖心岛堤廊桥浮架、游船点点,呈现出独特的水面景观。西岸山脚有莲塘、藤桥、亭等景点以及儿童游艺场、露天电影场、浮香艺苑等活动场所。1993 年,在公园的东北角又修建了一个富有湖南少数民族特色的"湖南民俗村"。民俗村依山傍水,林木葱郁,自然环境迷人,加上精湛的建筑,奇特的风情,又把游人带到一个淳朴神奇的湖南少数民族世界。民俗村景点的设立，丰富了游憩区的活动内容，突出了公园山水相依的秀丽景色。布局灵活、内容丰富，与纪念区的庄重严整形成了鲜明的对比。

除了陵墓区和风景游憩区之外，有的烈士陵园还设有办公管理区或生产区等。例如，南京雨花台烈士陵园就有以生产雨花茶为主的生产区。生产区应规划在陵园的外围地带。

（二）空间组织规划

为了满足纪念区和游览区的不同功能要求，在规划时对烈士陵园空间可采用不同的处理手法。对纪念区，从平面构图到建筑造型可采用对称严谨的构图手法，营造成庄严肃穆气氛；对游览区，可采用不对称均衡的构图手法，获得轻松活泼的艺术效果。由于两个功能区环境、气氛、功能各不相同，在规划时应进行空间的过渡及处理。处理的手法可利用地形的变换，结合植物的配置，从一个空间逐步过渡到另一个空间。例如，长沙烈士公园利用丘陵山地营建纪念区，利用水面和山水之间的平地开辟游览区，两区之间用大面积的纯松林加以过渡，空间转换较为自然。此外，园内的道路除了起着交通和联系的作用之外，还起着串联园林空间的作用。

（三）绿化规划

烈士陵园的绿化应根据“陵”和“园”的功能要求进行规划设计。陵园区多采用规则式的布局，布局规则的草浪花坛、对称布置的行道树，以营造庄严肃穆的陵墓气氛。在树种的选择上，多选择树形规整、枝条细密、色泽暗绿的常绿针叶树种，如松柏类、雪松等，以寄托对先烈永远的纪念。游憩园则采用自由式的布置，通过自流式的道路、不规则的水面、特色的建筑以及各种树木与花卉，形成层次分明的林水景观、山花烂漫的景色，以满足游客休闲游憩的需求。

第八节 城市湿地公园旅游规划

一、湿地与城市湿地公园

湿地是指天然或人工、长久或暂时性的沼泽地、泥炭地或水域地带、静止或流动、淡水、半咸水、咸水体，包括低潮时水深不超过6米的水域。

湿地作为地球珍贵的环境资源，在降解环境污染、调节气候、维持生物多样性等方面发挥着重大作用，在纷扰的城市中的湿地资源更显珍贵。在大城市里，尤其是北方城市，拥有湿地资源非常珍贵。比如，北京的翠湖湿地被评为国家湿地公园，田园风光非常独特，为北京市民添加了一个新的观赏去处。我国建设部自2003年12月批准首个“山东省荣成市桑沟湾国家城市湿地公园”以来，又分别于2005年5月、2007年2月、2007年6月批准了第二批、第三批、第四批共计26个国家级城市湿地公园。截至2005年2月，我国列入《国际重要湿地名录》的湿地达30处，总面积343万公顷,占全国自然湿地总面积的9.4%。

湿地广泛分布于世界各地,是自然界最富有生物多样性和生态功能最全的生态系统,为人类的生产、生活和休闲提供了多种资源,也是人类最重要的生态环境之一。对原有湿地的开发与利用,具有相当显著的生态环境效益:一方面对污水、废水可以进行有效可靠的净化;另一方面可使原有湿地复活与可持续发展,净化空气,改良气候环境。

湿地的开发建造与景观设计相结合,便建成可观可赏的湿地公园。在国外,如英国伦敦的湿地中心,将一系列大小不一的池塘和错落有致的植被组成生态组群,间设若干步行小径贯穿全区,使湿地间既开放又独立,成为与自然和谐共处的湿地景观公园模式。又如,1988年重建的美国圣保罗市的安姆斯湖上湿地公园,恢复野生动物的生物走廊,为当地居民提供一片无需远足就可领略大自然的胜地,是城市中营造人工湿地的一个成功例子。

在国内,如江苏省常熟市沙家浜国家城市湿地公园始建于1999年,初期占地500亩。近年又将工业企业迁出,以"原生态、纯绿色"为主导,扩种芦苇,引进不同的古树名木以及陆水生湿地植物,现已扩大到266.7公顷,形成了水上游览生态观光线、湿地观光区、生态农业观光区和垂钓区、采莲区、休闲区等功能区。我国城市湿地生态景观建设,正朝着可持续发展、永续利用的方向发展。沙家浜国家城市湿地公园是我国人工湿地生态景观公园的榜样。

城市湿地公园是一种独特的公园类型,指纳入城市绿地系统规划的、具有湿地生态功能和典型特征的以及以生态保护、科普教育、自然野趣和休闲游览为主要内容的公园。城市湿地公园与其他水景公园的区别在于,湿地公园强调了湿地生态系统的生态特性和基本功能的保护和展示,突出了湿地所特有的科普教育内容和自然文化属性;城市湿地公园与湿地自然保护区的区别在于,湿地公园强调了利用湿地开展生态保护和科普活动的教育功能、充分利用湿地的景观价值和文化属性以及丰富居民休闲游乐活动的社会功能。

申请设立国家城市湿地公园的湿地必须具备四个条件:第一,能供人们观赏、游览,开展科普教育和进行科学文化活动,并具有较高的保护、观赏、文化和科学价值;第二,设立国家城市湿地公园的湿地必须是位于城市规划区内,必须纳入城市绿地系统规划范围内;第三,湿地必须具有相当的规模,湿地占地面积须达到500亩以上;第四,具有天然湿地类型或具有一定的影响和代表性的湿地。

二、规划原则

城市湿地公园规划须按《城市湿地公园规划设计导则(试行)》要求进行。城市湿地公园规划应遵循系统保护、合理利用与协调建设相结合的原则,在系统保护城市湿地生态系统的完整性和发挥环境效益的同时,合理利用城市湿地具有的各种资源，充分发挥其经济效益、社会效益以及在美化城市环境中的作用。

（一）系统保护原则

系统保护原则就是将湿地作为一个生态系统加以保护：保护湿地的生物多样性，为各种湿地生物的生存提供最大的生息空间，营造适宜生物多样性发展的环境空间，对生境的改变应控制在最小的限度和范围内，提高城市湿地生物物种的多样性并防止外来物种的入侵造成灾害；保护湿地生态系统的连贯性，保持城市湿地与周边自然环境的连续性，保证湿地生物生态廊道的畅通，确保动物的避难场所，避免人工设施的大范围覆盖，确保湿地的透水性，寻求有机物的良性循环；保护湿地环境的完整性，保持湿地水域环境和陆域环境的完整性，避免湿地环境因过度分割而造成的环境退化，保护湿地生态的循环体系和缓冲保护地带，避免城市发展对湿地环境的过度干扰；保持湿地资源的稳定性，保持湿地水体、生物、矿物等各种资源的平衡与稳定，避免各种资源的贫瘠化，确保城市湿地公园的可持续发展。

（二）合理利用原则

合理利用原则就是在合乎自然规律的基础上，对湿地资源进行合理利用：合理利用湿地动植物的经济价值和观赏价值；合理利用湿地提供的水资源、生物资源和矿物资源；合理利用湿地开展休闲与游览；合理利用湿地开展科研与科普活动。

（三）协调建设原则

协调建设原则就是城市湿地公园的基础设施要与湿地环境相协调：要求城市湿地公园的整体风貌与湿地特征相协调，体现自然野趣；建筑风格应与城市湿地公园的整体风貌相协调，体现地域特征；公园建设优先采用有利于保护湿地环境的生态化材料和工艺；严格限定湿地公园中各类管理服务设施的数量、规模与位置。

三、规划设计程序

城市湿地公园规划设计一般有编制规划设计任务书、界定规划边界与范围、基础资料调研与分析、规划论证、设计五大工作程序。

（一）界定规划边界与范围

城市湿地公园规划范围的确定应根据地形地貌、水系、林地等因素综合确定，应尽可能地以水域为核心，将区域内影响湿地生态系统连续性和完整性的各种用地都纳入规划范围，特别是湿地周边的林地、草地、溪流、水体等。城市湿地公园边界线的确定应以保持湿地生态系统的完整性以及与周边环境的连通性为原则，应尽量减轻城市建筑、道路等人为因素对湿地的不良影响，提倡在湿地周边增加植被缓冲地带，为更多的生物提供生息的空间。为了充分发挥湿地的综合效益，城市湿地公园应具有一定的规模，一般不应小于300亩。

（二）基础资料调研与分析

基础资料调研在一般性城市公园规划设计调研内容的基础上，应着重调研与分析地形地貌、水文地质、土壤类型、气候条件、水资源总量、动植物资源等自然状况;调研与分析城市经济与人口发展、土地利用、科研能力、管理水平等社会状况以及湿地的演替、水体水质、污染物来源等环境状况。

(三)规划论证

在城市湿地公园总体规划编制过程中,应组织风景园林、生态、湿地、生物等方面的专家针对规划设计成果的科学性与可行性进行评审论证工作。

城市湿地公园的设计工作,应在城市湿地公园总体规划的指导下进行,可以分为方案设计、初步设计、施工图设计三个阶段。

四、旅游总体规划

城市湿地公园的旅游总体规划一般包括:根据湿地区域的自然资源、经济社会条件和湿地公园用地的现状,确定总体规划的指导思想和基本原则;划定公园范围和功能分区;确定保护对象与保护措施;测定环境容量和游人容量;规划游览方式、游览路线和科普、游览活动内容;确定管理、服务和科学工作设施规模等内容;提出湿地保护与功能的恢复和增强;科研工作与科普教育;湿地管理与机构建设等方面的措施和建议;等等。

城市湿地公园功能分区,一般应包括重点保护区、湿地展示区、游览活动区和管理服务区等区域。

重点保护区是针对重要湿地或湿地生态系统较为完整、生物多样性丰富的区域。在重点保护区内,可以针对珍稀物种的繁殖地及原产地应设置禁入区,针对候鸟及繁殖期的鸟类活动区应设立临时性的禁入区;此外,考虑生物的生息空间及活动范围,应在重点保护区外围划定适当的非人工干涉圈,以充分保障生物的生息场所。重点保护区内只允许开展各项湿地科学研究、保护与观察工作。重点保护区可根据需要设置一些小型设施,为各种生物提供栖息场所和迁徙通道。所有人工设施应以确保原有生态系统的完整性和最小干扰为前提。

湿地展示区建在重点保护区外围,重点展示湿地生态系统、生物多样性和湿地自然景观,开展湿地科普宣传和教育活动。对于湿地生态系统和湿地形态相对缺失的区域,应加强湿地生态系统的保育和恢复工作。

游览活动区是利用湿地敏感度相对较低的区域,规划以湿地为主体的休闲、游览活动。游览活动区内可以规划适宜的游览方式和活动内容,安排适度的游憩设施,避免游览活动对湿地生态环境造成破坏;同时,应加强游人的安全保护工作,防止意外发生。

管理服务区是在湿地生态系统敏感度相对较低的区域设置,尽量减少对湿地整体环境的干扰和破坏。对于有可能对湿地以及周边生态环境造成严重干扰甚至破坏的城市建设项目,应提交湿地环境影响专题分析报告。

五、规划设计方法

城市湿地公园规划设计旨在更好地保护与合理利用城市湿地。湿地公园规划设计所采用的方法，必须遵循建设部制定和颁布的《城市湿地公园规划设计技术导则（试行）》（建城[2005]97号）。

（一）利用湿地景观因素进行设计

利用湿地景观因素，就是要利用湿地原有的水体、植物、地形地势等构成景观的因素。利用湿地景观因素进行设计，是保持湿地系统完整性的一个重要手段。湿地水体、植物、地形地势等因素是构成湿地生态系统的组成部分，利用这些原有的要素，就能保持湿地生态环境的完整及平衡，保持湿地的自我调节能力。

（二）按自然系统形状和生物系统的分布格局进行设计

按自然系统的形状和生物系统的分布格局进行设计，就是依据湿地自然形态的设计。自然湿地有凹岸、曲流、河心岛、浅滩、沙洲与深潭的交替，这种地形地貌和植被为各种生物繁衍创造了适宜的生境，可减低水流速度、蓄水涵水、削弱洪水的破坏力。设计时，应尽量保护自然弯曲形态，随地形设计功能，力求做到湿地区域收放有致，以符合美学法则中的统一和谐、自然均衡原则。纵断面的形态设计，对湿地的生态多样性至关重要，应根据需要设计一定量的异质空间。湿地内有常年不竭的水道及能够应付不同水位、水量的塘床系统，底部要多孔质化，造出水体流动的多样性，以利生物的多样性。做到设计形式与内部结构的和谐，与环境功能的和谐，实现生态与美学统一，达到整体和谐。

（三）因地制宜地进行植物配置

在进行植物配置时，应考虑到植物物种的多样性，要因地制宜，尽量采用适应性强、成活率高的本地植物。在物种搭配上，要满足生态要求，做到对水体污染物处理的功能能够互相补充，又要注意主次分明，高低错落，形态、叶色、花色等协调搭配，从而获得优美的景观构图。根据水由深到浅，依次种植挺水植物、浮叶植物和沉水植物，使之符合各种水生植物的特性，又满足审美的需要。沿岸边缘带一般选用姿态优美的耐水湿植物，如柳树、水杉、水松、木芙蓉、迎春等进行种植设计，以低矮的灌木与高大的乔木相搭配，用美学原则组织其色彩、线条、姿态等，创造出丰富的水岸立面景色和水体空间景观构图效果，在水中产生一种动人的倒影美。

（四）岸边环境生态造化

针对不同的湿地岸边环境，应采取不同的水岸空间处理方式，用自然化的手段去对湿地的岸边环境进行生态造化，建立一个水与岸自然过渡的区域，在适宜的地方种植湿地植物，真正造化出湿地原本的自然野趣。

（五）小品及构筑原汁原味

在湿地环境艺术小品及构筑物中，应取材于湿地资源，造型线条要自然、流畅，加强或完善空间细节，提升空间品质，与自然环境相融合。对湿地系统进行景观设计时，要十分尊重原湿地的地形地貌、生态系统和人文环境，始终把生态优先作为设计前提，做到美学与生态兼顾，使人类生活与自然环境之间有良好的结合，最终让人与自然达到高度和谐。

第九节　综合性公园旅游规划

综合性公园是城市公园的“心”，不仅有大片的种植绿地，而且还有各种游湖活动的设施，是全市居民共享的“绿色空间”。此外，综合性公园对城市面貌、环境保护、居民的文化生活都起着重要的作用。

一、类型、面积与选址

(一)类型

综合性公园在城市中按服务范围可分为全市性公园和区级公园。

全市性公园为全市居民服务，是全市公园绿地中面积较大、活动内容较丰富和设施较完善的绿地。其用地面积因全市居民总人数的多少而不同。在中、小城市设一、二处，服务半径约2~3公里，步行约30~50分钟可达，乘坐公共交通工具约10~20分钟可达。

区级公园，在较大的城市中，为一个行政区的居民服务。区级公园的面积按该区居民的人数而定，园内应有丰富的内容和设施。一般在城市各区分别设一、二处，服务半径约1~1.5公里，步行约15~25分钟可达，乘坐公共交通工具约10~15分钟可达。

综合性公园除具有绿地外，为增强人民的身心，需要全面地考虑各种年龄、性别、职业、爱好、习惯等的不同要求，设置游览、娱乐、休息的设施，要使游人能各得其所；提供宣传党的方针政策、介绍时事、宣传科学技术成就、普及军事国防知识、举办节日游园活动与国际友好活动等园地；为共青团、少先队的组织活动提供场所。

(二)面积

综合性公园包括多种文化娱乐设施、儿童游戏场和安静休憩区，也可设游戏型体育设施等较多的活动内容和设施，需要有较大的面积用地，一般不少于150亩。在节假日，游人的容纳量约为服务范围居民人数的15%~20%，每个游人在公园中的活动区域面积为15~50平方米。在50万以上人口的城市中，全市性综合公园至少应容纳全市居民中10%的人同时游园。

(三)选址

综合性公园在城市中的位置，应在城市园林绿地系统规划中确定。综合性公园选址应结合河湖系统、道路系统及生活居住用地的规划综合考虑:其一,所选综合性公园园址的服务半径,应使生活居住地内的居民能方便去使用,并与城市主要道路有密切的联系;其二,综合性公园不宜利用工程建设及农业生产的复杂破碎的地形、起伏变化较大的坡地建园;其三,综合性公园可选择自然条件优越、人文景观丰富或树木较多的地区建园,不仅投资省、见效快,而且有利于保护民族文化遗产;其四,综合性公园用地应考虑将来有发展的余地。

二、旅游总体规划

(一)规划原则

综合性公园旅游总体规划,要贯彻政府在园林绿化建设方面的方针政策;继承和革新我国造园艺术的传统,汲取国外先进经验,创造我国社会主义新园林;体现地方特色和风格,避免景观的重复;依据城市园林绿地系统规划的要求,尽可能满足游览活动的需要,设置人们喜爱的各种内容;充分利用现状及自然地形,有机地组织公园各个部分;规划设计要有利于分期建设及日常的经营管理。

综合性公园旅游总体规划,应注意与周围环境的配合以及与邻近的建筑群、道路网、绿地等密切的联系,使公园自然地融合在城市之中,成为城市园林绿地系统的有机组成部分,而不是一个孤立的点,应避免以高围墙把公园完全封闭起来的做法。为管理的方便,可利用地形、水体、绿篱、建筑等综合地隔离。例如,镇江的金山公园,利用金山河与城市道路分隔,不再另砌围墙,给人行在城市道路上就已来到公园的感觉。

综合性公园是大型公园,进行旅游总体规划时,应了解该公园在城市园林绿地系统中的地位、作用和服务范围;充分了解当地群众和旅游者的要求以及主管部门的意图,然后才能着手进行规划工作。在规划中应结合当地具体情况,考虑各类游人不同的心理,尽量满足不同年龄、不同爱好的各类游人的要求,为他们提供各种方便的条件,从而创造一个环境清新优美、设施完备的游憩活动场所。

(二)规划内容

旅游总体规划任务,要确定公园范围、规划内容、出入口、功能分区、园路布局、绿化规划、地形处理、园林工程规划(如给排水、通信、广播等)等主要问题。综合性公园的规划内容主要有:观赏游览规划,包括观赏山石、水体、名胜古迹、文物、花草树木、建筑小品、小动物(如鱼、鸟等)规划;静态活动规划,包括品茗、垂钓、棋艺、划船、游步道等规划;儿童活动规划,包括学龄前与学龄儿童的游戏娱乐、迷宫、体育运动、科学文化普及教育活动、阅览室、少年气象站、少年科学园地、小动物园、植物园等规划;文娱活动规划,包括电影、录像、音乐、舞蹈、戏剧、技艺、卡拉OK等;文化科技活动规划,包括展览、陈列、阅览、科技活动、演说、座谈等政治文化和科技活动规划。此外,综合性公园还应考虑按本地人所喜爱的风俗、生活习惯等特点来设置其他游憩项目内容。

旅游服务设施规划，包括餐厅、茶室、休息室、小卖部、摄影橱、公用电话、问讯处、物品寄存处、指路牌、园椅、厕所、垃圾箱等。基础设施规划，包括办公室、会议室、苗圃、花棚、花圃、宿舍、浴室、变电站或配电房、水泵、水闸、水塔、广播室、工具间、仓库、车库、修理厂等。

（三）入口规划

公园出入口的位置选择和处理是公园规划设计中的一项主要工作，不仅影响公园内部的规划结构和分区，而且还影响游人游览和城市街道的交通组织。公园入口一般分为主要入口、次要入口和专用入口。主要入口是公园大多数游人出入公园的地方，一般直接或间接通向公园的中心区。主要入口的位置要求面对游人的主要来向，直接与城市街道相连，位置明显，但应避免设在主要街道交叉口上，以免影响城市交通组织。次要入口是为方便附近居民使用或为园内局部地区或某些设施服务的。主次入口都要求有平坦的、足够的用地来修建入口处所需的设施。专用入口是为了方便园务管理需要而设计的，不供游览使用，位置可稍偏僻，以方便管理、不影响游人活动为原则。

主要入口的设施一般包括大门建筑（票房、小卖部、休息廊等）、入口前广场（汽车停车场、自行车存放处）、入口后广场三部分。

公园出入口是游园的起点，也是游园的第一印象。在设计时，既要考虑方便适用，又要美观大方，反映该园性质特点的独特风貌。公园大门入口的设计手法，可以先抑后扬，入口处多设障景，入园后再豁然开朗，造成强烈的空间对比；可以开门见山，入园后即可见园林主体；可以外场内院，以大门为界，大门外为交通场地，大门内为步行内院，如北京紫竹院公园等。此外，公园大门建筑还应注意造型、比例、尺度、色彩及与周围环境相协调。

入口前广场的大小要考虑游人集散量的大小，与公园和规模、设施及附近建筑情况相适应。它一般长宽约在 12～50 米×60～300 米之间，以 30～40 米×100～200 米居多。

入口后广场位于大门入口之内，是从园外到园内集散的过渡地段，与主路直接联系，面积可小些，可布置公园导游图和游园须知等。

（四）分区规划

综合性公园为满足各类游人的不同爱好，常常采用多种方式进行游乐和文化教育活动。为了给各种活动创造较好的条件，我们需要对公园用地按不同的活动内容进行功能分区规划。

世界各国综合公园的分区出发点不同，有不同的分区类型。有的按游人的年龄分为儿童、青少年、中年、老年等区；有的按不同的植物内容分为温室区、丛林区、草坪区等区；有的分为文化娱乐、体育活动、休闲、名胜古迹区等功能区……我国综合性公园功能分区规划，通常将游人年龄结合公园植物景观进行，分为文化娱乐区、体育活动区、安静休息区、儿童活动区、老人活动区、花园区、纪念区、野餐区等功能区。

文化娱乐区一般处于公园中部，主要通过游玩的方式进行文化教育和娱乐活动，可规划展览馆、画廊、露天剧场、文娱室、阅览室、音乐厅、茶座等项目，用地面积约人均30平方米，是全园布局的重点。文化娱乐区群众性的娱乐项目常常人流量较多，而且集散的时间集中，需要有足够的道路广场，接近公园出入口或与出入口有方便的联系，以避免园内拥挤。

体育活动区一般设置在综合公园的一侧或一角，避免对其他项目活动造成影响。体育活动区一般设体育场、体育馆、游泳池、各种球类活动场所和服务设施。

安静休息区主要是供人读书、休息、散步、打拳、练气功和欣赏风景，需要有较大面积，可按人均100平方米安排，用地选择树木最多、地形变化复杂和景色优美的地方。

儿童活动区与儿童公园在内容和布置上相似。

老人活动区是供老年人开展文化、体育活动的场所。

花园区是观赏价值较高的木本、草本花卉，如牡丹、芍药、月季、丁香、海棠、樱花、杜鹃、百合、郁金香等的专区。

纪念区是为纪念某一历史人物而设置的。

野餐区是供游人自带饮食野餐的地方，可以设一些固定的餐桌及长凳。节假日全家野餐很有趣味。

我国公园自古以来以山水园林式为特色而著称于世。综合性公园规划成功的关键在于因地制宜，地因高叠山，就低挖池，使山得水而活，水伴山而媚，“虽由人作，宛自天开”。

思考题

1. 试述主题公园的主要特征和主要发展模式。
2. 简述主题公园设施规划的主要内容。
3. 如何进行儿童公园设计？
4. 试分析盆景园规划和植物园规划的主要区别和联系。
5. 简述动物园规划功能分区和主要内容。
6. 试述城市湿地公园规划的一般程序。

第七章

自然保护区与森林公园旅游规划

第一节 自然保护区旅游规划

自然保护区是对有代表性的自然生态系统、珍稀濒危野生动植物物种的天然集中分布区、有特殊意义的自然遗迹等保护对象所在的陆地、陆地水体或者海域，依法划出一定面积予以特殊保护和管理的区域。自然保护区的主要任务是，保护生存和发展的生态过程和生命系统（森林生态系统、草原及旱地生态系统、沿海和淡水生态系统、农业生态系统），使其免受破坏和污染；保护生物资源（水体、陆地生动植物资源）的永续利用；保存生物物种遗传基因的多样性；保留自然历史遗迹纪念物。

一、我国自然保护区概况

我国自然保护区分为国家级自然保护区和地方级自然保护区。在国内外有典型意义、在科学上有重大国际影响或者有特殊科学研究价值的自然保护区，列为国家级自然保护区，报国务院批准建立。在国家级自然保护区之外，具有典型意义或者重要科学研究价值的自然保护区列为地方级自然保护区。

自然保护区可以分为核心区、缓冲区和实验区。自然保护区的核心区为保存完好的天然状态的生态系统以及珍稀、濒危动植物的集中分布地，禁止任何单位和个人进入。因科学研究的需要，必须进入核心区从事科学研究观测、调查活动的，应当事先向自然保护区管理机构提交申请和活动计划，并经省级以上人民政府有关自然保护区行政主管部门批准；其中，进入国家级自然保护区核心的，必须经国务院有关自然保护区行政主管部门批准。核心区外围为缓冲区，只准进入从事科学研究观测活动，禁止开展旅游和生产经营活动。因教学科研的目的，需要进入自然保护区的缓冲区从事非破坏性的科学研究、教学实习和标本采集活动的，应当事先向自然保护区管理机构提交申请和活动计划，经自然保护区管理机构批准。缓冲区外围为实验区,可以进入从事科学试验、教学实习、参观考察、旅游以及驯化、繁殖珍稀、濒危野生动植物等活动。

我国自然保护区始建于1956年,截至2006年年底,已建立自然保护区2 395个,其中,国家级自然保护区265个,总面积151 535 040公顷,约占陆地国土面积的15.16%。截至2007年8月,国家级自然保护区已增至303个。我国有70%的陆地生态系统种类、80%的野生动物和60%的高等植物,特别是国家重点保护的珍稀濒危动植物绝大多数在自然保护区内得到很好的保护。截至2005年3月,我国已经有武夷山、长白山、梵净山、卧龙、神农架、锡林郭勒草原、西双版纳等26个自然保护区纳入世界生物圈保护区网络,其中有3处被列入《世界自然遗产目录》。

二、自然保护区旅游规划原则

按照《中华人民共和国自然保护区条例》,旅游活动在实验区进行,可以在不影响保护自然保护区的自然环境和自然资源的前提下,组织旅游等活动。在保护区开展旅游之前,必须制定管理规划。根据游客的数量以及能够为游客提供娱乐机会的范围,确定旅游场所的生态承受能力。旅游活动必须以各个自然保护区实验区的承受能力为前提,以避免生态功能的破坏。具体需要遵循以下原则:

(一)旅游项目与自然保护区保护方向一致

自然保护区实验区属于可开发的生态旅游地,生态旅游地正受到越来越多人的青睐,成为人们回归自然及开展可持续旅游的理想境地。从景观生态角度,可以规划包括山地、森林、草地、各种水域、沼泽等景观生态类型旅游项目。这类旅游项目的共同特点是保持着大自然的原有风貌和良好的生态环境,不影响丰富独特的人文积淀、浓郁的风俗民情。

(二)根据生态学原理开发旅游资源

在进行旅游资源的开发、规划、建设和利用时,自然生态环境保护应贯穿其中,依据生态学原理进行旅游活动项目设计。在自然保护区实验区建设生态旅游观光区,将旅游服务区规划在实验区之外,设立严格的保护区与旅游区之间的界限,同时保证旅游服务区的旅游设施建设,与自然保护区生态环境相协调。

(三)控制游客量,维持生态功能

旅游区的环境质量与游客数量之间存在一个“最佳值”,应按照生态限度的范围控制游客量。游客进入保护区会带来噪声、灰尘、垃圾及汽车尾气等污染,在旅游旺季,通过制订计划措施,如预约制、票价调节制等,确定各景点的合理游客容量和游览路线,控制各个景点的游览者数量。加强游客影响管理,进行生态旅游对自然保护区影响原因的系统分析,寻找减少旅游对自然保护区负面影响的有效管理策略。根据法律、政策、社会和生态数据,从旅游者和生态系统两个方面,评价保护区特定的游客容量管理目标。

三、旅游总体规划

在自然保护区试验区开展旅游，将保护与利用结合起来，有利于保护区的发展。对自然保护区试验区进行旅游规划，需要遵循自然生态规律，坚持“保护第一”的方针，确定具体保护措施。

(一)功能区划分

自然保护区划分为核心区、缓冲区和实验区三个功能区，旅游活动在实验区进行。实验区延续着核心区、缓冲区的地质地貌特征、生物群落和景观特征，规划为生态旅游区；在生态旅游区之下，根据游览、观光、科普、休闲、健身等旅游需求，划分不同的生态旅游功能区，适当地布置旅游项目；实验区之外为旅游服务区。

(二)生态旅游规划

自然保护区生态旅游是利用自然保护区良好的生态环境发展旅游，生态旅游是保护自然保护区生态的特殊旅游形式。

生态旅游是以生态学原则为规划指导，以生态环境和自然资源的保护为取向。生态旅游资源开发建设，要合理布局设施和维护生态平衡，要与自然保护区所在地的旅游景区和相关行业配套，减少建设发展中的盲目性、局限性和短期性。按照需要和可能建设生态旅游景点及规划多类型生态旅游项目，合理分流游客，可减轻对自然保护区生态环境的压力，维护自然保护区生态平衡。

(三)严格控制容量，维护生态平衡

游人进入保护区，会排出二氧化碳气体、产出噪声、扬起灰尘、丢弃垃圾、排出粪便以及汽车尾气等，对环境构成污染。一旦人数超过容量极限和净化能力时，就会使生态平衡遭到破坏，从而降低旅游效果。因此，保护区需要严格控制容人量，防止人满为患；同时，游人进入保护区前，应进行环保教育，以提高其环保意识，使其自觉地保护环境。

(四)实行山下住、山上游

实验区只限游览，游人住在实验区之外的旅游服务中心和旅游度假区。一些重要保护地带，应在导游带领下，限时间、限空间、限路线、限人数地组织游览，严格遵守“山下住、山上游”的原则，将旅游活动对环境的影响降到最低限度。

(五)提高管理者素质，加强科学管理

保护区内旅游管理人员和接待人员要有较高的知识素养和环保意识，在旅游服务中适时地向游人进行环保宣传，恪尽职守，做好保护工作。

四、旅游基础设施规划

为了吸引游客，自然保护区必须建设必要的旅游服务设施，完善交通系统。自然保护区旅游服务基础设施建设应严格执行《中华人民共和国自然保护区条例》的有关规定,符合自然保护区总体规划要求。

自然保护区旅游服务基础设施的建设必须同自然景观和谐一致,有利于生态系统、物种和自然遗迹的保护,体现地方风格和民族特色,不得破坏自然景观和保护对象的栖息环境,不得搞不协调的建筑物、构筑物或装饰性设施。自然保护区旅游服务基础设施建设必须严格执行环境影响评价制度。自然保护区旅游服务基础设施建设必须符合国家《自然保护区管护基础设施建设技术规范》和国家有关法规和标准。

(一)标桩、标牌

在自然保护区,对动物主要栖息地、觅食区域和历史文物遗迹应设立明显的标桩、标牌,以示区界、指示方向、阐述规章制度、提示警告和表达信息等。根据功能,标桩、标牌分为区界性标桩标牌、指示性标牌、限制性标牌、公共设施性标牌、解说性标牌五种。

区界性标桩、标牌是标明自然保护区和功能分区的区域界限、位置及四邻。

指示性标牌是为游客和车辆提供指南,以帮助寻找目标。

限制性标牌是揭示规定、规章,提示游客注意,控制游客活动和行动。

公共设施性标牌是表明设施位置,如休憩、服务、饮水、厕所、垃圾箱等。

解说性标牌主要是说明和介绍情况,以助游兴。

在有游客活动的自然保护区境界或功能分区区界,应设置区界性标桩,区界性标桩间隔距离一般为 500 ~ 1 000 米,在游客活动较频繁的地区或转向点,应适当加密。

在进入自然保护区境界或在功能分区区界的显要位置,应设置区界性标牌。一般设置 1 个自然保护区境界标牌,介绍自然保护区的名称、范围、主要保护对象、保护意义、保护要求、管理机构等内容;可以设置若干个自然保护区功能分区标牌,介绍功能分区的名称、范围、保护要求等内容。其他标牌根据指示方向、阐述规章制度、提示警告和表达信息等需要设置。

标桩、标牌采用鲜明底色,易识别,文字通俗易懂、清晰明显。对外开放的自然保护区,应注明英文。区界性标桩以坚固耐用的材料制作,一般以水泥预制件为主,长方形柱体,柱体平面长 0.24 米、宽 0.12 米,露出地面 0.5 米,埋入地下深度根据具体情况确定,注明自然保护区或自然保护区功能区的全称及标桩序号。标牌以木材或金属材料制作。区界性标牌的牌面分为 0.68 米 ×1 米、1.36 米 ×2 米、2.4 米 ×3.5 米不同规格,贴近地面或牌面底部距地 1 米设置;其他标牌的牌面分为 0.68 米 ×1 米、1.36 米 ×2 米不同规格,牌面底部距地 1 米设置。标桩、标牌的设置应与自然环境协调,不得破坏自然景观和自然遗迹。

栅栏的设置规格(长度、高度、结构等),应根据保护需要,按保护对象进行确定,以起到防护作用为准。

（二）道路

自然保护区的道路分为干道、巡视便道和小道。干道，指国家或地方公路连接自然保护区的道路，路面宽度为6～8米；巡视便道，指设在自然保护区内的由管理局（处）至各保护站、居民点或经营活动场地的道路，砂土路面，以单车道为主，部分路段可设双车道以便会车；小道，指在自然保护区内供人们行走的道路，可根据自然地势设置自然道路或人工修筑阶梯式道路，有条件的可铺碎石或片石，路面宽度1～1.5米。自然保护区的旅游交通道路规划要充分利用自然保护区的干道、巡视便道和小道系统，实验区的游步道以小道为主。

自然保护区的道路设计应遵循：第一，道路布设以满足自然保护区管理、科研、巡视防火、环境保护以及生活与旅游需要为原则；第二，内部道路可按不同等级，构成交叉路网，内部道路需与外部交通衔接；第三，应充分利用现有道路系统并结合防火道建设，尽量不占或少占农田、村地；第四，道路标准应因地制宜，根据使用性质确定，道路线形应顺从自然，一般不搞大填大挖，尽量不破坏地表植被和自然景观；第五，道路行走位置不得穿越地质不良和有滑坡、塌陷、泥石流等危险地段；第六，道路网应通过图面布线，分别确定道路的起止点、走行方位、中间控制点、道路里程和建设标准；第七，自然保护区的道路不得改变河流或溪流的流向。在沼泽地、坡地、地表松软或分布有苔原植被的特殊地段，应架设搭桥，宽度为1～1.5米，高度为0.5～1米。在有危险性的路段，应设置护栏、护网、隔墙、扶手、台阶等安全防护设施。

（三）旅游建筑物

自然保护区旅游建筑物主要有旅游观光台、旅游管理与旅游服务用房，遵照国家《自然保护区管护基础设施建设技术规范》要求标准执行。旅游观光台设在自然保护区实验区，旅游管理与旅游服务用房规划在旅游服务区内。

旅游观光台可利用自然保护区实验区监视塔、瞭望台（楼）等设施。增设旅游观光台要按照保护区监视塔、瞭望台（楼）的设置要求进行。旅游观光台设置的位置必须视野宽阔，控制范围广；结构形式和高度应顺应自然地形地势条件，建筑物以竹、木、砖、石等地产材料为主。建筑物的建设要充分考虑本地区的施工、安装及材料等条件，合理选用先进技术和标准设计。旅游观光台外表要与周围自然环境相协调，不得用瓷砖、玻璃墙、大理石等贴面，不得用鲜明的颜色。

（四）旅游服务区基础设施

旅游服务区的旅游管理与旅游服务用房等建筑物的结构造型、材料和装修标准应与自然保护区的性质、功能相协调。建筑物应建在朝向、环境、地形等条件较好的位置，符合采光、照明、通风、防火、卫生等有关标准，达到安全、适用的效果。

在自然保护区旅游服务区应尽量采用太阳能、沼气、风能等清洁能源。旅游服务区内的供电线路应尽量在地下敷设。旅游服务区的供水水源可采用地下水或地表水，一般以地下水为主。水源选定要求供水距离短、水量充足；水质良好，饮用水应符合国家规定的生活饮用水卫生标准；水源地应选在居住区和污染源的上方；重要水生生物栖息地不能用作水源。排水设施必须满足生活污水、生产污水和雨水的及时排放。排水方式一般采用明渠（沟）或自然排放。湿地类自然保护区不得用于自然保护目的之外的水源，不得修建排水工程而破坏湿地。

自然保护区旅游区应修建国家规定的一类公共厕所，其他区域根据需要修建三类公共厕所。旅游服务区的宾馆、饭店、企业排放的污染物必须达到与功能区相适应的标准，未达标污染物不得排入自然环境。在自然保护区的旅游区和人类活动地区应设置垃圾箱，垃圾箱的设置间隔一般为 50～100 米。垃圾应填埋处理，在保护区外设置填埋场，并达到国家规定的处理要求。

在自然保护区规划任何一项旅游服务工程建设，必须以保护生态环境、有效利用资源为前提，以“因地制宜，适度利用”为原则，保护自然风光，突出特色，突出野趣。人工建筑要少，要精，要融入自然中，防止城市化。特别是在建设中，对保护区中的一山、一石、一草、一木都要精心保护，不得开山取石、乱砍滥伐、滥捕。

第二节　森林公园旅游规划

森林公园就是以良好的生态环境为主体，充分利用森林生物的多样性、多功能，经科学保护和适度开发，为游人提供游览、休闲、度假、保健疗养、文化娱乐和科学教育的场所。1982 年，为了适应国内外旅游者的需求，我国建立第一个国家级森林公园——张家界国家森林公园。截至 2008 年 3 月，我国已建立 2 157 处森林公园，其中，国家级森林公园有 686 处。森林旅游是深受世界和我国人民青睐的旅游项目。

一、森林公园选址

森林公园除了具有良好的森林环境外，还有能开展观光、野营、野餐、滑雪、划船、狩猎等旅游项目活动的空间，需要科学确定建设地址。

（一）资源丰富，特色突出

森林公园选址要求，森林环境质量优越，资源丰富，特色突出，对旅游者吸引力强，能满足旅游者的多种需求。森林公园在森林环境良性化的条件下，能给旅游开发商带来较大的利润，并获得理想的经济效益。

（二）适应森林旅游活动开展

森林公园最主要和最重要的功能是旅游功能。森林公园选址需要综合考虑森林的气候、地形、土壤、水、环境等自然因素对森林旅游的影响，所选择的森林旅游区要适合森林旅游活动对气候、地形、土壤、水、环境条件的要求。森林气候是天气变化的多年综合。在森林公园选址中考虑的是局部小气候，包括温度、空气流通、受光量、风、降水等因素。一般用夏季长短、平均气温来衡量气候对森林公园选址的影响。

地形是自然环境的骨架，是人工建筑的基质，通过高度、坡度、坡位、坡向来体现。上坡，温度日变化大，风大，土壤干燥，植被差，易发生火灾；下坡，阴凉湿润，气流不畅，多烟雾积聚；中坡，适宜植被生长，气流早晨上行，晚间下行，形成良好的通风条件，对温度有调节作用。游人活动的野营区和野餐区宜选择在坡度为10%以下的缓坡上。

森林旅游区有小溪、草地、湖泊和海洋等资源条件为最佳。选择森林旅游区时，既要考虑水体条件，又要对水质、水源、水处理和水分布进行全面研究。森林公园每次降水都是大范围的，无法选择，但要掌握降水时空的变化规律，以便制定防水、防干旱的措施。选择近河道的森林建森林公园，要考虑洪水的危险。

(三)景观环境好，交通设施好

森林公园选址的环境选择，需要考虑所选的森林旅游区位置、相邻区域景观、空间大小、植被类型等情况；要求森林旅游区所处位置有良好的道路交通设施，相邻的区域景观良好，有适度的空间，有适合旅游活动安排的植被类型。

二、旅游总体规划

森林是森林旅游产业发展的优势。森林没有特色或森林被破坏，都会使森林旅游业萎缩。因此，森林是森林旅游业的生命，在发展森林旅游的同时要建设好森林。森林公园旅游总体规划以开展森林旅游为宗旨，逐步提高森林的经济效益、生态效益和社会效益。森林公园旅游总体规划包括规划原则、旅游功能分区、植物景观规划、生物资源保护规划、旅游服务设施规划、基础设施规划等主要内容。

(一)规划原则

从森林公园的特点出发，在制定旅游总体规划时应遵循；第一，以生态理论为指导，以森林生态环境为主体，以保护为前提，开发与保护相结合。在开展森林旅游的同时，重点保护好森林生态环境。第二，以森林旅游资源为基础，以旅游客源市场为导向，建设规模必须与游客规模相适应。充分利用原有设施，适度建设，注重实效。第三，以森林生态环境为主体，突出自然野趣和保健等多种功能，因地制宜，发挥自身优势，形成独特风格和地方特色。第四，突出森林群落优势。森林公园在规划中，要做到突出森林群落优势，其一，除水面和基岩裸露地外，都要被森林所覆盖，森林覆盖率要达70%～100%，形成绿色世界。其二，突出地方树种，形成群落与观赏优势，突出地方景观特色。地方树种成活率高，地方特色明显。其三，要发挥生物资源优势，建立多样的群落结构。在森林公园中切忌单一树种，在突出地方树种优势的同时，可引进同纬度的境外树种，并与灌木、花卉结合，形成高度不同、形态不同、色调不同、季相不同的多层次立体的丰富多彩的生物群落，不仅可以给旅游者创造良好的度假环境，而且也提高了森林公园的综合生产力。

(二)旅游功能分区

森林公园的功能分区根据地域特点和综合发展的需要，一般可划分为游览区、游乐区、野营区、野餐区、旅游服务区、行政管理区、林业生产经营区、旅游商品生产区、生态保护区、居民住宅区等。

1. 游览区和游乐区

森林公园的游览区，由特色群落、古树名木、自然山水组成，是公园开展各种旅游项目的主体部分。在距城50公里的近郊森林公园的游乐区，为弥补景观不足、吸引游客，在条件允许的情况下可以建设大型游乐设施，但项目一定要体现森林特点。

2. 野营区和野餐区

野营区一般选在在森林公园较为僻静的场所，依山傍水，离水边45米以上，同主要交通线相连并保持一定距离。野餐、野营地应选择在利于开展野营、露宿、野餐等活动、空气流通最佳的地区。野营区用地，多为森林中较为平坦的地面。在森林公园的东坡，上午阳光充足，下午阴凉，最适宜野营；或选在西坡、南坡，适宜游泳，水中温度高，又可以日光浴。野营区独成体系，整体布局上以餐饮点、管理点、游乐中心为核心。根据规划地区的实际情况，野营区可分设若干亚营区。中心区与亚营区可通过多重旅游环线相连，既有整体性，又有独立性。亚营区主要安排住宿设施和卫生设施，每一个亚营区以容纳24人为宜。中心区与亚营区通过组团式布局，可构成一个集吃、住、娱乐等多功能为一体的自助旅游营地。

森林公园野营区的野餐区应选在视野最好的地方，建在离水边距离至少在45米的缓冲地带，避免野餐区距水边太近游客过度集中而造成环境污染破坏，阻止游客在未批准地段游泳以免出现危险。野餐区内也可采取组团式布局，分设若干个相对独立的野餐点，野餐点间通过环路相连。每个野餐点面积大小据规划地区的实际情况而定。野餐点须具备火种、垃圾箱、供水处及其他野餐设施。

3. 旅游服务区和行政管理区

旅游服务区用于集中建设宾馆、饭店、购物、娱乐、医疗等旅游服务项目及其配套设施。行政管理区主要为办公楼、仓库、车库、停车场等项目布置区。

4. 林业生产经营区和旅游商品生产区

林业生产经营区主要用于从事木材生产、加工或种植观赏苗木、水产养殖等非旅游业的各种林产业区域。旅游商品生产区主要用于加工生产具有森林旅游特色的旅游商品。

5. 生态保护区

生态保护区是划定作为保持水土、涵养水源、维护公园环境生态平衡的区域。

6. 居民住宅区

居民住宅区是林业工人和旅游从业人员居住的区域。森林公园的功能分区要视森林公园大小、资源状况、经营项目多少进行规划,可适当减少或合并。

森林公园开发,需要进行植物景观、生态环境保护、旅游服务设施和基础设施的建设,并做出相应的规划。

三、植物景观规划

植物景观是森林旅游的重要组成部分。规划内容包括植物景观平面布置、面积、植被及其景观特色、技术措施、种苗与花卉需要量及其来源等。

森林公园的植物景观分主景、配景和衬景。主景,是指具有植被特色、专供旅游者观赏的森林植被,可以是林相景观(垂直郁闭型或水平郁闭型),或季节特色的植被景观(赏花、赏叶、观果),或古树名木;配景,指景点或建筑物周围环境的美化植被;主景与配景之外的植被均为衬景,一般为公园功能区、景区外围起远景衬托作用的森林植被。植物景观工程规划要依据突出公园景观特色的要求,做好主景、配景和衬景的设计。

森林旅游区的森林植被兼顾景观、休憩、疗养、保健、科研、生态环境等多种旅游功能,应根据需要,因地制宜地合理布局、统一安排。

森林公园新建景点必须以自然景观为主,突出自然野趣;以人文景观做必要的点缀,起到画龙点睛的作用。除特殊功能需要外,景区内不宜设置大型人造景点。若必须设置,则应以不破坏自然景观并与自然景观相协调为前提条件。景点主题必须突出,个性必须鲜明;各景点主题之间应相互连贯,但不可雷同。植物景观应突出区系地带性植物群落的特色;充分利用森林植物群落结构、树种、植物干、花、叶、果等形态与色彩,形成不同结构景观与四季景观,并重点突出具有特色的植物景观。森林植物景观,应以现有森林植被为基础,按景观需要,结合造林(种草、种花)、改造和整形抚育等措施进行设计,不可大砍大造,应保持森林植被原始状态。

植物景观布局应突出局部特色和多样性,总体上应合理搭配、相互协调。景点布局要突出森林公园主题,从公园整体到局部都应围绕公园主题安排;总体布局中应突出主要景区,以主要景区为中心;景区内应突出主要景点,以主要景点为中心;运用烘托与陪衬等手段,合理安排背景与配景;景点静态空间布局与景点动态序列布局紧密结合,处理好动与静之间的关系,使之协调,从而构成一个有机的艺术整体。

(一)景点静态空间布局

森林公园旅游景点的静态空间布局,要依据风景透视原理,合理确定景点视场;综合借用对景、透景、障景、夹景、框景、漏景、借景等多种艺术手法,合理处理画面与景深,增强艺术感染力。对景的运用应结合河流、道路、疏林、草地等自然地形、地物设置,严禁砍伐古树名木开辟透视线。根据闭锁空间与开朗空间的具体条件,合理组织开朗风景与闭锁风景。

(二)景点动态序列布局

森林公园旅游景点的动态序列布局,要正确运用"断续"、"起伏曲折"、"反复"、"空间开合"等手法,构成多样统一的鲜明的连续风景节奏。在整个演替过程中,连续布局不应平铺直叙,除自始至终要有主调、配调和基调之外,还应有阶段性,应突出开始、发展、高潮和结束的时空艺术构图特征。景点的连续序列布局应沿山势、河流水系、干道的走向展开。森林植被是森林公园构图的主要题材,植被布局应视具体条件,充分利用植物干、叶、花、果的形态和色彩的季节变化,在形成四季景观的同时,重点突出具有特色的季节景观。

森林公园的风景林与防护林,要严禁以单纯取材为主要目的采伐利用,应根据景观需要采取定向培育及卫生采伐。对于森林公园内尚存的宜林地,应结合景观需要,进行人工造林(种草、种花),植株应自然配置。对于生长不良且无景观价值的残次林,或由于景观单调切实需要调整的成熟人工林,应进行改造。改造后的景观应具有特色,并与森林公园总体风格相协调。

新建的森林公园,如果植被结构和分布不适合旅游要求,在原有森林植被的基础上,可以采取人工调整措施,结合造林(种草)、改造和整形抚育等措施,进行规划改造,妥善安排苗木、草花、花卉来源。新建、扩建苗圃,应符合现行《育苗技术规程》(GB6001)的规定。

以保护原有森林植被为前提,逐步形成多树种、多层次、乔灌藤草相结合的较完整的区系植物群落,可提高森林公园的游览观光价值和防护功能。总体上保持良好的森林生态环境,可在微观上为游人提供不同植被群落多彩多姿的观赏内容。

四、生物资源保护规划

在森林公园建设中,生态环境保护是第一位的,应开发与保护相结合,以确保自然生态环境的良性循环。森林公园生物资源保护可分为植物资源保护、野生动物资源保护、景观资源保护和生态环境保护。

(一)植物资源保护

植物包括地被植物、裸子植物、蕨类、苔藓、地衣、藻类、真菌等。森林公园的植物资源,必须贯彻"保护、培育、合理开发利用"的方针。森林植物是公园的主体。

森林公园建设,首先,必须保护现有植物,使其不受破坏。森林公园基础设施工程建设,不得破坏或影响自然植被和植物物种的生长、繁衍环境。在森林公园内采集标本、野生药材和其他林副产品,必须经管理机构同意,并应限制数量,在指定区域内进行。

其次,对数量不多或逐渐减少的珍贵植物,应根据各自特点,确定适宜的恢复和发展措施。积极增加物种,不断扩大种群数量,做到合理开发、永续利用。

第三,森林防火。森林防火主要包括瞭望、阻隔、预测预报、通信、道路、巡逻、检查、防火机场、防火站等工程建设,应根据地区特点和保护性质,设置相应的安全防火设施。要做好森林防火,应选择通视良好、视野开阔、控制范围广的地方建瞭望塔(台)、观测站,其设置位置、结构形式、色彩和高度,均应与公园景观相协调;在火险地段设置20~30米的防火隔离带。森林防火工程建设,必须贯彻"预防为主,积极消灭"的方针。野营、野炊等野外用火的旅游场所,必须设置防火设施。在有火险地段,应设置防火隔离带(或防火线)。隔离带宽度一般为20~30米,最低宽度不应小于树高的1.5倍。各种森林防火工程建设,必须以提高防火效率、增强防火能力、有利于林火管理为准则。森林防火工程设计,应符合现行《森林防火工程技术标准》(LYJ127—91)的规定。

第四,病虫鼠害防治。森林病虫鼠害的防治,必须贯彻"预防为主,综合治理"的方针和"谁经营,谁防治"的责任制度。森林病虫鼠害的防治,宜以生物防治措施为主;所选用的天敌,以本地区或附近地区具有的种类为主,需引入外地天敌必须经过本地试验后方可采用。化学防治必须遵守有关规定,防止环境污染,保证人畜安全,减少杀伤有益生物。预测预报站、检疫检验室等设施的建立,应根据目的和任务确定其规模及设置位置并与景观相协调。

(二)野生动物资源保护

野生动物,指非人工驯养的兽类、鸟类、爬虫类、两栖类、昆虫和其他动物等。在森林公园内要严加保护国家规定的珍稀动物,狩猎、垂钓的动物须完全来源于人工饲养,禁止捕杀野生动物或进行其他妨碍野生动物生息和繁衍的活动。

森林公园的野生动物资源,必须贯彻"加强保护、积极驯养繁殖、合理开发利用"的方针。在森林公园开发建设中,应监视、监测环境对野生动物的影响。森林公园建设项目,不得对国家或者地方重点保护野生动物及其生存环境产生不利影响。森林公园除狩猎、垂钓等特定区域外,禁止猎捕和妨碍其他野生动物生息繁衍的活动。对保护对象有逃散可能和植被景观易受破坏的地段以及适宜圈养、半圈养的场所,应根据需要设置围墙、隔网、栅栏等防护设施。引入野生动物必须慎重,以适合本区生长的种类为准,不得因物种引入而影响本区域生境和野生动物的生存。

(三)景观资源保护

森林公园的一切景物和自然环境,必须严格保护,不得损毁、破坏或随意改变。古树名木、中心景区的景观必须严加保护,一般景观实行常规保护。

在景观资源保护中,对于地质遗址、遗迹、历史古迹和珍稀、濒危物种分布区域,具有重大科学文化价值的区域,采取特殊保护;中心景区采取重点保护;一般景区采取常规保护。

在珍贵景物和重要景点上，应根据需要设置适宜的保护设施，但不得增建其他工程设施。森林公园游览区及游人有效视野范围内的林木，不得采伐和进行生产性的经营和活动。采取的经营措施必须符合景观要求。古树名木严禁砍伐或移植，并应采取有效的技术措施为其创造良好的生态环境，以维护其正常生长。森林公园的古建筑物保护，必须贯彻“修旧如旧”的方针，保持其原历史风貌。禁止在森林公园内毁林开垦和毁林采石、采砂、采土以及其他毁林、破坏景观的行为。

森林公园必须根据环境容量确定合理的游览接待规模，有计划地组织游览活动，不得无限制地超量接纳游览者。

（四）生态环境保护

森林公园建设，必须采取有效措施，保护生态环境，防治植被破坏、水土流失、水源枯竭、种源灭绝以及其他生态失调现象的发生和发展；防治废气、废水、废渣、粉尘、恶臭气体、放射性物质以及噪声、振动、电磁波辐射等对环境的污染和危害。

在森林公园内，不得建设污染环境的工业生产设施；基础设施建设的污染物排放不得超过规定的排放标准。森林公园建设防治污染的设施，必须与主体工程同时设计、同时施工、同时投产使用。不得引进不符合我国环境保护规定要求的技术和设备。

森林公园的居民生活区，宜建在山区空旷地带。生活锅炉、取暖锅炉以及其他用途的烟囱，必须安装消烟除尘设备，烟囱高度应符合环境保护的规定要求。直接或间接向水体排放污染物的建设项目和其他水上设施，必须遵守国家有关建设项目环境保护管理的规定。森林公园内的裸地应全面绿化，以减少粉尘对环境的危害。

在森林公园境内，不得使用大功率的广播喇叭和广播宣传车。驶入森林公园的机动车辆，应安装废气净化装置、消声器和符合规定的喇叭。森林公园的游乐场所，应采取有效措施，减轻或消除噪声对周围环境的影响。海滨型森林公园向海洋排放污染物、倾倒废弃物，必须依照法律的规定，防止对海洋环境的污染损害。

生物资源保护工程设施的设置应因地制宜、就地取材、便于施工；生物资源保护工程设施应坚固、适用并与周围景观相协调；生物资源保护工程设施宜进行艺术处理，起到点景、美景的作用。森林公园应根据保护对象的特性和科学管理的技术要求，确定适宜、有效的保护措施。对于危及物种生长、生存的病虫害、地方性疾病和污染现象，必须提出积极的防治措施。生物资源保护规划内容，包括保护方案制订、保护对象分类、保护措施确定、保护设施设置等。

五、旅游服务设施规划

森林公园的旅游服务设施规划应与游客规模和游客需求相适应，高、中、低档相结合，季节性与永久性相结合。旅游服务基地选设，应有利于保护景观，方便旅游观光，为游客提供畅通、便捷、安全、舒适、经济的服务条件。旅游服务设施应满足不同文化层次、职业类型、年龄结构和消费层次游人的需要，使游客各得其所。

旅游服务设计内容包括：设施布局，占地面积计算；建筑物的位置、等级、高度、体量、风格、造型、色彩及其使用功能的确定等；休憩、服务性建筑物的位置、朝向、高度、体量、空间组合、造型、色彩及其使用功能，应与地形、地貌、山石、水体、植物等景观要素和自然环境统一协调；建筑层数一般以不超过林木高度为宜；兼顾观赏和点景作用的建筑物高度和层数应服从景观需要，亭、廊、花架、敞厅的楣子高度，应考虑游人通过或赏景的要求，亭、廊、花架、敞厅等供游人坐憩之处，不采用粗糙饰面材料，也不采用易刮伤肌肤和衣物的构造。

旅游服务建筑用地，不应超过森林公园陆地面积的2%。宾馆、饭店、招待所、休养所、疗养院、游乐场等永久性大型建筑，必须建在游览观光区的外围地带，不得破坏和影响公园景观。公园内景观最佳地段，不得设置餐厅及集中的服务设施。

森林公园餐饮服务点和布局，应按照游览里程和实际条件加以统筹安排，凡是游人集散地和较集中的休憩点，均宜设置餐饮服务设施。饮食点建筑除供游人进餐外，造型应新颖、独特，并与自然环境相协调。餐饮建筑设计，应内外空间互相渗透，室内室外各有情趣，并应符合现行《饮食建筑设计规范》(JGJ64—89)的规定。

森林公园的住宿服务，应根据游客规模和需求，确定接待房间、床位数量及档次比例，并按照森林旅游业的发展，考虑扩建的可能性。旅游床位建设标准一般为：高档28~36平方米/床；中档15~25平方米/床；低档8~12平方米/床。森林公园应根据其总体布局，确定旅馆和饭店的位置、等级、风格、造型、高度、色彩、密度、面积等。住宿服务设施设计，应符合现行《旅馆建筑设计规范》(JGJ62—90)的规定。

娱乐设施和项目应体现森林公园的特点，集知识性、趣味性和文明性于一体，力求新、奇、特，以满足国内外游人对游乐、游憩的需要，并能得到文化艺术的熏陶。森林公园应根据其地形条件和现有设施，因地因园布设娱(游)乐服务项目，从而达到地、物、景与项目的最佳组合。娱乐服务设施和项目建设规模应与我国和地区经济发展水平相适应，并针对主要客源的需求，兼顾经济效益和社会效益。森林公园的娱乐服务场所选设，不得破坏公园景观和自然环境。娱乐服务设施设计，应符合现行《游艺机和游乐设施安全标准》(GB8408—2000)的规定。

森林公园的购物服务设施和消费品生产，应与游客规模及其消费水平相适应。以市场为导向，确定生产规模和发展速度。森林公园的购物服务网点布局，应在不破坏环境和公园景观的前提下，因地制宜，随需而设，统筹安排。购物服务网点建筑物宜以临时性、季节性为主，其体量、造型、色彩应与周围环境相协调。森林公园旅游购物品应力求创出自己的特色，避免出售雷同性产品和不适销对路的消费品。旅游购物品主要包括日用品、土特产品、工艺品、纪念品和馈赠品等。

森林公园宜按景区建立医疗保健设施，以对游客中的伤病人员及时采取救护措施。医疗保健建筑及其布局，应与公园景观和自然环境统一协调。医疗保健设施和用品，应根据公园的性质、特点和自然条件因地制宜地设置和匹配。

森林公园境界、出入口、功能区、景区、重要景点、景物、游径端点和险要地段，应设置明显的导游标志，以示界限，指导方向，阐述园规，介绍情况，提示警告，表达信息。导游标志的色彩和规格，应根据设置地点、揭示内容和具体条件进行设计并与景观和环境相协调。国家级森林公园，导游标志应采用中、英两种文字说明；公共设施标志应采用国际通用的标志符号。

森林公园的厕所，应既隐蔽又方便使用，宜设方便残疾人使用的厕所。厕所设置应按日环境容量的2%设置厕所蹲位（包括小便斗位数），男女蹲位比例为1～1.5:1；厕所的服务半径不宜超过500米。各厕所内的蹲位数应与公园内的游人分布密度相适应。

六、基础设施规划

森林公园的基础设施一般包括道路、水、电、通信等设施建设。森林公园内道路、水、电、通信、燃气等线路布置，不得破坏景观，同时应符合安全、卫生、节约和便于维修的要求。电气、上下水工程的配套设施，应设在隐蔽地带。森林公园的基础设施工程，应尽量与附近城镇联网，如经论证确有困难，可部分联网或自成体系，并为今后的联网创造条件。

森林公园不宜设置架空线路，必须设置时，应避开中心景区、主要景点和游人密集活动区；不得影响原有植被的生长。在进行植被配置设计时，应提出解决新植被与架空线路矛盾的措施。

森林公园道路布设必须满足森林旅游、护林防火、环境保护及森林公园职工生产、生活等多方面的需要；应根据森林公园的规模、各功能分区的活动内容、环境容量、运营量、服务性质和管理需要，综合确定道路建设标准和建设密度。公园内部道路可采用多种形式组成网络，并与外部道路合理衔接，沟通内外部联系。有水运条件的地区，宜利用水上交通。公园内应充分合理利用现有道路，做到技术上可行、经济上合理，尽量不占或少占景观用地。公园内道路所经之处，两侧尽可能做到有景可观，使游人有步移景异之感，防止单调平淡。道路线形应顺从自然，一般不进行大填大挖，尽量不破坏地表植被和自然景观。道路走行位置不得穿过有滑坡、塌方、泥石流等危险的地质不良地段。

森林公园内主要道路应具有引导游览的作用。通向建筑集中地区的园路应有环行路或回车场地。通行养护管理机械的园路宽度应与机具、车辆相适应。生产管理专用道路不应与主要游览道路交叉。森林公园旅游区内应尽量避免有地方交通运输公路通过；必须通过时，应在公路两侧设置30～50米宽的防护林带，并在适当位置设置生境通道。

森林公园道路，分为干线、支线和游步道。干线分为森林公园与国家、地方公路连接的外干线道路以及森林公园内环形的内干线主道。外干线按相应的国家公路等级标准设计，内干线宽度一般按5～7米进行设计，纵坡度不得大于9%，平曲线最小半径不得小于30米。支线是森林公园内通往各功能分区、景区的道路，宽度一般按3～5米进行设计，纵坡度不得大于13%，平曲线最小半径不得小于15米。游步道是通往森林公园各景点的观光道，宽度一般为1～3米，纵坡度不得大于18%，超过此坡度时可修阶梯小道。

森林公园道路设计必须满足森林旅游、护林防火、环境保护及森林公园职工生产生活等多方面的需要。主要道路要具有引导游览的作用，游客量大的道路要通畅。道路设计要与地形、水体、植物、建筑及其他设施结合，形成完整的风景构图，创造连续展示风景景观空间或欣赏前方景物的透视线。道路的转折、衔接要流畅并符合游人的行为规律。

森林公园应根据不同功能要求和当地筑路材料合理确定其结构和饰面。面层材料应与公园风格相协调。道路网设计内容，包括图面布线、起讫点、走行方位、中间控制点、道路里程和建设标准的确定等。森林公园设置架空索道，不得破坏或影响公园景观和自然环境。架空索道工程设计，应符合有关标准、规范的规定。

森林公园给、排水工程设计，应符合国家有关标准、规范的规定。给、排水工程设计内容，包括选定水源，确定给、排水方式，布设给、排水管网等。

森林公园给水工程，包括生活用水、生产用水和消防用水的供给。森林公园给水方式，有条件的可采用集中管网给水，也可利用简易管线自流引水，或采用机井给水。给水水源可采用地下水或地表水，一般以地下水为主。水源选定应考虑：供水距离短并有充足水量；水质良好，符合现行《生活饮用水卫生标准》(GB5749—2006)的规定；给水方便可靠，经济适用；水源地应位于居民区和污染源的上游。

森林公园排水工程必须满足生活污水、生产污水和雨水排放的需要。排水方式，宜采用暗管(渠)排放。污水排放应符合环境保护要求。生活、生产污水，必须经过处理后排放，不得直接排入水体和洼地。

森林公园的供电工程设计，应按现行有关标准、规范的规定执行。供电工程设计内容，包括用电负荷计算，供电等级、电源及供电方式确定，变(配)电所设置，供电线路布设等。森林公园的供电工程，应根据电源条件、用电负荷和供电方式，本着节约能源、经济合理、技术先进的原则进行设计，做到安全适用、维护管理方便。森林公园供电容量设计，应正确处理近期和远期发展的关系，做到以近期为主，适当考虑远期发展。供电电源应充分利用国家或地方现有电源。当无现有电源可以利用或利用现有电源不经济合理时，方可考虑自备电源。在水力或风力资源丰富地区，可优先考虑自建小型水力或风力发电站。供电方案应运行可靠、简单灵活、方便维修、技术先进、经济适用。

供电电压应以地区电压等级为准。自建电厂(站)时,必须采用国家标准电压等级。用电负荷计算,一般采用"单位指标法"和"需用系数法"。变(配)电设施的设置,应考虑:输电距离短、接近负荷中心;便于电压质量的提高和线路的引入、引出;位于地质稳定安全的地区;不受积水或洪水淹没的威胁;不影响邻近设施;不破坏生态环境和公园景观。

用电负荷较小而又分散的地区,宜采用独立变电所或杆上变压器。在变电所和变压器的周围,应设置安全防护设施。当电力负荷所引起的电压波动值超过照明或其他用电设施电压质量要求时,应分别设置动力和照明变压器。

供电线路铺设,一般不应采用架空线路;必须采用时,线路应尽量沿路布设,避开中心景区和主要景点,尽可能不跨越建筑物或其他设施。高压线路不得穿越动物集中活动区。

森林公园通信包括电信和邮政两部分。

森林公园通信工程设计,应按现行有关标准、规范进行。通信工程设计内容,包括方案选定、通信方式确定、线路布设、设施设备选型等。森林公园的电信工程,应以有线为主,有线与无线相结合。森林公园通信工程,应根据其经营布局、用户数量、开发建设和保护管理工作的需要统筹设计,组成完整、统一的通信网络。森林公园的电信系统必须与外部联网;电信网点的设置必须便于开发建设、旅游服务和保管管理等活动的开展;设备选型应简易方便,功能可靠;设施坚固适用,工程量小,投资少。

森林公园应根据自身发展的需要设置邮政业务。森林公园邮政网点的设置应考虑:方便职工生活,满足游客要求,便于邮递传送;起到点景、美景的作用;建设工程量小、投资少。森林公园的通信应利用地方现有通信网络。园址宜根据通信业务量设邮电局(所)或通信中心,各功能分区、景区、景点可设邮筒和分机。有线通信一般采用光缆或架空明线。临时性的通信和防火通信,可采用无线通信。

水、电、通信等配套设施,一般要求:不破坏景观,应铺设在隐蔽地带;安全、卫生、节约和便于维修;尽量与附近城镇联网;避免建高架线路,必须搭建时,应避开中心景区、主要景点和游人密集活动区,不得影响植被生长。

思考题

1. 谈谈你对自然保护区中开展旅游的看法。
2. 自然保护区规划要遵循哪些主要原则?
3. 如何进行自然保护区内的道路规划?
4. 结合案例分析如何进行森林公园选址。
5. 在森林公园规划中,如何进行植物景观规划?
6. 结合案例分析在森林公园规划中如何做好生物资源保护。

第八章

旅游支持保障体系规划

旅游支持保障体系规划是旅游发展的辅助性规划，包括旅游安全预防规划、旅游线路组织规划、旅游接待体系规划、旅游土地利用规划、旅游交通规划等子规划。

第一节　旅游安全规划

旅游活动在安全的基础上进行，旅游安全规划是旅游支持保障体系规划中最基本和最核心的规划。旅行社、旅游饭店、旅游汽车和游船公司、旅游购物商店、旅游娱乐场所和其他经营旅游业务的企事业单位是旅游安全管理工作的基层单位。一项有效的旅游安全规划包括安全人员、安全设施和安全步骤三大内容。安全人员和安全设施是有形的资源，安全步骤则规定了如何使用这些资源达到组织目标的具体做法。凡是与旅游安全有关的一切事情都与这三大内容相关联。旅游安全涉及旅游的食、住、行、游、购、娱各方面，具体有行游安全、人身安全、饮食安全、住宿安全、购物安全等方面。旅游安全规划具体有旅游企业安全管理工作职责、风景名胜区旅游安全规划、旅游饭店安全规划、漂流旅游安全规划等主要内容。

一、旅游企业安全管理工作职责

旅游企业是旅游安全管理工作的基层单位，按照国家旅游局《旅游安全管理暂行办法实施细则》(1994 年 1 月 22 日 国家旅游局颁布)，需要制定旅游企业安全管理工作职责。旅游企业安全管理工作职责内容包括：

第一，设立安全管理机构，配备安全管理人员，建立安全规章制度，并组织实施；建立安全管理责任制，提高从业人员的安全知识和防范技能，配备与经营范围相适应的专人安全管理人员和安全设施，严格遵守操作规程，定期检查，保障旅游者人身、财产安全。

第二，建立安全管理责任制，将安全管理的责任落实到每个部门、每个岗位、每个职工。

第三,把安全教育、职工培训制度化、经常化,培养职工的安全意识,普及安全常识,提高安全技能,对新招聘的职工,必须经过安全培训,合格后才能上岗,并接受当地旅游行政管理部门对旅游安全管理工作的行业管理和检查、监督。

第四,经营涉及人身安全的特殊旅游项目和客运架空索道、缆车、漂流、滑雪、攀岩、滑翔等特种旅游项目,需要配备专业人员,提供安全保障,并为旅游者购买保险提供服务。大型游乐场等旅游项目的设备、设施要符合国家有关安全标准,并定期检测。游乐设备、设施需要经国家认可的检测机构检测合格,保持安全运行状态,具备必要的安全保障措施。涉及人身安全的漂流、客运架空索道、缆车、漂流、滑雪、攀岩、滑翔等旅游项目,旅游经营者需要加强设备、设施的日常维护和保养,保证安全运转;坚持日常的安全检查工作,重点检查安全规章制度的落实情况和安全管理漏洞,及时消除安全隐患。对用于接待旅游者的汽车、游船和其他设施,要定期进行维修和保养,使其始终处于良好的安全技术状况;在运营前进行全面的检查,严禁带故障运行。

第五,对旅游者的行李要有完备的交接手续,明确责任,防止损坏或丢失。

第六,在安排旅游团队的游览活动时,要认真考虑可能影响安全的诸项因素,制订周密的行程计划,并注意避免司机处于过度疲劳状态。

第七,开展登山、汽车、狩猎、探险等特殊旅游项目时,要事先制定周密的安全保护预案和急救措施,重要团队需按规定报有关部门审批。

第八,凡涉及旅游者人身、财物安全的事故均为旅游安全事故,旅游企业负责为旅游者投保,直接参与处理涉及单位的旅游安全事故,包括事故处理、善后处理及赔偿事项等。

国家旅游局《旅游安全管理暂行办法实施细则》将旅游安全事故分为轻微、一般、重大和特大事故四个等级。轻微事故是指一次事故造成旅游者轻伤,或经济损失在1万元以下者;一般事故是指一次事故造成旅游者重伤,或经济损失在1万(含1万)至10万元者;重大事故是指一次事故造成旅游者死亡或旅游者重伤致残,或经济损失在10万(含10万)至100万元者;特大事故是指一次事故造成旅游者死亡多名,或经济损失在100万元以上,或性质特别严重,产生重大影响者。事故发生后,现场有关人员应立即向本单位和当地旅游行政管理部门报告。一般、重大、特大安全事故发生后,地方旅游行政管理部门和有关旅游企事业单位要积极配合有关方面,组织对旅游者进行紧急救援,并妥善处理善后事宜。地方旅游行政管理部门在接到一般、重大、特大安全事故报告后,要尽快向当地人民政府报告,对重大、特大安全事故,要同时向国家旅游行政管理部门报告。

旅游企业安全管理工作职责规划是旅游活动正常进行的保证,需要规划到旅游企业安全管理工作职责的每一个细节,保证旅游安全万无一失。

二、风景名胜区旅游安全规划

风景名胜区旅游安全规划根据《风景名胜区条例》、《风景名胜区安全管理标准》等国家有关法规进行，详细规定风景名胜区旅游的各项安全管理要求。

国家《风景名胜区安全管理标准》规定有五项风景名胜区安全管理指标，是风景名胜区旅游安全预防规划的基本内容。

（一）游览安全管理

游览安全管理是旅游活动进行中的安全管理，涉及游览环境、旅行社和导游。游览安全规划，首先是游览环境安全，在旅游景区景点内，设置规范、醒目的公共信息图形符号标志、地域界限标志、游览导向标志、安全标志和通信等必要的服务设施，对具有危险性的区域或者项目，设立明显的提示或者警示标志，并采取必要的防护措施。在游览危险地段及水域或猛兽出没、有害动植物生长地区，安全防护措施要完善，要有专人负责安全，明示游览活动需要遵守的规定。

旅游景区（点）需要根据旅游安全、环境保护、文物保护以及服务质量的要求，确定旅游接待承载能力，实行游客流量控制，完善安全救助措施。当旅游景区（点）达到或者接近游客流量控制标准时，旅游景区（点）经营者应当告知旅游者，及时进行疏导，并实行分时进入或者限制进入，做到无超容量接待、无游人挤踩伤亡事故。

经营涉及人身安全的旅游项目，需要采取安全保障措施。对旅游中可能造成危险的情况，需要事先向旅游者做出真实的说明和明确的警示。发生安全事故时，旅游经营者需要及时救护并向有关部门报告。

旅行社组织旅游观光活动时，要保证所提供的服务符合保障旅游者人身、财产安全的要求；对可能危及旅游者人身、财产安全的事宜，应当向旅游者告知，并采取防止危害发生的措施。导游员在引导旅游者旅行、游览过程中，应当就可能发生危及旅游者人身、财产安全的情况，向旅游者做出真实的说明和明确的警示，并按照旅行社的要求采取防止危害发生的措施。

（二）治安安全管理

旅游度假景区的治安管理，通过规划保证景区无盗窃钱物、无盗伐破坏森林、无损毁名胜古迹等重大事件；保证无聚众斗殴、闹事、抢夺财物等重大事件；保证不发生重大刑事案件。

治安管理规划要注意通过正面形式的宣传与告诫，开展健康、文明的旅游文娱活动，严厉打击封建迷信、卖淫嫖娼、赌博吸毒等各种有害活动。

（三）交通安全管理

交通安全管理规划是对旅游交通过程安全的规划，需要严格执行交通法规，制定景区安全行车制度，抓好车辆管理，景区内各种机动车辆要有保养、检修制度。

规划要求景区内的道路符合规定标准，及时维修，按道路交通管理的有关规定设置标志，保障道路畅通，确保进入风景名胜区的车辆安全行驶。

规划要求游船、缆车、索道、码头等交通游览设施安全管理制度健全，有专人负责，严格遵守操作规程，定期检查，保证运行安全，不发生责任死亡和重大伤害事故。

（四）消防安全管理

消防安全管理是对旅游住宿场所灾害的准备救护管理。规划要求严格执行《消防条例》和《古建筑消防管理规则》等消防法规，按照要求配备灭火器材，分布合理。消防器材登记造册，专人管理，定期检查。

规划要求火警通信设备和器材有保养制度，保持完好，确保通信畅通。建立安全用电制度，保证用电安全，无因违章用电引起的事故发生。规划要求消防车辆及时维修保养，专车专用，随时保持警戒状态。

规划要求制定林木防火管理办法。重点部位禁烟禁火标志醒目，并有专人监督管理。全年火警控制在十起以内，做到“有火不成”灾，保证古建筑、古树名木无火灾。

三、旅游饭店安全规划

旅游饭店是游客集中休息的场所，旅游住宿安全至关重要。依据旅游安全预防所要求的安全人员、安全设施和安全步骤三大内容，根据不同旅游饭店的类型和等级，确定相应的安全人员和安全设施，保证饭店安全营业。

在旅游饭店安全预防规划中，需要加强安全人员的培训，因为复杂的安全设备要依靠安全人员使用。旅游饭店安全设备简繁程度差异甚大，安全人员需要从旅游饭店最简单的门窗插销的了解到最重杂的警报系统的掌握，需要了解该设备的用途及其局限性，了解设备的需要程度与可行性，以确保安全设备对饭店业有效、对饭店安全有效。饭店配备了安全设备，需要遵从安全步骤，需要规划与安全设备相适应的实施步骤。

旅游饭店的安全预防规划的核心任务，就是确保游客的人身安全与财物安全。由于过往游客人生地疏，不具有当地居民那种轻而易举就能识别闯入者的能力，因而需要有效的环境安全措施，以减少游客的人身遭受损害的机会。人身安全涉及建筑物、场地及建筑物内部设施。确保游客人身安全的内部设施，包括布局、照明、围墙和大门、闭路电视及报警系统等诸多因素。研究游客人身安全时，应重视环境因素、安全人员、公共防卫、电脑与通信等多种因素的变化，确保游客在旅游饭店的安全。

（一）环境因素

旅游饭店环境安全包括栅栏、酒店建筑结构、毗邻建筑物、大门、客房门户、易燃品、照明、财物保险等因素,需要确保其处于安全需要的正常状态。

栅栏是旅游饭店的重要防护设施,需要保证栅栏够高,足以防止坏人攀越。栅栏是按不能从其下方爬行的要求来设计的。垃圾箱、焚烧炉等要远离栅栏,以防用来帮助攀越栅栏。

酒店建筑需要能防火,特别是屋顶要求既坚固又能防火。毗邻建筑物要求与旅游饭店有隔离,要拆除从毗邻的建筑物的屋顶或窗口进入饭店的通道。饭店与毗邻建筑物之间的门窗需要按时关闭,避免毗邻建筑物失火殃及饭店。

旅游饭店大门要求坚固,维修良好,大门铰链无磨损。在饭店停业时,所有的门需要上锁或上栓;在非营业时间,各出口要由安全人员把守,或由中心控制室保护系统管理。在饭店入口处避免行乞或妓女游荡,保证客人乘坐出租汽车或其他公用交通工具到达饭店大门时无任何危险。

旅游饭店客房门户门框要坚固,玻璃门要用铁丝网或铁条加固,一旦玻璃门或轻型窗架敲破后,要无法摸到门锁,门上铰链的设计与定位可以防止链芯被人拔除或敲坏。门插销的设计和安装可以防止坏人用"撬门棍"或其他工具轻易取下。门锁的设计和门框的固定可以防止门框被人拆毁,防止破门而入。门插销的设计和制作要求无法被人弄断。门锁安装牢固,要无法撬掉。要求检查门锁保持良好的使用状态,门钥匙要保管在可靠的员工手里,离店后要交回钥匙。门锁搭扣上的螺丝要求无法拆除。

在接待宾客的场所不存放易燃品。饭店区内照明以及室外(包括街道、通道、小道、小弄、进货场地、员工和客人进出口等地)的照明要求良好。旅游饭店的财物保险箱要求防火,固定在地上或墙上,要用混凝土固定位置,并安装报警系统。

(二)安全人员

旅游饭店的安全人员是饭店安全的具体实施者,规划时必须考虑是否有可能使用本店安全人员,或雇用合约安全人员或兼职警察。旅游饭店安全人员需要经过筛选和培训,同时受到应有的监督。专职的安全人员不再指派"其他工作",以保证他们全心全意地从事安全工作。雇用商业化的安全服务人员,要核实对方的确具有提供完善的安全服务的能力,有益于举行对付紧急情况的演习。饭店的安全部门应用闭路电视及类似的监视工具提高安全效率。员工和客人所使用的停车场要有足够的警卫、警察或侦察设施。

(三)公共防卫

旅游饭店必须建立周密的外围公共防卫系统。饭店需要关注所在地区容易发生的问题,分析产生社会不安定、破坏公共财产或其他类似安全问题的潜在因素,分析饭店四周的交通状况是否会带来特殊麻烦。饭店要与警察局及消防队保持密切联系,备有警察局和消防队主要人员的电话号码,要为警察与消防队进店提供方便;要保证一旦发生火灾,饭店有充足的水源供应,保证在供水系统发生故障或因断电无法供水时，有备用的水泵系统，并方便消防队用水；要防止盗贼通过地下工作管道、地下道、下水道和地下水道等处非法进入饭店的危险，对煤气、水、电、电话的线路管道要采取保护措施，避免遭到破坏。

(四)电脑与通信

电脑与通信是旅游饭店安全管理和内外联系的重要方式与手段。从安全的角度，饭店需要考虑所安装的电脑是否已使该电脑获得店外电脑系统的支持，以保证电脑的准确无误。安装电脑设备的场所要安全可靠，电脑操作房要采取保护措施，避免受投掷物损坏。通信中心(如电话间等)的位置要安全，对电线和电缆等要采取足够的保护措施，并制订对付危急情况的通信系统的计划。

在犯罪率很低的社区，定期检查与周边社区有关的人身安全体系和营业活动也十分重要。在制订人身安全计划时，饭店对邻近的建筑和居民区、餐馆、娱乐场及其他对客人有吸引力的场所等因素都应予以考虑。在确定置于安全体系控制下的场地与范围时，饭店内部建筑的设计将决定客人和员工对居民住宅区内的活动进行监视的程度。安全区可从客房延伸到大厅过道、大堂和室外场地，给予应有的关注则又成了问题的核心。要能弄清哪一些地方可以得到适度的安全，以确定饭店的安全范围。

四、漂流旅游安全规划

漂流旅游是指漂流经营企业组织旅游者在特定的水域，乘坐船只、木筏、竹排、橡皮艇等漂流工具进行的各种旅游活动。漂流旅游安全规划的内容主要包括漂流旅游安全管理、漂流旅游安全培训、漂流旅游安全救助等。

(一)漂流旅游安全管理

漂流旅游属特种旅游活动，安全管理工作以保障旅游者人身及财产安全为原则，实行“安全第一，预防为主”的方针。只有加强对漂流旅游的管理，保障漂流旅游者的安全，才能促进漂流旅游有序发展。

漂流旅游安全管理受政府旅游行政管理部门和旅游漂流企业共同管理。政府旅游行政管理部门的管理是对漂流旅游企业的资质管理和经营过程的管理。漂流旅游企业资质的管理：第一，对符合标准的漂流旅游企业，发给旅游行政管理部门认可的证书，并会同有关部门对其使用的漂流工具进行登记管理。已领取旅游行政管理部门发放认可证的经营企业，进行漂流工具的买卖、转让、租赁、抵押、报废等活动，须到旅游行政管理部门备案。第二，政府旅游行政管理部门对漂流旅游企业经营过程的安全管理有三个方面：其一，根据当地漂流水域状况和使用漂流工具的情况，制定漂流旅游安全和服务标准，审核检查漂流旅游企业的各项安全管理规章制度，并根据安全和服务标准对经营企业进行检查；其二，定期对漂流旅游的码头设施和接待设施以及漂流旅游企业的漂流工具进行检查，经营漂流的旅游企业投入经营使用的漂流工具必须经有关部门检验,并持有载明乘客定额、载重量、适航内容的合格证书,按有关规定选配操作人员,救生设备齐全;其三,定期检查漂流旅游企业是否在有关部门考察核定的、符合安全标准的水域内进行漂流旅游经营,是否保持漂流水域的畅通及航道标志明显。

经营漂流的旅游企业对安全的管理如下:第一,根据国家旅游安全管理的有关规定及有关部门的规章制度建立健全安全生产管理规章制度;第二,设置专门的安全管理机构或确定专人负责安全管理工作;第三,确保所提供的漂流旅游服务符合保障旅游者在漂流旅游活动中的人身及财产安全的要求,在码头、漂流工具上应放置足够的救生衣或使用其他救生装备;第四,要保证漂流工具安全可靠,严格遵守核定的载客量,严禁违章操作;第五,要求由旅游者自行操作漂流工具进行漂流的,企业工作人员要事先将有关注意事项详细告知旅游者,并在易发生事故的危险地段安排专人负责安全监护;第六,要明确告示患有精神病、心脏病、高血压、痴呆病等病症的患者以及孕妇、老人、小孩和残病人等不宜参加漂流旅游。

(二)漂流旅游安全培训

漂流旅游安全培训由政府旅游行政管理部门和旅游漂流企业共同进行,培训对象为漂流旅游的从业人员,培训内容有漂流安全教育、漂流旅游水上运动技术和水上救护技术。执行漂流旅游工具操作的人员必须经当地水运管理部门考试合格后方可上岗。上岗前必须由旅游行政管理部门或经营企业进行旅游服务和旅游安全教育培训。

(三)漂流旅游安全救助

漂流旅游安全救助由旅游行政管理部门和旅游漂流企业联合进行,主要内容是制定漂流旅游安全救助预案和执行漂流旅游安全救助。

地方旅游行政管理部门应及时了解漂流水域情况,一旦发生影响漂流旅游安全的洪水、塌方、河道堵塞等情况,就应立即通知企业停止漂流旅游活动,并及时协助有关部门做好旅客疏导和安全工作。

经营漂流旅游的企业应根据有关规定和具体漂流水域情况制定意外事故处理预案。在漂流过程中发生旅游者伤亡事故或者危及旅游者安全的其他事故,均为漂流旅游安全事故。一旦发生安全事故,经营漂流旅游的企业就应立即采取措施,组织救助,并向当地旅游行政管理部门及其他有关部门报告。地方旅游行政管理部门在接到事故报告后,应立即将情况向上级旅游行政管理部门报告,并积极配合公安、交通、卫生等部门组织事故调查、伤员的救治和其他善后工作。事故处理结束后,当地旅游行政管理部门要责成漂流旅游的经营者整理出事故处理报告,内容包括事故发生的时间、地点、原因、伤亡情况及财产损失、经验教训、处理结果等。当地旅游行政管理部门在将事故处理报告核定后,报上级旅游行政管理部门备案。

第二节　旅游线路组织规划

旅游线路和游览路线的组织规划，是将一定区域内的旅游产品按一定思路、原则和旅游市场需求，以旅游线路形式进行组合安排的规划。旅游线路组织规划包括旅游目的地的旅游线路规划和旅游目的地内的游览路线规划两方面。旅游目的地的旅游线路是旅游地向外销售的旅游产品，旅游目的地内的游览路线是旅游地实现旅游产品交易的游览路线组织安排，两者有很大的区别。

一、旅游线路规划

随着旅游事业的发展，旅游市场对旅游线路的社会客观选择日益受到重视，在旅游开发过程中切实加强旅游资源保护的迫切性日趋提高。旅游线路组织规划，对旅游产品的组织结构、特色与整体质量，对旅游服务设施和基础设施的建设布局与利用强度，对旅游资源的保护，均具有重大的影响。

旅游线路规划的任务，是根据旅游市场的需求、旅游点产品策划和旅游资源的保护要求，结合服务设施和基础设施的条件，合理安排推出整个旅游活动线路，使旅游产品、服务设施以一定的方式联结成一个具有特定旅游服务指向的整体。

（一）规划原则

旅游线路可由开发者、经营者根据旅游者个人意愿确定，也可以根据旅游市场需求开发，还可以由旅游者自由选择，再由旅游开发者、经营者加以完善。无论是哪一种旅游线路，都离不开设计、开发与组织，并要求随旅游市场的变化而更新。旅游线路的组织与设计是旅游规划中的重要内容，直接关系到旅游规划地区的宣传重点及旅游产品销售能否实现。旅游线路设计一般要依据以下原则：

1. 突出主题

为了使旅游线路具有较大的吸引力，在设计线路时，应将性质或形式有内在联系的旅游点有机地串联起来，形成一条主题鲜明、富有特色的旅游线路，并在旅游交通、食宿、服务、购物、娱乐等方面加以烘托。不同类型的旅游线路，应设计不同的主题，并体现出各具特色的吸引力。观光旅游线，应多安排丰富多彩的游览节目，在有限的时间内让游客更多地参观和领略有代表性的风景名胜和社会民俗风情。在设计专题旅游路线时，应根据所确定的具体专题项目（如科学考察、生态旅游等）组织景点和活动内容，做到合理选择、大胆取舍，处理好主辅关系，突出主题性质。

2. 多层次

为了最大限度地满足大众旅游者的需求，在旅游规划中，需要充分利用规划地区或周围的旅游点，设计出沿线景点多变的、多层次的旅游路线，以最大限度地满足游客的需求,并可根据旅游市场的变化,机动灵活地推出不同的旅游线路。小范围的旅游线路设计可充分利用规划地区范围内及周围旅游点,组成各具特色的旅游线路,以适应市场需要。大范围的旅游线路设计是跨省、市长线的旅游线路设计:一是组织本省游客游览全国各旅游区的环线;二是组织外省、市旅游者来旅游目的地游览的各类特色旅游专线等。此外,还可设计跨国(地区)旅游线路,包括入境、出境旅游线路。

3. 以旅游热点带动温点与冷点

在旅游规划设计和组织旅游的线路时,还必须从旅游目的地乃至周围地区出发,合理兼顾冷点、温点旅游资源,做到以“热”带“温”、带“冷”,充分发挥区域旅游功能的优势。由于旅游者行为的基本规律是最大效益原则,即对旅游线路选择的基本出发点是以最小的旅游消费和有限的旅游时间获取最大的旅游收益,而旅游线路上的选点多是著名的、最有价值的旅游点,所以旅游设计者将旅游热点与温点、冷点搭配起来组织旅游路线,不一定取得良好的观览效果。为了避免这种情况的发生,在旅游线路带动性的设计中,所选旅游冷点与温点应特色突出,可“游”性、可“观”性强,而非一般景点的拼凑;旅游冷点、温点与旅游热点互补性强、可达性高,它们的开发有利于增强主题思想;在开发旅游冷点与温点时,应加强力度,提高它们的文化品位,使它们真正地充当旅游热点的辐射点、分流点。总之,只要设计者了解旅游者心理及其变化趋势,独具慧眼,大胆创新,不断开拓新线路、新景点,是可以使“冷”、“温”点通过扶植变成“热”点的。

4. 创新、更新旅游线路

由于旅游市场具有不稳定性和可选择性,所以旅游线路的设计要随着市场的变化而不断创新和更新换代。旅游线路只有不断更新,才能使旅游点(地)具有强大的吸引力和生命力。旅游线路的更新与创新需要规划设计者有超前的意识、深厚的文化知识涵养和旺盛的创新感。在各项专题旅游线路设计中,运用更新与创新手法,更可引起轰动效应并取得意想不到的效果。

5. 区间协作

以旅游线为纽带,不同的旅游区之间,可以优势互补、联合促销、互相促进。旅游线路可依托著名的旅游区或旅游目的地,将能相辅助的但知名度较弱的旅游区或旅游目的地串联起来,形成区间协作,共同发展。

(二)旅游线路分类

旅游线路的分类,是为了更好地从不同角度认识旅游线路的特点。根据不同旅游线路组织的目的、要求和性质,可分成不同的旅游线路类型。

1. 按旅游活动的空间范围分类

旅游线路按旅游活动的空间范围可分为洲际旅游线路、洲内旅游线路、跨国旅游线路、国内旅游线路和区内旅游线路等。大尺度的旅游线路多选择著名的、最有价值的风景区和旅游城市，应迎合游客出游的“最大效益原则”，在旅游线路的安排上基本不走“回头路”。小尺度的旅游线路多呈节点状，选择中心城市为节点，向四周旅游点做往返性短途旅游。

2. 按旅游性质和内容分类

旅游线路按旅游性质和内容可分为观光游览型、休闲度假型、专题型、综合型。观光型旅游线路一般串联多个旅游点，可满足游人观览、猎奇的需要。由于游客重复利用同一线路的可能性较小，因而旅游路线成本较高。休闲度假型旅游线路多用于满足游客休息、度假的需要，旅游线路的设计要简约、经济，旅游线路串联的旅游点一般为1~2个，旅游停留时间长。专题型旅游线路多围绕一个主题，串联多个内容相似的旅游点，以满足旅游者深层次的单项旅游需求。旅游线路针对性强，虽客流有限，但主题设计可多样化，旅游市场前景较好。例如，1994年中国文物古迹年推出的孔子周游列国线、秦始皇东巡线、徐霞客旅游线等和1997年中国旅游年推出的中华民俗游、宗教文化游、中华健身游、青少年度假游等。综合型旅游线路根据旅游者的需求，把不同性质的旅游点或城市串联在一起，巧妙配合。例如，古城西安与风景城市桂林的配合、江南山水风光与内蒙古大草原风情的配合，可形成综合性的特色旅游线路，满足大众性旅游者的需求，深受游客的喜爱。

3. 按使用的主要交通工具分类

旅游线路按使用的主要交通工具可分为航海、航空、内河大湖、铁路、汽车、摩托车、自行车、徒步及混合型等旅游线路。

4. 按旅游过程分类

旅游线路按旅游过程可分为全包价旅游线路、小包价旅游线路。

5. 按旅游活动区域分类

旅游线路按旅游活动区域可分为周游型和逗留型两种。周游型线路一般是环线模式，由于周游的旅游目的是观赏，旅游线路应尽可能路过更多的旅游地和旅游点；逗留型的旅游目的是观光、度假和娱乐等，线路设计要使游客“快进慢游”。

旅游线路组织规划是灵活的，还需要在实践中获得创新，以推动旅游业的发展。

（三）规划内容

旅游线路组织规划，主要包括确定旅游流的主流向、确定各旅游线段的性质、确定旅游线路的空间结构、合理安排时间结构等内容。

1. 确定旅游流的主流向

根据旅游区的条件和旅游市场的需求，以强化产品特色、提高产品的“组合力”为主要目的，确定旅游目的地的主游线，安排观光旅游、生态旅游、修学旅游、休闲度假旅游等各项特种线路。

2. 确定各旅游线段的性质

旅游线路是连续的，但每一段旅游线所处的位置和所承担的功能却有很大的不同。确定各线段的性质是旅游线路组织规划中的关键性工作。旅游产品需要针对具体客源市场进行设计，并根据具体需求组织可供销售的景区景点和旅游服务。

3. 确定旅游线路的空间结构

旅游线的组织形式千变万化，主要有辐射型、环型和带型三种基本结构。在三种基本型的基础上，根据需要可组合成多种方式的旅游线路空间结构。

4. 合理安排时间结构

旅游者群体要求在一定的时间内完成旅游活动，而各旅游区所能吸引游客逗留的客观条件也有所不同，因此，旅游线路组织规划应根据具体条件，合理安排一日游、二日游、一周游等不同时间的旅游线路。

二、游览路线规划

游览路线规划是在旅游景点和旅游景区内的游览活动安排。旅游活动是游客在旅游景点和旅游景区空间上的流动过程，任何一种类型的旅游规划，都必须安排好游览路线，通过游览道的建设，组织贯通旅游景点和旅游景区的旅游网络。

游览路线规划既是游览网络的科学组织，又是美学的艺术创造，在手法上需要采用步移景异、曲径通幽、豁然开朗、峰回路转和渐入佳境等手法，可采用单一手法或几个手法并用。成功的设计手法会推进旅游区的发展。

（一）游览方式

旅游地游览方式类型包括小径步行游览、缆车游览、汽车游览、火车游览等，以步行小径最为普遍。游览方式的组织有空中游、陆地游、水下游、地下游等，丰富多彩。空中游，利用直升机、索道缆车游览，俯视远眺，邈邈奇观尽收眼底。陆地游，可分步游、乘车游（汽车游、马车游、驴车游、狗爬犁游等）、乘船游、骑马游（骑骆驼游、骑牛游）等，生动活泼，别具风情。水下游的海底潜水和地下游的岩洞游，如到另一世界，别有一番情趣。

旅游景点和旅游景区的游览道路一般分为景外游览道和景内游览道。景外游览线为旅游景点和旅游景区外围的主要干道，用以游客游览运输。景外游览道规划要求路面平整、无尘土。旅游车行驶在游览道上既有远景吸引，又可在近处观看，车过后还能回味，留在记忆中。游览道路两旁用树组成景窗，有景则开，无景则合，切忌两侧林深无缝视线夹在狭窄的无变化的空间走廊里。

景区内游览道路一般以游步道和小型游览车道为主。具体要求沿途有丰富的风景观赏面，有最佳的视角和视距，以扬景之长、避景之短；景内游步小径宜曲不宜直，宜陷不宜夷，宜狭不宜宽，保留自然风貌，让游人或登山，或越涧，或穿林，或涉水，不断变幻空间视线，处处领会诗情画意的意境。根据步行的长度和攀登的高度，适时设休息点，走走停停，灵活行止。规划多条景区游览线，供不同年龄、兴趣的游人选择。游览线尽量为环形，不走回头路，使游人处处感到新奇，游兴未尽。

（二）规划原理

游览路线规划的关键是组景。组景，就是按着美学和心理学的原理，通过科学设计和组织游览路线，使旅游者在游览中获得大量信息和快感，从而达到最佳的观赏效果。具体规划原理要求如下：

第一，景物之间要有时空连续性，动感观比静感观强。静感观的感受只产生一个孤零零的不连续画面，动感观的感受则是把一个个孤立面联系起来，形成景观整体的印象。游览路线组合成的各个艺术画面，正如连续镜头组合成的电影画面，能使人产生强烈的感受。因此，在组景设计时应充分考虑动感观的效果。

第二，力求突出突变的动观效果。突变的动观比渐变的动观给人的感受量更大。“山塞疑无路，湾回别有天”是人们对游三峡巫峡段的突变动观效果的概括。因此，在组景中常常采用先藏后露的障景手法，使旅游者的感受达到最大限度的强化。

第三，多次重复出现某一景物，以达到加深认识，强化美感的目的。在游览路线设计中，要使旅游者从不同角度、不同侧面观赏到主景或标志性景物，以强化感受，达到“日出峨眉照沧海，与人万里长相随”的境界。

第四，在动观游览路线的规划中，要富于变化，做到有扬有抑、有虚有实、高低起伏、曲曲折折，使人目不暇接、步移景异。

第五，要加强景观提示。有提示的景观比无提示的景观给人的感受要强，因为旅游者游览正如读书一样，是信息积累和深化的过程。如果你对某一事物已有一定了解，又到实践中去验证，就会把理论认识与感知认识统一起来，达到信息的系统化和深化。因此，在规划中，应在游览道路的重要出入口、功能区、景区、重要景点设置导游标志，对游览内容和注意事项加以说明，并加强游览效果。

（三）规划原则

在旅游区域内的各个景区、景点和景物都是固定的、孤立存在的，各有自身的个性，只有通过游览路线规划，将公路、河道、索道和人行道，采取一些艺术手法将各部分连接起来，形成完整的游览系统，发挥旅游区域整体效益。游览线路规划应遵循以下原则：

1. 组景主题鲜明，有统一感、层次感和变化感

规划中要对反映主题的景物多设计几个观景点，从不同角度、部分重复观览，以强化游人的感受。

2. 游览路线组织有序，符合人们认识事物的过程

可采取文学创作中的“凤头、猪肝、豹尾”的创作原则安排游览路线，做到有人景、有展开、有高潮、有结尾。有人景，是指人景要新奇，引人入胜；有展开，即在景

象特征、景感类型、游览方式和活动内容上不断变换，一波未平，一波又起，迂回曲折，起伏跌宕，使旅游者驰骋想象、流连忘返；有高潮，是将旅游感受最集中、最突出的景点，安排在游客兴致最浓的时候，可利用泄景手法制造悬念，使之隔而不断、若即若离，延长高潮时间，待到成熟时达到“千呼万唤始出来”的高潮效果；有结尾，是指结尾应响亮、明快，让人感到“余音绕梁，回味无穷”。

3. 合理安排顺序与节律

在旅游线路设计时，要预先筹划线路的顺序与节奏点，使旅游活动做到有起有伏、有动有静、有快有慢，既有观光游览又有参与娱乐，既要使游客的整个旅游活动始终保持在兴奋点上，又要考虑旅游者的心理和生理、精力状况，做到有张有弛。只有这样，旅游者才能获得心理、生理上的满足，旅游线路也就如同一部艺术作品有序幕、发展、高潮和尾声。例如，桂林山水旅游线。一般旅游者到达桂林后，首先安排观览七星岩、芦苗岩、叠彩山、象鼻山，领略由绿水、青山、奇洞组成的桂林风景，然后去游览举世闻名的漓江山水形成旅游高潮，到阳朔又掀起一个小高潮，作为尾声安排参观灵渠或市内自由活动，从而使游客情绪有张有弛、体力与精力都有相应的调整。

4. 合理安排旅游转换节点

旅游转换节点为不同性质的旅游线段的连接之处或游线枢纽，是游客的旅游方式切换点，也是不同游客群体的游线分岔点。旅游线路组织规划所设计的旅游转换节点要避开旅游核心区，旅游转换节点地带须安排停车场、交通换乘中心和适当级别的服务设施。

5. 时空艺术原则

通过旅游线路组织，使旅游活动丰富多彩、有张有弛、劳逸结合，形成欲扬先抑、步移景异、峰回路转的时空艺术效果和富有特色的组合产品。

6. 规模适度原则

旅游线路密度须与实际的旅游景点规模相匹配。过疏，会导致组合松散、吸引力不集中；过密，会导致生态环境破坏和旅游吸引力下降。旅游线路密度与自然条件密切相关，如草原、森林、丘陵地带的旅游线路密度应小。

7. 选择最佳观赏点

在游览路线规划中，要选择景点观赏的最佳位置，形成远景、近景、特写景的组合。在游览路线规划选择观赏点时，要“美则显之，丑则隐之”。在游览路线规划中，对路线布局和观赏点确定需要有远、中、近、特写画面的变化，视度也应有平、俯、仰的变化，相互配合，提高游览质量和旅游区的知名度。在游览中，被观赏的景物由于观赏点的变化，会获得不同的观赏效果，如果改变了观赏位置，就会导致景象发生变化，使旅游者产生不同的意境：“远山来此与堂平”为平视意境，“登泰山而小天下”为俯视意境，“突兀天梯蜀道难”是仰视意境……

8. 选择性原则

旅游区或旅游目的地,应对旅游产品进行多种组合,设计多种线路,为旅游者提供多种旅游选择。在每一线路上,旅游者也可根据自己的兴趣进行选择和拼合,为游客需求的多样性、时尚变化、散客旅游的发展、容量调节创造条件。

9. 资源保护原则

游览线路设计必须以资源保护为前提,不能过量安排游客。对重要的旅游资源,要错时和错季规划旅游线路。

第三节　旅游土地利用规划

旅游是一种新兴产业,需要具备良好的生态环境和视觉环境,要发展旅游就必然涉及对原有土地利用关系的调整。在一些以旅游业为支柱产业甚至龙头产业的地区,不能仅仅停留在对原有上地利用关系做调整性建议,而是在兼顾其他产业发展需要的基础上,按旅游可持续发展的要求,进行土地利用专项规划。

旅游土地利用规划,是融自然性、社会性、技术性、法律性为一体的综合性经济管理规划。按旅游发展的需要,合理调整土地利用关系,能为旅游发展提供根本性、强有力的支持。旅游土地利用规划是根据旅游发展的战略要求,以土地资源的合理配置为手段,对土地利用进行控制、协调、组织和监督,以综合平衡、调整旅游发展与其他社会经济对土地的需求关系,为旅游事业的发展提供有力的支持。旅游产业是建设在一定地域范围内的事业,涉及大量的土地使用问题,旅游土地利用规划必须依照国家《中华人民共和国土地管理法》的要求进行。

一、土地利用规划程序

旅游设施综合体决定了旅游区的用地类型。一个旅游区用地按其功能可分成两类:旅游活动用地与旅游服务产业用地。

旅游活动用地,可分为观光游览用地(包括自然、人文景观游览用地)、体育娱乐用地(包括球类、滑雪、狩猎、登山、滑水、游泳等)和休疗用地(包括休养、疗养用地)三种。

旅游服务产业用地,包括居住用地(度假村、公寓、旅馆用地)、饮用地(餐厅、酒吧、快餐店、冷饮部等)、购物用地(购物中心、商业网点、地方集市与农贸市场用地、农副业及旅游产品加工业、储存)、旅游管理用地(包括旅游行政管理机构、旅行社、公安机构用地等)、交通用地(公路网络、车库、停车场、加油站用地)、水电通信用地(自来水厂、邮电局、水电管道、通信网络、给水排水、污水处理设施用地等)六种用地。旅游土地规划布局一般按以下程序进行:

第一,旅游区基本情况调查与分析,包括旅游区的发展规划、接待能力、旅游宾馆星级、配套设施状况、客源市场规模与层次级别、旅游区的社会经济承载力、自然环境条件的调查与分析等。

第二,根据旅游区基本情况调查结果,确定旅游区性质、级别;确定旅游规模,拟定空间布局功能分区和总体艺术构图的基本原则,划定旅游区四至红线用地范围,提出总体用地布局方案。

第三,对每个布局方案进行内外部要素分析比较,内部比较是对各个系统进行分析研究和比较,包括:旅游区形态、发展方向、扩张的可能性;交通、通信、供电、供水、医疗保健、保安等基础设施的配置;旅馆、餐厅、商场、健身房、游泳池、网球场的格局,公园绿化系统的布局;行政管理、职员宿舍的位置选择;等等。外部比较是对各方案进行社会、经济、技术的分析与比较,选择出相对经济合理的推荐方案。

第四,根据选定的总体规划的要求绘制图纸。

二、土地利用规划内容

旅游土地包括旅游专项设施用地、公共设施用地、管理与居民用地和旅游加工业与农副业用地。土地利用规划的具体内容,因自然环境条件、经济类型、规划比例尺的不同,会有较大的差异。

土地利用规划包括:确定土地利用的总体结构,进行土地利用分区;各类农业用地的结构确定、用地配置和调整;城镇和农村居民点的用地布局;交通用地的配置;提出实施规划的政策与措施;土地利用专项规划(如森林公园规划、观光农业区规划、水域利用规划等);土地利用的控制性详细规划;编制土地利用规划图(规划层次分为总体规划、专项规划和控制性详细规划);等等。

旅游土地利用规划涉及面很广,规划过程须遵循因地制宜原则、整体性原则、土地适宜性原则、生态经济原则、动态平衡原则。整个规划过程须顺应自然规律、经济规律,充分尊重现有(合法)的社会关系,合情合理,远近结合。

土地利用规划的目的是,确定所需土地的面积、范围,各种土地利用之间的关系,同时合理布局各种旅游设施与基础设施,使之既有内部高效率又具有总体形象优美、主体鲜明的特征,从而实现对娱乐区、居住区、游览区及保护区等功能区的合理布局;在社会、经济与环境承载力及国家土地管理法规的约束下,寻找旅游景观、旅游设施与服务在空间上的最优配置。

三、风景区土地利用协调规划

风景区土地利用协调规划应按照用地布局、功能分区和规划布局的要求和安排,按用地分类和使用性质,进行用地的综合平衡和协调配置。

风景区土地利用协调规划应包括土地资源分析评估、土地利用现状分析及其平衡表、土地利用规划及其平衡表等内容。土地资源分析评估,应包括对土地资源的特点、数量、质量与潜力进行综合评估或专项评估。

土地利用现状分析,应表明土地利用现状特征、风景用地与生产生活用地之间的关系,土地资源演变、保护、利用和管理存在的问题。土地利用规划,应在土地利用需求预测与协调平衡的基础上,表明土地利用规划分区及其用地范围。

风景区土地利用规划应遵循突出风景区土地利用的重点与特点扩大风景用地,保护风景游赏地、林地、水源地和优良耕地,因地制宜地合理调整土地利用、发展符合风景区特征的土地利用方式与结构等基本原则。

风景区土地利用平衡应符合《风景区用地平衡表》的规定,表明规划前后土地利用方式和结构变化。风景区的用地分类应按土地使用的主导性质进行划分,应符合《风景区用地分类表》的规定。

在具体使用《风景区用地平衡表》和《风景区用地分类表》时,可依据工作性质、内容、深度的不同要求,采用其分类的全部或部分类别,但不得增设新的类别。

土地利用规划应扩展甲类用地,控制乙类、丙类、丁类、庚类用地,缩减癸类用地。

第四节 旅游交通规划

旅游交通规划是旅游交通业协调、有序发展的基本保障。旅游交通规划是在深入调查研究和科学分析及预测基础上对旅游交通业未来发展的筹划与安排。旅游交通规划是在对旅游交通业过去、现在及今后发展的考察、调查、研究、分析和预测的基础上,针对旅游交通现实和潜在的市场需求,适应旅游业发展对交通运输的要求,编制的旅游交通未来发展的蓝图,描绘旅游交通业的发展目标、发展战略、总体规模、建设重点和分阶段建设方案。

一、旅游交通规划的基本原则

旅游交通规划应确定规划总目标和分阶段目标。总目标是规划期满旅游交通业发展将要达到的定性和定量指标,分阶段目标则是指规划分阶段将要达到的定性与定量指标。定性指标一般是指国际先进水平、国际中等水平、国内先进水平或国内中等水平等指标。定量指标包括旅客运输能力总量、旅游交通站场(机场、港口码头)的建设规模及布局、各种交通工具的数量和比例、旅游交通线路网络长度及布局等指标。在不同时期、不同地区、不同等级的旅游交通规划,要遵循不同的规划原则。

(一)市场导向原则

在商品经济条件下,旅游交通服务只有能够满足旅游市场需求,才能具有市场竞争力并赢得较大的市场占有率。旅游交通规划必须遵循市场导向原则,根据市场需求,确定旅游交通的运输能力、设施与线路布局、营运方式等,以保持旅游交通供给与需求的总体平衡。

(二)综合配套原则

旅游交通是一个综合性产业,横向与食、行、住、游、购、娱六大要素共同构成旅游业,关系十分密切;纵向与公路、铁路、航空、水运等交通方式之间以及各交通方式的运输工具、线路、始终停靠站(机场、港口码头)等设施之间,也存在着相互配合、相互制约的联系。在制定旅游交通规划时,必须坚持综合配套原则,保持旅游交通纵向、横向联系协调一致,以完善的旅游交通体系促进整个旅游业的健康发展。

(三)经济效益原则

旅游交通作为一个经济产业,必须讲究合理的投入产出,以良好的经济效益保证该产业的良性循环运转。旅游交通是一个资金、技术密集型服务行业,基础设施建设和人员培训的投入额巨大,在营运过程中又有较大的设备损耗和燃料消耗,导致了旅游交通投资回收周期长、回报率低等特点。因此,旅游交通更要注重投入产出的科学性,把经济效益作为决定旅游交通能否实现良性循环发展的决定因素。

(四)突出重点原则

旅游交通是一个庞大的、伸缩性很强的系统工程,在建设过程中往往受到社会、经济、政治等大环境发展变化的影响。在规划时,必须抓住主要矛盾和事关全局的关键环节,突出重点,兼顾一般。突出重点的主要目的,是制定相应的倾斜政策,集中人力、财力和物力,保证重点项目顺利实施,为一般项目的建设奠定基础。旅游交通的重点,是指对外旅游交通枢纽、旅游交通的主导方式、通往主要旅游客源地和旅游区的旅游干线通道等。

(五)地方特色与国际标准相统一原则

旅游交通业的发展应符合本地实际情况,依据其特有的地理、地形和客源地、旅游区(景点)的分布特点,因地制宜地设计和建设具有地方特色的旅游交通体系。旅游道路的开辟以不破坏景观和生态环境的完整为出发点,旅游交通要从实际上出发,合理规划,合理布局;同时,要在保持特色的前提下,与国际标准、惯例接轨,尤其是旅游交通服务更要向国际标准看齐,提供国际水平的优质服务。例如,采用先进的交通运输工具、多种文字指路牌、国际通用路标。服务人员具备一定的外语知识等。

(六)便于游览原则

便于游览是旅游交通区别于一般社会交通的主要特性之一,在规划上应予充分体现。这包含着两个方面的内容:一是"旅速游慢、旅短游长",即旅行速度要快,旅行时间要短,使旅游者把尽可能多的时间用于游览,从容地参加各种游乐活动;二是"旅中有游,游旅结合",把旅行与游览合二为一,使旅游者在乘坐交通工具的过程中得以欣赏沿途风光、风情，体验乘坐特色交通工具的乐趣。

二、旅游景区道路规划

旅游景区道路，是旅游景区不可缺少的构成要素，是旅游景区的骨架、网络。旅游景区道路的规划布置，往往反映不同的旅游景区面貌和风格，应进行各类交通流量和设施的调查、分析、预测，提出各类交通存在的问题及其解决措施等内容。

（一）规划原则

风景区交通规划，应分为对外交通和内部交通两个方面的内容。对外交通应要求快速便捷，布置于风景区以外或边缘地区。对外部交通的水、陆、空等机动交通的种类选择、交通流量、线路走向、场站码头及其配套设施，均应提出明确而有效的控制要求和措施。内部交通应具有方便可靠和适合风景区的特点，形成合理的网络系统。

风景区道路规划，应合理利用地形，因地制宜地选线，同景观和环境相配合；对景观敏感地段，应用直观透视演示法进行检验，提出相应的景观控制要求；不得因追求某种道路等级标准而损伤景源与地貌，不得损坏景物和景观；应避免深挖高填，因道路通过而形成的竖向创伤面的高度或竖向砌筑面的高度，均不得大于道路宽度，并应对创伤面提出恢复性补救措施；等等。

（二）路功能

景区路与城市道路不同，除了组织交通和组织游览线路之外，还有景观要求，因为景区路的地面、线型、色彩等也是园林景观的一部分。景区路引导游人到景区，沿路组织游人休憩观景，因而景区路本身也成为观赏对象。此外，景区的主要道路、次要道路、林荫道、滨江道、休闲小径、健康步道等都有不同的功能。

（三）路尺度

由于景区中主要道路、次要道路、林荫道、滨江道、栈道、休闲小径、健康步道等路的功能不同，所以其尺度要求也有区别。一般而言，联系全景区的主要道路宽7~8米，便于两辆旅游大客车平行交会，还可以通行生产、救护、消防等车辆。沟通各景点的次要道路宽3~4米，能通轻型旅游客车。供游览观光的林荫道、滨江道和休闲小径，主要是人行道，尺度有两种：双人行走1.2~1.5米，单人0.6~1米。景区路的尺度、分布密度应该是人流密度客观、合理的反映。在人多地方（如游乐场、入口大门等）的景区路的尺度应该适当加大一些。

景区路通车频率不高，人流也分散，不必追求雄伟气魄，但需注意景区路两侧空间的变化——疏密相间，留有透视线，有适当缓冲草地，以开阔视野、观窗外之景、调节旅游情趣。

（四）路风格

景区路有两种不同风格：自由、曲线的风格；规则、直线的风格。可采用一种方式为主，另一种方式为辅。不管采取什么式样，景区路忌讳回头路、断头路，除非有一个明显的终点景观和建筑。

景区路可以不对称中轴，可以根据功能需要采用不同宽度。例如，转折处不同宽窄，坐凳、椅处外延边界。景区路与亭、小广场相结合，宽窄不一，曲直相济，可使园路生动多变。

为了延长游览路线、增加游览趣味、提高绿地的利用率，景区路往往设计成蜿蜒起伏状态，在转折处布置一些山石、树木，或者地势升降，做到曲之有理，路在绿地中；而不是三步一弯、五步一曲，为曲而曲，脱离绿地而存在。

（五）路铺设

景区路可采砂、石、木、预制构件等铺设，以砂土为基层，上可透气，下可渗水。景区路的铺设要与园林景观相协调，自然、野趣，少留人工痕迹。

景区交通主要干道要牢固、平坦、防滑、耐磨，线条简洁大方，便于施工和管理。小径或休闲林荫道，在选取石料时，可变化大小或拼砌方法，使之丰富多彩。选用块料的大小、形状，除了要与环境、空间相协调外，还要适于自由曲折的线型铺砌。表面粗细适度，粗要可行儿童车、走高跟鞋，细不致雨天滑倒跌伤。块料尺寸模数，要与路面宽度相协调。使用不同材质块料拼砌，色彩、质感、形状等，对比要强烈。景区路可使用点状路面（如间隔铺砌旱汀步），也可使用空心植草砖。

在景区内的同一空间、同一走向的景区路，采用一种式样的块料铺装较好。在景区不同地方可采用不同的块料铺砌，表达景区的不同性质、用途和区域，体现全景区道路的统一中有变化的效果。

应多采用自然材质块料，接近自然，朴实无华，价廉物美，经久耐用。旧料、废料略经加工也可利用。碎大理石花岗岩板、拆房的旧砖瓦也是传统景区路的好材料，可广为使用。石屑更是常用填料。块料路面的边缘，要加固，损坏往往从这里开始。砌块拼砌后，需要检查边缘是否整齐。加放侧石，检查是否可起到加固园路边缘和防止水土冲刷的目的。

景区栈道的铺设有别于一般景区路。运用于景区的栈道有两种形式：一种是架于悬崖峭壁之上；另一种是铺设于草地之上。悬崖峭壁栈道的构造方式为：先沿石壁开出宽1~2米的石道，上横铺木梁木板。或在崖壁上横向凿孔（口宽10厘米×20厘米、深50厘米），以插入粗木梁（间距约两米），并下加斜撑。梁上再铺厚木板，道宽约2~3米，又于路之旁侧加构铁链或木栏。草地栈道随景点蜿蜒，用防腐防变质木材为木桩或水泥桩全架空，离地面40厘米以上，上铺木板成两米宽的栈道，大树或小树时而从中穿出，不用砍树，不用挖方填方。栈道色彩形态要与大自然和谐。

设计较好的景区路，常是浅埋于绿地之内、隐藏于绿丛之中的，尤其是山麓边坡外。规划要求路比“绿”低，但不一定是比“土”低。在园路两侧，距路1米左右，要安排很浅的明沟，解决由此带来的汇水问题，降雨时汇水泻入的雨水口，天晴时乃是草地的一种起伏变化。

三、公路交通规划内容

公路交通专项规划内容包括：公路交通方式的地位与作用；旅游交通总运力中所占比例；公路线路长度、等级及布局；旅游汽车的数量与档次；公路汽车客运站、停车场的规模和布局；等等。

由于公路交通本身具有灵活性、大众性和便于游览性，所以是旅游地内部旅游交通的主导方式。对于小型旅游地，公路交通还是与周边旅游交通枢纽城市联系的对外交通主导方式。

（一）公路等级

依据国家《公路工程技术标准》（JTJ1—81），公路根据使用任务、功能和适应的交通量分为高速公路、一级公路、二级公路、三级公路、四级公路五个等级。高速公路为专供汽车分向、分车道行驶并全部控制出入的干线公路。四车道高速公路一般能适应按各种汽车折合成小客车的远景设计年限年平均昼夜交通量为2 500～55 000辆；六车道高速公路一般能适应按各种汽车折合小客车的远景设计年限年平均昼夜交通量为45 000～80 000 辆；八车道高速公路一般能适应按各种汽车折合成小客车的远景设计年限年平均昼夜交通量为60 000～100 000 辆。高速公路具有特别重要的经济意义，它是专供汽车分道行驶、全部立体交叉和全部控制进出口的公路。

一级公路为供汽车分向、分车道行驶的公路，一般能适应按各种汽车折合成小客车的远景设计年限年平均昼夜交通量为 1 500～30 000 辆，连接重要政治、经济中心和通往重点风景区，可供汽车分道行驶，并部分立体交叉、部分控制进出口的公路。二级公路为一般能适应按各种车辆折合成中型载重汽车的远景设计年限年平均昼夜交通量为 3 000～7 500 辆，连接政治 经济中心或大风景区的干线公路。三级公路为一般能适应按各种车辆折合成中型载重汽车的远景设计年限年平均昼夜交通量为 1 000～4 000 辆，沟通县级以上城市的一般干线公路。四级公路为一般能适应按各种车辆折合成中型载重汽车的远景设计年限年平均昼夜交通量为双车道 1 500 辆以下、单车道 200 辆以下。四级公路为沟通县、乡、镇的重要支线公路。

公路等级的选用应根据公路网的规划，从全局出发，按照公路的使用任务、功能和远景交通量综合确定。一条公路，可根据交通量等情况分段采用不同的车疲乏数或不同的公路等级。各级公路远景设计年限，高速公路和一级公路为20 年，二级公路为 15 年，三级公路为 10 年，四级公路一般为 10 年，也可根据实际情况适当调整。对于不符合标准规定的已有公路，应根据需要与可能的原则，按照公路网发展规划，有计划地进行改建，提高通行能力及使用质量，以达到相关等级公路标准的规定。采用分期修建的公路，必须进行总体设计，使前期工程在后期仍能充分利用。

（二）客运站

根据交通部 JT3109－84《公路汽车客运站级别核定和建设要求》的规定，我国公路汽车客运站分为一、二、三、四级，具体标准如下：

1. 一级客站

旅客日发送乘客量在 7 000 以上（含 7 000）人次的车站；人口稀少及少数民族地区在 5 000 以上（含 5 000）人次的车站；省（自治区）、直辖市人民政府所在地若无日发送乘客量在 7 000 以上（含 7 000）人次的车站，则可将具有代表性的一个车站列为一级站；省（自治区）、直辖市、自治州（盟）人民政府和地区行政公署所在地若无日发送乘客量在 7 000 以上（含 7 000）人次的车站，则可将日发送乘客量在 3 000以上（含 3 000）人次的一个车站列为一级站。

2. 二级客站

日发送乘客量在 3 000（含 3 000）人次的车站，不足 7 000 人次的车站；除已列为一级站的省、自治区、直辖市人民政府所在地及省（自治区）辖市、自治州（盟）人民政府和地区行政公署所在地车站，一律不低于二级站；县级人民政府所在地若无符合二级标准的车站，可将日发送乘客量在 1 500 以上（含 1 500）人次的一个车站列为二级站；国家列为重点旅游区的车站。

3. 三级客站

日发送乘客量在 500 以上（含 500）人次的车站；除已列为一、二级车站的县级人民政府所在地车站；一般旅游区车站。

4. 四级客站

日发送乘客量不足 500 人次的乡（镇）人民政府及乡（镇）政府级以下行政单位所在地车站。

（三）交通座位

旅游交通运输能力要求达到旅游者能够进得来、出得去。交通运输能力的大小以到达或路过旅游目的地的所有交通工具在一定时期内所能运载的旅客人次为限。对于交通比较发达的地区，很难衡量运载旅客能力的大小，因为可能有游客自备车、旅行社自备车等。而对于交通比较不发达地区或有定期往返交通工具的地区则较易衡量。

通常，在一次旅行过程中，交通工具的每个座位（铺位）接待一个旅客，那么这个交通工具座位（铺位）的多少就是它接待能力的大小。例如，一个 50 座的定期往返汽车，如果每天往返一次，则其接待能力为每天 50 人次，年接待的能力为 50 × 365 人次。

(四)停车场

停车场很重要,场地不足,会对客房出租率和餐馆就座率产生限制作用。国外的一般标准是,旅馆每2~4个房间要求一个汽车空位。对于旅游地和旅游点,凡是有车可达的,需要开辟停车场。所需的面积可用下式计算:

$$A = r \times g \times m \times n / c$$

式中,A=停车场面积(平方米);r=高峰时游人数(人);g=各类车的单位规模(m/辆);m=乘车率;n=停车场利用率;c=每辆车容纳人数(人/辆)。停车场利用率和乘车率一般可取80%。

表8-1 各类车单位规模

类型(人数)	小汽车(2人)	小旅行车(10人)	大客车(30人)	特大客车(30人)
单位规模(m/辆)	17~23	24~32	27~36	70~100

(五)公路绿化

按交通部交公路字[1983]1048号《公路里程和公路养护统计指标及计算方法的规定》(试行)的规定,公路两侧宜林路段栽植的行道树有90%以上达到绿化规定的株、行距,树木胸径不小于2厘米,高度不低于2米并整齐成行,发育良好,在公路养护质量评定中,绿化得6分以上。计算绿化里程比重时,应剔除不宜植树的路段。其计算公式为(单位:公里):

绿化比重(%)=绿化里程/(公路总里程-不宜植树路段里程)×100%

不宜植树路段是指沼泽、盐碱、戈壁、高寒地以及石方路段。

(六)公路交通标志体系

公路交通标志体系是一种空间导向与标志系统,也是帮助游客了解和识别旅游目的地的标志体系。当游客初次进入旅游目的地时,不了解旅游目的地的内容、进入方式和下榻地点,道路是最直接的"导游"。公路交通标志体系要求在道路沿线特别是在道路分岔口设置导向标志(方向牌),在核心旅游区设置解说牌和安全警示牌等,为游客答疑解难,帮助旅游者自主、安逸、高效地循路向前,从而获得高质量、无干扰的旅游经历。

公路交通标志体系,除道路导游标志外,还须设置公厕、路标、门牌、邮局、银行、餐馆、旅店、机场、车站、码头标志等标志。为便于识别,各种标志应采用国际惯例。

四、航空交通规划内容

在进行省市旅游发展规划和国家风景名胜区发展规划时,需要进行航空交通专项规划。航空旅游交通专项规划是根据发展规划进行航空旅游交通布局,确定航空交通方式的地位与作用，在旅游交通总运力中所占的比例，机场的规模、等级及选址，航空线路长度、性质与布局，民用客机机群的规模与档次等。航空旅游交通是以国际旅游者为主要客源市场的大、中城市和边远旅游地的对外旅游交通主导方式。

我国的航空交通线路分为四类，即国际航线、地区航线、国内干线和地方航线。国际航线是指我国与其他国家之间的航空线。地区航线是指祖国大陆与港澳地区之间的航空线。国内干线是指连接全国政治、经济中心各大城市的航空线。地方航线是指省(直辖市、自治区)内各地之间的航空线。

我国的机场可分为一、二、三、四级。一级机场是设有能起降全重160吨以上的飞机、具备三类或二类精密进近设备的跑道、可供国内和国际远程航线使用的机场。二级机场是设有能起降全重70吨至160吨飞机、具备M类或一类精密进近设备的跑道、可供国内和国际中程航线使用的机场。三级机场是设有能起降全重22吨至70吨飞机、具备一类精密进近设备的跑道、可供近程航线使用的机场。四级机场是设有能起降全重22吨以下飞机、具备相当的仪表进近设备或简易目视助航设备的跑道、可供短途航线和地方航线使用的机场。

国际民用航空组织按跑道长度把机场分为1、2、3、4四类，并按使用机型的翼展和主起落架轮组外侧轮子外缘间的宽度把机场分为A、B、C、D、E五类，然后用1个数字和1个字母作为机场等级的代号。其中，1A级机场最小，4E级机场最大。

要开发国际旅游和建设国际旅游度假城市的旅游城市、国家风景名胜区，需要规划建设可供国内和国际远程或中程航线使用的机场，需要开通与其他国家重要旅游城市的国际航线、与港澳地区的地区航线航空线，连接全国各大城市的航空线。

五、水运旅游交通规划内容

在进行沿海、沿内河旅游城市和旅游区的旅游规划时，需要进行水运旅游交通专项规划。水运旅游交通专项规划要明确水运交通方式的地位与作用，在旅游交通总运力中所占比例，港口码头的规模、等级、数量及选址，水运线路长度、数量、航道等级及布局，旅游客船和游船船队的规模与档次等。水运旅游交通是沿海、沿内河旅游城市的内部旅游交通主导方式之一，也是主要的观光游览和娱乐方式。

海洋交通线路可分为远洋航线、近洋航线和沿海航线三种。远洋航线是指跨越大洋的航线。近洋航线是指一国港口至邻近国家港口之间的航线。沿海航线是指本国沿海各港口之间的海上运输线。在我国，沿海航线包括自辽宁省的鸭绿江口起至广西北仑河口止的大陆沿海和中国所属各岛屿沿海诸港口之间的航线。

根据《全国天然、渠化河流及人工运河通航试行标准》(1982年修订稿)规定，中国内河航道分为七级，一至七级航道的驳船吨位依次是：3 000吨、2 000吨、1 000

吨、500 吨、300 吨、100 吨、50 吨。内河航道根据其在全国水运运输网中的地位与作用,可分为国家航道、地方航道和专用航道。国家航道是指在全国水运网中处于重要地位并发挥骨干作用的航道,包括:可通航 300 吨级以上船舶的干线航道;跨省、直辖市、自治区可通航 300 吨级以上船舶的干线航道;沿海干线航线和主要海港航线;国家制定的重要航道。它由国家交通运输部或交通运输部授权的省、直辖市、自治区交通运输主管部门管理。地方航道是指在地方水运网中处于重要地位和发挥重要作用的航道,由省、直辖市、自治区交通运输主管部门管理。专用航道是指由军事、水电、林业、旅游等部门以及其他企、事业单位自行建设使用的航道,由专用航道的建设和使用部门管理。

在我国,港口是指位于江、湖、海、水库和人工运河沿岸,具有一定的水、陆条件和设施,供船舶停靠、上下旅客、装卸货物和补给燃料物品等,设有港务管理机构,年旅客吞吐量在 1 万人次以上或货物吞吐量在 1 万吨以上的地方。客运码头是指供船舶停靠和旅客上下的建筑物。港口码头供一艘船舶停靠的位置称为泊位,一般把停靠万吨级以上船舶的泊位称作深水泊位,把停靠 1 000 ~ 9 000 吨级船舶的称作中级泊位,把停靠 1 000 吨级以下船舶的称作小泊位。

六、铁路旅游交通规划内容

在进行省市旅游发展规划和国家风景名胜区发展规划时,需要进行铁路旅游交通专项规划。铁路交通专项规划应确定铁路交通的地位与作用,在旅游交通总运力中所占比例,火车站的数量和布局,铁路线路长度、等级及布局,旅客列车和旅游专列的数量与档次等。铁路交通一般是铁路沿线旅游城市,特别是以国内旅游者为主要客源市场的旅游地的对外旅游交通主导方式。在面积较大的旅游城市和省份,铁路交通还可能成为内部旅游交通的主导方式之一。

铁路等级是铁路的基本标准,设计铁路时,首要任务就是确定铁路等级。我国铁路的等级通常分为三级,用罗马数字 Ⅰ、Ⅱ、Ⅲ 表示。等级的划分是根据具体线路在路网中的作用和远期年客货运量来确定的。所谓的远期年客货运量,是指具体线路在交付运营后第 10 年,其重车方向的货运量和客车对数折算的货运量之和。每天 1 对客车按 1.0 个百万吨(Mt)货运量折算。Ⅰ级铁路是指在全国铁路网中起到骨干作用的铁路,远期年客货运量在 20Mt 以上。Ⅱ级铁路分两种情况:一是指在全国铁路网中起骨干作用的铁路,远期年客货运量小于 20Mt;二是指在全国铁路网中起联络、辅助作用的铁路,远期年客货运量在 10Mt 以上。Ⅲ级铁路是指为某一区域服务、具有地区运输性质的铁路,远期年客货运量在 10Mt 以下。

铁路客站主要由站房、站台、站前广场和库房等服务设施组成。其中,旅客站房按最高集结人数,可分为小型、中型、大型和特大型四个等级。小型站房最高集结人数在 400 人以下;中型站房最高集结人数为 400 ~1 500 人;大型站房最高集结人数为1 500～4 000人；特大型站房最高集结人数在4 000人以上。

第五节　旅游服务设施规划

旅游服务设施应相对集中，规模合理，设置符合用地布局和功能分区的要求，严格限定在核心景区以及其他实施严格保护区域以外的地区。

旅游服务设施规划包括游人与游览设施现状分析、客源分析预测与游人发展规模的选择、旅游服务设施配备与直接服务人口估算、旅游基地组织与相关基础工程、旅游服务设施系统及其环境分析五部分。

游人现状分析，包括游人的规模、结构、递增率、时间和空间分布及其消费状况。游览设施现状分析，应表明供需状况、设施与景观及其环境的相互关系。

客源分析与游人发展规模选择应符合五项规定：第一，分析客源地的游人数量与结构、时空分布、出游规律、消费状况等；第二，分析客源市场发展方向和发展目标；第三，预测本地区游人、国内游人、海外游人递增率和旅游收入；第四，游人发展规模、结构的选择与确定，应符合《游人统计与预测》的内容要求；第五，合理的年、日游人发展规模不得大于相应的游人容量。

旅游服务设施包括旅行、游览、饮食、住宿、购物、娱乐、保健和其他等类相关设施。旅游服务设施应依据景区、景点的性质与功能，游人规模与结构，以及用地、淡水、环境等条件，配备相应种类、级别、规模的设施项目。

一、旅游服务设施规划原则

旅游服务设施规划可依照经济可行性、与旅游区性质和功能一致性、有一定的弹性等原则进行。

（一）经济可行性

配套设施的选择不仅符合投资能力，要力争有较好的经济效益，而且还要考虑它的日常维护费用和淘汰速度，力求经济实惠。

（二）与旅游区性质和功能一致性

不能设置与旅游区性质和规划原则相违背的设施，必须按照规划确定的功能与规模来进行。设施的配套满足使用要求，既不能配套不周全，造成旅游区在使用上的不便，又不能盲目配套造成浪费。

（三）有一定的弹性

波动是旅游市场的显著特征，设施配套应考虑这一情况，使之有一定的灵活性和适应性。

二、旅游住宿规划

旅游住宿规划，要求旅游住宿设施稳健发展，适度超前；要综合考虑多层次、不同档次的消费者的需求；区域分布要合理，既要考虑服务接待能力、生态环境的容量，又要考虑经济效益；考虑服务标准化和个性化、管理规范化、操作科学化等方面的因素，为旅游者提供一个安全、舒适的休息环境。

（一）年住宿接待能力计算

提供住宿的床位（客房）多少决定了其接待能力。若每张床位每天接待一个人，一年最大可能的接待能力为365人天，则所有床位的接待能力为总床位数乘以365人天，实际上，很难达到最大的接待能力，还要考虑到平均客房出租率（开房率）。

一年内住宿的接待能力＝总床位数×365×平均客房出租率（人天）

有的住宿设施使用时间可能不足365天，如野营地、季节性较强的度假村等，则要换成实际平均使用的天数（营业天数），通过调查旅游目的地所有能够提供给旅游者的床位数，很方便地就可得到住宿的接待能力（供给量）。

（二）旅馆面积指标

建议按国家《旅游规划通则》规定的旅馆面积指标执行。

（三）客房数量计算

根据旅游者的不同需求和经济状况，旅游客房设计有多种类型，其中最常见的是单人间、双人间、三人以上的集体间等。标间的数量为总床位数除以2，在双人间的基础，也设一些自然单间，以满足个别旅游者的特殊需求，它一般占双人间总客房的10%～15%。客房的计算方法为：

总房间数（M）＝B×2＋（B×2×10%）－（B/2×2.5%）

式中，B为房间数，10%为自然单间所占比例，2.5%为自然单间重复数比例。

（四）旅馆床位规模计算

根据国家质量技术监督局和中华人民共和国建设部联合发布的中华人民共和国国家标准《风景名胜区规划规范》（GB 50298—1999）中的计算方法：

床位数＝平均停留天数×年住宿人数/年旅游天数×床位利用率

如果能够估计到旅游者人次和平均逗留天数（过夜数），则能够估计出旅游目的地所需的床位数：

床位数＝估计需住宿的旅游者人次×平均逗留天（夜）÷（365×平均客房出租率）

也可以用下式：

$$R=(T\times P\times L)/(s\times n\times o)$$

式中，R＝平均每天客房需求数；T＝游人总数；P＝有住宿需求的游人占游人中的百分比；L＝平均逗留天（夜）数；s＝每年能用的营业天数；n＝每个客房平均住客数，即用任何一段时间内的游人数除以游客人天数；o＝预测平均客房出租率。

一些旅游地区淡旺季比较明显，为了解决旺季供求矛盾，除了其他的手段（如提高价格、实行分流）外，提供补充住宿也是一种很好的方法。补充住宿是指住在亲朋好友家里、租用私人住房、住野营帐篷等。许多国家的补充住宿床位往往占总住宿床位的较大比例。

（五）旅游公寓面积指标

建议按国家《旅游规划通则》规定的旅游公寓面积指标执行。

三、商业、饮食业设施规划

旅游区内商业、饮食接待能力与提供服务的方式有关。例如，饮食，同样面积，快餐店由于人们就餐时间短，可以多接待一些人；而在餐馆里，人们就餐时间长，接待的人就少一些。一般地，饮食接待能力取决于营业总面积、人均就餐所需面积、营业时间、人均就餐所需时间等因素，有时还取决原材料供应。

旅游区内商业、饮食业服务设施的建筑面积，可采用在区内接待总床位数的基础上，按0.4～0.6平方米/床的指标做估算。旅游区内单个商店的面积平均在90～130平方米之间为宜。但是，有些商店可以组织在一起，由一个中心来管理，不同类型的商店可以混杂地组织起来创造有趣和多样的公共购物环境。

四、文娱设施规划

文娱性建筑的总建筑面积，可按0.1～0.2平方米/床的指标做估算。文娱设施的项目除了电影院、多功能厅、露天影剧场、图书阅览室、青年中心、夜总会、舞厅等之外，还可根据旅游区的具体情况设置植物园、展览及游乐性建筑、动物园等。

五、体育设施规划

户外体育活动场地的总面积可按5～8平方米/床的指标进行估算，而游乐性建筑的面积可按0.2平方米/床的指标进行估算。旅游区体育活动内容除了活动场、篮球场、网球场、室内游泳池、体育厅、跑马中心等之外，还可根据本身的条件组织其他活动，如登山、野外考察、海底欣赏、冲浪等。

六、管理与医疗等设施

旅游区内管理、医疗等设施的总的建筑主面积可按0.2平方米/床的指标进行估算。

七、旅游基地规划

游览设施布局应采用相对集中与适当分散相结合的原则，应方便游人，利于发挥设施效益，便于经营管理与减少干扰；应依据设施内容、规模、等级、用地条件和景观结构等，分别组成服务部、旅游点、旅游村、旅游镇、旅游城、旅游市六级旅游服务基地，并提出相应的基础工程原则和要求。旅游基地选择应符合以下原则：

第一,有一定的用地规模,既应接近游览对象又应有可靠的隔离,符合风景保护的规定,严禁将住宿、饮食、购物、娱乐、保健、机动交通等设施布置在有碍景观和影响环境质量的地段。

第二,应具备相应的水、电、能源、环保、抗灾等基础工程条件,靠近交通便捷的地段,依托现有游览设施及城镇设施。

第三,避开有自然灾害和不利于建设的地段。

依风景区的性质、布局和条件的不同,各项游览设施既可配置在各级旅游基地中,又可以配置在所依托的各级居民点中,其总量和级配关系应符合风景区规划的需求,也应符合《游览设施与旅游基地分级配置表》的有关规定。

第六节 旅游基础工程规划

旅游景点和旅游风景区的基础工程规划,应包括交通道路、邮电通信、给水排水和供电能源等内容,根据实际需要,还可进行防洪、防火、抗灾、环保、环卫等专项工程规划。

一、规划要求

风景区基础工程规划,应符合下列规定:

第一,符合风景区保护、利用、管理的要求。

第二,与风景区的特征、功能、级别和分区相适应,不得损坏景源、景观和风景环境。

第三,要确定合理的配套工程、发展目标和布局并进行综合协调。

第四,对需要安排的各项工程设施的选址和布局提出控制性建设要求。

第五,对于大型工程或干扰性较大的工程项目及其规划,应进行专项景观论证、生态与环境敏感性分析并提交环境影响评价报告。

二、邮电通信规划

邮电通信规划,应提供风景区内外通信设施的容量、线路及布局并符合以下规定:

第一,各级风景区均应配备能与国内联系的通信设施。

第二,国家级风景区应配备能与海外联系的现代化通信设施。

第三,在景点范围内,不得安排架空电线穿过,宜采用隐蔽工程。

三、给水排水规划

风景区给水排水规划内容包括:现状分析;给、排水量预测;水源地选择与配套设施；给、排水系统组织；污染源预测及污水处理措施；工程投资匡算。别外，给、排水设施布局还应符合以下规定：

第一，在景点和景区范围内，不得布置暴露于地表的大体量给水和污水处理设施。

第二，在旅游村镇和居民村镇宜采用集中给水、排水系统，主要给水设施和污水处理设施可安排在居民村镇及其附近。

四、供电规划

风景区供电规划，应提供供电及能源现状分析、负荷预测、供电电源点和电网规划三项基本内容，并符合以下规定：

第一，在景点和景区内不得安排高压电缆和架空电线穿过。

第二，在景点和景区内不得布置大型供电设施。

第三，主要供电设施宜布置于居民村镇及其附近。

思考题

1. 风景名胜区旅游安全规划的内容主要包括哪些？
2. 影响旅游饭店安全的主要环境因素有哪些？如何做好饭店的环境安全规划？
3. 结合案例分析如何做好漂流安全规划。
4. 简述旅游线路规划的原则和内容。
5. 简述土地利用规划的程序和内容。
6. 简述进行景区道路交通规划要考虑的问题。

第九章

旅游形象策划

旅游形象是指旅游目的地的旅游活动、旅游产品及旅游服务等在人们心目中形成的总体印象。对于直接的、间接的旅游目的地,旅游形象策划对旅游业的发展至关重要,旅游形象塑造是旅游发展战略的重要组成部分。

第一节　旅游形象策划理论

旅游形象是旅游目的地的生命,也是形成竞争优势的最有力的工具。一个良好的、个性鲜明的旅游形象,可以形成较长时间的旅游市场垄断地位。旅游目的地旅游形象模糊混乱,很容易使游客经历平淡,自然回头率低。在旅游目的地旅游规划中,旅游形象的研究与策划是核心问题。

一、旅游形象策划形成

随着现代传播技术的发展,广播、电视、报纸、杂志乃至电脑网络等各种大众传播媒体越来越深入和广泛地取代着人们对外界事物的直接感官活动,媒体对于形成和塑造人们心中关于外部事物形象的作用越来越大。客观事物丰富多彩、无限多样,“形象”普遍,无所不在。人们有对自我和他人的感知、对艺术作品的感知、对风景的感知、对城市的感知、对地理环境的感知、对社会的感知、对商品和企业的感知、对国家的感知……于是,就有了文学人物形象分析、绘画印象学派、风景意象研究、城市印象研究、品牌形象与企业形象的研究、国家形象与形象大使的研究……随着形象研究与有关学科的发展,人们已经从对形象感知过程的描述、形象现象的解释,进入到对形象的利用、设计、创造和传播的研究。因此,出现了文艺家对艺术形象的创作、城市规划师对城市形象的规划、风景师对园林风景的设计、商人与企业管理者对商品和企业的包装与形象设计、政治家和公共关系学家对国家形象设计等。

(一)旅游形象形成与游客决策

在对人类旅游行为的观察中,人们的旅游行为首先启蒙于人们对旅游目的地所感知的印象和形象。认知心理学的研究表明,感知活动是人类认识外界事物的起点。人们首先要通过感觉器官形成对客观事物的初始印象,随着认识的加深,进一步深入到研究阶段,认识事物的本质。通过感知活动所获得的初始印象,就是人们心中对于客观事物的"形象"。

旅游形象是人们对一个旅游目的地的特征、旅游资源特色的感知印象以及游览观光后的独特感受和综合体验的总和。旅游形象分原生形象、引致形象与复合形象三类。一个游客在决定进行旅游之前,头脑中有一系列的旅游目的地可选方案,在心目中有由经历或教育形成的多个旅游目的地的形象,即原生形象;一旦有了旅游的动机,决定要旅游时,就会有意识地搜寻旅游刊物、报纸、电视节目及旅游机构的宣传手册等有关各可选旅游目的地的信息,对信息进行加工,从中提炼有用的信息,形成引致形象。他在对各可选旅游目的地的旅行成本与收益及形象进行比较后,选择合适的旅游目的地。他到旅游目的地实地旅行后,通过自己的经历,结合以往的知识形成一个更综合的复合形象。人们依据复合形象对各可选目的地再进行比较、选择,决定再次到原旅游目的地旅行或另择他地。原生形象是旅游者本人通过实际感受、经历加工后形成的。引致形象来源于外部公众媒介对旅游目的地的描述、报道,最常见的引致媒介是广告。商业广告试图在消费者心目中建造一个能够使之进入消费者意识召唤区的形象,从而最终导致购买行为。

旅游形象是可以改变的,随着信息的变化而改变,人们往往受亲友的传播、教育与公众媒介的影响而改变和形成对目的地形象的认识。所以,旅游形象不仅可以受影响,而且可以被操纵,可以被外界力量所创造。旅游目的地在游客心目中的形象形成的过程与目的地产品服务的性质、宣传促销活动密切相关。旅游市场营销与开拓政策必须基于游客的感知与喜好的假设。游客特征及营销变量,影响着游客的旅游目的地意识。

人们在做出旅游行动之前,往往依据感知形象做出决策。游客的目的地抉择通用模式是把旅游目的地按游客感知意识分成可选类、无效意识类、惰性类及不宜类。可选类,指无论从经费、时间还是需求,都是可行的旅游目的地;无效意识类,指主观愿望上希望光顾,但由于成本、时间、技术等方面的不可行,导致无法实现的旅游目的地;惰性类,指旅游吸引力不大或曾多次光顾的目的地;不宜类,指目的地的吸引力与游客需求、欲望相反的旅游目的地。

在游客旅游目的地的抉择模式中有感情关联,一旦游客考虑某个特定的旅游目的地时,就会联想到相关的特殊旅游感受。例如,一旦考虑桂林,就会联想到优美如画的山水感受。一提到武夷山,就会联想到在九曲溪乘坐竹排的感受。游客如果对某一旅游目的地总是好的感情关联,就可能决定到这一旅游目的地观光,否则就可能另择他地。对游客的特别感受与特别的旅游目的地之间关联的分析,可以了解旅游目的地在游客头脑中的位置。

旅游倾向与游客喜好密切相关。游客对旅游目的地的感情关联影响旅游者的旅游意向与旅游决策倾向。游客对可选旅游目的地的喜好产生于旅游目的地意识及感情关联,决定游客对目的地的偏好及决定旅游目的地在游客头脑中的排序,也决定游客在某一特定时间内前往某一特定目的地旅游的可能性。

(二)企业形象与旅游形象

旅游形象策划是受企业 CI 策划的启发和广告业的影响带动,可以说,旅游形象策划脱胎于工业设计中的企业形象识别系统(Corporate Identity System,CIS)。20世纪 90 年代,企业 CI 策划传入中国。1993 年元旦,广东太阳神全面推出 CIS 视觉形象:地平线上,一轮红日勃然升腾,照耀寰宇。这个由 O、A 构成的图案,让观者精神振奋,过目难忘,从而获得极大的成功。

旅游形象策划直接来自于向企业形象识别系统的学习。在旅游界,以"广之旅"为开端,佛山华侨大厦、深圳世界之窗等企业都相继导入 CIS,取得了不同程度的效果。其中,CIS 使"广之旅"从一个默默无闻的"广州市旅游公司",一跃成为全国旅行社十强之一。

旅游形象策划是一种对新旅游点开发规划和老旅游点形象包装的有效方法。通过对旅游点所在地域的文脉分析,辨别文脉的地方特色,然后通过协调文脉、突破文脉或者协调与突破相结合的方法,建立旅游产品的理念基础(MI),提炼主题性宣传口号;通过对管理行为、服务行为和公关行为的设计,形成相应的旅游活动行为准则(BI);将旅游徽标、标准字体、标准色、吉祥物等赋予旅游者和社会公众视觉所及之处,形成系列、重复出现的视觉形象(VI),由 MI、BI 和 VI 构成旅游形象策划的体系(CIS),再通过客源市场的公众识别、旅游形象的定位方法、大众广告传媒、市场行销渠道、社会公关活动等,为旅游目的地导入 CI 策划,实现旅游 CI 战略,建立具有知名度、美誉度、信任度和重游期望以及具有较强市场竞争力的旅游品牌和"名牌"。

把旅游形象策划导入风景名胜区和景点,提高旅游区的行销宣传形象,促使旅游开发规划的创意策划总体构思与市场定位和形象策划结合,将使旅游业获得巨大的市场空间。

(三)传统 CIS 与数字化 CIS

从传统的 CIS 和传统的旅游形象策划到数字化区域旅游形象策划是一个飞跃,经过从单纯的旅游宣传广告用语到自觉地提炼和定位旅游形象,已从以传统媒介积极推广发展到了数字化的营造阶段,是旅游形象策划在现代科学技术时代的一个发展。

数字化营造,就是利用数字化技术手段开展企业形象的策划、创建、推广和管理。在企业形象走向数字化的同时,区域形象及区域旅游形象走向数字化也就成为必然。旅游 CIS 数字化包括设计数字化、标准数字化和实施数字化三个方面。设计数字化是指在设计制作中尽量利用网络资源，以多媒体手段制作理想的图案文字和文本视觉效果；文本数字化是指以 CIS 电子文本取代传统的印刷品 CI 手册，利用高精度性能使标准色、标准字真正标准化；实施数字化是大量通过计算机网络、运用数字化手段进行传播、营销和管理。

（四）文脉与旅游 CI

文脉是指旅游点所在地域的地理背景，包括当地的历史、社会、经济、文化等人文地理特征和地质、地貌、气候、土壤、水文等自然环境特征，是一种地域性的自然地理基础、历史文化传统和社会心理积淀的综合性的时空组合。

旅游形象策划与设计必须与地方文脉相结合。对于文脉的分析、处理和应用，可采用协调、突破、协调与突破相结合的方法。旅游形象策划与文脉相协调，可以使旅游 CI 顺理成章地具有地方特色；旅游形象策划突破文脉，则能在地方特色不明显、具有一定普遍性的旅游地策划出奇制胜的旅游形象。

旅游形象策划要与促销宣传相结合，从文脉和地理背景出发，把历史文化继承发展与广告学甚至装潢和装饰学相结合，将时空地理形象与现代信息传播相结合，从旅游客源市场出发，策划出具有旅游吸引力的旅游形象。

企业形象问题本质上是一个企业发展的问题，企业形象是当今商业与信息传播时代发展的新显性因素。企业形象的研究和探讨导致形成新的企业经济学理论或产品开发理论。旅游目的地形象比企业形象内涵更明确，本质上也是一个旅游地如何发展的研究。旅游地形象的系统研究可能导致旅游地开发与旅游规划在理论和实践上的创新。

二、旅游形象策划体系

在形象传播的商业时代，游客可以选择的旅游目的地愈来愈多，旅游目的地之间的竞争越来越激烈；同时，旅游活动还要面临被与其类似的娱乐活动的冲挤。激烈的市场竞争使旅游景点出现了品牌化、企业化、商品化的趋势。旅游 CI 策划也随之系统化，形成由 MI（理念基础）、BI（行为准则）、VI（视觉形象）三部分组成的旅游形象策划体系（CIS）。旅游形象策划可以运用视觉设计将理念与特质视觉化、规格化和系统化，从而塑造生动具体的旅游地形象。

（一）理念基础（MI）

MI 是旅游 CI 策划的基础、核心和灵魂。旅游地形象设计必须建立在广泛而深刻的理念分析基础之上。旅游地形象理念基础可来自对旅游地文脉的把握，来自于对旅游地进行包括自然环境地理和社会人文地理等各种空间尺度地理背景的分析。通过对旅游地形象的理念分析，我们可形成对旅游地形象准确而清晰的认识，进一步形成用以表达和传播旅游地形象的主题和宣传口号。

旅游形象策划的对象，一是对老的旅游地重新包装；二是对新景点的创意、构思和规划。形象策划的最终目的，都是为了适应形象导向的时代背景，通过宣传口号以及 VI 和 BI 的行销传播深入到旅游者心中，从而增强旅游的吸引力、扩大市场占有率。

（二）行为准则（BI）

与现代企业一样，旅游地具有高度的组织化特征，是一种人与地理空间相结合的组织结构。对于传统风景区和名胜古迹旅游点，人的因素和行为不突出，旅游地只是为旅游者提供单纯的观光游览空间。随着主题公园等人造旅游景观的兴起、服务竞争理念的广泛传播，人的智慧创造行为吸引因素日趋显著，旅游形象就成为重要的标志。

旅游地人的智慧创造行为活动，主要表现为对内的员工管理行为、面对旅游者的活动参与和旅游服务行为、对外的社会公益行为。行为准则便成为传播旅游地形象的重要范式。行为准则反映旅游地形象理念及其主题口号，行为准则渗透在行为规范及规章制度中。例如，“热情、高效、自觉的服务”，就常常是主题公园管理的行为准则。

（三）视觉形象（VI）

VI 是 CI 的静态，甚至是滚动演变的识别符号，是具体化、视觉化的传递形式。根据心理学的理论，人类接受外界刺激所获得的“信息”，由视觉器官获得的感觉占听觉、味觉、嗅觉、触觉和视觉所有感觉的 83% 左右，由视觉器官所归集的信息在人类记忆库中具有较高的回忆值。因此，发展视觉传播媒体，开发符号化、标志化的视觉设计系统，是传达形象理念、建立知名度和塑造形象的最有效的方法。

旅游地作为最突出的视觉景观实体，整体旅游形象首先来自于景点本身的视觉造型，因此，VI 设计在旅游 CI 设计中占据特别显著的位置。如果说商品企业界的 VI 设计核心是企业的标志、标准字、标准色等统一符号，旅游地视觉形象设计应当体现在游客直接观赏的旅游景观上，通过旅游景观的观赏而形成综合旅游地印象。旅游地形象应学习企业的 VI 传播方式，通过办公用品（如信笺、名片等）、招牌、交通工具以及商品包装、视觉性广告等方面，获得展示和传播。旅游地的 VI 传播，基于旅游点的 VI 设计，从招徕性景观开始，逐步发展为开放的行销性景观。在旅游地的 VIS 中，应包括固定的景点视觉识别和活动的视觉识别。景点视觉识别为景点造型及其标志、标准字、标准色和特别设计的旅游地“品牌徽标”。活动的视觉识别为景区内演员和员工的标准服装和视觉性的规范行为。

视觉形象的策划在于形成一定的内外感应气氛，通过明确而又符合社会心理要求的形象，使用一定的传播程序，采用逐步加强与重复出现相结合的宣传手段，把旅游产品推向社会，获取轰动效应和持续效应。

旅游 CIS 的三个组成部分，MI 是 CIS 的最高决策层以及最先展开的策划面，是旅游点形象的精神内涵、旅游产品的主题识别以及旅游点经营信条和管理策略，也是整个旅游形象运作的原动力。BI 是旅游形象的动态行为过程,通过旅游地的对外回馈、社会公益活动、旅游活动的参与和组织、旅游服务的行为规范以及内部员工的管理和教育,将旅游形象与抽象理念点点滴滴地渗透和表达,增强凝聚力和吸引力。VI 是 CIS 的静态甚至是滚动演变的识别符号,具有最具体的视觉形象化的传播力量与感染力量。VI 以旅游点徽标、宣传口号以及标准字、标准色、象征图形与吉祥物等为基础,设计并渗透在旅游点的大门景、各种自然与人工旅游景观等直接对旅游者产生视觉冲击力的地方以及户外旅游招牌、广告媒介、员工制服、旅游商品品牌及包装、相关旅游企业的建筑外观、办公室装饰、旅游车辆、事务用品等方面,从而达到行销传播的目的。旅游 CIS 三部分的设计时序,通常是先 MI,后 BI 和 VI。

第二节　旅游形象策划

自 20 世纪 90 年代以来,随着我国国内旅游的蓬勃发展,越来越多的地区选择旅游业为区域经济产业发展的方向。一流的资源和一流的创意,并不是一种随处可得的东西。人们发现旅游者对旅游目的地的热望或冷淡并不总是决定于资源和创意,旅游目的地的知名度、美誉度、认可度以及影响旅游地形象的某些因素可能会变得更为重要。旅游形象策划涉及旅游者和旅游目的地,旅游形象可以通过"形象整饬"来改变和调整旅游者的印象,旅游地的形象可以通过"认知互动"机制,得到更改和完善。旅游形象策划对旅游客源地、目的地和旅游通道均具有不同程度的意义。

一、旅游形象调查

在进行旅游地形象策划时,需要调查与评价旅游目的地在旅游者心目中的当前形象,明确设计目标。旅游目的地的形象包括一组共同特性构成的印象,包括对一些共同功能特性(如物价水平、交通设施、气候及住宿设施类型等)的评价。旅游形象调查有两方面:一是旅游目的地的知名度和美誉度调查;二是旅游者旅游目的地形象信息来源调查。

(一)旅游目的地的知名度和美誉度调查

旅游目的地形象的现状调查,首先要调查旅游者对旅游目的地了解的程度、对旅游目的地喜欢的程度,即调查旅游目的地的知名度和美誉度。旅游目的地的美誉度是指,旅游者,包括潜在旅游者,对旅游目的地的褒奖、赞赏、喜爱程度。知名度与美誉度的组合构成旅游目的地的四种形象状态:一是"美名远扬",旅游目的地具有众人皆知的好形象;二是"知者说好",旅游目的地的形象好,但名声不大,知道的人都说好,知道的人不多;三是"知者均言差",旅游地形象不好且不出名,知道的人都说不好,知道的人不多;四是"臭名远扬",旅游地具有众人皆知的差形象。

任何旅游产品都是从两方面感知的,从对旅游产品的个别的特色、属性的感知到对整体印象的感知。旅游目的地的知名度和美誉度调查,可以依据一些共同的心理特征对旅游目的地进行评价,如友好程度、安全性、服务质量、声誉等。测度旅游目的地的形象认知度方法,一是设计一系列漫谈式问题,通过这些问题描述旅游目的地的整体形象特征和有关形象的特性与气氛;二是建立一系列有效和可靠的衡量尺度,从功能和心理方面来测度目的地形象的共同属性。测度旅游目的地的整体形象与特征时,可以设计为"当你把某地当作度假目的地时,会在头脑中出现什么形象与特征?描述你对旅游目的地所期待的经历和气氛,列出你所知的旅游目的地独有的旅游吸引物"。

在旅游地形象的现状调查中,有一种知名度和美誉度都高但旅游认可度低的现象。旅游目的地的认可度就是旅游者把旅游目的地的产品和服务纳为消费对象的程度。对于一些高知名度、高美誉度的旅游目的地,旅游者旅游认可度低,没有选择作为旅游目的地,往往是因为经济条件所限或者产生心理形象的偏差。例如,出境旅游,世界上有许多美好诱人的地方,但是对于刚刚开始兴起的中国出境旅游,大多数人还只是选择了近一些、便宜一些的旅游目的地。又如,某些高尔夫度假旅游地或游艇旅游或极地旅行,在一般游客心中似乎只是富家们和探险家的消费。旅游心理形象的偏差导致一般游客放弃购买这种高知名度和高美誉度的旅游目的地产品。

在旅游地形象的现状调查中,还有旅游目的地形象强烈与旅游目的地选择相矛盾的现象。例如,人迹罕至的地方如非洲部落,具有鲜明的、强烈的旅游形象,但却因此产生令人却步的形象。著名的旅游目的地因其形象魅力而游人如织,反而会使旅游经验丰富的旅游者放弃前往。

对旅游地形象的调查,除了需要了解游客对旅游地知道或不知道的情况以及对旅游地具有好或不好的一般感知形象外,还要进一步了解该旅游地在旅游者心中的形象内容。

(二)旅游者旅游地形象信息来源调查

关于旅游目的地形象的资料和信息,特别是关于旅游者对旅游目的地形象认知信息的来源,一般难以找到现成资料,需要通过调查获得。旅游者旅游目的地形象信息来源调查可以采取社会调查学的市场调查方法和技术。

不论旅游者对旅游目的地所形成的是本底感知形象、决策感知形象,还是实地旅游形象,都是旅游者对旅游目的地信息认知的结果。旅游目的地信息,有时是旅游者主动寻求的,有时是旅游者无意遇到的,不论何种情形,信息都有来源和传播渠道。信息本身是代码,是符号、文字、图像和声音等,调查旅游目的地形象信息的来源和传播渠道是旅游目的地形象传播策划的重要依据。

旅游者在形成对旅游目的地的本底感知形象、决策感知形象和实地旅游形象时,分别使用不同的信息来源。本底旅游形象因其形成的长期性和社会化过程而使其信息来源分散、模糊和隐蔽,如文学作品、中小学课本、一般大众传媒上的非广告信息等,都可以成为旅游者获得关于旅游目的地的本底认知。决策感知形象的信息来源,往往是旅游商的广告、亲友的介绍等。实地旅游形象的信息来源除了视觉性旅游目的地景观本身之外,还有当地的旅游信息服务系统等。

近年,国家旅游局的客源调查,开始关注旅游者获得目的地信息来源的调查。据1996年国家旅游局对海外旅游者了解中国旅游情况的媒介的调查,海外旅游者了解中国旅游目的地、形成中国旅游地形象的基本途径首先是广告,其次为旅行商,分别占38.1%、22.4%,约五分之一的样本通过"其他媒介"获得旅游地信息。团体旅游者以通过旅行商的途径为多,占48.6%,散客旅游者以广告为多,占44.6%。

调查旅游者选择或倾向使用的信息渠道,明确传达旅游目的地形象信息的形式(如电视的声像和报纸的文字信息的形式),为旅游目的地选择最佳的形象传播媒介提供了依据。

二、旅游形象策划的一般过程

在进行旅游地知名度、美誉度和旅游者旅游地形象信息来源两项调查之后,可以根据游客对旅游目的地形象的褒贬与信息来源渠道,对旅游目的地形象进行修正、强化与重塑。旅游目的地形象策划需要考虑资源、市场、游客等多种因素,从而创造一个能满足旅游目标市场需求的形象。成功策划的旅游目的地形象应是一个科学和艺术的形象、能激发潜在游客情感与欲望的形象。

(一)策划主体分析

旅游形象认知主体包括设计师、当地居民和旅游者三类人。旅游地在三类人心中,分别成为"构想空间"、"生活空间"和"感知空间"。旅游者对旅游地的形象认知是旅游形象理论研究的重点,而设计师与当地居民和旅游者相比,似乎显得比较模糊。从事一个具体区域旅游形象的设计师和规划师,通常是在地方政府的指导和旅游主管部门的组织下进行的。当地的公众人物和普通老百姓都是区域旅游形象的支持者和关注者。

旅游形象策划需要对最基本、最核心、最具有实际意义的策划主体进行广泛、深入的背景式分析和探讨,策划师或设计师需要暂时从频繁不断的策划实践中脱身出来,反省所从事的旅游形象策划活动,不断进步,提高效率,从而取得更好的策划效果,解决更多的现实问题。

(二)设计三个阶段

广义的人类设计活动,包括工程建筑、艺术创作、社会发展设计等,是一个由简单到复杂的思维与创造过程。旅游形象的设计或策划属于人类设计活动中较高层次的专业设计,是一项系统智慧工程,分为设计前、设计中和设计后三个阶段。

在旅游形象设计的前阶段,需要明确旅游形象设计目标,消除不利于旅游者前往旅游目的地的原有成见和刻板印象,设计具有吸引力的旅游地形象,使游客获得满足并留下良好、深刻、有助于重游和多次前往旅游目的地直接感知的形象。

旅游形象设计有目标差别,目标差异带来设计方案的差异。差异主要来自对旅游地形象现状的评价结果。一个区域旅游形象的现状决定着设计师具体的设计目标。明确的设计目标又决定着具体的设计操作。形象设计差别目标决定具体设计目标,具体是:对形象模糊的旅游地,需要设计鲜明的形象;对形象不利的旅游地,需要改造不利的形象;对形象过时的旅游地,需要设计崭新的形象;对形象优良的旅游地,需要保持、强化良好的形象。

设计目标以所具有的资源与市场价值为前提,在给定目标的情况下,设计方案取决于所获得的客观环境的信息和设计师的智慧与设计技能,最终设计方案是旅游地因素和设计师技能两者共同作用的结果。

在旅游形象设计的中阶段,需要探讨旅游形象设计与旅游地规划的关系。旅游规划基本上从地理空间的角度构建旅游产业的发展战略,而旅游形象设计则强调从人对旅游地的感知过程建立和传播容易被感知和识别、能够留下深刻印象的旅游地的形象信息。旅游形象设计的关键是将旅游地中最能传达目标形象的元素和信息加以提取、突现、重新创造和传播。因此,旅游地形象设计是否达到设计目标,就是以是否强化、改变、增添了旅游者对旅游地形象的认知作为检验的标准。

在旅游形象设计的后阶段,旅游形象设计方案的价值必须通过形象传播得以实现。旅游形象设计方案确认之后的工作主要是形象的传播与推广。旅游者接受新的形象需要相当一段时间,设计师有时也将形象传播与推广活动纳入到“设计中”,而不是“设计后”。旅游形象传播与推广的实质是信息的发送、传播和接收,旅游者所感知旅游地形象的深浅,就成为旅游形象传播与推广工作成绩的依据。

(三)策划效果分析

旅游地形象策划必须将旅游地实体客观要素与设计目标的主观要素融为一体,发挥设计师的设计技能,完成旅游地形象设计方案。旅游地形象策划与设计是旅游地规划的高级设计活动,当旅游地依据设计方案实施、建设和发展并成为旅游者可现实感知的“作品”时,就产生对设计师与旅游者对设计作品的判定。旅游地形象策划设计一出现在旅游者面前,就开始了旅游者对旅游地的解读,包含旅游者对旅游地形象策划作品或对设计师意念的理解。如果旅游者产生对设计欣赏并购买旅游地的旅游产品,就是对设计作品产生的理解、感受和行动,从而证明了旅游地形象策划获得了社会效果;如果旅游者不按照设计师的规划和构想行动,就需要设计师修正作品设计。旅游地形象策划具有比文学作品创作、实体物品设计、建筑设计等更复杂、更高等的特征，存在一个设计师、旅游者、旅游地之间互动的影响关系，从而使旅游地形象的策划不断地表现为循环的设计过程。

源远流长的历史文化、丰富的文化遗产、恬淡雅致的文化气质、风格独特的建筑风貌等，是历史文化名城旅游形象的名片；沧桑的古城墙、斑驳的条石古街、特色的民居等，是历史城镇形象的最好景观标志；清澈甘甜的溪流、苍翠碧绿的山岗、岩石耸立的深谷、飞流直下的瀑布等，是山水旅游城市形象最具吸引力的特征；层层叠叠的梯田、吹烟袅袅的村落、花果飘香的果园、暮归的牛群、锣鼓小调的社戏、清新的田园景色等，是乡村旅游形象的特色……

旅游目的地的形象定位是旅游目的地形象设计与传播的前提与核心。旅游者在选择旅游目的地和做出旅行决策时，除了考虑距离、时间、交通方式和旅行成本等因素外，还非常重视旅游目的地的感知形象。只有那些在游客心中具有强烈和美好形象的旅游目的地，才能吸引远在千里的旅游者。旅游形象定位就是要使旅游目的地深入到潜在游客心中，占据其心灵位置，使旅游目的地在游客心中形成生动而别具特色、鲜明而强烈的感知形象。旅游地形象定位是任何旅游目的地树立旅游形象都不可或缺的中心环节。

旅游形象策划，可以让外人对旅游目的地获得周密详尽的了解，帮助游人做出游览决定，也帮助商业财团做出投资决策。

三、旅游地形象定位

一个区域旅游规划需要研究所规划区域的形象旅游定位，研究旅游者对规划区域的认知状态，设计一套有效的传播旅游地目标形象的方式。随着旅游规划由宏观区域的开发战略转向微观项目的创意设计，从主题公园形象开始了旅游形象研究与设计，开始导向地区旅游形象的研究，推动着旅游形象规划的出现。旅游形象定位的研究对促进旅游规划思想的发展和完善、保证旅游规划体系在更高层次上的发展，具有重要的实践意义。

(一)形象定位理论

形象定位，源于广告界。“定位”是广告学的核心概念之一。定位理论的核心思想就是去操纵已存在心中的东西，重新结合已存在的联结关系。形象定位的前提是分析消费者心中已存在的商品及其对商品的认知。形象定位就是要力图使被定位对象攀上已存在于消费者心中的形象阶梯，被消费者认知，促成消费者购买。

旅游业的发展，引发了更为激烈的旅游供求竞争，要求旅游目的地形象深入旅游者心中，在旅游者认可的旅游地形象阶梯中占据一个较好的、有竞争力的位置，这就需要得到形象定位理论的指导。旅游目的地的生存要以定位理论为指导，适应定位时代的要求。

旅游资源经过开发、建设和发展，为旅游目的地引来游客，由广告、口碑、文艺作品和新闻传媒、旅游活动等将旅游目的地的形象扎根于游客心中。比如，一提起海滨沙滩，人们会想起北戴河；一提起中国古代文明，人们会想起北京和西安；一提起中国古代奇迹，人们会想起长城和兵马俑；一提起主题公园，人们会想起世界之窗、锦绣中华……这是联想式的旅游地形象认知模式，由一个已熟悉的大类事物形象联想到一个具体的事物形象，从而形成联想式的旅游形象定位。

旅游形象是一种空间形象，可依据旅游地形象形成的空间规律，利用地理空间的认知链原理，使之与旅游者心中已有东西相结合，使旅游者自然而然地通过认知链感知和建立旅游地的形象。例如，可以通过使用方位与旅游者心中已有的地理空间知识相联系，建立与传播旅游地的形象。以广西桂林猫儿山为例，人们对它一无所知，猫儿山在一般旅游者心中难以形成联想式旅游形象，人们甚至不知道它在哪儿，但是人们知道“南岭”以及南岭地处的著名山脉，这样，当猫儿山以“南岭第一高峰”的旅游形象对外宣传时，就大大充实了人们对猫儿山旅游形象的认知。

任何一个地方都是潜在的旅游地，因此，尽管现在的旅游者比过去已经拥有更多关于目的地的知识，但是一般旅游者都不可能知晓所有的地方，即使知晓也不一定确切，于是，需要通过定位使旅游地形象得到凸显、丰富和稳固。

(二)形象定位依据

旅游形象定位要以资源分析和市场分析为依据。资源分析分为硬性资源分析和软性资源分析。硬性资源分析是对旅游资源种类、数量、知名景点及数量、景点风格、气候、地形地貌特点、动植物种类与数量、珍禽异兽数量及种类、矿产资源种类及数量、宾馆饭店的数量档次、航线、铁路干线、轮船班次、经济总量、人均产值、人均收入、旅游业总产值及人均产值、旅游企事业单位数量、总利税量、服务业从业人员数量、收入、学历、性别、年龄、旅游网站数量、服务内容及模式等；软性资源分析是分析旅游目的地的历史悠久性、著名历史名人、高等院校数量、高科技企业数量与总产值、文化艺术团体种类及数量、传统活动的种类与数量、节庆活动类别与特点、运作方式、经济效果等。

市场分析包括国际市场分析、国内市场分析、竞争市场分析，分析旅游目的地的旅游经济发展速度、旅游经济总额占经济收入的比重、人均旅游消费额、总人数、总人次、总收入、停留天数、出游时间特点、出游次数、出入境人数 、入境游客流向特点、国籍或省份、性别、年龄、收入、学历、种族、党派、交通方式选择、获知目的地信息方式等主要内容。

(三)形象定位基础

形象定位的基础是旅游资源和客源市场。成功的旅游地往往依据所拥有的旅游资源，针对不同客源市场，依据不同旅游者对该旅游地的感知形象和旅游期望，确定不同的旅游形象。客源市场丰富多彩而有变化，在进行旅游目的地形象定位时，需要进行客源市场细分，确定一个或几个目标市场，针对不同的目标市场进行不同的旅游形象定位。例如,我国香港每年要依据客源市场调研,根据不同区域的客源市场宣传不同的香港旅游形象;在我国台湾,宣传香港大都会的魅力;在日本,强调香港豪华消费享受价格比日本便宜;在澳洲和新西兰,宣传介绍香港是一个缤纷多姿的亚洲旅游胜地;在北美和欧洲,突出香港神秘东方色彩和现代化国际化面貌……在旅游者需求一致性的表面下,区分客源市场,发现客源市场的差异,依据不同客源市场的旅游形象定位,可以提高旅游形象定位的准确性和效果。

旅游形象的定位只有以旅游者所接受的、所拥有的信息为依据,从旅游者的"预存立场"及其心中现实的本底感知"形象"出发,正确认识媒介与受众的互动关系,才能凭借媒介的传播,使形象定位有效地深入旅游者心中。

旅游地形象定位的结果在本质上是旅游者如何看待旅游目的地、如何与其他旅游目的地比较。旅游目的地是被接纳了、记住了,还是被放弃了、遗忘了,关键是旅游目的地定位的基本条件。旅游城市的定位必须建立在城市群体的基础上,而不是将该城市与其他风景名胜区或主题公园并置于一起定位。

只有在同一感知类型和同一空间感知层次的旅游地之间才会形成旅游者心中的竞争关系,进而成为旅游地形象定位的推动力。例如,在我国出境旅游者心中,往往将泰国、马来西亚、新加坡等东盟国家感知为统一的新马泰旅游目的地,而我国的香港与澳门地区也常常被感知为一个个旅游区;同样,广西的西南部与越南、云南的西双版纳与缅甸都分别被感知为统一的旅游目的地……这是由旅游地空间认知规律决定的,旅游者倾向于将若干旅游地集中在某一较广泛和较高层次的地域空间来感知旅游地的竞争关系。一般来说,面对竞争的定位往往需要通过差别化策略,突出被定位对象的独特点。因此,唯有独特的东西才能被旅游者从众多的相似的信息中注意和感知,进而形成和发展成心中的旅游目的地形象。

(四)形象定位的基本原则

旅游形象定位是如何使旅游目的地在旅游者心目中留下深刻印象的定位,凸显旅游目的地的特质,需要研究可以遵循的规律,需要研究可以依据的原则。根据经验总结和借鉴,旅游形象定位可依据如下原则:

1. 优势集中原则

当旅游目的地具有多种优势时,优势一定要集中,并聚焦到某一点上凸显,让其他优势围绕它发射出光环,而不能抵消和削弱它。

2. 观念领先原则

观念领先是指思想超前而不是实态的领先。实态的竞争首先是观念的竞争,在设计旅游形象定位时,要有"第一"、"我为天下先"的思想和创新观念。

3. 个性专有原则

在同一区域的两地不能拥有同一个定位点,必须选择区别,突出个性,形成个性专有、"唯我独尊"。

4. 专一持久原则

专一持久是指一个好的旅游形象定位后,需要专心经营打造,不可“见异思迁”,不可“三心二意”,也不可“三天打鱼,两天晒网”,要做品牌,要做“老字号”。

(五)形象定位方法

随着旅游业的发展,旅游地类型越分越细,同类景点的个体数量也呈阶梯状规模增长。全世界会有很多历史名城、滨海沙滩、山地风光、温泉瀑布、建筑古迹、滑雪胜地、博物馆、动物园和植物园向旅游者涌来。旅游者身处一个被众多“景点品牌”包裹的境地,旧的形象阶梯已经很稳固,新的形象正在生长,需要旅游目的地采用科学的形象定位方法,以获取旅游策划所要把握的旅游形象的最基本特点。

1. 领先定位

旅游者依据各种不同的标准和属性,在头脑中建立旅游目的地形象的阶梯。领先定位是最容易进入旅游者旅游地形象阶梯的方法。领先定位方法,适宜于独一无二、不可替代的旅游资源,如泰山、黄山、武夷山、长城、故宫等,都是世界上绝无仅有的自然美景和人类奇迹,处在旅游目的地形象的最高阶梯,可以保持长久不衰的形象地位。

2. 比附定位

比附定位并不去占据旅游者旅游目的地形象阶梯的最高级。实践证明,与处于旅游目的地形象的最高阶梯或领导地位的形象“第一品牌”进行正面竞争往往非常困难,而且常以失败居多。因此,可以采用比附定位方法避开“首席”,抢占第二位。由于大多数商品或服务的广告宣传都不甘声称第二,生怕落人之后,在这种情况下少数定位于第二的品牌反而给消费者留下深刻印象。海南三亚定位为“东方夏威夷”或“夏威夷第二”,目的无非是利用夏威夷绝对稳固的旅游形象而较轻易地进入游客心中,并在旅游形象阶梯中占据一个较佳的位置。又如,传说郭沫若先生的一句戏言“桂林山水甲天下,不如武夷一小丘”,给了武夷山旅游形象很好的比附定位,因为“桂林山水甲天下”先于武夷山闻名于世,所以武夷山就很快进入游客心中,成为人们需要破解的谜、向往的一个旅游目的地。但是,比附定位对于后来跟进的旅游点不利。

3. 逆向定位

逆向定位强调并宣传定位对象是消费者心中第一位形象的对立面和相反面,同时开辟了一个新的易于为人接受的心理形象阶梯。例如,深圳野生动物园的形象定位属逆向定位,将人们心目中的动物园形象分为两类:一类是早已为人类熟识的普通笼式动物园,如北京动物园;另一类为开放式动物园,就是深圳野生动物园,它将游客与动物的活动方式对调,人在“笼”(车)中,动物在“笼”外,从而在游客旅游形象阶梯中占据了一个迥异的位置,从而成为国内第一个城市野生动物园。

4. 空隙定位

空隙定位的核心是分析旅游者心中已有的形象阶梯的类别,发现和创造新的形象阶梯,树立一个与众不同、从未有过的主题形象。比附定位和逆向定位都要与游客心中原有的旅游形象阶梯相关联,而空隙定位则全然开辟一个新的形象阶梯。例如,深圳民俗村的形象定位并不在于人工复制的少数民族村落,而是那些身着民族服饰的演员、员工及其每日定时举行的表演,属于空隙定位。由于同类人工景点相互模仿,促使景点数量剧增,旅游点的形象定位更适于采用空隙定位,因为旅游者仍然期待着个性鲜明、形象独特的新景点出现。

旅游目的地形象似乎比一般商品的形象更鲜明而稳固。随着旅游形象策划科学的发展,我国的旅游地形象或由广告、或由口牌、或由文艺作品和新闻传媒、或由旅游活动而获得游客认可,渐渐扎根于游客心中,为旅游地吸引来游客。

四、旅游地视觉景观形象设计

对于旅游者而言,旅游地是一块充满视觉感性的地方。在长期的旅游发展中,旅游的基本内涵都是以愉悦于风景观赏为主,在旅游者心中,一提起旅游,一定要有可观赏的东西,旅游地一切可观赏的就是旅游者心中的“风景”。新兴的商务、度假、娱乐、会议、修学、购物等专门旅游,都要依托于地理空间上的旅游地,依托于旅游地独特的视觉景观。旅游者不论通过本底感知形象决策,还是通过实地旅游形成旅游地的直接感知形象,视觉景观的美和吸引力都是影响旅游者进行旅游地的选择和重游决策的永恒因素。开发、设计、美化、发展旅游地景观的视觉因素及其形象力,是旅游地形象设计的重要组成部分。

(一)视觉景观形象类型

按照旅游者实地感知旅游地景观从而形成视觉感知形象的过程与旅游地视觉景观的形象特征,可将旅游地视觉景观形象归为以下三个类型:

1. 隐藏性旅游形象

隐藏性旅游形象有两种表现形式:一是指旅游地远离人口密集地,出现于大山大谷和内陆边远地区,而且自然美景还处于险要之处,正所谓“无限风光在险峰”。传统名山与山水名胜景区属于这一类型。二是指寺庙、道观、书院和古典园林等传统历史名胜古迹,“藏”于林中,“养”在深山,其所蕴藏的历史与文化内涵须借助导游解说,方能理会其中的智慧,获得审美感悟。隐藏性旅游形象通过自然美景和历史与文化来表现和传达,经过长期传播而形成。具有隐藏性旅游形象的旅游目的地为传统旅游地。

2. 招徕性旅游形象

招徕性旅游形象是旅游地为了招徕旅游者而着意策划与塑造的旅游形象。随着旅游业的发展,新的旅游景点和旅游目的地为了引起旅游者注意,通过新闻媒体进行介绍,在城镇边界或路口建造迎送牌坊,竖立宣传旅游景点的路牌广告,以吸引游客的注意,使往来过客产生旅游兴趣和欲望,以至采取旅游行动。招徕性视觉形象的产生为行销性视觉景观的设计奠定了基础。

3. 行销性旅游形象

旅游目的地,特别是主题公园,需要从市场的角度来创造旅游形象,以获得行销的效益。行销性旅游形象比广告招徕性旅游形象更为突出和强烈。例如,在深圳市华侨城的三大主题公园中,锦绣中华最早以灰顶白墙的典型苏式旅游商品街以及微缩长城为标志性景观形象的设计,后来换以巨大的人造水车为锦绣中华的新标志,其目的是为了唤起市场,使景区获得行销的效益。世界之窗的行销性旅游形象策划,则在有意加强门前外部广场的空间构景。园门前采用广场设计,给出最大的空间容量,为节庆假日的临时性促销布景预留空间,特别为营造并传播主题公园的欢快热闹气氛创造了条件。世界之窗通过园大门前广场的成功设计,用视觉观赏和宏大空间实现了行销传播功能。

旅游地视觉形象类型所包含和体现的,一是依托天然的地理景观和历史遗存与传统工艺等人文传统资源带来的传统文化的独特性表现;二是在现代广告与行销观念指导下,发挥对环境空间与景观视觉的创造设计。不论是隐藏性旅游形象、招徕性旅游形象,还是行销性旅游形象,都是对自然景观资源和人文传统资源的利用和发展,使旅游地在游客心中更容易地形成独特、鲜明和深刻的旅游形象。

(二)视觉景观形象设计分析

旅游地视觉景观形象的隐含性、招徕性、行销性的特征,都是从旅游者的视觉认知的角度体现的,都是设计师运用自然和人工两种设计要素比重不同而产生的结果。

在旅游地景观中,自然成分与人工成分相互之间的比例关系不同,就产生旅游地类型的差异,从而影响旅游地的景观形象。随着旅游地自然成分的逐渐减少、人工成分相应地逐渐增加,旅游地景观形象依次形成纯自然的(如自然保护区、野生动物栖息地、原始森林、海面、极地、雪山等人迹罕至的探险旅游地)、自然的(如自然风景区、森林公园等)、人工整理的(如风景园林、高尔夫球场、滨海沙滩度假区等)、人造的(如主题公园、博彩娱乐地等)和完全人为创造的(如城市休闲中心、影视中心、体育场馆、会议中心、展销中心、博物馆、大型购物中心、夜总会 美食中心等)以及将自然与人工构筑物隐退为背景的节庆活动等不同的旅游形象。如果将自然与人工两种设计要素作为两个坐标,就可以将旅游地两种景观形象的差异表现出来。

选择自然和人工两种设计要素的比重,以最佳反映旅游地的定位形象、体现区域差异的地方性为核心原则。当人们以凸显自然美景和挖掘传统文化作为主要旅游资源与旅游产品时,他们获得的是隐藏性旅游形象。隐藏性旅游形象具有长远的旅游价值。当旅游景观设计师或旅游规划师强调通过一定的技术手法,创造和设计旅游地的"地方性"或"独特性"时,突出的是行销性旅游地视觉形象。行销性旅游地视觉形象的局限是容易受到旅游市场的影响,从而制约旅游地价值的发挥。随着社会经济与文化的发展,人们之间会形成不同的旅游地视觉形象识别系统,以人工与自然和谐的旅游地视觉形象手法来营造鲜明的旅游形象,是规划和设计的核心任务。

(三)视觉识别符号系统设计

旅游地规划和设计往往遵循一般空间规划与景观设计的要求和原则,讲究功能分区和基本的旅游功能满足。旅游者进入旅游区,可通过旅游地的视觉识别符号系统,明确道路,区分接待服务区与风景旅游区,识别吃、住、行、游、购、娱等旅游活动的空间场所和范围。

旅游地的视觉识别符号系统,在追求同一性或统一性方面,类似企业 CIS 中的视觉识别系统 VIS。消费者往往通过企业的名称和标志或产品的商标认知企业及其产品,形成名牌印象,并以此作为购买决策的因素和依据。

旅游地的视觉识别符号系统,通过理念一致的设计,使众多、分散的人工符号在确定空间范围内形成统一的形象特征,塑造和强化地域差异的形象,带给游客更加强烈的形象力。另外,旅游地的视觉识别符号系统,还是一种符号解释系统,是人工设计的产物,主要功能是引导和帮助旅游者实地感知旅游形象,帮助解释旅游地感知环境,使旅游地形象力清晰、易懂,从而消除旅游者进入陌生旅游地环境时由不确定性带来的紧张心理并方便、快捷、明确地完成旅游活动。

视觉设计的基本要素包括图案或形态、色彩和字体。旅游地形象的视觉符号识别系统是一个不断发展和生长的系统,归纳和分析国内旅游地形象的视觉符号识别系统内容,主要包括以下十个类型:

1. 旅游地名称

事物的名称是认知事物的起点,事物通过名称来传播。旅游地也要通过传播名称获得知名度。地名如同人名,浩如烟海,旅游地为获得高知名度的地名,最简单的方法是抛弃原默默无闻的地名,使用高知名度的名称。旅游区和景点的名称比一般地名具有较高的对外知名度,从而使风景旅游区的名称不断为所依托的旅游地利用。例如,福建崇安县利用武夷山国家风景名胜区的知名度,改名武夷山市;安徽屯溪市利用黄山的知名度,改名为黄山市(地级市),太平县也于 1985 年改名为黄山市(县级市);湖南的大庸市当张家界成为新兴旅游风景区后,改名张家界市。旅游地与旅游风景区拥有共同的名称,借助旅游风景区的知名度可达到传播的目的,依托知名景区可形成城市与景区一体化,从而推动旅游地社会全面发展。

旅游区和旅游景点的取名有多种方法,可采用本土最早使用的原名,也可以重新创造一个特殊名字。旅游区和旅游景点创造新名,通常以旅游活动的类型名称代表旅游区个体名称,如使用森林公园、娱乐城、海滨度假区、游乐园、水上乐园、滑雪场等来表示旅游地。旅游活动的类型名称在该项旅游活动刚刚兴起之时采用,会产生巨大吸引力;在进入成熟期后会趋于平淡,进入成熟期后的旅游景点可以采用人名或公司名来命名,如“迪斯尼乐园”、“锦绣中华”等。

2. 旅游地标徽

在地理区域标志中,最普通和最常见的是对国家识别的国旗和国徽,人们往往会通过国旗或国徽来形成对国家的认知形象。随着旅游业的发展,旅游地的标徽已渐渐为人们重视,并发展为旅游地形象的标志。旅游地视觉设计的核心是旅游标志。例如,中国“马踏飞燕”的旅游标志成为代表中国旅游形象的图案。旅游地标徽的设计,可以是实物形式,也可以设计成图案。旅游地标徽对考虑采用特征性地理的风景与器物,从具象、简象到抽象的图案处理都会产生不同的形象力。

3. 旅游地标准字体

文字符号是旅游地符号系统中广泛采用的符号,如旅游地的路标、各种各样的指示牌、导游图和旅游指南等,都会用到文字。CIS 设计强调企业的标准字能为企业带来一种独特的统一性,旅游地也可利用标准字体传达独特的统一旅游形象。对于广泛性的旅游地的标准字体设计,可直接采用名人题字。在保留有民族文字的地区,在不影响旅游者的文字理解功能的前提下,尽量使用本地域和本民族的文字。利用与客源地不同的民族文字符号,不仅可以体现旅游地的文化特征,形成对旅游者的吸引力,而且可以增加异域异族形象。新疆、内蒙古、西藏、广西(壮族)、东北(满族)、云南(东巴族)等地,都有地方性、民族性的文字,可以直接用做旅游地的标准字体,利用旅游者对少数民族文字的兴趣,留下旅游地印象,甚至以此作为旅游地的识别依据。使用民族文字作为旅游地标准字体,需要与通行文字相结合。

4. 旅游地形象代表

旅游形象代表,也称“旅游形象代表言人”、“旅游大使”、“形象大使”、“旅游先生”、“形象小姐”、“旅游小姐”。作为旅游目的地的城市或地区,聘请旅游形象代表,是政府旅游营销的一个常规手段,即使是国际知名的城市或地区,形象代言人同样不可缺乏。与传统工业产品所不同的是,旅游形象代言人代表的不是一个企业或一个产品,而是一个城市的旅游。将现实生活中的真实人物,主要是名人,作为旅游目的地具有象征性意义的形象代表,可以增强旅游地的形象感召力,使人们在认知名人时就联想起旅游地。作为旅游地形象代表的名人,常见的选择:一是影视明星、歌星;二是选美小姐、模特;三是政治人物。例如,我国香港以著名演员成龙作为旅游大使旅游形象,以歌星刘德华和影星周润发作为旅游先生。政治人物作为旅游地国家的象征性人物,典型的是美国总统克林顿,克林顿曾经在广告中传播美国的旅游形象。旅游地形象代表的产生有两种方式:一是直接聘任。例如,我国香港旅游大使旅游形象成龙，旅游先生刘德华和影星周润发就属直接聘任。又如，2007 年 1 月 10 日，西安市旅游局已邀请从西安走出去的著名导演张艺谋和著名作曲家赵季平为旅游地形象代言人的首选。二是通过社会评选。例如，2001 年，首届云南旅游大使选拔赛，选出了沈蓉蓉、沙呷阿曳、西丽波香、杨青、柴金燕、张艺霄 6 位云南旅游形象大使，同时还邀请了著名舞蹈家杨丽萍作为特邀形象大使。首届“2006 中国绿城·南宁旅游形象代言人选拔赛”，广西大学外语系学生苏小真获得首届南宁旅游形象代言人选拔赛总决赛冠军。2005 年，九寨沟率先在国内景区中发起组织的、寻找景区代言人“九寨沟形象大使精英赛”的选美活动，来自成都的 20 岁女孩徐帆从 30 名决赛选手中脱颖而出，成为九寨沟景区形象代言人。

5. 旅游地吉祥物

以象征物来指代事物，是人类面对复杂事物最快捷的认识策略。传统民族的图腾，就是人类为自己所选取的象征物。认识民族的图腾就认识了民族。在求吉的心理下，图腾演化成了吉祥物。吉祥物生动、有趣、形象，容易取得公众喜爱，获得广泛的传播效果。世界性的体育赛事通过采用设计吉祥物形象的办法，获得了很好的国际声誉。主题公园也利用吉祥物，来传达独特的个性。例如，美国迪斯尼的唐老鸭和米老鼠，中国的大熊猫……都传达了不同的旅游地（景点）形象。旅游吉祥物逐渐成为人们认知事物的重要符号之一，得到旅游地的广泛利用。我国旅游地的吉祥物一般通过两种方式产生：一是通过“旅游吉祥物形象征集活动”确定，在开展旅游吉祥物形象征集活动的同时，获得对旅游地的宣传；二是通过市民投票确定，如 2006 年 7 月，青岛经市民投票决定将北极熊作为青岛市的旅游吉祥物。此外，城市的市树、市花、市鸟等也可传播该市的旅游形象。

6. 旅游地户外广告

广告借助的媒介有电视、报纸、户外广告等。旅游地户外广告包括招牌、路牌、标志牌、旗帜、灯箱、横幅、霓虹灯、悬空气球、灯柱广告、模型广告、气球广告、气模广告、条幅、导游图、公交车等媒介广告。户外广告集中了电视的鲜活色彩与报纸生动的文案的优点。户外广告分布于旅游地各景区景点，构成旅游地视觉景观的一部分，并成为塑造旅游地形象的重要元素。户外广告由小型而大型，由平面而立体，由静止而动感，由电气化而电子化，新工艺、新材料不断，新设计、新花样层出不穷，可以给旅游地带来时尚、现代、生机勃勃的景象。在户外广告规划中，鼓励采用新技术手段和造型方式，用现代化的媒体形式和媒体技术塑造旅游地形象。旅游地户外广告不仅构成旅游地形象的一部分，而且也有为旅游者提供实地旅游向导和信息解释的功能。

7. 旅游地纪念品

具有浓郁特色的旅游地纪念品是旅游地形象的组成部分。旅游地的纪念品，包括地方特色旅游品、纪念章(币)、明信片、导游地图、旅游画册、景点门票、地方手工制品等。旅游地的纪念品为旅游者专门设计、具有旅游地特色、唯有从目的地中才能购得的纪念物。旅游地纪念品不仅蕴涵着旅游地的信息与形象,而且还能帮助旅游者回忆在旅游地的经历和故事,记住旅游地的形象。旅游纪念品可以带走,是旅游目的地形象体现、延伸和传播的一种载体和一种旅游目的地形象符号。旅游纪念品的地方性越浓厚、越独特,形象传播力也就越大。发展独具特色的旅游纪念品,就是建立和传播旅游地形象的过程。如今,丝绸服装、中国字画,已成为中国旅游目的地形象的一部分。北京的景泰蓝、西安的秦始皇陵兵马俑工艺品、桂林的山水画……已成为各地旅游形象的一部分。

8. 旅游交通工具

带有地域特色或特别设计的旅游交通工具是旅游地形象的组成部分。旅游交通工具可以成为旅游目的地的旅游吸引物,成为旅游目的地的一个观光旅游项目,旅游目的地往往因所提供的独特交通工具而给旅游者留下深刻印象。例如,长江三峡风景区的游轮,四川峨眉山的滑竿、香港豪华海轮、武夷山竹筏、曲阜古式马车等,几乎成为旅游地或风景区独特的形象符号,也会给首次享用这种特殊交通工具的游客留下难忘的印象。不论是传统交通工具、乡土交通工具,还是现代主题公园的观光车、高架线车,都可以成为旅游地形象开发的内容,使普通的、普遍性的旅游交通工具地方性化与特色化,是旅游目的地打造旅游地形象的内容之一。

9. 旅游地人形象

在旅游地的旅游活动中,提供旅游服务的人员和旅游地居民,已成为旅游地形象的组成部分。旅游服务人员提供服务的质量和旅游地居民对旅游者的态度,都会在旅游者心里留下印象。作为旅游地人形象表征的旅游服务人员和旅游地居民,一是通过特色服饰和民族服饰来体现旅游地人形象;二是通过热情、真诚和友好的态度来传播旅游地人形象。旅游地人形象如同旅游地纪念品一样是可设计的形象元素。旅游目的地的景区、宾馆、餐馆、娱乐场馆的服务员与管理人员,身着民族服饰或特色服饰,给市民提出"人人都是旅游形象大使"要求等,都是对旅游地人形象所进行的塑造。

10. 旅游企业形象

旅游企业是直接面向旅游者的旅游地形象使者,涉及旅游的吃、住、行、游、购、娱等多种服务活动,是旅游目的地综合性形象和整体形象的主要体现者。旅游企业形象是一个全面的形象,需要导入企业 CIS 形象系统进行设计和操作。我国的旅游景区、旅游酒店、旅行社等旅游企业都导入了 CI 设计,极大地提升了旅游目的地的综合的和整体的旅游形象。

旅游地视觉识别符号系统设计是多方面多视角的立体设计,包括可视形象设计和可体验形象设计,旅游地视觉识别符号系统的设计对旅游地形象的营造具有巨大意义。

(四)视觉形象的区位和空间结构

一个旅游地给予游客直接感知的形象有区位和空间的不同,有的区位和空间容易给游客获得强烈的视觉感受,而有一些区位和空间的形象力则比较弱。一般来说,旅游者在旅游地从事"吃、住、行、游、购、娱"等旅游活动时,往往能形成较深的旅游形象。因此,旅游地的游览区、度假区、宾馆和饮食区、娱乐区、购物区等是旅游者形成视觉形象的重要地方,特别是风景游览区和观光度假区是形成旅游者视觉形象的核心区,其余的地方则属于视觉形象的边缘区。根据旅游地各旅游服务功能区对旅游者所形成视觉形象的方式和作用的差异,旅游地空间结构的视觉形象可以进一步划分,分为第一印象区、最后印象区、光环效应区、标志区等旅游地视觉形象的区位。

1. 第一印象区

旅游者对旅游地形象的认知是由首因效应产生的,旅游者最先到达旅游目的地的边界出入口、机场区、火车站区、港口、码头、高速公路收费站等,是游客形成旅游地第一印象的地方,将会影响其进入旅游地的旅游感受以及离开旅游地后的旅游记忆。另外,旅游地内部及周边重要风景名胜区和旅游景点的门景位置也属第一印象区,能使旅游者形成最深刻的印象。

2. 最后印象区

旅游者对旅游地留下的最后形象是由形象认知的后因效应形成的,尤其是旅游者离开目的地时最后与目的地接触的地点,如最后一个旅游观光点、新开发的景区、旅游者离开目的地的边界区等。对于首次旅游的人,第一印象区的形象意义比最后印象区大,而对于重游者,最后印象区的形象意义比第一印象区大。

3. 光环效应区

在旅游目的地中,光环效应区能使游客的印象产生放大的作用,旅游形象的设计若能在此得以尽致的表达,将会比在其他地方的表现更容易产生影响和效果。旅游目的地的重点旅游区就是旅游形象光环效应区。旅游城市的光环效应区包括城市中心商务区,对于有新城、老城之分的旅游城市,还包括历史古迹中心区,有的旅游城市还发展出游憩商务区,这些地方都是表达旅游城市形象的重点区位。

4. 标志区

旅游地具备独有的标志性形象物所在的区域往往成为旅游目的地形象指代和传播的象征,是每个旅游者心中必须实地感知的重要区域,也是旅游地的形象标志区。形象标志区是旅游地旅游风景线的主要发展景区。北京的天安门所在区域、上海东方明珠塔所在区域等,分别成为北京和上海的旅游形象标志。没有明显标志性形象物的区域和旅游目的地,难以在游客心里形成鲜明的形象。

五、旅游地听觉、嗅觉、味觉形象设计

人们对旅游目的地形成的旅游形象，除了视觉形象要素以外，还有听觉、嗅觉和味觉等形象要素。一个旅游地的听觉、嗅觉和味觉形象要素越丰富、越全面，旅游形象影响力也就越大，它们不仅能给旅游者留下深刻的印象，而且还能广泛而持久地吸引潜在旅游者。

听觉形象要素，一般包括旅游地的语言和方言、地方民歌、旅游地背景音乐、旅游区主题曲、宗教音乐等。方言不仅是地方文化，而且也是旅游者听觉感知的部分，形成对旅游地的印象。旅游者对地方语言有兴趣，往往会学一两句当地方言作为炫耀的谈资。目的地音乐具有营造旅游气氛的特殊功能，传统的自然风景旅游区不需提供人工音乐，而以自然的山泉溪流声、虫鸟之声作为旅游者自然风景区形象或幽静或神秘的一种天籁之声。宗教庙宇的木鱼声、念经声和基督教堂的圣乐都塑造出宗教的气象与形象。为了推动旅游地旅游形象的形成，人们已经逐渐认识到由听觉感知的声音形象，对传播旅游地形象具有特殊的作用，开始创作旅游地"主题歌"、"主题曲"。旅游地"主题歌"、"主题曲"的内容和形式要能体现特色，曲调要流畅好听，要朗朗上口，容易传唱。为了很快形成影响，可请著名歌手进行演唱。

特色食品是旅游目的地的嗅觉和味觉的旅游地形象。嗅觉最普遍的是食品的气味，"吃"是旅游活动六要素中非常重要的一个方面。游客在一天的旅游活动之后，就需要一顿美食，提供给游客的美食，烹饪水平、食物质量、价格与服务，就成为其对评价旅游地旅游形象的依据。旅游地提供的当地特色食品和美味佳肴会令游客终身难忘。例如，新疆的葡萄和哈密瓜、北京的烤鸭、天津的"狗不理"包子等，就已经分别成为新疆、北京、天津的旅游形象。强调对旅游地食品进行嗅觉和味觉形象的塑造，努力给游客留下深刻的印象，可给予旅游者称心满意的感慨；反之，对该地的总体旅游形象的评价就会受到影响。旅游地食品要塑造良好的嗅觉和味觉形象，需要对旅游地的饮食民俗有全面认识，选出地方风味进行整理提高，最后向游客推荐。当然，污染水体的异味也会严重损坏旅游地的形象。

旅游形象往往是一种心理感知的抽象事物，而节庆活动、体育盛事、娱乐演出、重大庆典等，可将旅游形象变成可视、可听、有形、有声、有色的具象事物。夜晚是旅游地之美和特色展现的另一时机，有湖、河、海等水滨线的海滨度假旅游区可加强夜晚的灯光形象打造，从而形成生动、丰富、特色的夜景和夜生活的旅游形象。

旅游地形象设计或建构的素材来自于旅游地的表层元素和深层元素。其中，深层元素就是旅游地的"地方性"、"地方精神"、"地方意识"、"地方认同感和归属感"。旅游地形象的策划就是要充分展现表层的地方性，挖掘和体现深层的地方性。

第三节 旅游地形象主题口号设计

对规划区域进行旅游形象定位的最终表述，往往以一句主题口号加以概括。口号是旅游者易于接受和了解旅游地形象最有效的方式之一，可以产生神奇的广告效果。旅游地形象主题口号在根据旅游地定位的基础上，可参考以下原则进行设计：

一、源自地方文脉的独特性

要求旅游形象主题口号的实质内容必须来源于地方独特性，来源于旅游地所在的地理文脉，唯有充分挖掘和深刻分析旅游地的地域背景，发现和提取地方性的元素充实到主题口号中，才能避免空泛。特别是对于平淡无奇的旅游地或城市（镇），一句能够反映地方特性的旅游形象口号仍然可以出奇制胜，令人回味无穷。例如，广西上林县位于广西壮族自治区中部南缘，地处南宁地区的东北部大明山东麓，即东经 108°22′～108°52′、北纬 23°12′～23°48′，北回归线经县城横贯全境。所设计的整体形象宣传口号为“北回归线上的绿色家园”，反映了上林县特有地理文脉和生态山水田园文化。

二、面向游客的行业特征性

旅游形象主题口号的制定必须充分了解游客的心理需求和偏好。游客与一般商品消费者不同，旅游地的口号要体现旅游行业的特征，要使游客轻易地认识到这是旅游地形象口号，不是政治宣传口号，也不是招商口号。旅游形象主题口号强调和平、友谊、交流、欢乐等。世界旅游日的口号就充分体现了旅游业的行业特征。

世界旅游组织为不断向全世界普及旅游理念、促进世界旅游业的不断发展，自1979 年将每年的 9 月 27 日定为“世界旅游日”以来，每年都推出一个世界旅游日的主题口号。我国自 1992 年也开始推出旅游主题与口号。

三、反映旅游趋势的时代特征

旅游形象主题口号要反映时代特征，要有时代气息，要反映旅游需求的热点、主流和趋势。在旅游发展的过程中，大量普通城市的旅游发展将在漫长的时间内，面对以本地游客和区域性游客为主体的客源市场，特别是城市周边旅游的发展和郊野休闲项目的开发，更需密切关注游客的旅游兴趣，注意发展康体休闲、亲近自然、郊野派对、康复养生、农业观光、亲子同乐与全家同乐等国内城市旅游者追逐的主题旅游，使旅游形象口号能贴近时代的特征。

四、打动旅游者的心的广告效果

旅游形象主题口号必须首先能够打动旅游者的心，激发旅游者的欲望，给旅游者留下永久而深刻的记忆，能够广泛而迅速地加以传播，并获得广告效应。因此，旅游形象主题口号要具备广告词语言的准确、凝练、生动和影响力。旅游形象主题口号创意需要借鉴商品广告词的创意设计艺术，用浓缩的语言、精辟的文字、绝妙的组合，构造一个有旅游吸引魅力的旅游地形象。例如，"上有天堂、下有苏杭"虽为古语，但也是一句能激发旅游者欲望的广告语。

旅游形象主题口号与旅游产品的主题或名称是有差异的。例如，澳大利亚的旅游形象主题口号是"令人心旷神怡的澳大利亚"，而其相应的旅游产品为"度假在澳大利亚"、"新婚在澳大利亚"；又如，韩国对日本游客的旅游形象主题口号是"韩国——你的近邻"，而有关的旅游产品为"健身按摩旅游在韩国"、"美食在韩国"；泰国的旅游口号是"神奇的泰国"，推出的旅游产品的主题有"生态旅游"、"探险旅游"、"文化历史景点游"；等等。

第四节　旅游地形象传播策划

旅游地形象可以来自于景观地理学和规划学的景观设计，旅游地形象景观设计的最终目的是面向广大的、外来的旅游者。对于旅游地来说，体现地方精神并能给游客深刻印象和吸引力的景观设计是旅游地形象设计的主要内容。因此，完整全面的旅游形象设计，还包括旅游地形象的传播策划。旅游地形象传播策划包括旅游形象受众分析和旅游形象传播策略两个方面，主要运用传播学的一般原理，对旅游受众和旅游地形象信息传播策略进行分析设计。

一、旅游受众分析

信息是事物的一种客观存在方式。旅游目的地形象是游客对旅游目的地信息的感知总和。由于信息具有可记录、可储存、可传递、可转换的特征，所以旅游规划可以在掌握和遵循信息规律的基础上，对旅游目的地客观信息进行进一步加工，以便在旅游市场的游客心目中建立与维持良好的旅游目的地形象。随着现代旅游的进一步发展，社会对信息组合的广度与深度需求也越来越高。对旅游目的地形象的有效传播是旅游规划创意者和经营决策者所面临的新竞争。

(一)旅游受众分类

旅游受众是接受传播信息的人，也就是旅游地形象传播的对象。有研究认为，旅游地形象市场营销有八类需要重视的旅游地形象传播对象，即城市居民、会务公务出差人员与产品采购员、以离退休为主的老年人、青年教师与大中学生、工厂企业员工与管理人员、私家车家庭、富有的私营企业主和商业人员、农村的富裕农民。这八类旅游形象传播受众在选择旅游地时具有不同的标准，对同一个旅游地也有不同的评价印象。在进行旅游地形象的传播与行销策划中，可将旅游形象传播的受众划分为两类：一类是直接影响旅游形象传播与营销决策的目标市场感知形象的明确旅游受众；另一类是可能影响本底感知形象的潜在的一般公众旅游受众。旅游形象的传播对象显然在旅游发展的初期以观光旅游者为主，随着旅游的发展，商务旅游、会展旅游、休闲度假旅游等受众也在逐步变得重要起来。

（二）旅游受众的依赖性

旅游受众在选择旅游目的地时，除了考虑距离、时间、交通方式、旅行成本等一般因素外，还越来越重视目的地形象，依赖于所熟悉和青睐的旅游形象好的旅游目的地。旅游受众作为商品社会的消费者，习惯于采取以一般实物型商品的选购思维方式来选择旅游目的地。在旅游受众心中，旅游地比单纯的实物消费品复杂得多，对不可触摸的旅游目的地形象的评价要比对实物产品中那些可见因素的评价更加模糊也更加依赖。而且，为追求地理环境差异感受的旅游者，将永远不断地面临旅游地形象的认知和选择过程，通过对旅游地形象的认知决定是否去该地旅游，或者以实际的旅游经验以及旅游经历的旅游地印象决定是否旧地重游。

当旅游受众在拥有丰富的旅行经验和先进的信息技术之后，非团队旅游就成为潮流。在世界国际旅游市场中，非团队旅游的散客比重约在70%以上。我国散客市场发展也很快，1980年至1990年我国有组织接待的来华旅游者中，旅游部门接待人数是非旅游部门接待人数的2～4倍，团队旅游者比重占压倒性优势。1992年，团队与散客形成平分市场的局面。1992年之后，访华散客的绝对数在客源中的比重高速增长。1994年和1995年，旅游部门接待比重均为38%，而非旅游部门的接待，即所谓旅行社以外的政府机构及企事业单位接待的商务、公务等多种目的的散客高达62%。在分区域的研究中，1988年，我国台湾约80%的游客以参加团队的方式来内地，1993年来内地的游客中团队人数只占了20%；1994年美国、英国、西班牙等国的来华游客，散客比重高达60%以上。

散客旅游的发展趋势，促使旅游受众的自主决策意识大大增强，旅游决策考虑的因素在当代技术与社会环境的影响下已发生显著变化，就使旅游地形象的塑造和传播需要大大增强。

（三）旅游地形象塑造

人们普遍认识到最重要的市场营销策略就是产品定位，即旅游目的地在旅游市场的游客心目中塑造一个良好的形象，建立与维持一个在游客心目中良好的旅游目的地形象。定位是有效进行旅游市场营销的关键。

旅游形象的塑造主要通过旅游产品、旅游服务与旅游信息传播三个方面实现。

旅游产品、旅游服务的最终感应是在游客的旅游经历中反映出来的。旅游信息传播有“形象”广告、“咨询”广告、“劝说”广告、“回忆”广告等形式。针对旅游目的地形象形成的不同阶段，旅游信息传播选择不同的广告形式。在原生形象形成阶段，针对未光顾者主要采用信息性的“形象”广告和“咨询”广告宣传方式；在引致形象形成阶段，针对第一次光顾者则采用“劝说”广告的宣传方式；在复合形象形成阶段，针对回头客则采用“回忆”广告宣传方式。旅游业发展以信息社会或“受众社会”为背景，信息传播对旅游地形象塑造具有重要意义。

居民友好、政治稳定、生活安全、经济繁荣以及大型节庆活动等对旅游目的地形象的塑造也起着十分关键的作用。人人都是可能的旅游者，处处都是可能的旅游地，这是宏观趋势对区域旅游发展的直接意义。旅游者在面对众多而并不太熟悉的旅游地和旅游产品时，就会在选择决策上发生困难，希望从熟识的旅游目的地形象中选择；而旅游地之间、旅游产品之间要应付越来越激烈的竞争，就需要选择塑造和传播旅游形象的有效竞争方式。

二、旅游形象传播策划原则与策略

（一）传播策划原则

旅游目的地形象传播策划的任务，是通过利用一定的媒体和信息技术在不同的时间、不同对象、不同区域传播旅游目的地形象信息。在旅游客源地，塑造和传播旅游目的地的良好形象，可以直接达到旅游市场营销的目的。旅游目的地形象传播策划需要遵循如下原则：

1. 网络化原则

在不同的空间规模，以不同形式传播旅游目的地形象信息时，应尽可能实现相互衔接，形成网络。如果条件具备，可以通过计算机网络信息技术和设备，为旅游者提供不同广度和深度的旅游目的地形象信息。

2. 多样化原则

旅游目的地形象传播的方式，除了采用多种传播媒体之外，还可以在交通时刻表、商品包装、饮食场所、交通工具、娱乐场所等外部的设计上，融入旅游目的地形象信息，尽可能顾及信息内容和表达形式的多样化，进行多样化的旅游目的地形象传播。

3. 组织化原则

近年旅游统计资料表明，从组团旅游向散客化方向发展已成为全球旅游趋势，散客在旅游区，特别在自然保护区、森林公园、风景名胜区内，往往因年龄、性别、时间、信息、交通、治安等原因，具有就地结伴或组团的发展趋势。旅游目的地应尽量提供旅游形象组织信息和旅游组织条件，提高旅游者对旅游区的整体性认识和自主游历的质量。

4. 交互化原则

交互化原则,一是指组织者在听取特定人群意见的基础上,有针对性地组织活动,形成游客满意的旅游地形象;二是游客与旅游目的地管理者交互化,旅游目的地管理者要从游客的角度,编制游客可以理解的旅游目的地形象信息,避免单调、僵化的宣教,避免在游客心目中给旅游地形象抹上阴影。

(二)传播策略

旅游地形象的主动传播依赖于传播方法与策略。旅游地形象传播需要依据信息学关于信源、信道和信宿的原理进行设计,依据旅游形象的时空规律,特别是信息的内容和渠道对形象认知的影响,选择与设计传播方法,进行分区、分期旅游地形象传播策略的决策。根据旅游受众的传播类型,可将旅游地形象传播策略划分为两类:一是面对明确旅游受众、有明确的旅游信息的商业广告传播策略;二是面对无明确旅游受众、无明确的旅游信息的大众传播策略。

商业广告传播策略以市场营销学为依据,主要是形成影响旅游者决策的感知形象,然后形成影响潜在的旅游者的本底感知形象。目的地的户外商业广告是形成影响旅游者实地旅游形象的常见形式。大众传播策略,主要是指运用报社、电台、电视台、电影等大众传播媒体和各种专业传播机构,面向数量众多而又广泛散布于社会生活各领域、各阶层的各种读者、听众、观众等媒体传播受众,传播与旅游目的地相关的新闻、文化、艺术、教育、科技等人类生活各方面信息和精神产品,较长期地影响形成旅游者对旅游地的本底感知形象。两类旅游地形象传播策略所采用的传播方法与传播媒体有时会产生重合,从而形成旅游地形象叠加传播效益。

1. 形象广告策略

广告的文化本义是"信息"或"信息传播"。广告的基本载体就是形象。广告的秘密是,形象构成代替了信息的传播。当人们自以为在接受商品的信息的时候,实际上获得的是关于"商品的形象或包装"。当一个接受广告去购物的人,他所买回的并不是商品而是被称为商品的"形象"。商品销售实际上已转化为形象销售。现代旅游者所从事的旅游活动和消费,比实物商品更具有形象购买与形象消费的特征。旅游地广告与化妆品、时装广告一样具有最显著的形象信息。

当同类产品出现大量不同的品牌之后,每一种品牌的品质已经大同小异,在广告中已经很难强调自己拥有某些别人不具备的特色,但可以强调产品所具有的与其他产品不同的形象特征,采用突出产品形象或品牌形象的广告策略。旅游地形象的传播也可使用已经成熟的形象广告策略。例如,我国香港电视台播放康泰旅行社"好吃好玩的潮州"的电视片,使一个很不起眼的农业观光景点"明鸿山庄"成为大批香港人去潮州旅游的必游景点。"好吃好玩的潮州"电视片是一则典型的树立潮州旅游新形象的形象广告,使香港人对潮州的旅游认知扩大到对明鸿山庄推出的“骑鸵鸟吃鸵鸟餐”等新奇旅游项目的想象中。

2. 公共关系策略

公共关系策略是一种协调组织与公众的关系,使组织达到所希望的形象状态和标准的方法和手段。一般是运用庆典活动,如开业剪彩、周年纪念、庆功表彰、重要仪式、赞助活动、举办文化体育竞赛评选活动、新闻发布会等。公共关系活动的一般目标包括传播信息、联络感情、改变态度和引起行动四个方面,总起来都是为了树立旅游地的美好形象、提高旅游地形象的知名度和美誉度。有时,公关活动还有具体目标,如开辟新市场、参加社会公益活动、创造良好的消费环境、摆脱形象危机等。旅游形象公共关系的基本策略包括制造和发布新闻、举办有影响力的活动以及游说活动。公关活动并不需给广告媒体付费,但活动本身可吸引媒体的关注,从而达到对外发布旅游形象的目的,被认为是一种低投入、高产出的旅游形象传播方式。

3. 网络传播策略

电脑时代为旅游形象信息传播开辟了一个高效、便捷的途径,特别是网络的发展令人瞩目和振奋。计算机网络经过20余年的发展,已接入了170个国家和地区,到1997年冬,链接到互联网上的主机将近2 000万台之多,上网人数达1亿人、网上的主页也以亿计,网上提供的服务栏目则数以万计,网络的世界化已是大势所趋。我国人民已在利用国际互联网安排自己的旅行,越来越多的旅游地和旅游企业已经使用电脑建立和传播自己的旅游形象和旅游服务信息。旅游地形象传播需要充分利用网络信息技术,更多、更丰富、更翔实、图文声像并茂地传播旅游地形象信息,更广泛和快速地将旅游地形象向四面八方传播。

在21世纪的数字化时代,旅游地形象传播需要实现数字化旅游形象传播体系,需要建立独立的网址,精心设计和制作旅游地旅游网页,充分发挥信息上网的效应,提高形象宣传的直接效益,让游客在任意时间提取旅游地形象的有用信息;充分发挥网络的互动性功能,设置访问者留言、主页联系信箱(E-mail)和访问者讨论组等功能,制作多媒体光盘和VCD,广泛传播旅游形象。

4. 中性信息传播策略

有些信息虽然不如商业广告般直接传播旅游地的形象,但却会间接影响旅游者对目的地的形象认知。例如,关于旅游地的学术著作信息,就可能成为认知旅游目的地形象的主要信息渠道。中性信息传播方式十分丰富,有文学作品对旅游目的地的描述信息,电影或电视中展现的旅游地的影像信息,口头文学中关于旅游地的神话与传说,中小学的语文课本中的旅游地的信息,各类图像信息(包括邮票、货币、烟盒、火柴盒、门票等各种消费品及其包装上所留下的图案信息),伟人出生地中有关旅游地的信息,历史事件或战争地点中有关旅游目的地的信息,股票市场上对旅游地的信息等,它们都属于包含有关于旅游地种种信息的中性信息。旅游地形象传播要学会利用中性信息,提升旅游地的知名度,传播良好的旅游形象。

5. 传播的空间策略

旅游地形象传播的空间策略:一是依据分众与分众的空间分布及信息传播渠道的空间影响力向外传播的空间策略;二是与形象区位选择相结合的实地传播的空间策略。

根据旅游者对旅游地形象空间感知的过程和规律以及旅游地的空间等级层次结构,可以建立旅游形象传播的空间策略,即选择最能展现旅游地形象和旅游形象传播效果最佳的地方、区位或空间。一般来说,直接旅游形象的空间传播策略要利用旅游地各形象区位和空间分异的特征,如第一形象区、最后形象区、光环效应区、地标区、核心区和边缘区等,分别实行不同而有效的传播策略;对于间接旅游形象的传播策略,则须结合旅游者的分众市场的空间分布和受众空间分布的信息接收差异,采取相应的策略。

此外,在旅游市场营销中,通常依据市场营销理论,将各种营销方式组合成一个整体,达到宣传地方形象的目的,也可以作为旅游形象传播的一般策略。

思考题

1. 试述旅游形象策划的形成和一般形象策划体系的组成。
2. 简述旅游形象策划的一般过程。
3. 结合案例分析如何做好旅游形象调查和旅游形象定位。
4. 简述旅游地形象主题口号设计的主要原则。
5. 简述旅游形象传播的主要策略。

第十章

旅游项目策划与旅游产品规划

旅游者之所以愿意花费经济和时间代价，为的是获得在旅游目的地满意的旅游经历。从经济学的角度看，旅游者获取的旅游经历就是旅游产品。旅游产品是旅游经济发展的关键性因素。旅游产品体系规划，是旅游规划的重要组成部分。旅游产品由旅游项目组成，旅游项目是旅游产品的基础。旅游产品的经营成功依赖于旅游项目策划的成功。好的旅游项目给旅游产品经营带来巨大的市场发展空间。

第一节 旅游项目策划

旅游项目是旅游产品规划创意的思维单元。旅游项目是旅游者追逐的目标，旅游项目所在地是旅游者追逐的旅游目的地。旅游项目受旅游者的旅游理念所规定，体现出一定的规律性，并形成相对稳定的类型。

一、旅游项目库

旅游产品策划者的经验与发展中的旅游项目相比总是有限的，建立旅游项目库，可以为旅游产品策划提供旅游项目的基础信息。旅游项目的建立以旅游项目的分类为基础。旅游项目分类，需要罗列旅游项目单元，而且还要理清旅游项目主体与旅游者客体之间的各种内在联系，正确建构旅游项目分类框架，使不断变化发展的旅游项目形式在相对稳定旅游项目库的框架中得到不断地扩充。

人们的旅游活动丰富而广泛，旅游项目丰富多彩，依据不同的原则和观察方法，形成了多种旅游项目的分类方法，如按旅游客源市场分类、旅游者性别年龄分类、旅游者经历分类、旅游类型分类、旅游六要素分类等。按旅游类型分类，可分为生态旅游项目、人文旅游项目、休闲旅游项目和旅游基础设施，生态旅游项目含森林公园、风景名胜区、地质公园、水上旅游项目等；人文旅游项目含文物保护单位、纪念馆、宗教场所等；休闲旅游项目含度假旅游项目、农家乐旅游、温泉旅游等；旅游基础设施含旅游公路、景区游路、宾馆、购物场所等。较多采用的旅游项目的分类法，是依据食、住、行、游、购、娱“旅游六要素”所进行的分类，即将旅游项目分为食、住、行、游、购、娱六类。“旅游六要素”类型体现了旅游活动的全过程，体现了旅游经历的生动性与灵活性，有利于学术界与产业界的沟通和协作。

(一)食类型旅游项目

食类型旅游项目包括食品、餐饮类型和餐饮方式。在食品项目的策划中，应该体现特色化、精细化、品牌化。特色化在不违背野生动物保护法和相关法规的前提之下，应尽可能多地采用地方原料，制作具有地方特色的食品种类；精细化和品牌化，是通过精细的制作和周到的服务，形成品牌菜肴、品牌宴席和品牌服务。

餐饮类型作为旅游项目，主要是强调餐饮环境、餐饮方式和菜谱的设计，通过变化餐饮环境、餐饮方式和菜谱，达到旅游项目的效益目的。常见的项目有宾馆餐饮、宴会餐厅、主题餐饮、特色餐馆、饮食一条街、农家宴、户外烧烤等。

餐饮方式的食类型旅游项目，主要强调餐饮服务方式与餐饮娱乐活动的设计，通过在用餐时巧妙地提供助餐、助兴的娱乐性服务和用餐奖励，以获得经营效益。常见的项目有餐饮+歌舞表演、餐饮+康体活动、餐饮+郊野娱乐、餐饮+酒水(菜肴)赠送、餐饮+门票赠送等餐饮方式，都具有激励消费的效果。

食类型旅游项目策划，还可以把店内就食和客人购买结合起来，使旅游饮食成为旅游目的地发展的重要拉动因素。

(二)住类型旅游项目

在旅游住宿项目设计中，要挖掘整理具有地方文化特色的住宿资源，提升传统的住宿功能，形成合理的档次结构和创新的布局体系，使旅游者通过住宿也能够享受到旅游目的地具有独特韵味的风情与文化，使特色的住宿也成为旅游地的吸引物。旅游住宿项目有星级酒店、经济型酒店、地方主题酒店、地方特色建筑酒店等类型。经济型酒店有青年旅馆、汽车旅馆、家庭民居旅馆等；地方主题酒店有户外野营、假日村、度假木屋等；地方特色建筑酒店有北京四合院、傣家竹楼、湘西苗家吊脚楼、黔西南石板屋、陕北窑洞、东北大炕、闽西土楼、壮族干栏、蒙古包等。

(三)行类型旅游项目

行，在旅游活动中就是旅游交通。旅游交通主要分为旅游客源地和旅游目的地之间的交通、旅游目的地与旅游景区的交通和旅游景区内的交通。行类型旅游项目策划主要涉及旅游航道、交通设施和交通工具的类型和质量。客源地与旅游目的地的旅游交通方式有飞机、火车、豪华旅游列车、游船、旅游大巴、房车、自驾车等。旅游者在旅游目的地与景区内的游览交通有环保观光车、电瓶车、自驾车、小火车、自行车、马车、黄包车、游艇、豪华游轮、直升机、飞船、游船、骑马(骆驼、大象)、竹筏、滑竿、滑道、索道、雪橇、观光电梯、索桥等。

由于旅游客源地和旅游目的地的交通体系具有非旅游的属性，难以按旅游要求进行变动，在策划旅游交通时，我们应主要考虑旅游目的地与旅游景区的交通，尤其是旅游景区和旅游度假区内的旅游交通。

（四）游类型旅游项目

游，就是游览观光。游类型旅游项目策划主要是游览内容、游览线路、游览时间和游程，就是看什么、怎么看、看多久的问题。策划选用更多元的游览方式，让旅游者尽可能观赏到更多的优秀景点，拥有尽可能多的观赏时间。

游览内容策划要研究旅游地和旅游景区，究竟有哪些是值得让旅游者去观赏体验的旅游项目，要让旅游者从踏上旅游目的地的那刻起，就以一种好奇的观赏的眼光去看待周围的一切。在游憩方式策划时，不仅是对旅游景区的游憩设计，而且还要对旅游目的地大环境的各种旅游资源的旅游项目进行设计。根据旅游资源特征，游览观光有自然风光、城市风光、名胜古迹、城市文化、民风民俗、城市历史、宗教、历史文化名城、商务、度假等不同内容类型。自然风光类型包括名山、大河、江湖、瀑布、自然遗产和其他的自然风光等；城市风光类型包括独特城市建筑、现代都市风光、城市绿化带以及城市观光游憩带等；名胜古迹观光类型包括考古遗址、摩崖字画等；城市文化类型有文化遗产艺术馆游，包括博物馆、艺术馆、美术馆、纪念馆等；民风民俗游类型包括祭祖、民族风情等；城市历史游类型包括历史人物和历史遗迹等；宗教游类型包括寺庙佛塔、清真寺、教堂、舍利塔等；文学游类型包括文学名著、文学大师居室、电影旅游等；历史文化名城游类型包括古城游、古镇游、古街区游等；商务游类型包括商务游、政务游、购物游、奖励旅游；度假游类型包括海滨度假、旅游山地度假、乡村度假、温泉度假等。

游览线路要根据旅游者的消费行为进行设计，主要有闭合线路、组团线路、联点线路和单点线路四大类。要针对不同的经济发展水平、不同的旅游交通概况、不同的旅游景区、不同的旅游者，设计出相应的游览方式，创造旅游者深度的旅游体验。

无论是从旅游目的地，还是从旅游者的角度出发，只要旅游目的地有迷人的旅游景区、便捷的交通工具、完善的住宿设施，旅游者就愿意在旅游目的地多加逗留时间。游类型旅游项目策划就是为了让旅游者在旅游目的地享用更多的观光休闲旅游项目、消费更多的游览时间。

游程设计是对旅游者全部旅游行程的系统设计，包括路线选择、交通工具、景点及滞留时间、游乐安排、娱乐安排、购物安排、住宿安排、餐饮安排等。

（五）购类型旅游项目

购物旅游商品兼具物质和精神属性。鲜明的民族民间文化特色和工艺精美的旅游商品，是旅游工艺品走俏的关键。优秀旅游商品具有纪念性、观赏性、艺术性、趣味性、知识性、独创性等要素，每一要素都要渗透文化韵味。旅游商品设计要注重文化内涵，突出地方特色，根据各类旅游者的文化、心理、消费需要进行有针对性的设计，要有独特的创意和良好的质量，避免片面追求低成本、仿制、粗制滥造；在规划设计上，要坚持高标准、高品位、高质量、多档次、分类设计。只有这样旅游商品才可取得丰厚的经济效益和良好的社会回报。

购类型旅游项目策划主要考虑购物类别、购物方式和购物空间。购物类别一般分为纪念品、土特产、工艺品、成人玩具和其他旅游纪念品；购物方式有免费赠送、主动购买、强制购买、购物＋门票等；购物空间有旅游纪念品店、国际名品店、特色专营店、土特产店、工艺美术店、画店、成人玩具店、古董店、手工艺品店、旅游购物中心等。

（六）娱类型旅游项目

娱，就是旅游娱乐。旅游娱乐是旅游地旅游资源开发利用的重要方面。旅游娱乐项目策划主要思考项目特色、娱乐场馆和娱乐组织。旅游娱乐项目的特色就是民族化、地方化、民俗化的体现，就是把丰富的文化内涵寓意在新奇的娱乐方式中，让旅游者得到独特的游乐享受。娱乐场馆可以利用民居、乡村舞台、草地、游船等进行改造设计，以体现旅游娱乐的本土性。地方民族文化节是最佳的旅游娱乐组团方式，既展示了旅游地的民族文化，又通过集中的方式把各种传统的民间游乐方式表达出来，让旅游者既增长了知识，又得到全面而深刻的游乐体验。

旅游娱乐项目可以按性质分为文化娱乐型、游艺体育运动型、表演型、参观型、参与型、文化休闲型、游乐刺激型、室内观赏型、农家乐、康体类、教育类、奇异类、生态类、节事类、养生类、主题类等类型。

文化娱乐型有影视、音乐、戏剧；游艺体育运动型有滑雪、健身、高尔夫、游船、各种比赛等；表演型有民俗风情、历史文化、体育竞技、动物表演等；参观型有民俗、服饰、艺术展示等；参与型有游乐园、机械设施等；文化休闲型有网吧、水吧、书吧、玩具吧、陶吧、工艺自助吧、麻将厅、茶馆、咖啡厅等；游乐刺激型有酒吧、夜总会、电子游戏厅、舞厅、激光靶场等；室内观赏型有电影厅、音乐厅、环幕电影、动感电影、水幕电影等；农家乐有郊区休闲观光型农家乐（登山、采摘、垂钓、露营、野炊）、乡村度假型农家乐（住农家屋、吃农家饭、学农家活、享农家乐）等；康体类有高尔夫、滑雪、球类（网球、保龄球、乒乓球等）、体育观战赛车、户外极限（滑翔、攀岩、远足、露营、登山、水上运动）等；教育类有修学旅游、校园旅游、教育旅游（生物、科普、农业、航空等爱国主义教育基地、冬令营、夏令营）等；奇异类有探险旅游（极地探险）、狩猎旅游、野外素质拓展、定向运动、地质旅游（地质公园、喀斯特地貌岩洞、石林等）、海洋旅游、沙漠旅游、摄影旅游、军事旅游等；生态类有生态旅游、郊游、农村观光旅游、国家公园游（如植物园、文化公园、动物园等）、自然保护区（草原、湿地）、森林公园等；节事类有春节、民族节日（如藏历年、苗年、彝族火把节、傣族泼水节等）、传统文化节（如庙会、三月三歌节、赛马节等）、地方特色节日、旅游交易会节庆（如桂林山水文化节、武夷山大红袍茶文化节、大连国际服装节、青岛国际啤酒节等）、博览会(昆明世界园艺博览会、上海世界博览会)等;养生类有沐浴疗养(森林浴、空气浴、泥浴、阳光浴、牛奶浴、花浴、沙浴)、民族医药(藏药、蒙药、瑶药、苗药、壮药、侗药)等;主题类有影视城、嘉年华、游乐场、儿童乐园等。

在旅游娱乐项目中,有学者将一些非常见的娱乐项目归纳为特种娱乐项目,其中,有水上水下活动项目、夜间娱乐项目等。

1. 水上水下活动项目

水上水下活动内容十分丰富,规划的重点是解决水域利用的矛盾和水体生态环境的保护。我们可以根据不同用途,通过功能分区加以解决,如分设游泳区、划船区、冲浪区等。在海滨旅游娱乐区,必须对水下旅游资源进行必要的控制,以保护珊瑚礁、海洋生物的生长水域环境。

大型水上活动项目主要是船艇运动和水族馆。船艇运动在发达国家和发展中国家均有广阔的客源市场。船艇运动项目的选址要求,是比较靠近人口中心,有合适的水深条件,便于修建码头或船坞,能避风浪与海流,便于进入大水域。设施体系应包括船艇泊位、出入(灯标导航)航道、船艇供应设施(充电、加油、小修)、专业用品商店(如食品、渔具、船艇附件等)、气象站、生活设施(住宿、餐饮、娱乐、健身)、交通设施(如停车场、车站等)、游泳和日光浴场地及设施、救护站等。

水族馆,是一种新型的大型旅游项目。例如,我国香港海洋公园、青岛石老人国家旅游度假区的海水水族馆等。又如,美国佛罗里达奥兰多市的迪斯尼水族馆直径61.87米,深6.1米,可容纳110万升以上的海水,包括6 500多种海洋生物,设有海洋陈列馆和小型影院。水族馆周围有电子游戏、录像观察、展览、表演、海鲜餐厅等,号称“世界第六大洋”。

2. 夜间娱乐项目

在自然环境中,可策划篝火晚会、夜间动物观测、夜视及声讯军事游戏等;在旅游城市,可策划水上夜游、登高观赏不夜城、城市夜市、夜花园茶会等。具有特色的夜间娱乐项目,对于丰富旅游经历、促进二次消费、延长客人逗留时间,具有十分重要的意义。

随着社会的发展,人类的旅游活动也在不断变化。在现代社会里,几乎没有什么合法的事物不能为旅游所采用。社会事物发展瞬息万变,“旅游项目库”再丰富也总是不充分的,需要不断地充实。旅游项目库是旅游项目创新的基础,而不应成为新颖创意的限制。

二、旅游项目体系规划

旅游项目策划的任务,是根据旅游资源、市场需求、经济条件及项目合作关系等要求,将旅游项目创意构想整合为具有可操作性的旅游活动。旅游项目体系规划的主要内容,包括确定旅游项目的组合模式、综合平衡与确定项目组群及空间布局、确定旅游项目的内容、确定旅游项目的相关设施及其用地规模等。

(一)旅游项目组合模式

确定旅游项目的组合模式,是旅游项目体系规划的关键性工作。旅游项目的组合,通常有全面组合、差异组合、专项广度组合、专项深度组合四种模式。

1. 全面组合模式

全面组合模式从深度和广度上全面开展,满足市场对旅游项目的各种消费档次、各种内容深度的全方位需求,全面向市场提供各种现实需求,激发市场的各种潜在需求和应付市场的未来需求。全面组合模式主要是特大型旅游区采用的娱乐项目组合策略,中小旅游区较少采用。其主要优点是,抗风险能力强,弱点是经营成本很高、针对性弱、回收见效较慢。

2. 差异组合模式

差异组合模式分为浅度中档消费项目、中度低档消费项目和高难度高消费项目。浅度中档消费项目,如风味餐、民俗旅馆、游船、月光晚会等,为大众喜闻乐见的普及型中档消费项目;中度低档消费项目,如攀高、划船比赛等,为具有中档难度的低档消费项目;高难度高消费项目,如高尔夫球、快艇拖曳跳伞等,为设施、装备或技能要求高以及消费标准高的项目。

差异组合项目之间的相关度低,项目往往是由旅游地的特殊资源条件和几个特殊的细分市场所形成的数个交叉面经过简单的项目相加而成。差异项目整合模式的优点主要是,贴近资源条件和细分市场,可操作性、市场性强。弱点是,由于受资源条件和细分市场所主导,形成的项目组合关联度低,特色不鲜明,特别是难以解决游客对相关项目的需求。例如,打高尔夫球的旅游者,除了打高尔夫球外,常常还有骑马、驾车兜风、游泳或太阳浴、轻音乐晚会等需求。差异性项目组合模式往往难以周全游客的综合需求。

3. 专项广度组合模式

专项广度组合模式以少数种类的旅游项目,从不同的消费档次来组合项目。这种模式便于集中旅游地资源优势,不断地开发和完善某一类专门项目,从而树立鲜明的特色。例如,高尔夫球项目:专项组合迷你高尔夫球场、高尔夫发球场、16 洞普通型高尔夫球场、国际标准高尔夫比赛场等;旅馆项目:专项组合野营地、青年旅游、度假村、星级旅馆等。又如,深圳华侨城的“锦绣中华”、“中华民俗文化村”、“世界之窗”、“欢乐谷”等,是个较典型的专项广度组合实例。专项广度组合模式的弱点是,项目类型单一,市场抗风险能力较弱。

4. 专项深度组合模式

专项深度组合模式,即以某特定项目为主导进行项目深度开发与组合。以生态旅游为例,一般为低消费项目,面向大多数旅游消费阶层,可以通过科普旅游、专题旅游、专业旅游、专业会议等方式拓展项目深度;也可以组织观光、夏令营、探险、生态度假、生态观测研究等延展时间长度；还可以针对不同年龄、不同阶层的旅游者，从普及和提高两个方面来拓展旅游地的知名度和社会、环境效益。其优点是，有利于集中力量对细分市场进行调研，设计开发系列项目来满足特定细分市场的多样化、多层次的需求，容易迅速提高游客的满意度和旅游地的知名度，具有较强的市场渗透力。其弱点是，目标市场过于单一，市场规模有限，受时尚影响较大。

（二）旅游项目综合平衡

旅游项目综合平衡是对旅游项目的策划、创意内容、组合模式与环境、土地适应性、设施建设条件的整合过程，具体包括旅游项目平衡和旅游项目与承载条件平衡。

1. 旅游项目平衡

旅游项目之间的性质有亲和性、交替性和排斥性三种关系。例如，垂钓与划船、划船与快艇之间，在项目的性质上都属于水上娱乐，具有亲和性，但是，垂钓与划船、划船与快艇之间具有功能与空间、时间上的排斥性，垂钓时不能划船，快艇运动影响划船。相同性质的旅游项目在空间上所造成的排斥性，可以在时间上采用交替性原则进行综合平衡。在垂钓区的非垂钓时间安排划船，在划船区的酷暑非划船时间调整用于快艇运动。对所有规划选定的旅游项目，我们可以按照亲和性、排斥性、交替性原则判明相互间的空间组合关系，进行必要的调整，形成有机整合的项目组群，成为在时间与空间上可行的旅游项目。

2. 旅游项目与承载条件平衡

每个旅游项目对承载条件均有特殊要求，有时间季节的要求，有空间尺度的要求，有对地形、环境、气象条件的要求。例如，滑雪项目对季节、坡度、雪厚、环境、风速等地形、气候、环境条件有很高的要求，但同时要受到面积、地形、地质、水质、气候、景观基础设施条件、视觉环境保护、隔离或过渡带要求、生态环境保护、造价、维护费用、季节闲置等要素的制约与影响，因此需要对用地、工程技术、基础设施和环境进行选择，通过选择与调配，达到旅游项目与承载条件平衡。

旅游项目的策划创意，只有将之置于充满制约的、具体真实的承载环境与设施条件之中进行综合平衡思考，才能最后确定与承载条件相符合的旅游项目。

三、旅游项目策划

旅游不仅是一种值得研究的宏观现象，而且更是一种真实的积极的生活经历，需要依赖于生动的社会交流方式和联结人与自然的旅游项目。旅游项目策划要从各个角度进行市场分析、资源分析和项目开发的定位定向研究。

（一）策划原则

旅游项目策划是依据于旅游资源与旅游市场的经济策划，是旅游活动的策划，为旅游者策划真实的生活经历，需要遵循客观的规律与原则。

1. 市场需求原则

旅游市场需求,是旅游者通过支付一定货币、时间和精力去换取某一经历、某种服务和商品的实际意愿。旅游市场需求,是旅游市场形成的基础,项目策划要遵守市场需求原则。旅游市场需求的产生相当广泛复杂,最基本的原因之一,是旅游者要具备一定的闲暇时间和经济上的支付能力。由于经济、社会发展水平和文化差异,各地的社会闲暇时间和经济支付能力呈现不同的结构。策划所选定的旅游项目必须与一定客源地的闲暇时间和经济支付能力相符合,以获得市场响应。

2. 因地制宜原则

旅游项目策划与相关的资源条件有很强的依存性。特定市场对旅游的需求或旅游偏爱因地而异,同一地区在不同的历史阶段也会呈现较大的差异。旅游项目策划要因地制宜,需要从地方特有的环境和旅游资源出发,规划出适宜地方发展的旅游项目。

3. 特色原则

旅游项目策划特色原则的意义在于,为旅游地创造出具有赏心悦目地方特色魅力的旅游项目。各旅游地只有具备与众不同的特色,才能在激烈的旅游市场竞争中确定鲜明的市场形象。旅游项目特色要能反映旅游地旅游资源的整体特性,具有鲜明的、易于认同的主题;要能具体表现可观、可赏、可娱的自然美景、人文景观、民俗风情、娱乐活动。旅游项目特色是支撑旅游目的地旅游业发展的基石。

在旅游项目策划中,市场需求原则、因地制宜原则、特色原则,使旅游项目具有可操作性,可以帮助旅游项目策划选定正确的主题定位,确立鲜明的旅游形象。可操作性是旅游项目策划创意的根本。

(二)创意内容设计

在进行旅游项目创意时,特别是在进行旅游项目创意内容设计时,我们特别需要明确旅游项目与旅游资源的关系。旅游资源是旅游项目策划的基础,但不等于旅游项目。旅游资源所具有的经济特征是一种潜在的经济性,旅游项目则具有较强的经济现实性。旅游资源尚属自然物,旅游项目已是经开发形成的旅游吸引物,在一定的资金和人员的投入下,旅游项目能为旅游地创造经济效益。

旅游资源有规定的地理空间限制,而旅游项目的空间特征则不明显。旅游项目在地域空间上是可以被重复建造的,一地所拥有的旅游项目在另一个地方同样可以见到,这就给了规划者一个创意的空间。旅游项目是人们设计建造出来的,需要设计者在设计的过程中提出文化理念。旅游项目较旅游资源具有更强的文化性特征,旅游项目是人类文明的体现。

旅游资源和旅游项目之间是一种依托的关系,旅游项目的开发必须以旅游资源的存在为基础,而旅游资源的吸引力实现必须借助于旅游项目。可以说,旅游资源是旅游业生产所必需的原材料,而旅游项目就是旅游业生产过程中的初级产品,两者都是旅游业在发展过程中不可缺少的组成部分。

进行旅游项目创意设计，包括旅游项目名称、旅游项目风格、旅游项目所占土地面积以及其地理位置和旅游项目产品体系。创意设计，就是给所策划的旅游项目命名。旅游项目名称要求通俗、易记、有新意。

旅游项目风格创意设计，内容包括：旅游项目中主要建筑物的规模、形状、外观、颜色和材料创意设计；旅游项目中建筑物的内部装修风格的创意设计，如建筑内部的分隔、装修和装饰材料的创意设计；旅游项目相关的旅游辅助设施和旅游服务的外观、形状和风格创意设计，如旅游项目的路标、垃圾箱、停车场、购物商店、洗手间以及旅游餐馆（餐厅）所提供服务的标准和方式创意设计；等等。

旅游项目所占土地面积及其地理位置创意设计，内容包括：旅游项目用地面积、地理位置和具体地理范围测算；旅游项目中建筑的整体布局设计以及各个建筑物的位置和建筑物之间的距离测算与规定；旅游项目中所提供的开放空间的大小和布局的创意设计；等等。

旅游项目的产品体系创意设计，内容包括：旅游项目所能提供产品类型的创意设计；确定主导产品或活动的创意设计。

（三）策划创意方法

策划创意是指旅游项目的创造性谋划。旅游项目的策划创意是对旅游项目的构思、畅想和创造性谋划。旅游项目策划创意作为一种思想方法，贯穿于旅游规划过程始终。

旅游项目策划创意的目的，是通过改变旅游资源的原有形象和超越某些限制等途径，创造或增加旅游地的吸引力。旅游项目策划创意，要将抽象的规划目标具体化为旅游项目，给旅游者创造生动的和满意的经历。

旅游项目创意设计往往会受到旅游规划工作者的经验、旅游规划工作信息度、开发商的实力、旅游资源的赋存状况和旅游市场状况等诸多因素的影响，因此需要总结和借鉴一定的方法进行旅游项目创意设计。在旅游项目策划创意实践中，市场—项目—资源排比法、第二方案法、头脑风暴法、时空搜寻法等创意设计方法，得到较为广泛的运用。

1. 市场—项目—资源排比法

该方法依据策划创意中的市场原则、因地制宜原则和排中率逻辑而设计。其基本工作原理是，依据某一旅游资源，针对某一旅游市场，将所能想到的旅游项目在进行分类的基础上，按市场选择、资源制约两大因素进行"投票表决"。其具体步骤是：第一，对所能想到的各种项目进行分类排列，按资源条件的制约因素删除不可行的项目；第二，按市场需求对项目进行第一轮选择；第三，按项目间的相关性做第二轮选择；第四，对资源、经济、管理因素做进一步的讨论和比较，最后选定合适的项目组群。使用该方法的主要制约是：第一，对市场需求特别是潜在旅游需求的把握程度会受到规划人员认识水平和经验的制约;第二,对资源的旅游价值的认识,常常缺乏科学性和理智力;第三,对旅游项目的市场效益,常常缺乏足够的市场情报信息佐证和需要市场运作的检验。

2. 第二方案法

第二方案法,就是要求对每一个旅游项目都提出两个以上的方案。当提出一个方案时,都假设存在有第二方案,那么就去寻求第二方案;得到第二方案后,再寻求第三方案……以此推进,最后从诸多方案中比较得出最佳方案。第二方案法就是要求规划者不断变化角度开拓智慧,以获得最佳的旅游项目。

3. 头脑风暴法

头脑风暴法,又称"集体思考法"或"智力激励法",是一种论证方法,可以引用于对旅游项目的求证。头脑风暴法是采用会议的论证形式,召开规划人员会或专家座谈会,就所设计的旅游项目方案征询意见。在召开会议时,策划人应充分地说明策划的主题,提供必要的相关信息,创造一个自由的空间,让各位与会者充分表达自己的想法。但每一个人的发言不能重复他人的意见或同意他人看法,必须对方案提出修改意见,一直到对方案不能提出意见为止,方案方可确定。头脑风暴法的优点是,获取广泛的信息、创意,互相启发,集思广益,在大脑中掀起思考的风暴,从而启发策划人员的思维,策划出优秀的旅游项目方案。

4. 时空搜寻法

时空搜寻法是指从空间轴、时间轴两个向量上搜寻与本地区位、市场和资源条件相吻合的旅游项目,以确定最佳旅游项目的方法。时空搜寻法的简易做法就是以所拥有的旅游资源为出发点,直接从空间轴、时间轴两个方向逐个地搜寻可能的旅游项目,再将所选择的旅游项目进行下一步论证。按时间轴,从地球的形成到古生代、史前、公元与未来,探求可能的旅游项目。按空间轴,由居室到村庄,从乡村到城市,从区域内到区域外,从国内到国外;从极地、寒带、温带、亚热带到热带;从海沟、大陆架、平原、丘陵、沙漠、高原到世界屋脊;从民族人种、民俗、文化、经济、军事到生存地域、文化圈(如基督教——天主教文化圈、伊斯兰文化圈、佛教文化圈)等,筛选可能的旅游项目。由时间与空间指引着规划者思维的方向,赋予策划者从可推断和选择的众多、生动、真实的信息中,设计多种可能的旅游项目。时空搜寻法的主要优点是,使创意思维获得多角度与全方位的推进,使旅游项目创意具有生动性、完整性。

在对旅游项目策划创意方法的研究与实践中,还有的学者推崇德尔菲法、灰色系统法、智能放大法等方法。

四、旅游项目可行性研究

重视旅游项目的可行性研究,开展理论总结和方法提炼颇具现实意义。旅游项目的可行性研究,可以避免旅游项目在建设与管理中的浪费。

(一)可行性分析

与工业项目相比较,旅游项目在可行性研究上存在三大共性,即报告体系大致相同、研究要求大致相同、评价指标构成大致相同。但是,旅游行业特征决定了旅游项目可行性研究存在许多值得注意的特性。

1. 旅游项目可行性的内在机制和重点不同

在工业项目的可行性研究中,根本因子是原材料和技术水平,两者共同决定技术可行性和市场。旅游项目对原材料没有依赖性,根本因子是主题、设计与区位,三者共同决定市场前景,并决定社会效益和经济效益。

一般企业的产品十分注重多品牌、多品种,以抵御市场风险。旅游项目在策划中也应是多元的,避免单一的观光或娱乐项目,避免受市场萧条的影响。

一般产品在市场上具有重复消费的性质,旅游景点则与此不同,除城市休闲公园之外,多数景区游客重游率很低,因为大多景点以观光功能为主,观光旅游产品一次旅游之后即失去新奇感和吸引力,这就带来回头客少的天然局限性。游客对某一旅游项目和特定景点,不像生活用品那样具备重复消费的必要性,只有生态旅游、宗教、健身、戏水等主题项目及参与性高的娱乐项目才有一定能力吸引游客重复消费。

在旅游项目可行性研究中,应充分注意进行旅游区位条件研究,客观、全面地反映区位条件。在旅游区位所形成的距离阻抗的作用下,不少旅游项目市场表现出在开业轰动效应之后,便趋向衰落,造成很大的投资风险。在可行性研究中,应强化旅游项目的风险研究和不确定性研究。

2. 旅游行业市场前景具有自身特殊性

旅游客源市场前景与开业时机关系不大,主要取决于旅游主题、设计与旅游区位。不同的旅游主题和旅游区位的旅游项目,具有不同的客源规模;不同设计手法的旅游项目,有不同的市场发展曲线。采用陈列观光型和表演欣赏型两种手法设计的旅游景点重游率低,客源量一般以开业为高潮,高潮后直接进入市场成熟期,开始呈现逐渐下降曲线。以主体参与型手法设计的旅游项目,包括戏水、宗教、健身等多种主题的旅游项目,重游率高,市场前景表现出有引入期、成长期、成熟期的市场发展特征。旅游项目可行性研究,要重视旅游市场预测,从旅游市场预测中获得旅游项目可行性信心。

3. 旅游项目经营期需具体分析

一般而言,旅游项目的财务计算期取决于旅游项目发展的生命周期。旅游项目发展的生命周期可以分为大部分设备使用报废年限的自然生命周期、以核心技术更新淘汰年限的技术生命周期和以足以吸引规模游客年限的市场生命周期。计算标准为年利润率下降到与银行利率持平。当旅游项目发展生命周期大于20年时,财务计算期以20年计,否则以旅游项目发展生命周期指标中最小的数值为准。实践上,有持续需求主题的旅游项目和重大旅游资源的国家风景名胜区、国家旅游度假区、国际旅游城市、历史文化名城等生命周期较长,可以按20年测算财务效益,参与性不强的一般观赏型主题园以10年生命周期计,地方性小型旅游项目以5年的生命周期计。

(二)可行性研究中常见问题

可行性研究的使命是为旅游项目投资决策提供可靠的科学依据,客观、准确是旅游项目可行性研究至关重要的灵魂。分析诸多旅游项目的可行性研究报告,存在的一些问题和缺陷,影响了可行性研究的精确度。

仅着眼于旅游目的地、旅游区内所策划的旅游项目的论证,忽略了周边地区同类旅游资源或旅游项目的存在,不做客观的竞争势态分析;只谈当地的优势和强项,对劣势及不足轻描淡写或避而不谈。对旅游景区市场规律缺乏了解,主观臆断项目客源量将逐年上升。

未明确指出旅游项目的目标市场主体是什么地域、什么层面,未通过目标旅游市场调查、类似项目比照、地区总量比例等预测,就确定旅游项目可能带来的客源量和发展趋势,属于主观臆断,对市场前景盲目乐观或故意夸大,主观提高景区内游客人均消费水准,脱离社会经济消费水平实际。

故意夸大或缩小投资规模。故意夸大投资规模是为了大造声势,力求形成开业后的轰动效应,具体做法就是提高土地价格,把周边的房地产开发投资全部包括进去;缩小投资规模,则是开发商采取"化整为零"、"分期建设"等手段缩小投资规模,通过部分项目的上马造成既定事实。

变可行性论证为可批性论证。旅游项目可行性研究中的失误,有些是由水平不够造成的,但更多的是由态度不严谨所造成。承担规划的单位或当地政府主管部门明知风险很大甚至不可行和时机尚不成熟,为了引进投资,违背可行性研究应有的客观原则,以获准批建为目的。

变可行性论证为可批性论证的主观动机是,其一,投资商以建设旅游项目名义获取地皮以炒作房地产。由于一些地区大力鼓励发展旅游业,急于引进旅游项目,一些投资商便借此名目获得大块地段,而后建设大量花园别墅、住宅小区乃至综合性大厦,原先图纸上的旅游项目只建在一个小角落,甚至无影无踪。其二,政府有关部门以建设旅游项目名义,占据某一良好地段区位,往往成为林业、渔业、交通、旅游等众多部门及投资商争夺之地,以建设旅游项目名义抢占此地也势成必然。其三,承担单位受投资商委托,失去应有的客观立场,从投资商的单方利益出发进行旅游项目可行性报告编制。其四,与相邻城市抢声势、抢时机。在条件相似、区位相近的几个城市之间,为避免邻近城市抢先建设某个大型旅游项目,先发制人,大造声势,以致造成城市发展被动。其五,政府有关部门领导欲以招商引资为自身成绩，不论客观条件，以引到资金为成功，对于旅游项目可行性报告编制并不关心①。

（三）旅游项目可行性论证

旅游项目的可行性论证是全方位的论证，需要从文脉、旅游区位、旅游市场、知名度、旅游交通、旅游主题、设计表现手法等多方面进行是否可行的论证。

1. 把握文脉

文脉是一个国家、城市、旅游目的地的地理背景，包括自然地理条件、文化氛围和文化脉传承，以及社会人文背景。准确地把握和分析一个旅游项目的文脉的旅游吸引力，从而确定开发主题，再对主题进行深化，挑选适当的项目加以组装，是旅游开发的一条重要思路。

把握文脉在于通过对文脉的多个项目精选和高强度浓缩性展现，将所选定的旅游项目发展成为一个地区旅游形象的标志。核心就是"因地制宜"，强化地方独有的特色。如同兵马俑和大雁塔是西安标志、中山陵和明孝陵是南京标志一样，顺应地方文脉。反映地方文脉的项目具备长期吸引外地游客的能力，可以在市场上形成"来此必游"的共识。在旅游项目建设决策中，投资商往往根据个人爱好确定建设主题，忽视地区文脉，最终自食苦果。一个城市或地区的文脉一般有多条，有主有次，有强有弱，旅游项目的主题应当尽量反映最强的文脉，同时进行全面考虑分析，是否所选文脉已经有成功的旅游景点代表。

2. 看准旅游区位

旅游区位就是市场。旅游项目的旅游市场吸引力随着与客源市场距离的远近而衰减。一个旅游项目的旅游区位可以分为宏观旅游区位和微观旅游区位。宏观旅游区位是从旅游业发展的战略高度来衡量旅游项目的旅游区位优劣，是从省、国家乃至世界旅游业发展的角度评价旅游项目的旅游区位。微观旅游区位是分析旅游项目在一个区域旅游发展中所处的位置。微观旅游区位需要考虑目标客源市场的城市经济水平与旅游消费水平、常住人口和流动人口（潜在游客量）、交通便捷度；需要考虑市域周边景点竞争状况。对于微观旅游区位，旅游项目距目标客源城市的路途时间则决定了其属于一日游范围还是两日游范围，后者的市场规模远远小于前者。旅游项目必须注意分析与其他旅游项目之间的关系，一方面尽量避免同类主题旅游项目近距离重复建设和恶性竞争，另一方面注意与异类主题旅游项目的优化组合，共同促销。在微观旅游区位集聚旅游项目时，需要考虑游客的旅游时间限制和旅游消费限制，注意旅游项目集聚规模。在旅游项目可行性研究报告中，应注意充分进行旅游区位条件研究，客观、全面地反映旅游区位的各种环境

① 陈南江．旅游项目可行性研究的理论与实践．广东省旅游发展研究中心网站．

要素[①]。

3. 审视四要素

旅游项目建设的成败，在很大程度上取决于旅游知名度、旅游交通便捷度及带给游客的满意度，而游客的满足程度又主要取决于旅游项目的主题、设计表现手法与经营服务质量[②]。在旅游规划时，主要审视与论证旅游项目对旅游知名度、旅游交通、旅游主题、设计表现手法四要素。旅游知名度、旅游主题、设计表现手法三者是相互联系的，旅游项目选取了好的旅游主题，运用独到的设计表现手法，就可以打造旅游项目的知名度。旅游项目交通便捷度，主要分析旅游项目与机场、火车站、汽车站、高速公路、主干道的交通系统的关系，以通畅、便捷、安全为尺度。

旅游项目的可行性论证是发展的，随着社会的经济、文化、科学与技术的进步，人们对旅游的需求也随之变化，科学的旅游项目的可行性论证需要不断地更新理念与方法，以科学发展的原则论证旅游项目的可行性。

第二节　旅游产品规划

旅游产品规划是在富有创造性策划创意的旅游项目、旅游基础设施与旅游服务的基础上，加以整合成为景观品质、活动内容、空间条件、时间序列、信息引导的一个有机整体，为旅游者提供舒适、优质、代价合理的旅游经历。

一、旅游产品的内涵

旅游产品是由旅游目的地提供的旅游消费产品，包括旅游项目、旅游基础设施与旅游服务。旅游目的地提供的旅游产品要求有鲜明的市场定位，不仅能满足目标客源市场的需求，而且能对竞争者有明显的竞争优势，有一定程度的不可仿造与篡夺性。

从旅游供给角度看，旅游产品是凭借着旅游项目和旅游设施，向旅游者提供在整个旅游活动过程中所需的全部服务。旅游项目、旅游设施和旅游服务共同组成了旅游产品。旅游产品是一个整体的概念，是由多种异质成分组合而成的综合体，是主要通过服务形式表现出来的无形产品。虽然在旅游产品消费过程中要消耗一些有形的物质产品，但在同样的物质条件下，由于提供的服务质量不同就会产生截然不同的效果，从而直接影响到旅游产品的形象和销售。例如，同样的特产与配料，不同的烹饪方法可以做成美味佳肴，也可以做成难以下咽的饭菜；同样规格的客房，不同的服务可以使客人非常满意，也可以使人牢骚满腹；同样的旅游资源，不

① 陈南江．旅游项目可行性研究的理论与实践．广东省旅游发展研究中心网站．

② 参见陈南江．“百艺盛会”、“欧洲之夜”谈旅游景区娱乐走向．广东省旅游发展研究中心网站．

同的讲解,可以使人兴趣盎然,也可以使人索然无味;等等。旅游服务在旅游产品中占据重要地位。旅游产品是一种以服务为主的无形产品。优良的服务可以弥补硬件方面的某些不足,拙劣的服务可以使先进的硬件逊色。

旅游产品是旅游者在旅游活动过程中所需要的所有单项产品构成的综合整体。组成旅游产品的各个异质部分为单项旅游产品,如交通车上的一个座位,旅馆里的一间客房、一张床位,餐馆里的一顿美餐等,都是构成一次旅游活动的单项产品。单项产品也包括旅游项目、硬件设施和服务三个部分。经营单项旅游产品的部门和企业是各自相互独立经营的,各自围绕自己的目标市场服务。旅游产品的异质成分各自处于独立状态,不可能形成真正的旅游供给,只有各种成分的有机组合,才能形成完整的旅游产品。例如,旅行社推出的一条旅游线路便是一个旅游产品,由沿途和目的地所提供的交通、住宿、餐饮、游览、娱乐、购物以及其相关的服务共同组成。

从旅游者角度看,旅游产品是旅游者花费一定的时间、货币和精力所购买的对象。旅游产品不是一件件具体的物品,而是一次完整的经历、一次体验。旅游经历包括旅游者从离开常居地到旅行结束归来的全部过程中所获得的对接触过的事物、事件和服务的综合感受。这种感受可能是愉快的,也可能是不愉快的。一个旅游者花了不少费用,所带回来的物品的价值远远低于这个费用,由于大部分的费用都花在无形的服务上,买到的也主要是对一次经历、一次体验的感受和回忆。就此而言,旅游产品是一种无形的产品。人们的一次旅游经历便是一个单位的旅游产品,所以描述旅游产品的销售数量用所接待的旅游者人次来表示。

二、旅游产品的组成

旅游产品的组成成分非常复杂。旅游产品有各种分类:按旅游空间,可分为室内旅游、城区旅游、乡郊旅游、区域旅游、国内旅游、国际旅游、洲际旅游、星际旅游等;按旅游活动状态,可分为被动(消极)旅游、主动(积极)旅游等;按信息获取的方式,可分为动游、静游或"行游"、"座游"、"卧游"、"神游"等;按社会内容,可分为自然生态旅游、历史旅游、文化旅游、科技旅游、写作旅游等;按组织目的,可分为科学教育旅游、商务旅游或会议旅游、考察旅游、修养旅游、体育旅游或健身旅游、宗教旅游、集会旅游、纪念旅游等。为了更好地了解旅游产品,我们需要对旅游产品的组成进行分析。

(一)物质形态分析

旅游产品的物质形态由旅游资源和旅游设施组成。旅游资源是由自然的、文化的、艺术的、历史的或工艺的因素组成的,可能是物质实体,或某个事件,也可能是某种现象。旅游资源是组成旅游产品的核心要素,它吸引着人们前来参观游览,决定了旅游者的选择决策,也决定了旅游产品的销售情况。

旅游设施是为旅游者提供方便、实现旅游项目的必需手段。旅游设施本身并不是促使游客成行的主要因素,但是缺少这些设施,旅游就不能成行。旅游设施是组成旅游产品的重要因素。旅游设施分为基础设施和专门设施两大类。

旅游基础设施,是目的地城镇建设的基本设施(如内部交通道路系统,水、电、气、热的供应系统,废物、废气、废水的排污处理系统,邮电通信系统等)以及从客源地到目的地的外部交通基础设施。旅游基础设施有专门为旅游而建设的,也有为了城镇居民生活、生产需要所建设的。旅游基础设施除了为旅游者服务外,也是旅游经营者所必不可少的。

旅游专门设施是旅游供给者专门为旅游者服务所凭借的物质条件,如:专门为旅游者提供住宿的设施有旅馆、汽车旅馆、别墅、度假村、野营帐篷、游船、农舍等;提供餐饮的餐厅、咖啡屋、烧烤场所等;提供交通服务的汽车、火车、飞机、游船、缆车等交通工具;提供娱乐服务的娱乐场所、影剧院、夜总会等;提供购物的旅游商店、摊点等;提供其他服务的旅行社、咨询服务处、医院、银行和保险公司以及一些政府机构等。

(二)消费形式分析

旅游者的消费形式由住宿、交通、饮食、游览、娱乐、购物和其他服务七个部分组成。住宿、饮食向旅游者提供生活条件和消费设施;娱乐和游览向旅游者提供所需的主要感受;交通为旅游者提供实现旅游活动的手段;购物为旅游者提供日常生活用品的消费和旅游商品(包括纪念品、土特产品、工艺品、旅游食品等)的消费。

(三)劳动表现形式分析

向旅游者提供的劳动表现形式,可分为非劳动成分、物化劳动成分和活劳动成分。非劳动成分有自然旅游资源,在自然条件下产生,没有劳动投入。物化劳动有旅游设施和大部分人文旅游资源以及旅游商品,是以有形的物形式表现出来,为劳动物化的结果。活劳动成分有人文旅游资源部分的劳务部分和服务,只存在表演和服务过程中,一旦过程完毕,劳动就被消费掉了。

旅游服务是旅游从业人员直接为旅游者提供的活劳动,不以有形的物形式表现出来。旅游服务分基本服务和辅助服务。基本服务有客房服务、餐饮服务、交通服务、导游服务、购物服务、娱乐服务等;辅助服务有理发、医疗、洗衣、金融、保险、通信、咨询、出入境手续、托运、签证等服务。

(四)旅游需求程度分析

游客的旅游需求可分为基本需求部分和非基本需求部分。基本需求部分是在旅游活动过程中几乎每个旅游者所必需的部分,伸缩性小,如住宿、饮食、交通、旅游资源等。非基本需求部分并非是每个旅游者所必需的,伸缩性较大,如娱乐、购物以及其他的一些辅助服务。

三、旅游产品的内外部关系

旅游产品是一个综合体，是旅游者在一次旅行过程中所需要的服务总和。旅游产品构成复杂、内容丰富，涉及许多性质不同、功能各异的行业以及各式各样的企业单位。因此，旅游产品内部各组成成分之间存在着一定的联系，提供各单项旅游产品服务的行业和企业之间也存在着一定的联系。此外，旅游产品之间、旅游产品与非旅游产品之间，同样也存在着一定的联系，它们共同组成了旅游产品的内外部关系。了解旅游产品的内外部关系及其相互转化，对于旅游产品规划和调节旅游供求矛盾具有重要意义。

(一)旅游产品的内部关系

一般来说，旅游产品的内部具有两种关系，即共生关系和冲突关系。

1. 共生关系

共生关系是指旅游产品的功能不相同的组成成分之间相互依存、相互促进、共同发展的关系。共生关系体现在两个方面：其一，各个功能不同的组成成分，如食、住、行、游、购、娱几个部分，每一部分的生存和发展都以其他部分的生存和发展为前提，各个部分按比例协调发展。比如，没有旅游资源，就难以吸引大量的游客；没有旅游交通，就难以形成大量游客的流动；没有旅游饭店，就难以接待旅游者；等等。其二，各个功能不同的组成成分之间在经营成果上相互影响。一个部分收入的增加，带来其他部分收入的增加；一个部分收入的减少，促使其他部分的收入也减少；一个部分接待的游客多，其他部分接待的游客也相应地增多。比如，如果交通部分成为旅游发展的瓶颈，那么其他部分的收入和接待游客的数量就将减少；如果旅游资源部分的质量低劣而收入减少，那么其他部分也将因旅游者减少而造成收入减少。

旅游产品是一个综合性的产品，需要满足旅游者各个方面的需求。旅游产品内部的共生关系，是由旅游需求的综合性决定的。从共生关系上看，旅游产品的各个组成部分必须齐备，共同组成一个完整的产品，要求提供各单项旅游产品的行业、部门和企业按比例协调发展。旅游产品的各个组成部分，除了搞好本行业、本企业的经营外，还要与其他行业和企业相互配合、互通信息，共同营造一个良好的旅游产品形象，从而增强旅游产品的招徕能力和竞争力。

2. 冲突关系

冲突关系是指旅游产品中功能相同或相近的组成成分之间存在相互替代的关系。例如，提供旅游交通服务的汽车、火车、飞机、轮船等交通工具及其经营企业之间就存在着冲突关系，尤其是高速公路、快速火车以及高速轮船的发展更加深了这种关系；提供住宿服务的各种星级的旅馆、招待所、度假村等也存在着冲突关系，尤其在设施的档次、规模、服务水平及价格差不多的时候，冲突关系表现得非常明显。

对于同一个旅游者，他在同一时间、同一地点对同一种功能的单项产品的需求是唯一的。旅游产品内部冲突关系的出现，将给游客提供更大的选择空间，可以选择住甲饭店，也可以选择住乙饭店；可以选择乘坐火车，也可以选择坐汽车或飞机。于是，冲突关系就转变为在提供相同服务的企业之间的竞争性。这要求企业不能盲目追求建设与别的企业雷同的设施或提供相同的单项旅游服务；要求旅游产品在数量上、质量上、档次上有计划、按比例协调发展，力求旅游产品结构的合理性；要求旅游企业重视经营管理，改进服务质量，提高企业信誉和形象，提供有特色的旅游服务，避免过度的竞争。

旅游产品内部的各组成成分之间的共生关系和冲突关系并不是绝对的、一成不变的。旅游经营者可以根据旅游需求发展自身条件，促使两种关系互相转化。

共生关系向冲突关系转化。转化是由旅游者需求多样和旅游企业经营的多样化促成的。在市场经济条件下，旅游企业为了获得竞争优势，不断调整经营范围，为旅游者提供方便、快捷、经济的服务。当旅游企业向旅游者提供多样化的“一条龙”服务时，共生关系就会变成冲突关系。例如，甲企业提供住宿服务，乙企业提供交通服务，它们之间是共生关系。当甲企业扩大经营范围，它也提供接送游客的交通服务时，那么，甲、乙企业之间的关系就表现为冲突关系。若乙企业也扩大经营范围，提供住宿服务，同样也可以产生冲突关系。在实践中，旅馆有自己的旅游车队、购物场所、旅行社，风景区和主题公园自备车辆接送游客，航空公司有自己的饭店等，都是促成冲突关系产生的因素。因此，旅游企业的多种经营和集团化经营是共生关系向冲突关系转化的主要原因。

冲突关系向共生关系转化的表现：一是，当供给小于需求时，提供相同单项产品的旅游企业之间可以互相帮助，解决燃眉之急。例如，A、B 企业都是提供住宿的企业，当 A 企业供不应求时，可以把客人介绍给 B 企业；当 B 企业在经营过程中发生某些原材料不足时，可以向 A 企业借。这时，二者的关系就成了共生关系。二是，提供相同服务功能的单项旅游产品一般都有高、中、低等多个档次，可满足旅游者的不同需求。多档次和多服务方式可以形成共生关系。例如，同为提供交通服务，飞机和火车需要汽车作为补充工具，这就形成了共生关系；同为提供饮食服务，甲、乙餐馆的风味特色不同，旅游者这次在甲餐馆用餐，下次就到乙餐馆就餐，它们之间也有共生关系。三是，提供相同服务的各企业相互联合，优势互补，共同促销，共创旅游产品的形象，增强产品的竞争力。例如，甲、乙、丙、丁四个企业都是提供同一种单项产品，但各企业都有自己的优势和特色，若将各企业的优势部分组合起来，就形成了一个更具吸引力的单项产品。四是，处在一条旅游线上的各个目的地的单项旅游产品之间有很明显的共生关系。旅游产品的冲突关系向共生关系转化，表明各企业提供的旅游服务都是旅游产品的有机组成部分，在数量上、质量上和档次上共同组成了旅游产品的结构，是旅游产品中不可缺少的部分，共同形成旅游产品的对外形象。

旅游产品内部的共生关系的实质就是实现共赢。旅游业的发展,激化了旅游产品内部的冲突关系,加剧了旅游产品内部的竞争,同时也促进了旅游产品内部的共生关系的发展。两个不同特色的旅游产品可以联合起来,共同组成一个新的旅游产品。我国自2000年以来出现的长三角与珠三角区域旅游联盟、六省区自驾车武夷山联合体等,都是由竞争转向共赢的范例。

旅游产品是一种由食、住、行、游、购、娱所组成的综合性产品,既表现为一个整体的产品,又表现为由若干产品组成的系列,每一种要素都能构成独立的旅游产品。因此,从旅游需求的角度看,旅游产品既有替代性,又有互补性。

旅游产品的替代性,就是指相同性质而不同类型的旅游产品,在满足旅游消费需求之间,具有相互替代的关系。例如,宾馆、度假村、招待所、公寓、临时帐篷等都是向旅游者提供住宿需求的满足,而各种不同类型的住宿设施随着价格变化可以互相替代。

旅游产品的互补性,就是指旅游产品的各部分,是互相补充和互相促进的,即某一部分的存在和发展,必须以其他部分的存在和发展为前提;或者某一部分旅游产品作用的有效发挥,必须以其他部分的存在及配合为条件。例如,航运公司的旅客增加,必然使旅游饭店和旅游餐饮的人数也相应增加;但如果旅游饭店仅有住宿而没有餐饮,则旅游饭店的服务功能就不能有效地发挥。

正是由于旅游产品具有替代性和互补性的特点,因而某种旅游产品的需求量,不仅对其自身的价格变化有反应,而且对其他旅游产品的价格变化也有反应。

(二)旅游产品的外部关系

旅游产品的外部关系指的是旅游产品同旅游产品、与其他消费品以及与其他物质产品之间的关系。旅游产品外部也存在共生和冲突两种关系。旅游产品的生产需要大量的原材料、设施、设备,带动了提供相关产品企业的发展,从而形成企业之间的共生关系。旅游产品的存在与销售,以相关行业的产品为前提,又带动和促进了相关行业的发展。

旅游业的发展必须建立在国民经济发展的基础上,符合国民经济发展的状况。旅游者的时间和收入是有限的,这使旅游产品之间、旅游产品同其他消费品之间存在着冲突关系。旅游产品外部的冲突关系也可转化为共生关系。旅游产品加强特色与规模,在吸引更多旅游者、获得更大效益的同时,也就带动了其他消费品的发展。其他消费品及其企业,努力改善旅游产品外部的基础条件,营造良好的旅游环境,在帮助旅游业发展的同时,也获得了自身的发展。

正确运用旅游产品内外部的共生关系和冲突关系,把握二者关系的相互转化,有利于旅游企业正确处理好内外部关系,以改善经营来赢得顾客;也有利于一个地区、一个国家从宏观上调控旅游业,从而推动全国旅游业的持续性发展。

四、旅游产品开发

旅游产品开发建立在旅游资源开发与旅游项目策划的基础上。旅游资源开发是在旅游资源所占据的空间范围内进行,如风景区的开发。旅游项目策划为旅游产品开发提供具体内容。旅游产品开发不仅包括旅游资源所占据的空间范围内的开发,也不仅局限于旅游项目策划范畴,而且还包括旅游资源空间范围和旅游项目之外的开发,建设便利的旅游服务基础设施,包括住宿设施、交通设施、餐饮设施、游览设施、娱乐设施、购物设施、基础设施等,并依据旅游服务基础设施,向旅游者提供完整的服务。另外,旅游产品开发还包括产品的形象设计、旅游线路设计等。

(一)旅游产品开发原则

旅游产品的开发主要是产品的硬件建设过程。硬件建设至关重要,完全制约着旅游服务的提供,制约着整个旅游产品的生产和旅游产品的开发过程。在旅游产品开发过程中,要遵循一定的规律和科学原则。

1. 产品特色

旅游产品无论在资源开发、设施建设方面,还是在提供的旅游服务方面,都要具有鲜明的特色。特色鲜明的旅游产品往往能使旅游者产生很深的印象,使人难以忘怀,增强旅游吸引力,加大与其他旅游产品的区别,减弱与其他旅游产品在销售上的冲突。旅游产品的特色已成为旅游企业在市场竞争中获胜的法宝。

2. 适应市场需求

旅游产品的价值在于满足旅游者的需求,在旅游市场上能成功销售。旅游产品是否符合旅游者的需求,是否能实现价值,最终将受到市场的检验。一个拥有广阔旅游市场的旅游产品才能具有强大的生命力,并创造良好的经济效益。

3. 内容多元与结构合理

旅游业已朝着多元化的方向发展,旅游产品开发需充分发挥综合特性,提供多元化的旅游服务,以多种多样的内容满足旅游者全方位、多层次的需求。充分考虑到旅游者兴趣爱好的多元性和经济支付能力的多元性,不仅要求提供丰富的单项产品,而且还要有不同的档次和价位的单项产品,以吸引不同层次的旅游者。协调各单项产品之间的比例关系,形成合理的旅游产品结构,既无资源浪费,又增大旅游产品效益。

4. 参与性和消遣性

参与性强的旅游产品给予旅游者较多感官刺激,能获得较深印象和生动体验。在所有成功的旅游产品中,消遣娱乐活动都占有相当大的比重。旅游产品的参与性越强,带来的体验就越生动;同时,越来越多的旅游者希望从旅行中获得轻松愉快的消遣,以期恢复精力和体力。因此,在旅游产品的开发中,要加大参与性消遣娱乐性项目设计,并向休闲旅游方向发展。

5. 适时调整

旅游是一种不断地体验新生活的过程,需要不断地更换生活体验内容。随着时间的推移,旅游者的兴趣会发生转移,原来喜欢的旅游产品可能不再喜欢了,过去不曾想去消费的旅游产品现在可能又乐意去消费。所以,当某个旅游产品或某种旅游产品的吸引力下降时,应考虑产品的升级和换代,以新的产品形象去迎合旅游者的口味。

策划创意是旅游产品开发的源泉,在旅游产品规划中的旅游产品策划创意,需要在建设与发展中得到不断的适应性检验、项目调整、多因素整合,直至完善。

(二)旅游产品生产

旅游产品开发是一个基础设施建设、购置设备、准备原材料的过程。旅游产品的生产是提供旅游服务的劳动过程,也是实现旅游产品销售的过程。仅有旅游产品开发不能满足旅游者的需求,只有提供了旅游服务,才是出售完整的旅游产品。旅游产品生产是依托各种旅游设施提供服务的,依托单项旅游设施提供的是单项旅游产品生产,把单项旅游产品组合起来是整个旅游产品的生产。一个旅游产品的生产需要许多人共同完成。

旅游产品生产可分为两类:第一类旅游产品是以一个旅游目的地为销售对象的旅游产品,如武夷山三日游、桂林一日游等,旅游产品的生产主要在单一目的地内进行;第二类旅游产品,有两个或两个以上的旅游目的地,如丝路之旅、江南水乡游、武夷山—福州—厦门六日游等,一个产品的生产要在多个目的地才能完成。一个第二类旅游产品包含多个第一类旅游产品,通过旅游交通线路将若干个第一类旅游产品串联组合起来。在旅游产品生产的组合过程中,要求第一类旅游产品都是精良的,不能硬性搭配质量低劣、旅游者不喜欢的产品,否则会造成整个旅游产品质量下降、旅游产品的吸引力减弱。

对旅游产品的消费,取决于旅游者的兴趣爱好、时间和支付能力。第一类旅游产品耗时短、花费少,以消遣度假、购物以及短时间的旅游项目为主;第二类旅游产品耗时长、花费多,以观光及长时间的旅游项目为主。第一类旅游产品之间竞争激烈,第二类旅游产品则将第一类旅游产品之间的冲突关系转化为共生关系。

旅游生产要素的高低直接关系旅游产品的成本高低。旅游产品是一个包含食、住、行、游、购、娱多种要素的综合性产品,各种要素价格的变化必然影响旅游产品供给的变化。在旅游产品价格不变的情况下,若各种要素价格提高了,则必然使旅游产品的成本增加而利润减少,旅游产品供给量也随之减少;反之,若各种要素价格降低,则使旅游产品成本降低而利润增加,旅游产品供给量随之增加。因此,旅游生产要素价格直接对旅游供给产生着重要的影响。

旅游产品的供给量除了受自身价格变化的影响外,还会间接地受其他相关产品价格变化的影响。例如,如果飞机票涨价,而旅游目的地的旅游价格不变,则意味着旅游产品的相对价格降低,相对利润减少,进而影响到旅游产品供给量的变化。

旅游产品的开发是一个投资过程,开发应与当地社会经济发展水平相适应,不能过度超前,也不能过分落后。旅游产品开发需要一个较长的建设过程,应抓住发展时机,注意旅游产品开发的前瞻性,以确保旅游的可持续发展。

思考题

1. 列举食、住、行、游、购、娱等类的主要旅游项目。
2. 试述旅游项目策划创意的常用方法。
3. 结合案例进行旅游项目的可行性论证。
4. 试述旅游产品的内涵。
5. 简述旅游产品的开发原则。

第十一章

旅游环境保护规划

随着社会经济的发展，旅游业已成为一个发展迅速的重要产业。旅游业的发展愈来愈感到环境的重要。造成环境污染和生态环境破坏，既破坏了旅游业赖以存在和发展的自然资源基础，又降低了旅游质量；同时，不合理的旅游开发和发展也带来严重的环境问题，特别是对生物多样性保护和传统文化保护产生了巨大的冲击。旅游环境保护已成为旅游业持续发展的保证。

第一节　旅游环境

一、旅游环境的内涵

“环境”是一个相对的概念，总是与某一中心事物同时存在。如果中心事物发生变化，“环境”就相应地变了；反之“环境”变了，中心事物也就变了。

“环境”一词在不同学科领域有不同的内涵定义。哲学界认为，环境是对人而言的，指人类社会生活环境；地理学界认为，环境是人自身以外的客观物质世界，是自然综合体，或称自然环境；地质学的“环境”，是指地球的形成与发展的环境，可以不依生物和人类为转移，生物、人类是其发展的必然结果；生物学的“环境”，是指生物形成和发展的环境，可以不依人类为转移，人类是其发展的必然结果；生态学把人类纳入生态范畴，但人类既是属于自然的，又是属于社会的，环境只是部分地符合生态学的客观规律，又受到社会因素的制约。旅游学界认为，环境是指适宜发展旅游业和开展旅游活动的空间，环境空间由生物、非生物和人类构成，自然、社会、经济、文化等要素在空间上组成的相互联系、相互依赖、相互制约、相互作用的有机整体。环境空间内各要素得到最佳组合，成为景物存在最理想的背景，使景物美学特征得到充分体现，有利于旅游者休闲、求知、游览等活动，旅游企业也会凭借这些条件获取经济效益和社会效益。适宜发展旅游业和开展旅游活动的环境就称为旅游环境。

“旅游环境”是一个概念系统，是一个由自然生态环境和人文社会环境构成的复合环境系统。旅游环境的内涵十分丰富，有狭义和广义范围，可按旅游环境的属性、要素、地理空间或物质范围等进行分类。

按环境属性，旅游环境可以分为自然生态旅游环境和人文社会旅游环境。旅游自然生态环境，是旅游目的地组织旅游活动所依托的大气、水体、土地、生物及地质、地貌等组成的综合体。旅游自然生态环境不是直接的旅游对象或旅游吸引物，往往不被旅游开发者所重视，但恰恰是它构成了旅游业生存、发展的外在环境或基础环境，关系到旅游业的兴衰成败。旅游人文社会环境，主要是指旅游目的地和旅游依托地的政治局势、社会治安情况、卫生及健康状况、当地居民对外来游客的态度以及配套的各项服务。政治局势是指政局是否稳定，是否有军事纷争及战争危险；社会治安情况是指当地的社会风气好坏、犯罪率高低等；卫生及健康状况是指旅游目的地的卫生条件，居民的健康状况，地方病、传染病、多发病、流行病的情况等；当地居民对外来游客的态度是指旅游目的地居民对发展旅游的认识，对待外来游客是采取友好的、无所谓的还是敌视的态度和行动；配套的各项服务主要是指旅游目的地为游客提供的非赢利性质的服务，包括旅游信息中心、旅游咨询电话、旅游警察等。

按环境要素，自然生态旅游环境还可以细分为旅游大气环境、旅游水体环境、旅游地质地貌环境、旅游生物环境、旅游天文环境等。其中，水体环境还可再分为海洋环境、湖泊环境、江河环境、瀑布环境、泉水环境等；人文社会旅游环境也可分为文物古迹环境、风俗民情环境、旅游城市环境等。旅游人文社会环境还可以分为安全、卫生的旅游人文社会环境，方便、舒适的旅游人文社会环境，轻松、愉快的旅游人文社会环境。

按地理空间或物质范围来划分，旅游环境可分为独立景观旅游环境、旅游点旅游环境、旅游区旅游环境、区域旅游环境、地区旅游环境、洲际间旅游环境和全球旅游环境。独立景观旅游环境是指旅游吸引物的最小单元，如一片沙滩、一棵古树、一件文物、一座佛塔、一只海龟等独立景观环境。旅游点的旅游环境是指一个旅游活动点的环境，如武夷山天游峰旅游环境、下梅历史文化名村旅游环境等。旅游区旅游环境是一个旅游独立旅游区的环境，如武夷山风景名胜区旅游环境、黄山风景名胜区旅游环境、黄果树风景名胜区旅游环境等。区域旅游环境指包括市县、乡镇及跨省（区）、市的区域旅游环境，如闽北区旅游环境、华东旅游区旅游环境、海峡西岸旅游区旅游环境等。地区旅游环境，如我国台湾地区、香港地区、澳门地区的旅游环境。洲际间旅游环境，如东南亚地区的旅游环境、南美地区的旅游环境。全球旅游环境，即整个世界的旅游环境，也就是我们所居住的地球的旅游环境。

旅游环境，以旅游自然生态环境、旅游人文社会环境和旅游资源为基础，对于游客，旅游环境，一是旅游目的地周围的“物”，即由自然生态旅游资源和人文社会旅游资源所形成的特定环境；二是旅游目的地的“人”，包括旅游目的地和旅游依托地的居民、旅游经营者，涉及当地居民、旅游经营者的态度及旅游服务的质量以及环境容量给旅客形成的心理影响。

二、旅游环境的特点

旅游环境是自然生态环境和人文社会环境的复合体。自然生态环境是地球上万年乃至上亿年发展与演变的结果，是大自然对人类无私的恩赐。人文社会环境是人类适应自然环境下创造的文化。旅游环境就生态性质主要分为两部分：一是不可再生的生态环境，人们只要保护好旅游生态环境就可以永续利用；二是可再生的生态环境，如动物、植物、地下水和地表水等。作为人类生活一种特殊要求的旅游环境，带有与一般环境意义不同的特点。

（一）质量高而好

旅游环境不仅要满足人们较高的生理需求，而且要满足人们的心理和审美需求。游客外出旅游的主要动机，是要暂时离开熟悉的常住地环境，甚至是要摆脱嘈杂纷乱的不良环境。据统计，绝大部分现代人3/4的时间生活、工作在室内。很多人渴望走入大自然的环境中去，通过各种不同的旅游活动，活跃身体，充实内心，增长知识、愉悦感情。因此，旅游环境应该是空气新鲜、水体洁净、卫生良好、景观协调、服务周到、设备完善、秩序井然、接待地居民热情好客，使人感到轻松、自由、舒适、愉快，质量要高于或好于人们日常的生活、生产和工作环境的质量。

（二）强调环境特色

随着人类社会的进步，人们已经制定了一系列有关生活、生产和工作环境的一般质量标准，如环境噪声就有居住区、商业区、工业区等不同的标准。环境噪声标准的制定，以对人体健康基本无害为原则，具有普遍适用性，世界各地尽管所处地理位置不同，都可以参照这些标准来衡量其环境质量的优劣。旅游环境区别于一般环境的特点，不仅要高于和好于一般环境的质量要求，而且还要求具有显著的旅游地特色。旅游环境越具特色，对旅游者的吸引力就越大，旅游地与他地旅游环境大同小异，就会减弱对旅游者的吸引力。“北雄、南秀、中古”，就是对我国南、北、中不同地域旅游环境特色的高度概括。

（三）特殊心理环境要求

游客出游的动机多种多样，旅游活动方式也随之有所不同，对旅游环境也提出若干特殊心理环境要求。参加旅游节庆，人们需要热烈与欢闹的环境，需要锣鼓喧天与鞭炮齐鸣；参加庙会活动，人们对人来人往、摩肩接踵习以为常……人们总是想既能有一般的环境质量保障，又能有满足特殊心理需求的环境，显现出旅游环境与一般的生态环境有所区别，表现出旅游环境需求的不同特质。旅游环境就是要满足人们对环境质量的要求和心理环境的要求。

（四）空间结构的多维性

各种类型的旅游环境都占有大小不等的空间，有着多维的空间结构。人类的旅游活动不断在扩展着旅游的空间范围。旅游者的活动不仅深入高山大漠，而且已涉足南极、北极，甚至还将向往太空旅行。各类旅游环境所占的空间范围大、中、小不等，呈现出多维的空间结构。大尺度的有全球旅游环境、地区旅游环境；中尺度的有城市旅游环境、大型旅游区旅游环境；小尺度的有旅游区旅游环境、旅游点旅游环境等。

空间结构各要素既自成系统，又互成系统，互相依赖与制约，形成有机的整体，具有集合性的特征。其中，旅游者和旅游企业是整体环境中最活跃的因子，功能强度和空间范围也在不断变化之中。旅游热点地区旅游功能性强、吸引力大、旅游者流量大，需要不断推出新产品以扩充空间，开辟新景点和新的旅游线，以扩大游人容量并增加效益。旅游热点区需采取措施，限制游客流量，以保证有规律要求的旅游环境质量。对于尚处在待发展的温冷旅游区，不宜盲目扩大旅游环境空间结构。

（五）环境时间的多变性

自然环境在时间上每时每刻都在变化，旅游环境在时间上也在不断地变化。旅游环境时间变化与自然环境时间变化的特点，就是可分为人为旅游环境时间和非人为旅游环境时间。人为旅游环境时间，如举办旅游节庆，将本来不属于旅游时间的环境，转变为旅游环境时间。非人为的旅游环境时间，就是大自然气象气候变化规律所限定的旅游环境时间，如春夏秋冬的季节变化。人为旅游环境时间使旅游环境时间具有多变性。

（六）环境供给有限性

被游客直接享用、被旅游业经营管理者直接利用的旅游资源是旅游环境中的一部分。在旅游的经济活动中，人们会不断地从环境中“取出”资源，通过生产过程变成产品，经过分配、流通，进行旅游消费。旅游生态环境由于内在各要素联系紧密，所以有着巨大的优化结构能力和生产力，有自我调节和控制功能。然而，旅游环境生态系统的自我调节、控制功能是有限度的。在正常运转情况下，从环境中“取出”的资源不超过自然增殖的能力，旅游活动与环境就维持着相对稳定平衡状态；如果超过旅游生态环境平衡限度，从环境中“取出”的资源或排放到环境中的废弃物超过环境自然增殖能力和转换自净容量，旅游生态环境的自我调节和控制功能就不再起作用，从而使整个生态系统失去平衡，将导致资源枯竭，引起环境质量的恶化，甚至严重破坏。自然生态环境再生产是社会经济再生产的基础，社会经济再生产不能破坏自然生态环境再生产的基础。旅游经济再生产的不断扩大，需要依据自然规律和生态经济规律，需要保持在旅游生态环境结构和功能平衡的限定之内。环境为人类提供的基本生存条件是无法取代的。旅游环境的供给总是有限的，不可能随着人类对旅游需求的增长而同步增加。

（七）环境动态性

旅游生态环境是关于旅游环境各要素间相互依存、相互转化、不断更新的理论。旅游业发展要求旅游生态系统充满着活力，处于动态的平衡中。旅游环境生态系统在时间上是一个由产生、发展和衰亡组成的动态过程。旅游环境生态系统一旦产生，就要向前发展，直至系统进入成熟状态。当旅游环境生态系统停止再生长的时候，系统就会灭亡。旅游环境生态系统内部不断地进行着物质、能量、信息的交换和转化，以保持自身处于平衡状态。随着旧的平衡被打破，又出现新的平衡，生态系统处在永恒不断的变化之中。其中，随着时间的推移，人文现象比自然现象有更快的变化。旅游生态环境的变化规律是客观存在的，是不以人的意志为转移的。旅游环境保护规划不仅要研究旅游生态环境变化的方向、趋势、速度、方式等运动规律，而且更重要的是探索旅游环境变化的原因和规律，采取有效措施，积极进行保护和干预，促进良性循环，让青山常在，绿水长流，旅游业兴旺而不衰。

（八）推动人类社会发展

人类社会发展和进步的过程，既是自然资源保护的过程，又是人类征服自然、改造自然、开发利用与自然协调发展的过程。人类创造了灿烂辉煌的农业文明、工业文明，也给后人留下了遍布世界各地的文物古迹和文化艺术。大自然慷慨馈赠的环境和人类创造的文化，丰富了人类的生活，成为现代旅游业开发、利用并让现代人游览、享用的旅游资源。旅游资源和环境，在满足人类较高层次的物质需求和精神需求的同时，也在推动着人类社会的发展。在我国，发展旅游业已成为一些贫困地区脱贫致富的重要途径。据预测，旅游业在不久的将来将成为全球的最大产业，这进一步说明作为旅游业物质基础的旅游环境，对人类社会发展和进步的巨大作用。

三、旅游生态环境保护

我国将环境保护作为基本国策，旅游发展规划首先要将保护环境放在第一位。1998 年 10 月，在桂林亚太地区议员环境与发展大会第六届年会上，中国政府向大会提交关于中国旅游业与环境保护的国家报告，表明中国政府重视旅游业与环境保护的协调发展，采取了多方面的措施，保护旅游环境和资源。报告认为，良好的旅游生态环境和旅游资源的永续利用是旅游业可持续发展的基本标准和基本目标；发展旅游业，要重视提高质量，坚持旅游资源保护与开发并重的方针；要加强综合协调，实现系统优化，建立一套能够支持与推进旅游业可持续发展的组织保障体系；要进一步加强环保和旅游业可持续发展方面的国际合作，特别是发达国家要切实履行里约环发大会的承诺。

（一）科学开发旅游资源

旅游资源是旅游环境的核心，是旅游业生存和发展的物质基础。因此，在旅游环境保护规划中,实施旅游可持续发展战略,坚持科学开发,合理利用资源,是十分重要的问题。

1. 坚持保护性开发

旅游资源是大自然的造化、人类历史的遗存和现代人文化艺术的结晶。在资源家族中,旅游资源数量最少,价值最多(美学、科研、历史、文化、休闲),是稀品、珍品。同样,旅游资源的存在也会受到物理、化学等自然因素的破坏,在旅游业利用中,还会遭到人为的机械性破坏和耗损,会受到其他产业开发的危及。旅游资源十分脆弱,一旦毁掉了就难以复原,所以珍惜旅游资源、保护旅游资源在旅游业发展中十分重要。

2. 保护资源是科学开发旅游资源的头等大事

坚持保护性开发的目的就是限制旅游资源的损耗,延缓旅游资源衰亡的自然过程,将人类利用的耗损程度降低到最低点。保护资源就是保护文化,保护持续发展的旅游业;毁掉旅游资源,就是毁掉文化,毁掉旅游业。

3. 调查资源,实事求是评价

合理利用旅游资源的前提条件是要弄清资源现状,进行调查,摸清家底,对旅游资源种类、等级、品位、组合特征、价值、分布等进行实事求是的评价,科学分析和论证旅游资源的优势和劣势、利用前景和经济效益,防止盲目开发、低层次开发和破坏性开发。

4. 突出资源特色

旅游资源特色是旅游业一切特色的基础,是旅游地自然与人文结合的个性特征。一个旅游地突出了特色,就有了灵魂,就有了持续发展的生命力,在市场上就有了竞争力。在旅游资源开发中,要避免受外来和现代文化观念的冲击,防止不顾地方文脉和资源基础,摒弃珍贵的民族特色和地方特色,盲目模仿外地、模仿西方;防止将古朴民俗、民族风情、肃穆的宗教仪式包装成粗俗的商业表演,从而减弱资源特色,降低文化价值,影响旅游项目品质。

5. 提高科技容量,发挥资源综合作用

作为激发人们旅游欲望的旅游资源具有多功能的特点。比如,花岗岩地貌、岩溶地貌、丹霞地貌、火山、湖泊、瀑布、矿泉等自然旅游资源具有科研功能,森林景观具有林业生产森林考察、生态屏障和保持水土等功能,古建筑具有历史、科研、文化功能,文物古迹具有历史功能等。旅游规划应注意旅游资源的多重属性,并将现代科学技术融入旅游资源的开发中,利用资源综合功能,发挥旅游资源在社会、经济、文化中的综合作用,获取旅游业发展的综合效益。

6. 有序开发资源,建立资源保护区

资源是客观存在的,资源开发和利用受到人们的智慧、经济、技术条件的限制。旅游资源开发,利用资源进行旅游产业运作,需要避免因受智慧、经济、技术条件的限制而带来的盲目性,需要科学的规划,根据经济、技术条件和资源的状况对旅游资源有序地开发。对于暂时不能利用的旅游资源,应建立资源保护区,留待后人开发,留给后代可利用的资源,为后代创造未来新文明留足空间。

(二)重视旅游生态环境保护和改善措施

旅游生态环境是旅游资源保持原生状态的环境,旅游业要获得良性发展,需要重视旅游生态环境的保护,明确具体的保护和改善措施。

1. 普及生态环境知识,提高旅游管理者和旅游者的生态环境意识

在旅游地,旅游管理者和旅游者对旅游生态环境保护的认识十分重要,只有人们对生态环境与旅游业的持续发展关系、与人类自身的生存关系有了正确的理解,才有自觉的保护行动,旅游管理者才会严格执行环境保护方针、政策和法令,建设好环境,管理好环境,旅游者也才会自觉地遵守环境保护法规,爱护生态环境。

2. 科学规划,防止"建设性"破坏

在旅游业发展的初期,由于人们对旅游发展的急迫追求,往往会忽略旅游发展的客观规律,忽略生态环境,从而造成"建设性"破坏。纠正和避免"建设性"破坏的措施,就是在旅游开发中,坚持科学评价、科学规划和科学论证,在建设中坚持精品工程,保证旅游开发与建设同环境相协调,杜绝"无规划、无计划、无设计"的建设,制止"乱分地、乱选址、乱建造",保护好整体环境景观,保护好生态环境。

3. 掌握合理的旅游区承载量

我国旅游资源在世界上有较高的知名度,对海外旅游者有较强的吸引力,未来国外旅游人数将会逐年增加。我国国内人口基数大,随着城市和农村经济的发展、人民生活水平的提高,国内旅游人数将会逐年增大,对旅游地的生态环境会形成巨大的压力。在旅游规划中,应积极开发旅游资源,扩充旅游空间,发展对环境无污染和污染程度低的生态旅游、特种旅游和专项旅游。对旅游区和旅游景点,要积极缩小淡旺季的差别,合理控制旺季的游人流量,避免超承载量经营。

4. 积极绿化

绿色植物既有涵养水源、保持水土、改变大气质量的功能,又有使旅游者最舒适的视觉色调。据研究显示,只有城市人均绿地在9平方米以上,绿地面积占城市面积30% ~50%,才能形成良好的生态环境;风景区绿地面积只有在70%以上,才能形成高质量的旅游环境。在旅游环境保护规划中,需要对各种类型旅游区和旅游景点做出绿化、美化计划,形成立体的、多层次的、结构合理的生态生物群落,建设生态旅游城市、生态旅游区和生态旅游景点。

5. 加强生态环境敏感地带保护

《可持续旅游发展宪章》和《可持续发展行动计划》指出,需要优先考虑对沿海地区、小岛屿、高山和历史文化名城四类地区的生态环境重点保护,因为这四类地区是多种产业开发的交汇地带,旅游资源丰富,特色突出,是旅游开发和旅游业发

展的重点。同时,这些地区生态环境较为脆弱,容易受到破坏而又难以恢复。在旅游环境保护规划中,需要对四类地区生态环境重点保护,加强对环境敏感地区的科学调查研究和法制管理。

生态环境是旅游目的地经济和社会发展的基础,加强旅游生态环境保护,充分发挥生态环境在旅游业发展以及对社会、经济、文化方面的作用。

四、旅游开发环境影响及控制

旅游环境是一种旅游资源、一种旅游吸引物,维系旅游业持续性发展,需要优美的自然环境与人造环境做保障。20 世纪 70 年代,生态学家就敏感地意识到过度的旅游开发会对生态环境造成危害,发展旅游业需要维持旅游目的地环境质量,避免破坏舒适的气氛与野生动物。近年来,由于旅游的大众化,造成旅游区的过度开发和度假区的城市化,造成严重的环境污染,加快了旅游区的衰退与消亡。旅游规划需要注意旅游环境质量控制,以免导致旅游环境破坏。

旅游规划需要按照自然规律和经济规律规划旅游开发,保护旅游资源及旅游环境,使旅游环境长久不衰。旅游开发直接影响的是环境,如果要获得旅游开发中的环境保护,就需要进行旅游开发环境影响分析。

(一)旅游开发环境影响分析

旅游开发活动对环境有积极影响和消极影响。旅游开发的积极影响,是通过科学规划,保护重要的自然景区,保护历史、考古与文化遗址,提高环境质量,丰富环境特色,增强人民的环境意识等。旅游开发带来的消极影响,主要是水污染、空气污染、噪声与视觉审美的破坏以及废物处理与土地利用所导致旅游生态环境的退化。1981 年,世界经济合作与开发组织(OECD)提出了旅游开发产生的环境影响分析框架,主要从旅游开发产物、压力、影响与措施四个方面展开分析。

旅游开发产物主要指向永久性建筑、产生废弃物、旅游活动和人口机制的效应。旅游开发的产物是产生环境影响的中心,可以依此展开对环境压力、影响与措施的分析。旅游开发活动所产生的永久性建筑主要有两个方面:一是城市扩张、交通网络建设、旅游设施等所形成的永久性建筑;二是扩大娱乐所建造的永久性建筑。旅游建设带来的永久性建筑对环境造成的压力,主要是对地方原始环境重新塑造,建设面积扩大,土地利用的格局发生相应变化,一些生产用地被旅游征用。永久性建筑形成对环境的影响,主要表现为使居民地、生物种群、人的健康与福利、景观质量等方面发生变化。避免永久性建筑对旅游环境影响的措施,主要是评估旅游开发对人的审美价值产生的影响,开展环境保护与改善建设工程,划分环境保护区。

旅游开发和发展产生的废弃物主要是来自旅游基础设施建设所带来的建筑垃圾、旅游经营活动产生的生活垃圾与旅游交通带来的噪声、废气。旅游开发废弃物对环境造成的压力，主要是污染的影响、废渣处理和噪声、废气等，造成空气、水、土壤环境质量变化，使人类健康与生物组织受到威胁，使游客对环境的态度发生变化、旅游收入减少。消除废弃物影响的相关措施，可以采取高科技技术循环使用废物，清理河流与海滩，以保持环境的零污染。

旅游活动，包括观光、滑水、滑雪、漫步、远游、狩猎等，不适当的旅游活动行为或者超负载的游客，会造成旅游目的地动植物生存环境的变化，使植被与环境遭到破坏，动植物种类减少，甚至会使动植物种类毁灭。相关的保护措施是，限定不适当的旅游活动，控制进入旅游目的地的旅游者人数，设立野生动植物保护区与国家公园。

旅游开发活动对环境的影响是多方面的，在旅游环境保护规划中，需要进行环境影响分析，确保将人们的旅游开发行为控制在环境允许的范围内。

（二）旅游环境影响控制

对旅游开发活动环境影响的控制包括两个方面：一是强化旅游开发活动对环境改善的积极效应，限制旅游开发活动对环境的消极效应；二是政策引导，倡导环境资源型的旅游开发，倡导生态旅游，使旅游与环境保护、生态保护有机地结合起来，维持环境质量。

在旅游环境保护规划中，宏观控制旅游开发活动环境影响常用的方法是，确定区域环境承载力，用行政管制、立法办法限制开发密度，控制旅游开发在区域环境承载力之内。在旅游目的地环境质量控制措施上，可以采用有效的土地利用规划与旅游功能分区，防止旅游商业设施沿公路或海岸线线状分布；对生态环境敏感区采取防范措施，修建海蚀带筑堤，加设山沿带固桩，防止山体滑坡；采用旅游分区管理法，制定旅游开发标准与旅游规划原则，约束旅游开发行为，限制开发密度、高度、类型；采用固体废物处理技术，最大限度地回收废物；修建适当的排水系统，防止洪水泛滥和积水；在大型饭店、浴场等旅游设施内，安装污水处理系统；提供科学的交通网络系统规划，充分考虑各种交通工具的使用量，防止交通拥挤；对交通工具类型进行管制，减少交通量，减少噪声，减少污染；禁止车船在环境与生态敏感区域运行；引进分流机制，控制游客旅行方式，避免在旅游旺季时过度拥挤；对游客进行多种环境保护教育，提高游客的环境保护意识；建立规章与惩罚制度，禁止和限制在旅游区钓鱼、收集贝壳，禁止采珊瑚、采集动植物标本以及进行采矿、开石等破坏生态行为。

在旅游环境保护规划中，旅游环境影响控制需要理论研究和实践探索，需要不断引进科学的理念和新技术，不仅使旅游活动对环境的不良影响得到有效控制，而且还应有利于改善和提高旅游环境质量，从而给旅游业提供可持续发展的环境基础。

（三）旅游发展环境影响报告

随着各国的环境保护立法及国民环境保护意识的提高，环境影响报告（EIS 或

EIA)已被广泛采用。在旅游规划中,对重要地域(如国家风景名胜区、国家度假区、国家自然保护区等)的旅游规划,需要制作旅游发展环境影响报告作为附件说明书的组成部分,详细阐明旅游开发项目实施后会产生何种积极的影响及消极的影响、影响程度如何、采取了何种处理措施、处理的效果如何等。

旅游发展环境影响报告应包括:空气污染;噪声;水污染,包括地表水(如河流、湖泊、水库、海洋等)及地下水污染;固体废物处理问题;交通拥挤问题;对植被覆盖、动物种类及数量的破坏作用以及对动物、人的栖息环境的影响;引起海岸带的侵蚀、水土流失、滑坡的可能性;对考古、文物、历史遗址的影响;地面景观、审美价值的影响;等等。环境影响报告需要对这诸多方面的影响程度进行详细的评述并提出相应的保护措施。

随着旅游业的深入发展,我国政府愈来愈重视旅游环境的保护,旅游发展环境影响报告或旅游环境测评报告是实施旅游环境保护控制的重要措施。环境影响报告经专家会议评审通过后实施。

第二节　旅游容量规划

旅游容量规划是依据旅游容量理论对旅游区或旅游景点游客容量所进行的科学规划。旅游容量规划实践将容量理念提升为科学技术手段并融入旅游规划之中,形成旅游专项规划。旅游容量规划技术体系,为落实旅游可持续发展战略提供了重要的技术支持。

一、旅游容量理论

旅游容量,又称"旅游承载力",是指在某一旅游空间、某一时段内所能容纳的合理游人数量。环境对旅游的活动是可以承受的,但承受能力有一定的限度,对旅游限度的研究就是旅游容量的研究。旅游地容量,一是旅游业的接待能力,二是环境的承受能力。旅游容量的研究将会为旅游规划标准的建立提供依据。旅游容量涉及旅游者生理心理需要、旅游资源开发和保护、环境质量、生态平衡、旅游效益等诸多因素。庞大的容量标准体系的建立,需要大量复杂的调查、观测及数据计算。

旅游容量不是一个概念,而是一个理论系统,包括多种属性的旅游容量理论。学术界对旅游容量理论系统有多种归纳,具有代表性的有 RPEP 理论体系、《旅游规划通则》理论体系和两大类旅游容量理论体系。

(一)RPEP 理论体系

"RPEP"是资源容量 R(Resource Capacity)、规划容量 P(Planning Capacity)、现状容量 E(Existing Capacity)、容压 P(Pressure of Capacity)的合称。资源容量 R,指旅游资源承载容量,是旅游资源可以承受的既定利用方式的综合上限,包括特定旅游活动对地质构造、土壤、水、大气、动植物等自然景观资源以及各种人文景观资源的综合利用的上限。资源容量直接通过换算,最终以“当量人”来统一度量。规划容量 P,指计划承载容量,是具体时期和空间内计划承载的特定旅游活动的强度,统一以当量人来度量。现状容量 E,指现状承载容量,是目前管理所允许的空间、时间和活动形式范围内,旅游环境与设施所能承载的标准旅游强度,统一以当量人来度量。容压 P,指利用强度与容量的比值。针对不同的容量,可分别计算现状容压、“未来”资源容压,也可绘制容压分布图。

RPEP 概念具有指导性和可操作性两大特征。RPEP 概念适应于旅游容量规划的操作性要求,可以建构旅游容量规划的体系结构。按 RPEP 理论构成体系,旅游容量规划是对既定旅游利用方式旅游流强度承载量所进行的系统谋划。

RPEP 体系的旅游容量包括心理容量、资源容量、生态容量、经济发展容量、地域社会容量五个基本容量。在五个基本容量中,旅游生态容量是最基本的容量。旅游生态容量是指在一定时间内地域的自然生态环境在不致退化的前提下,旅游场所容纳的旅游活动量。旅游系统大小和构成要素不同,生态容量也不同。在 RPEP 体系中的旅游容量规划,主要包括资源容量与评价、现状容量与评价、容压分析与预测、规划容量的统筹与决策四大部分内容。其中,规划容量的统筹与决策是旅游容量规划的根本任务。

在 RPEP 理论体系中,旅游容量最终可归结为旅游流强度并与市场需求直接相关。旅游容量规划的根本目的是实现供需平衡,谋划如何合理承载这种强度。旅游规划容量体系中所涉及的当量人单位,正是这一供需平衡的中介,提供了一个供给方案,可将“当量人”容量规划分别换算、转译为相应的服务实施规划、基础实施规划、游览组织规划和环境保护规划的量化方案。RPEP 体系,是较多学者认同的旅游容量理论。

(二)《旅游规划通则》理论体系

国家标准《旅游规划通则》将旅游容量概念系统分解为空间容量、设施容量、生态容量和社会心理容量四类。对于旅游区来说,日空间容量与日设施容量的测算是最基本的测算。

日空间容量测算是在给出各个空间使用密度的情况下,把游客的日周转率考虑进去,估算出不同空间的日空间容量。例如,假设某游览空间面积为 X_i 平方米,在不影响游览质量的情况下,平均每位游客占用面积为 Y_i 平方米/人,日周转率为 Z_i,则该游览日空间日容量为:

$$C_i = X_i \times Z_i / Y_i \text{(人)}$$

旅游区日空间总容量等于各分区日空间容量之和,即:

$$C = \sum C_i = \sum X_i \times Z_i / Y_i$$

日设施容量的计算方法与日空间容量的计算方法基本类似。例如,假设一个

影剧院的座位数为 X_i，日周转率为 Y_i，则日设施容量为：

$$C_i = X_i \times Y_i$$

旅游区日设施总容量为：

$$C = \sum C_i = \sum X_i \times Y_i$$

其中，旅游接待设施（如宾馆、休疗养院）的日间系数建议为 0.4。

生态环境容量测算是一个比较复杂的问题，需要考虑土壤、植被、水、野生动物、空气等因素。土壤包括土壤密度、土壤组成、土壤温度、土壤冲蚀与径流。植被包括植被覆盖率、植被组成、植被年龄结构、稀有植物的灭绝、植被的机械性损伤。水包括水中病原体的数目与种类、水中的养分及水生植物的生长情况、污染物。野生动物包括栖息地、种群组成、种群改变、旅游活动对种群活动的影响。

生态环境容量的研究，常采用既成事实分析、模拟实验和长期监测三种方法进行。既成事实分析，指在旅游行动与环境影响已达平衡的系统，选择游客量压力不同的地区调查其容量，所得数据用于测算相似地区环境容量。模拟实验，是使用人工控制的破坏性强度试验，观察其影响程度，根据实验结果测算相似地区环境容量。长期监测，是指从旅游活动开始阶段起做长期调查，分析强度逐年增加所引起的改变，或在游客压力突增时，随时做短期调查，所得数据用于测算相似地区的环境容量。

社会心理容量的主要影响因素是拥挤度。对于社会心理容量的测算也是一个比较复杂的问题，可以利用满意模型和拥挤认识模型进行测算。

（三）两大类旅游容量理论体系

两大类旅游容量理论体系是根据各种旅游容量属性，将旅游容量分为基本旅游容量和非旅游容量。基本旅游容量，包括旅游资源空间容量、旅游心理容量、旅游生态容量、社会经济容量和旅游经济发展容量。非旅游容量，包括旅游合理容量与极限容量（最大容量）、现有容量与规划容量、瞬间容量与时段容量、景点容量、景区容量、旅游地容量。

旅游资源空间容量是指在保证旅游资源质量的前提下一定时间内所有游览空间容纳游客的能力。就资源本身的容纳能力而言，极限值的取得较为简单，以资源的空间规模除以每人最低空间标准，即可得到资源的极限时点容量，再根据人均每次利用时间和资源每日的开放时间，就可得出资源的极限日容量。

旅游心理容量是指旅游者在某一地域从事旅游活动时，在不降低活动质量的条件下，地域所能容纳的旅游活动最大量，也就是地域在旅游者满足程度最大时的旅游活动承受量。旅游者的心理容量一般要比旅游资源的极限容量低得多。根据环境心理学原理，个人在从事活动时，对环绕在身体周围的空间有一定的要求，任何外人的进入，都会使个人感受到侵犯、压抑、拥挤，从而导致情绪不快、不安，这种空间为“个人空间”。个人空间值是旅游容量规划和管理中基本的空间标准。旅游者平均满足程度达到最大时的个人空间值，就被作为旅游资源合理容量或旅游感知容量计算时的基本空间标准。由于影响旅游者个人空间的因素复杂多样，所以在大多数情况下难以有一个使所有旅游者都能满意的个人空间值（基本空间标准）。小集体旅游活动者希望看到较多的同类旅游者并追求略为热闹的气氛，而自然风景观赏者则希望充分体验自然美景，不愿意太多的赏景人破坏宁静的气氛。个人空间的大小受三个方面的因素影响：其一，旅游活动性质和活动场所的特性；其二，旅游者年龄、性别、种族、社会经济地位与文化背景等个人因素；其三，旅游者人与人之间的熟悉和喜欢程度以及团体的组成与地位等人际因素。旅游活动的性质对个人空间值影响最大，通过对参与不同活动的旅游者进行环境基本要求比较，便可看出旅游环境对旅游者旅游心理容量的影响。

旅游生态容量主要指以自然为基础的旅游区容纳旅游活动量的限定值。在旅游生态容量限定值内旅游区的自然生态环境不致恶化、退化，或者在很短时间内自然生态环境能够自我调节，有可能从已退化的状态中恢复原状或原貌。人造景观和部分人文景观，由于无自然生态的机理，所以也就不存在或者很少涉及生态容量问题。

旅游开发和规划，或多或少都会对原始生态环境有所损害，前提是不能造成恶化或退化，不失去自身调节能力，能保持相对稳定的良性状态。影响生态容量包括旅游管理者行为和旅游者行为两个方面，行为有砍伐树木、践踏植物、垃圾污物乱堆乱放、炸山开路以及破坏性修建基础设施。稳定和延续生态容量的措施，一方面要控制污染源，限制破坏性建设、施工；另一方面要加强生态滋养和人工培育。

生态容量的测定，一般应以旅游区为基本空间单元。旅游活动直接导致的对自然环境的消极影响，如践踏、采撷、折损等，可以通过严格管理措施而予以控制、限制和杜绝，在生态容量测定中一般不予考虑。一个旅游区生态容量的测定因子，主要考虑自然生态环境净化与吸收旅游污染物的能力以及一定时间内每个游客所产出的污染物总量。生态容量的测定，最重要的是确定每位游客一天所产生的各种污染物量和自然环境净化与吸收各种污染物的数量两个参数。自然生态环境净化吸收污染物能力与游客污染物总量会因旅游活动的性质、旅游区所处的区域自然环境的不同而有很大的差别。

对于大多数旅游区，旅游污染物的产出量都超出旅游区生态系统的净化与吸收能力，一般都需要对污染物进行人工处理。在用人工方法处理旅游污染物的情况下，旅游区接待旅游量能力会明显扩大，扩大了的旅游接待能力为“扩展性旅游生态容量”。人工处理污染物的速度要比自然的净化和吸收速度快得多。据国外的经验，1公顷面积的污染水处理场，日可处理约3 330人产生的生活污水。在旅游需求日益增长、旅游旺季高峰流量增大的情况下，为保护旅游区的生态环境，旅游风景区应配备旅游污染物的人工处理系统；同时，应尽可能改革固体用具质量，如以纸盒、纸袋代替塑料饭盒与塑料包装袋,以减少固态污染物数量。

社会经济容量是由旅游接待地区的人口构成、宗教信仰、民俗风情、生活方式和社会开化程度所决定的当地居民可以承受的旅游者的数量。随着旅游业的发展,旅游者会给当地居民生活带来嘈杂、拥挤、污染、地价或物价上涨等诸多不便,管理与疏导不当,就会带来当地居民的不满,从而产生对旅游者抵制的情绪和行动。

旅游经济发展容量是指在一定的时间、一定区域范围内由经济发展程度所决定的能够接待旅游者的数量。影响旅游经济发展容量的主要因素:一是旅游地经济所提供的旅游设施;二是旅游地基础设施和支持性产业状况。一个区域经济背景条件优越的旅游区,资源丰富,品位高,客源市场充分,旅游业的专门设施以及相关基础设施和支持性产业,一般都能满足旅游者的需求。具体影响旅游经济发展容量的是食宿供给条件和娱乐、购物条件或设施。

瞬间容量是指某一时刻所能容纳的游人数。时段容量是指某一时段所能容纳的游人数。容量计算中所取的时间单元,可以是某一时点,也可以是更长的时间,如日容量、周容量、月容量、季容量、年容量等,其中,最基本的是时点容量和日容量。在理论上,各个旅游地域都存在社会地域容量,但对特定地域的旅游需求总是有限度的,大多数旅游地域的社会容量都远远超过旅游需求,对旅游业的发展并无限制。在少数地域,社会地域容量对旅游开发有限制,但它不能成为发展旅游业的关键性限制因素,因为旅游业带来的收益远远超过了对当地社会的负面冲击。

旅游业的发展是一个逐渐向前推进的过程,所形成的旅游容量也是一个逐渐增长的过程,制定旅游容量值需要对应于特定的时间。

二、旅游容量规划原理

旅游容量规划是理论与实践结合十分紧密的规划,可以运用的原理主要有容量动态平衡原理、均匀原理、变容原理和集容原理。

(一)容量动态平衡原理

按供需匹配原则,容压在理论上应趋于1,即供给与需求相等。在旅游管理实践中,旅游流的时空分布常处在不均匀状态。例如,宾馆床位,旅游旺季的利用率常大于0.9,高峰日会大于1,而淡季不少旅游地却平均小于0.5。道路与给排水设施要按容量大小幅度设计容量。因此,容量平衡作为一种规划理论,在实践中具体表现为动态中的综合平衡。旅游容量规划需要给出一个在不同旅游时段各种旅游需求要素容量动态平衡的方案,从而使旅游服务活动获得最佳效益。

(二)均匀原理

在旅游地,通常总有几处热点被大多数旅游者光顾而长时间驻足,促使旅游容压大于1,同时也有部分冷点的旅游容压常年小于1。为减少旅游环境压力,通过旅游容量规划,调整旅游服务基础设施建设与管理,使旅游容压分布在时间上、空间上趋于均衡,从而实现服务设施、基础设施的均匀利用。

（三）变容原理

旅游容量在技术与经济的条件下可以有所改变。例如,在某些山地旅游区,在水资源容量远少于旅游需求的条件下,异地引水补给,从长远经济效益和生态环境着眼,是一种变容的方案。例如,桂林漓江是桂林山水旅游的热点,但在每年的11月至来年1月的枯水期都是从青狮潭水库引水,以保障漓江航道的运行。在一些旅游热点地的旅游宾馆容压远大于1,而且这些旅游热点地在用地和景观上又常难以通过扩容来降低容压,变容的方法是通过改善交通设施条件,形成与周边旅游宾馆业的互动,实现旅游住宿分流。

（四）集容原理

旅游容量是旅游目的地、旅游区和旅游景点设施与游客的合理承载容量,只有在合理承载容量的基础上,才能获得旅游发展的最佳效益。因此,可以采用集中布局方式达到集中旅游容量的目的。在进行旅游容量规划时,通过划分旅游功能区,在旅游线、旅游区、旅游度假区集中布局旅游服务基础设施,将相关旅游活动集中于一地,进行集中管理,使各种资源获得功能最大化。

旅游容量规划原理是旅游活动变化规律的一种总结,在指导旅游容量规划的同时,也需要得到深化、补充和发展。

三、旅游容量测定

旅游目的地的接待能力,与旅游地的旅游资源、生态环境、旅游服务设施和基础设施以及当地居民的心理承受能力相关。旅游地在某一时段的旅游容量,由旅游地的旅游资源容量、生态环境容量、旅游服务设施和基础设施容量所决定。旅游地旅游活动区容量以景点容量和景区内道路容量进行测定。景点和景区是旅游区规划中经常采用的空间单位。旅游区旅游活动容纳能力由各个景区的容量和景区间连接道路的容量求和得到。旅游景点容量、旅游景区容量、旅游区容量都可分为极限容量和合理容量。

（一）基本空间标准

基本空间标准,是指单位利用者,通常以人或者人群为单位,也可以是旅游者使用的车、船等载体所需占用的空间规模或设施量,这是旅游环境容量测量的基点,也为单位规模指标。例如,海浴旅游项目的基本空间标准以平均每位海浴者所占用的海滩面积来表示。基本空间标准就是单位旅游空间或设施容纳旅游活动的能力。基本空间标准容量为旅游场所或旅游环境单位空间容量或者单位设施容量。社会地域容量的测定一般与空间规模无关,多以人口比率来衡量,即旅游者人数与当地社区总人数之比。

(二)计量指标

对于不同的旅游容量,有不同的计量指标。旅游资源容量的计量,通常用人均占用面积数"M/人"来表示;设施容量的计量,多用"设施量/旅游者数"的设施比率来表示;旅游生态容量的计量,一般采用"污物量/环境规模"计算一定空间规模上的生态环境能吸收和净化的旅游污物量;旅游心理容量的测定,采用人均占用面积数"M/人"计算;旅游场所或设施的空间特征,用长度(如道路等)指标。

在旅游容量规划中,基本空间标准是规划时直接应用的一项重要指标。测定旅游资源容量、旅游心理容量和旅游服务设施容量的基本空间标准,需要对旅游者进行直接的调查。可以通过旅游者对同一利用场所的拥挤与否和满意程度的多次调查,得出这一场所的基本空间标准,然后将调查资料用到同类型旅游场所的规划与管理中。具体的调查方法有问卷法、统计法等。

一个旅游场所要接纳的旅游活动的性质和类型,是决定基本空间标准的关键因素。不同的场所有不同的空间标准,室内标准与室外不同,自然风景区与人文名胜地的要求标准也不一样。各国、各地区的旅游资源条件、旅游环境和旅游客源结构不同、生活方式的差异,对于同一细类的旅游区在旅游容量规划和管理中使用的基本空间标准也会不一致。

(三)基本空间标准测定

在测定旅游容量的实际工作中,不同的旅游容量有不同的量度方式。有的取最大极限容纳能力,有的测量合理容量。每个旅游基本容量,都是指旅游活动的最大承受能力。在实际旅游容量规划和管理中,主要寻求旅游合理容量。对于经济发展容量,一般只关心旅游服务设施容量。旅游资源的合理容量值,应与感知容量值一起考虑。

(四)测算方法

对于一个旅游区,最基本的旅游容量要求是对空间容量和旅游服务设施容量进行测算,对生态环境容量和社会环境容量进行分析。对于一个旅游区,日空间容量与日旅游服务设施容量的测算是最基本的要求。

旅游容量是进行旅游项目策划和制定环境、资源保护措施的理论依据,具体测算方法应根据旅游区的地理特点、旅游区景点的分布特征等因素确定,一般有面积法、线路法、卡口法等。

1. 面积法

$$C = BD/A$$

式中,C:旅游环境容量;B:游览可使用空间面积;D:日周转率;A:平均每位游客占用的面积。

2. 路线法

$$C = B/DA$$

式中,B:游道全长;D:游客占用的游道长度;A:日周转率。

3. 卡口法

$$C = BD \quad B = t_1/t_3 \quad t_1 = H - t_2$$

式中,B:日游客批次;D:每批游客数;t_1:每天游览时间,单位为分钟;t_2:游完全程所需时间,单位为分钟;t_3:两批游客相距时间,单位为分钟;H:每天开放时间,单位为分钟。

四、旅游容压平抑

旅游资源容量储备和容压平抑,是实施旅游流调节的两个主要方面。旅游容量规划的最基本原则是旅游容量保护。旅游资源容量只有上限,凡旅游资源导向型的旅游点,如森林、溶洞、珍稀古迹等,旅游容量规划应尽可能多地谋划旅游资源容压储备,应小于1,旅游核心保护区以远小于1或零压(绝对保护)为好。旅游容量规划的作用,不仅是旅游控制、引导和安全地承载旅游流,而且还要为旅游服务设施和基础设施的建设规模提供数量依据。规划旅游容量不仅意味着控制旅游质量与安全的上限,而且实际上还蕴涵着旅游经济的下限,容压趋近于1。

容压平抑,是旅游流调节的另一个重要方面。我国旅游资源的总体特征,一是山地多,古迹多,文化丰富;二是森林覆盖率低,人均海滩少。我国旅游人口压力和发展程度低,尽管国土不小,但旅游流分布极为集中,容压平抑是当今乃至未来我国旅游容量规划中最突出的问题。

在旅游容量规划中,容压平抑可以采取六大措施:第一,稳压,把握旅游促销时机与力度,维护旅游供需平衡;第二,防压,加强旅游安全设施建设,重视旅游安全宣传,规避旅游超载事故;第三,调峰,加强旅游交通管理,在旅游节点或旅游者聚集区,调节旅游流峰值;第四,调价,应用价格杠杆,调节旅游需求高峰;第五,分压,改善旅游功能区结构布局,分担旅游容压,调整旅游容量配比;第六,扩容,改善旅游供给条件,扩大旅游服务设施和基础设施载客量。

五、风景区旅游容量规划

风景区游人容量应随旅游规划期限的不同而有所变化。对一定旅游规划范围的游人容量,应综合分析并满足该旅游区的生态允许标准、旅游心理标准、旅游功能技术标准等因素而确定,并符合《游憩用地生态容量》规定。

游人容量由一次性游人容量、日游人容量、年游人容量三个层次表示。一次性游人容量,亦称瞬时容量,单位以“人/次”表示;日游人容量,单位以“人次/日”表示;年游人容量,单位以“人次/年”表示。游人容量的计算方法可分别采用线路法、卡口法、面积法、综合平衡法。线路法游人容量计算指标，以每个游人所占平均道路面积计，5~10m^2/人。面积法游人容量计算指标，以每个游人所占平均游览面积计。其中，主景景点为50~100m^2/人（景点面积）；一般景点为10~100m^2/人（景点面积）；浴场海域为10~20m^2/人（海拔0~-2m以内水面）；浴场沙滩为5~10m/人（海拔0~+2m以内沙滩）。卡口法游人容量计算指标，实测卡口处单位时间内通过的合理游人量，单位以“人次/单位时间”表示，最后将游人容量计算结果填入《游人容量计算一览表》。

游人容量计算结果还需与旅游地的淡水供水、用地、相关基础工业设施及生态环境质量等条件进行校核与综合平衡，最后才能确定合理的游人容量。

风景区总人口容量测算应包括外来游人、服务职工、当地居民三类人口容量，当规划地区的居住人口密度超过50人/km^2时，宜测定用地的居民容量；当规划地区的居住人口密度超过100人/km^2时，必须测定用地的居民容量；居民容量应依据最重要的要素容量分析来确定，常规要素应是淡水、用地、相关设施等规定。

风景区人口规模的预测应符合人口发展规模，包括外来游人、服务职工、当地居民三类人口，一定用地范围内的人口发展规模不应大于其总人口容量。职工人口应包括直接服务人口和维护管理人口，居民人口应包括当地常住居民人口等。

风景区内部的人口分布应根据游赏需求、生境条件、设施配置等因素，对各类人口进行相应的分区分期控制；应有合理的疏密聚散变化，使其各得其所；防止因人口过多或不适当集聚而不利于生态与环境，防止因人口过少或不适当分散而不利于管理与效益。

风景区的生态原则应符合制止对自然环境的人为消极作用，控制和降低人为负荷，分析游览时间、空间范围、游人容量、项目内容、开发强度等因素，提出限制性规定或控制性指标；保持和维护原有生物种群、结构及其功能特征，保护典型而有示范性的自然综合体；提高自然环境的复苏能力，提高氧、水、生物量的再生能力与速度，提高生态系统或自然环境对人为负荷的稳定性或承载力。

风景区的生态分区应将规划用地的生态状况按四个等级分别加以标明，符合生态分区的一般标准，符合《生态分区及其利用与保护措施》的规定原则；按其他生态因素划分的专项生态危机区，包括热污染、噪声污染、电磁污染、放射性污染、卫生防疫条件、自然气候因素、振动影响、视觉干扰等内容。生态分区对土地使用方式、功能分区、保护分区和各项规划设计措施的配套有重要作用。

风景区规划应控制和降低各项污染程度，大气环境质量标准应符合GB3095—1996中规定的一级标准；地面水环境质量一般应按GB3838—88中规定的第一级标准执行，游泳用水应执行GB9667—88中规定的标准，海水浴场水质标准不应低于GB3097—82中规定的二类海水水质标准，生活饮用水标准应符合GB5749—85中的规定；风景区室外允许噪声级应低于GB3096—93中规定的“特别住宅区”的环境噪声标准值;放射防护标准应符合 GBJ8—74 中规定的有关标准。

第三节　旅游环境保护规划

环境保护乃当今世界人类面临的重大问题之一,旅游开发与发展也毫无例外地要进行环境保护。在旅游业发展的初期,旅游开发和规划过多地注意经济发展,随着旅游业的深入发展,人们愈来愈明确地认识到旅游环境保护的重要性。生态理论和持续发展理论要求进行环境保护。旅游系统不能缺少旅游环境系统,因此,环境保护是诸多理论的共同要求,也是旅游规划的重要内容。

环境保护和旅游发展是一对矛盾,如何将这一对矛盾统一起来,既保护环境,又获得旅游经济收入,就需要进行旅游环境保护规划。从环境适应性出发的旅游环境保护规划,力求促进环境保护和旅游发展。

一、规划指导思想与环境影响现状评价

(一)规划指导思想

在编制、实施旅游环境保护规划过程中,应该牢牢把握和贯彻旅游环境保护指导思想和基本原则。指导思想和基本原则,就是把旅游地的生态系统与社会经济系统紧密结合起来,使得旅游经济发展能够符合自然生态规律,既能促进和保证经济发展,又不使生态系统遭到破坏,使得风景名胜区和旅游中心城市的经济建设、城乡建设和环境建设同步规划、同步实施、同步发展,从而达到环境效益、社会效益和经济效益的有机统一。

(二)环境影响现状评价

旅游环境保护规划的前提是做好旅游对环境影响的现状评价。环境影响现状评价内容,包括旅游发展对主要风景名胜区、旅游区点和旅游城市的自然环境质量,如大气、土壤、地面水、地表水等本底监测值,周围污染源详细情况等。

旅游对环境影响的评价以旅游项目和环境承受力为依据。不同旅游项目对环境的影响是不同的,如人的践踏和汽车的碾压对草丛的破坏程度不同;观光和狩猎对野生动物的影响程度不一样……因此,针对不同的旅游项目,环境有不同的容量值。环境评价根本的出发点,是不致使环境受影响后不能恢复。环境评价为旅游环境保护规划提出相关的对策,制定相应的措施,限制游客量,改变游览路线和旅游项目,实行游客分流、适度开发甚至暂时不开发。

二、旅游环境保护区与环境保护培育规划

旅游环境保护主要是对造成环境伤害的旅游资源的保护、自然生态系统的保护、人的保护三项内容。造成旅游环境破坏的原因:一是游客的行为和生活垃圾,

如超载、践踏、不文明行为等;二是居民的生活和生产活动,如垃圾、伐木、采石等;三是工业污染,主要的通道是大气和水体,如"三废"排放;四是自然过程,如湖泊淤积、滑坡、泥石流、风沙等。

旅游区和风景名胜区都有自己的四至范围及面积,有的旅游区同时兼有风景名胜区和自然保护区的性质。划定旅游区和风景名胜区范围及其外围保护地带的目的,主要是为了方便管理和明确责任。1985 年,国务院在颁布《风景名胜区管理暂行条例》(国发[1985]76 号)时指出:"对全国风景资源进行调查,确定风景名胜区的等级和范围","范围的划定要保持风景面貌完整,满足旅游需要,不受行政区划的限制。"2006 年 9 月,国务院在对《风景名胜区管理暂行条例》修订后的《风景名胜区条例》中明确要求:申请设立风景名胜区要提交风景名胜资源的基本状况、拟设立风景名胜区的范围以及核心景区的范围、拟设立风景名胜区的性质和保护目标等内容材料。

旅游环境保护规划中对环境实施保护的一项重要内容,就是划分出保护对象的空间范围,划定旅游环境分级保护区,有针对性地制定旅游环境保护培育规划。旅游环境分级保护区划分与旅游环境保护类型有密切关系,不同的旅游环境保护类型有不同的旅游环境分级保护区。旅游环境保护类型一般分为生态保护区、自然景观保护区、史迹保护区、风景恢复区、风景游览区和发展控制区等。旅游环境保护培育规划根据不同的旅游环境保护类型与不同的旅游环境分级保护区提出。

(一)生态保护区的保护

在旅游目的地,对有科学研究价值或其他保存价值的生物种群及其环境,需要划出一定的范围与空间作为生态保护区。在生态保护区内,配置必要的研究和安全防护性设施,禁止游人进入,不得搞任何建筑设施,严禁机动交通及其设施进入。

(二)自然景观保护区的保护

在旅游目的地,对需要严格限制开发行为的特殊天然景源和景观,需要划出一定的范围与空间作为自然景观保护区。在自然景观保护区内,可以配置必要的步行游览和安全防护设施,宜控制游人进入,不得安排与其无关的人为设施,严禁机动交通及其设施进入。

(三)史迹保护区的保护

在旅游目的地,对各级文物和有价值的历代史迹遗址的周围,需要划出一定的范围与空间作为史迹保护区。在史迹保护区内,安置必要的步行游览和安全防护设施,控制游人进入,不得安排旅游宾馆与餐馆,严禁增设与其无关的人为设施,严禁机动交通及其设施进入,严禁任何不利于保护的因素进入。

(四)风景恢复区的保护

在旅游目的地,对旅游区内需要重点恢复、培育、抚育、涵养、保持的对象与地区，如森林与植被、水源与水土、浅海及水域生物、珍稀濒危生物、岩溶发育条件等，宜划出一定的范围与空间作为风景恢复区。在风景恢复区内，可以采用必要的技术措施与设施，分别限制游人和居民活动，不得安排与其无关的项目与设施，严禁对其不利的活动。

（五）风景游览区的保护

在旅游目的地，对风景区的景物、景点、景群、景区等各级风景结构单元和风景游赏对象集中地，可以划出一定的范围与空间作为风景游览区。在风景游览区内，可以进行适度的资源利用行为，适宜安排各种游览欣赏项目；分级限制机动交通及旅游设施的配置，分级限制居民活动进入。

（六）旅游发展控制区的保护

在旅游目的地的风景区范围内，对生态保护区、自然景观保护区、史迹保护区、风景恢复区、风景游览区五类保育区以外的用地与水面及其他各项用地，均需要划为旅游发展控制区。在发展控制区内，可以准许原有土地利用方式与形态，可以安排同风景区性质与容量相一致的各项旅游设施及基地，可以安排有序的生产、经营管理等设施，应分别控制各项设施的规模与内容。

（七）风景保护等级划分与保护

在旅游目的地，风景保护分为特级风景保护区、一级风景保护区、二级风景保护区和三级风景保护区四级，不同等级风景保护区遵守相应的保护规定。风景区内的自然保护核心区以及其他不应进入游人的区域应划为特级风景保护区。特级保护区应以自然地形地物为分界线，外围应有较好的缓冲条件，在区内不得有任何建筑设施。在一级景点和景物周围应划出一定范围与空间作为一级风景保护区，以一级景点的视阈范围作为主要划分依据。一级保护区内可以安置必需的步行游赏道路和相关设施，严禁建设与风景无关的设施，不得安排旅游宾馆和餐馆，机动交通工具不得进入此区。在景区范围内以及景区范围之外的非一级景点和景物周围应划为二级风景保护区。二级风景保护区内可以安排少量住宿设施，但必须限制与风景游赏无关的建设，限制机动交通工具进入。在风景区范围内，对以上各级保护区之外的地区划为三级风景保护区。在三级风景保护区内，需要有序控制各项建设与设施，各项建设与设施应与风景环境相协调。在三级风景保护区外围，影响旅游环境的还需要规划大气保护区、水源保护区。

在旅游环境保护中，景观视觉保护是一项重要的内容，对于旅游环境保护规划设计具有极为重要的意义。旅游开发需要建设，包括基础设施、旅游设施、建筑物等，建设则难免对视觉环境产生破坏。建筑与环境相和谐是景观视觉保护的根本目标，规划设计优良的建筑常对视觉环境有画龙点睛之妙，而拙劣的规划设计则使建筑产生煞风景的后果，需要有经验的设计师和园林技术人员参与旅游环境保护规划。

旅游环境保护培育规划需要依据本风景区的具体情况和保护对象的级别而择

优实行分类保护或分级保护，应协调处理保护培育、开发利用、经营管理的有机关系，加强引导性规划措施。

三、旅游环境保护措施

环境保护原则还要求旅游规划制定相应的开发方针策略和确定保护旅游环境措施。在旅游业发展的初期，人们最常见的是从经济角度出发，认为接待的游客越多，所获得的经济效益就越大，现在已经逐渐认识到旅游业的成本与效益必须在经济、社会、环境的广泛基础上来分析。旅游者的人数实际并不比旅游者平均停留时间、旅游消费支出等更为重要。人数过多反而会造成住宿紧张、交通拥挤、生态失调、环境污染(包括噪声)和社会文化方面的影响。因此，旅游规划应有选择地进行旅游项目开发，有策划地进行市场选择，吸引环境保护型旅游者，注重旅游环境保护，减少环境污染。

保护旅游环境，合理、科学地开发、利用旅游资源，关系到旅游业的生存和发展。为此，除运用法律、经济、科技、教育等手段外，还要制定具体的保护措施，如自然生态环境的监测、垃圾处理、文物古迹修复及保存、特殊及专项旅游资源的维护等，要进行保护措施和方法规划。在旅游环境保护规划中，需要包括以下内容：

第一，旅游环境保护项目及其范围规划，包括由旅游资源保护、自然生态和人文社会旅游环境相互融合而成的旅游区点的环境质量的保护、旅游城市特色和风格的保护、旅游区点气氛环境的保护等。

第二，旅游环境保护教育与管理。根据实际情况，制定相应的法规和措施。

第三，合理布局各类用地。严格执行国家有关保护风景名胜区的规定，控制与自然环境、历史风貌不协调的建设，确定合理的游客接待量。

第四，旅游环境修复和维护措施规划。确定修复和维护文物古迹的科技、工程措施。

第五，维护自然生态系统的平衡规划。对自然风景名胜区，要重点采用维护自然生态系统平衡的措施，保护和改善生态环境的植物，确保水质不受污染。

第六，治理“旅游公害”规划。“旅游公害”是指在旅游区点普遍存在的、较为突出的环境问题，如旅游垃圾、乱刻乱画等，对“旅游公害”必须采取相应的处理手段。

由于旅游区的类型、规模、景观特征、游览方式等方面的不同，至今还没有一个统一的旅游接待容量标准。在旅游环境保护规划中，要根据旅游区情况，深入实际调查研究，通过多方面的计算和分析，力争得到符合实际的结果。根据调查资料，确定旅游接待容量，提出宏观的、微观的调节游客容量的规划方案。

四、规定旅游环境质量标准

旅游环境保护与旅游活动组织有关，旅游观光、旅游休闲度假以及体育、探险、游船、科学考察等不同类型的旅游活动,给旅游区带来的旅游容量和环境影响不尽相同。因此,在旅游环境保护规划中,需要根据不同的产品类型及旅游容量采用不同的环境质量标准。

旅游环境保护规划中的环境质量标准可依据《旅游规划通则》(GB/T 18971—2003)确定。

《旅游规划通则》要求人文景观型旅游区的规划设计应当以达到绿地率不少于30%;大气环境达到 GB3095—1996 一级标准;人体直接接触的娱乐水体达到 GB12941—1991A 类标准,与人体非直接接触的景观娱乐水体达到 GB12941—1991B 类标准,生活饮用水水质达到 GB5749 的要求,其他水体达到 GB3838 的要求;环境噪声达到 GB3096 的要求;公共场所卫生达到 GB9663—9673 和 GB16153 的要求。

自然景观型旅游区和度假型旅游区,除滑雪、海滨和河湖型旅游区外,其他旅游区绿地面积不少于 50%;大气环境达到 GB3095—1996 一级标准;人体直接接触的娱乐水体达到 GB12941—1991A 类标准,与人体非直接接触的景观娱乐水体达到 GB12941—1991B 类标准,生活用水水质达到 GB5749 的要求,其他水体达到 GB3838 的要求;环境噪声达到 GB3096—1993O 类标准;公共场所卫生达到 GB9663—9673 和 GB16153 的要求。

旅游环境保护规划中设计要求达到的环境质量标准是国家要求的,需要在旅游区建设中得到贯彻。

五、旅游环境绿化规划

旅游环境绿化不同于城市园林,更不同于林业造林,而是以多种类型的风景林为旅游地绿化的基本形式,使环境绿化的生物特性、艺术性和功能性相结合。

(一)旅游环境绿化的基本原则

遵循"因地制宜,适地植树"的科学原则,以恢复地带性植被类型为目的,采取多树种、多林种、乔灌草相结合的方法。

旅游环境绿化与景区绿化、景点绿化相结合,各景点、景区绿化要有不同的植物景观特色,使植物景观与人文、大自然景观相协调。

在确保环境效益、不影响景观效果的前提下,结合果园生产,大力营造经济与观赏相结合的经济风景林,为经济发展和旅游服务。

(二)点线面绿化

旅游环境绿化主要是美化环境,另外还有调节气候、涵养水源等功能。旅游地的游览区、交通道路、目光可及的山坡是绿化的重点。

1. 点绿化

在绿化中,点绿化的手法可以起到画龙点睛的作用。植物栽种的点绿化是指单体或几株植物的零星点缀，点绿化的合理运用是园林设计师创造力的延伸，手法有自由、陈列、旋转、放射、节奏、特异等。不同点绿化的排列会产生不同的视觉效果。点绿化是一种轻松、随意的装饰美，是园林设计的重要组成部分。

2. 线绿化

在绿化中，线绿化是以线的形式栽种植物或是将植物重新组合而构成线的形态，如绿化中的绿篱。线绿化可分直线绿化、曲线绿化两种。要把绿化图案化、工艺化，线的运用是基础，线绿化的粗细可产生远近的关系。线绿化有很强的方向性，垂直线绿化庄重而有上升之感，曲线绿化有自由流动、柔美之感。在线绿化中，追求“神以线而传，形以线而立，色以线而明”的绿化效果。在绿化中采用线绿化手法，不仅具有装饰美，而且还充溢着一股生命活力的流动美。

3. 面绿化

面绿化是将绿化形成大块的绿地草坪和各种形式的绿墙，是绿化中最主要的表现手法。面绿化可以组成任意的、多边的、几何的各种各样的形状，或平铺或层叠或相交，表现力非常丰富。

(三)植物种植设计

植物种植设计是依据树木种植规划，对旅游地各类地段进行植物配置。设计内容，具体包括：树木种植的位置、标高、品种、规格、数量；树木配植平面、立面形式及景观；乔木与灌木、落叶与常绿、针叶与阔叶等树种组合；蔓生植物的种植位置、标高、品种、规格、数量、攀缘与棚架；水生植物的种植位置、范围、水底与水面的标高、品种、规格、数量；花坛、花境、花架等位置、标高、品种、规格、数量；花卉种植排列图案、排列式样、排列范围与疏密程度，不同的花期、色彩、高低，草本与木本花卉的组合；草地的位置、范围、标高、地形坡度；园林植物的修剪要求，自然的与整形的形式；园林植物的生长期，速生与慢生品种的组合，在近期与远期需要保留、疏伐与调整的方案等。

在游人集中场所，宜选用大规格苗木，严禁选用危及游人生命安全的有毒植物和枝叶有硬刺或枝叶形状呈尖硬剑、刺状以及有浆果或分泌物坠地的种类；不宜选用挥发物或花粉能引起明显过敏反应的种类。集散场地种植设计的布置方式，应考虑交通安全视距和人流通行，场地内的树木枝下净空应大于2.2m。

旅游集散地停车场的种植，树木间距应满足车位、通道、转弯、回车半径的要求；依据庇荫乔木枝下净空的标准，大、中型汽车停车场大于4m；小汽车停车场大于2.5m；自行车停车场大于2.2m。场内种植池宽度应大于1.5m，并应设置保护设施。成人活动场的种植，宜选用高大乔木，枝下净空不低于2.2m；夏季乔木庇荫面积宜大于活动范围的50%。

旅游城市公路两侧和通行机动车辆的景区路的植物种植，车辆通行范围内不得有低于4m高度的枝条；方便残疾人使用的景区路边缘种植不宜选用硬质叶片的从生型植物;在路面范围内,乔、灌木枝下净空不得低于2.2m;乔木种植点距路面应大于0.5m。

旅游环境保护规划应纳入旅游发展规划,做到同步实施、同步发展。各级政府要把旅游环境保护规划作为头等大事来抓,认真抓紧落实。旅游环境保护规划的具体实施,要在各级政府的领导下,坚持规划指导与监督管理相结合,大力开展宣传和动员工作,提高全民的环境保护意识,保证旅游环境保护总目标的实现。

思考题

1. 简述旅游环境的主要特点和进行旅游生态环境保护的意义。
2. 理解旅游容量理论中的 RPEP 理论体系、《旅游规划通则》理论体系和两大类旅游容量理论体系。
3. 试述旅游容量测定的常用方法以及在进行旅游容量规划中如何做到容压平抑。
4. 列举旅游环境保护措施。
5. 结合案例分析如何进行旅游环境绿化规划。

参考文献

[1]中华人民共和国国家质量监督检验检疫总局发布．GB/T 18971—2003. 旅游规划通则[S]. 2003 年 2 月 24 日发布,2003 年 5 月 1 日实施.

[2]国家旅游局．旅游发展规划管理办法．2000 年 10 月 26 日颁布,2000 年 10 月 26 日实施.

[3]国家旅游局．旅发[2002]61 号,关于加强和规范旅游规划编制工作的意见．2002 年 11 月 18 日.

[4]GB50298—1999. 风景名胜区规划规范[S].

[5]中华人民共和国国家质量监督检验检疫总局发布．GB/T 18972—2003. 旅游资源分类、调查与评价[S]. 2003 年 2 月 24 日发布,2003 年 5 月 1 日实施.

[6]国家森林公园管理办公室．中国森林公园风景资源质量等级评定[S].

[7]国务院．风景名胜区管理暂行条例[S]. 1985 年 6 月 7 日颁布并施行.

[8]国家旅游局．旅游基本建设管理暂行办法[S]. 1990 年 4 月 20 日颁布, 1990 年 5 月 1 日实施.

[9]中华人民共和国建设部．CJJ48—92. 公园设计规范[S]. 1993 年 1 月 1 日施行.

[10]中华人民共和国建设部．城市湿地公园规划设计导则(试行)[S]. 2005 年 6 月 24 日颁布.

[11]中华人民共和国林业部．LY/T5132—95. 森林公园总体设计规范[S]. 1996 年 1 月 1 日施行.

[12]中华人民共和国建设部．城市动物园管理规定[S]. 1994 年 8 月 16 日颁布.

[13]中华人民共和国建设部．CJJ75—97. 城市道路绿化规划与设计规范[S]. 1997 年 10 月 8 日颁布,1998 年 5 月 1 日起施行.

[14]中华人民共和国国家质量监督检验检疫总局．旅游厕所质量等级的划分与评定．2003 年 2 月 24 日发布,2003 年 5 月 1 日实施.

[15]国家旅游局．中国旅游饭店行业规范[S].2002年4月5日颁布并施行.
[16]国家质量技术监督局．GB/T17775—1999.旅游区(点)质量等级的划分与评定[S].1999年6月14日批准,1999年10月1日实施.
[17]全国人民代表大会常务委员会．中华人民共和国环境保护法[S].1989年12月26日颁布并施行.
[18]全国人民代表大会常务委员会．中华人民共和国环境影响评价法．第九届全国人民代表大会常务委员会第三十次会议于2002年10月28日通过,2003年9月1日起施行.
[19]全国人民代表大会常务委员会．中华人民共和国森林法.1984年9月20日颁布,1985年1月1日起施行.
[20]全国人民代表大会常务委员会．中华人民共和国水法.1988年1月21日颁布,自1988年7月1日起施行.
[21]中华人民共和国水生野生动物保护实施条例.1993年10月29日颁布并施行.
[22]全国人民代表大会常务委员会．中华人民共和国土地管理法.1998年8月29日第九届全国人民代表大会常务委员会第四次会议修订.
[23]中华人民共和国文物保护法[S].2000年10月28日第九届全国人民代表大会常务委员会第三十次会议通过.
[24]全国人民代表大会常务委员会．中华人民共和国野生动物保护法.1988年11月8日颁布,自1989年3月1日起施行.
[25]国务院．中华人民共和国野生植物保护条例.1996年9月30日颁布,自1997年1月1日起施行.
[26]国务院．中华人民共和国自然保护区条例.1994年9月2日颁布．自1994年12月1日起施行.
[27]联合国．关于自然资源永久主权的决议[S].1962年12月14日.
[28]联合国教育、科学及文化组织保护世界文化和自然遗产公约[S].1972年11月23日.
[29]国家旅游局．漂流旅游安全管理暂行办法.1998年5月1日起施行.
[30]国家环保总局和建设部．小城镇环境规划编制导则．建设部网站.
[31]国家公安部/建设部(88)公(交管)字90号．停车场规划设计规则(试行).1988年10月3日.
[32]国家卫生部国家标准化管理委员会.GB 5749—2006.生活饮用水卫生标准[S].
[33]国家环境保护局.GB12941—91.实施景观娱乐用水水质标准[S].1991年3月18日批准,1992年2月1日起施行.

[34]旅游开发规划及景点景区管理实务全书[M]. 北京:北京燕山出版社,2000.

[35]国家旅游局人事劳动教育司. 旅游规划原理[M]. 北京:旅游教育出版社,1999.

[36]郑耀星,储德平. 区域旅游规划、开发与管理[M]. 北京:高等教育出版社,2004.

[37]孙文昌. 现代旅游开发学[M]. 青岛:青岛出版社,1999.

[38]吴必虎. 区域旅游规划原理[M]. 北京:中国旅游出版社,2000.

[39]马勇,舒伯阳. 区域旅游规划[M]. 天津:南开大学出版社,1999.

[40]赵黎明,黄安民. 旅游开发规划教程[M]. 北京:科学出版社,2005.

[41] 邹统钎. 旅游开发与规划[M]. 广州:广东旅游出版社,1999.

[42]杨正泰,等. 旅游景点景区开发与管理[M]. 福州:福建人民出版社,2000.

[43]刘滨谊. 现代景观规划设计[M]. 南京:东南大学出版社,1999.

[44]徐德宽,马波等. 区域旅游开发的理论与实践[M]. 南京:江苏人民出版社,1998.

[45]朱卓仁. 休闲地的开发与管理[M]. 北京:旅游教育出版社,1992.

[46]董观志. 旅游主题公园管理原理与实务[M]. 广州:广东旅游出版社,2000.

[47]吴承照. 现代城市游憩规划设计理论与方法[M]. 北京:中国建筑工业出版社,1998.

[48]因斯克普,等. 度假旅游地综合开发模式[M]. 北京:中国旅游出版社,1992.

[49]卢云亭. 旅游风景资源开发基础[M]. 北京:北京大学出版社,1988.

[50]保继刚. 旅游开发研究:原理·方法·实践[M]. 北京:科学出版社,1996.

[51]崔凤军. 中国传统旅游目的地创新与发展[M]. 北京:中国旅游出版社,2002.

[52]李蕾蕾. 旅游地形象策划理论与实务[M]. 广州:广东旅游出版社,1999.

[53]刘坚,王德文,明庆忠. 云南民族体育旅游资源与产业化研究[M]. 昆明:云南科技出版社,2000.

[54]周作明. 永远的朝阳——民族民俗旅游研究[M]. 广州:广东旅游出版社,2002.

[55]周作明. 中国旅游规划学新论[M]. 香港:东亚文化出版社,2007.

[56]建设部风景名胜区规划规范[M]. 北京:中国建筑工业出版社,1999.

[57]保继刚,等. 旅游规划案例[M]. 广州:广东旅游出版社,2003.
[58]沈祖祥,张帆. 旅游策划学[M]. 福州:福建人民出版社,2000.
[59]蒋三庚. 旅游策划[M]. 北京:首都经济贸易大学出版社,2002.
[60]王建军. 对概念性旅游规划的认识[J]. 旅游学刊,2001,3.
[61]旅游规划策划中几个需要正视的问题[EB]. 三维旅游. http://www.3way-tour.com.
[62]谢凝高. 国家重点风景名胜区规划与旅游规划的关系[J]. 规划师,2005:5-7.
[63]刘家明,杨新军. 生态旅游地可持续旅游发展规划初探[EB]. 转自区域与旅游规划空间站. http://www.plansky.net,2005-6-27.
[64]吕永龙. 生态旅游的发展与规划. http://www.i-power.com.cn/,2002-1-28.
[65]刘俊刚,张朝枝. 省域旅游规划的组织、编制与实施——湖北省旅游发展总体规划回顾评述[J]. 旅游调研,2003,6.
[66]刘峰. 旅游系统规划——一种新的旅游规划思路[J]. 地理学与国土研究,1999,15(1):56-60. 转自区域与旅游规划空间站. http://www.plansky.net.
[67]李莹,林峰. 旅游游憩方式设计. 绿维创景. http://www.lwcj.com/layout.
[68]陈南江. 从CIS到数字化区域旅游形象——兼论区域旅游形象之营建[J]. 广东旅游,1999:7-8.
[69]中国旅游正从观光型向度假型跨越. 中国旅游网,2002-12-10.
[70]王威. 度假旅游发展的趋势焦点创新思考. 中国旅游规划设计联盟,2006-10-13.
[71]杨天波. 中国的主题公园时代来了[J]. 中国经济周刊,2006,9.
[72]主题公园:城市旅游形象的新名片[J]. 旅游经理人,2006,7.
[73]江平. 主题公园植物景观规划[J]. 中国花卉报,2006,9.
[74]刘滨谊. 走进当代景观建筑学[J]. 时代建筑,景观中国. http://www.paper.Landscape.cn.
[75]张光忠. 商业街模式设计论纲[J]. 财贸经济,2001,7.
[76]新农村建设与乡村旅游业的发展——农业部发展计划司司长杨坚在2006乡村旅游国际论坛上的主题发言. 贵州省政府网开一面,2006-9-5.
[77]关于乡村旅游、农业旅游、民俗旅游的几点辨析. 2006乡村旅游国际论坛,2006-11-2. http://www.aweb.com.cn.
[78]旅游局局长谈发展乡村旅游在新农村建设中的作用. 人民网,人民日报

海外版,2006,4(28).

[79]周作明．走向广阔的乡村——广西旅游资源开发系列研究·乡村篇[J]．广西民族研究,1999,7.

[80]孟友．旅游项目必须很好研究市场．三维旅游. http://www.3way-tour.com.

[81]李蕾蕾．城市旅游形象设计探讨. http://www.vivi.sina.com.cn.

[82]安士伟．旅游形象策划技巧. http://www.vivi.sina.com.cn.

[83]高霞．浅谈旅游形象定位及旅游品牌的管理. http://www.vivi.sina.com.cn,2006-7-7.

[84]周作明．稳步走向辉煌——广西旅游资源开发现状研究[J]．广西旅游资源研究.开发及环境保护[M]．南宁:广西科技出版社,1999.

[85]中华人民共和国国务院新闻办公室．中国的环境保护．人民日报,1996年6月.北京:中央政府门户网站. http://www.gov.cn,2005-5-25.

[86]周作明．广西旅游开发的科学原则[J]．广西党史,2001,1.

[87]周作明．中国内地现代旅游业50年回眸[J]．福建旅游论丛第七辑.福州:海潮摄影出版社,2006.

[88]周作明．桂林旅游资源开发30年回顾与思考[J]．广西师范大学学报,2000,1.

[89]周作明．桂林王城旅游开发建设构想[J]．社会科学家,2001,1.

[90]周作明．历史文化资源的旅游认识与开发实践[J]．桂林旅专学报,2001,1.

[91]周作明．明靖江王城与桂林历史文化旅游建设[J]．桂林旅专学报,2001,3.

[92]卢玉平．浅议中国森林旅游的发展——以白云山国家森林公园为例[J]．南平师专学报,2005,4.

[93]卢玉平．武夷山国家级自然保护区客源市场预测与定位[J]．福建林业科技,2005,4.

后 记

随着我国现代旅游业的崛起和迅速发展，旅游规划作为一门学科也逐渐在实践中获得内容充实、案例丰富、理论总结和提升的发展并走向成熟。

规划科学对于人类社会的组织和发展的重要性是显而易见的。在我国旅游业的发展进程中，旅游规划学，或者准确地说是依据我国旅游业发展实践与需要出发的"旅游规划学"，作为我国旅游院系的一门课程，首先在硕士研究生中讲授，随后进入本科教学专业课程体系，有一些有条件的旅游高职系科也有开设，逐渐成为在旅游管理学科课程体系中一门重要的课程。

在十多年的旅游规划实践和教学活动中，我们感到编写一部好的教材对提高人才的教育质量是十分重要的。我们一直在进行旅游规划学教材的理论性和可操作技术指标的研究和探索，不断在丰富旅游规划学教材的理论构建和技术指标的选取。在本书的撰著过程中，从20世纪90年代至今，我国旅游院系的旅游规划教授与专家们写出了多部旅游规划学教材，成为我们构建"旅游规划学"理论框架内容的重要参考；我国逐渐完善的旅游规划标准和旅游行业规则，成为我们组成旅游规划技术指标体系的主要参照。努力探究21世纪旅游发展趋势，全面融会国家有关旅游规划技术标准要求和总结反映旅游规划学术前沿的理论思考与实践经验，使之成为将旅游规划理论探讨与旅游规划实践体会熔为一炉的我国旅游规划学著作，是本书努力达到的目标。

《旅游规划学》全书由正文和思考题组成，正文十一章由周作明执笔，思考题和教学课件由卢玉平编拟和制作，全书由周作明定稿。在《旅游规划学》的课程建设和教材的研究与编撰过程中，我们得到了武夷学院教务处处长徐颖惠教授和旅游教育出版社的大力支持和帮助，在此谨表深深的谢意，也一并致谢在书中所有引述研究成果的各位专家与教授。

我国旅游业在发展，旅游规划科学的研究在深入，书中不足，敬请方家贤达教正。

编者